Hebb · Einführung in die moderne Psychologie

Donald O. Hebb

Einführung in die moderne Psychologie

Übertragen von Bertram E. Stöffelmayr

Beltz Verlag · Weinheim 1972

Donald Olding Hebb, Ph. D., Professor für Psychologie
an der McGill University, Montreal

Dr. Bertram E. Stöffelmayr, University of Aberdeen

Aus dem Amerikanischen übertragen.
Titel des Originals: A Textbook of Psychology

Die 6. Auflage 1972 beruht auf der amerikanischen Neubearbeitung von 1966.

6., überarbeitete Auflage 1972

Gesamtherstellung: Offsetdruckerei Julius Beltz, Hemsbach über Weinheim
Printed in Germany

ISBN 3 407 28033 5

Inhaltsverzeichnis

1. Verhaltensforschung und die Erforschung der Seele

Ein Buch, das in die Psychologie einführen will, muß zunächst aufzeigen, was Psychologie ist und wie sie an ihre Aufgabe herangeht. Es gibt wohl kaum ein Wissensgebiet, wo der Unterschied zwischen der populären Anschauung und den Vorstellungen der Wissenschaft so groß ist wie in der Psychologie. Mit dem, was in Zeitschriften und Zeitungen Psychologie genannt wird, hat die experimentelle Psychologie kaum etwas gemein. Dieses Buch will den Leser – es ist vornehmlich an den Studenten gedacht – mit einer beträchtlichen Anzahl von Fakten, experimentellen Methoden usw. bekanntmachen. Jedoch wird hier noch eine weitere wichtige Absicht verfolgt: den Studenten zu lehren, in einer neuen Weise über den lebenden Organismus und dessen Aktivität, die wir Verhalten nennen, zu denken.

Im ersten Kapitel werden wir versuchen, das Gebiet der Psychologie abzustecken. (Wahrscheinlich wird es im Anfang etwas schwierig zu verstehen sein. In diesem Fall empfehlen wir, zuerst die folgenden Kapitel zu lesen und dann zum ersten zurückzukehren.) Wörtlich übersetzt heißt Psychologie „Wissenschaft von der Seele“. In diesem Jahrhundert wurde es besonders in Amerika üblich, Psychologie als die Wissenschaft vom Verhalten zu bezeichnen. Der Begriff „Behavioristics“ bezieht sich auf eine Kombination beider Ansichten: Psychologen versuchen zu verstehen, was die Leute „tun“ (das ist Verhalten). Doch um dazu in der Lage zu sein, müssen wir auch verstehen, was in den Köpfen der Menschen vor sich geht (das sind die seelischen Vorgänge oder ganz kurz, es ist die Seele). Wir untersuchen also Verhalten und Seele, doch, wie wir noch sehen werden, beides von etwas anderen Standpunkten aus.

Definitionen

Es ist äußerst schwierig, eine genaue und eindeutige Definition der Psychologie zu geben. Einer der Gründe dafür ist der, daß Definitionen, die an und für sich eindeutig sind, für verschiedene Leute etwas Verschiedenes bedeuten. Wird Psychologie als die Wissenschaft vom Verhalten definiert, so ist das deshalb nicht ganz zufriedenstellend, weil in dieser Definition der Physiologie zu großes Gewicht beigemessen wird. Das Wäßrigwerden des Mundes ist ebenso wie das Ballen der Faust Verhalten. Herauszufinden, wie die Speicheldrüse funktioniert, oder wie es kommt, daß die Muskelzellen eine Bewegung der Finger hervorrufen, ist eine Aufgabe der Physiologie. (Der Psychologe interessiert sich mehr dafür, wie viele solcher „Verhaltensteile" zu einer komplexen Aktion, die sich über eine längere Zeit erstreckt, zusammenwirken.) Auf der anderen Seite schließt die alte Definition – Psychologie ist die Wissenschaft von der Seele – nicht alle Phänomene ein, mit denen sich der Psychologe befaßt. Einer der traditionellen Forschungsbereiche der Psychologie ist zum Beispiel das Lernen, und zwar nicht nur das höherer Tierarten, sondern auch das des Regenwurms und der Ameise. Diese Tiere haben aber keine Funktionen von solcher Komplexität, daß darauf die Begriffe „Seele" oder „seelisch" mit einiger Begründung anwendbar wären. Wenn daher ein Psychologe das Lernen der Ameise untersucht, befaßt er sich nicht mit seelischen Vorgängen.

Mit diesen Erwägungen im Gedächtnis können wir eine Definition versuchen. Dieser Definition werden wir allerdings sofort einen Kommentar hinzufügen, um Mißverständnisse so weit als möglich zu vermeiden.

Die *Psychologie* ist die Wissenschaft von den komplexeren Organisationsformen des Verhaltens und solchen Prozessen wie Lernen, Wahrnehmen und Gefühle, die in diese Organisation einbezogen sind. Das zentrale Problem ist das Verhaltensmuster, das ein Tier einer höheren Art eine längere Zeitperiode hindurch zeigt. Um das gleiche noch in anderer Formulierung zu sagen: das zentrale Problem der Psychologie sind die seelischen Vorgänge der höheren Tiere.

Verhalten ist sichtbare und daher beobachtbare Aktivität von Muskeln und Drüsen mit äußerer Sekretion, wie es in den Bewegungen einzelner Körperteile und dem Auftreten von Schweiß, Tränen, Speichel usw. manifestiert ist. Sprechen ist Verhalten, ebenso Lächeln, Weinen, Zittern, Erröten, (das durch eine muskulare Veränderung in den Blutgefäßen hervorgerufen wird), Änderung der Haltung und die Augenbewegungen beim Lesen.

Die *Organisation* des Verhaltens ist das Muster oder die Kombination selbständiger Verhaltenseinheiten in ihrer Beziehung zueinander und zu den Reizen der Umwelt. Ein solches Muster kann entweder räumlicher oder zeitlicher Natur sein, meist ist es aber beides. Ein räumliches Muster ist die Koordination der Aktivitäten der verschiedenen Körperteile. Ein zeitliches Muster ist eine Abfolge, eine Sequenz von Aktivitäten. Ein einfaches Beispiel für ein räumliches Muster ist die gleichzeitige gegenläufige Bewegung von Zeigefinger und Daumen, wenn irgendein kleiner Gegenstand ergriffen wird. Ein Beispiel für ein räumliches und zeitliches Muster ist das Aufheben eines Gegenstandes mit der einen Hand, während die Augen darauf gerichtet sind. Im weiteren Verlauf wird dann der Gegenstand mit der anderen Hand berührt und umgedreht. Das Futtersuchen eines Tieres oder das Spielen eines Kindes sind natürlich bedeutend kompliziertere Verhaltensmuster.

Schwieriger ist die Entscheidung darüber, welches Verhalten gut und welches schlecht organisiert ist. Eine solche Entscheidung kann ohnehin nur in ganz grober Form getroffen werden. Wir wollen Verhalten dann als organisiert beurteilen, wenn die verschiedenen Muskelkontraktionen einen glatten Bewegungsfluß bilden, oder wenn sie eine koordinierte, gemeinsame Wirkung haben. Andernfalls ist das Verhalten unorganisiert oder desorganisiert.

Verhalten ist meist keine Serie unverbundener selbständiger Aktionen, sondern ein fortlaufender Prozeß, ein Aktivitätsfluß, der in bezug auf Gleichmäßigkeit und Turbulenz variiert. Für die Zwecke der Analyse und des Aufzeichnens kann es manchmal notwendig sein, ihn in kleinere Einheiten zu unterteilen. Das ist jedoch ebenso künstlich und theoretisch, wie Wasser als eine Zusammensetzung von Wasserstoff- und Sauerstoffatomen zu beschreiben.

„Seele“ und „seelisch“ beziehen sich auf die Vorgänge, die im Kopf stattfinden und das Niveau in der Organisation des Verhaltens bedingen. Am klarsten erkennbar sind sie bei höheren Säugetieren; sie betreffen die Aktivität des ganzen Körpers über Perioden von Minuten, Stunden oder Tagen. In diesem Buch nehmen wir an, die Seele sei eine Aktivität des Gehirns. Das Wissen, das wir über sie haben, ist hauptsächlich theoretischer Natur, eher aus dem Verhalten erschlossen als auf direktem Weg durch Selbstbeobachtung gewonnen.

Es gibt, ganz allgemein gesprochen, zwei Theorien über die Natur der Seele. Die eine ist animistisch und nimmt an, der Körper sei von einem Wesen – Seele oder Geist – bewohnt, das von ihm verschieden ist und mit den körperlichen Prozessen nichts zu tun hat. Die zweite Theorie ist physiologisch-mechanistisch ausgerichtet und nimmt an, die Seele sei ein körperlicher Prozeß, eine Aktivität des Gehirns. Die moderne Psychologie arbeitet nur mit dieser Hypothese. Beide sind gleichermaßen vertretbar (d. h., beide werden von hochintelligenten Leuten, Wissenschaftler eingeschlossen, vertreten); wir haben keine Methode zur Verfügung, die es uns erlaubt, endgültig zu entscheiden, welche Hypothese richtig und welche falsch ist.

Unter diesen Umständen werden wir uns an die mechanische Theorie halten und sie zu unserer Arbeitshypothese erklären. Sie ist uns für Analyse und Forschung nützlicher. Wir möchten aber schon in diesem Zusammenhang klarstellen: Eine Theorie kann niemals als endgültige Wahrheit betrachtet werden, sondern sie bleibt jederzeit der Revision offen. Wenn man mit einer bestimmten Theorie arbeitet, so tut man oft so, „als ob“. Keinesfalls wird aber verlangt, daß, wer mit einer Theorie arbeitet, auch an sie glauben müsse.

Wenn wir feststellen, unser Wissen von der Seele sei hauptsächlich ein theoretisches, so meinen wir damit, daß wir die Seele in gleicher Weise studieren wie der Chemiker das Atom. Atome sind für ihn nicht direkt beobachtbar, doch kann er ihre Eigenschaften aus den beobachtbaren Ereignissen erschließen. Der Chemiker sagt im Endeffekt: Wenn das Wasserstoffatom diese bestimmten Eigenschaften hat, dann wird es sich, falls es bei einer bestimmten Temperatur mit einem anderen Gas gemischt wird, soundso verhalten. Er führt dann ein Experiment durch. Stimmen seine Ergebnisse mit seinen Erwartungen überein, dann kann seine Theorie über die Natur des Wasserstoffatoms beibehalten werden; wenn nicht, wird er die Theorie modifizieren und von neuem experimentieren.

Das Problem, dem wir uns in der Psychologie gegenübersehen, besteht darin, in unserer Vorstellung die komplexe Maschinerie der Seele zu konstruieren, die für die Phänomene des Verhaltens verantwortlich ist. Das ist die Methode, die wir „behavioristics“ nennen wollen. (Behaviorismus ist ein Ausdruck, der dazu in Beziehung steht, womit aber meist eine bestimmte Form von Theorie gemeint ist. Als sie erstmals formuliert wurde, wurde darin das Bestehen seelischer Prozesse vollkommen geleugnet. Behavioristics hingegen bezieht sich auf eine *Methode* zum Studium der seelischen Prozesse. (Siehe die folgenden Abschnitte.)

Schließlich wollen wir noch darauf eingehen, was unter „objektiven Daten", bzw. „objektiven Beobachtungen", zu verstehen ist. Beobachtungen sind dann objektiv, wenn sie von jedem beliebigen Beobachter in gleicher Weise gemacht werden können; meistens wird es sich aber nur um zwei oder drei Beobachter handeln. Im Gegensatz zu objektiven, allgemein zugänglichen Beobachtungen stehen die privaten, subjektiven, die auf Selbstbeobachtung beruhen. Es liegt in deren Wesen, daß sie nur einem einzigen Beobachter zugänglich sind. Nun könnte es aber auch sein, daß ein öffentliches Ereignis, das von jedem beobachtet werden könnte, nur von einem einzigen beachtet wird. Zum Beispiel wäre es durchaus denkbar, daß nur ein einziges Augenpaar in *dem* Augenblick durch ein auf einen bestimmten Punkt des Himmels gerichtetes Teleskop schaut, da gerade etwas Außerordentliches vor sich geht. Die Situation könnte noch dadurch zugespitzt werden, daß es in der ganzen Welt nur dieses eine Teleskop gibt, das für die Beobachtung dieses Geschehens stark genug ist. In diesem Falle wäre es also unmöglich, daß auch andere das Gleiche beobachten. Trotzdem ist dieses Ereignis um nichts weniger „öffentlich", denn auch andere hätten es, wären sie geeignet ausgerüstet gewesen, beobachten können. Das Ereignis ist also keine Besonderheit der Person, die es beobachtete. Im Gegensatz dazu ist der Kopfschmerz, den der Leser vielleicht beim Lesen dieses Textes empfindet, etwas privates, subjektives, das von niemandem in gleicher Weise wie vom Leser selbst erfahren werden kann.

Wenn aber jetzt der Leser seinen Kopfschmerz beschreibt, ganz gleich ob mündlich oder schriftlich, so ist das – genau wie sein Gesichtsausdruck – ein öffentliches Ereignis. Das heißt also, Sprechen, Schreiben und Gesichtsausdruck sind Verhalten, das von anderen beobachtet werden kann. Von diesem Verhalten aus können die Beobachter auf das, was in dem Subjekt[1]) vor sich geht, schließen und sich ein theoretisches Wissen darüber bilden –, wenn das Subjekt sagt, es empfinde Schmerz und was es veranlaßt, sich so zu verhalten, wie es sich verhält. Die moderne Psychologie, betrieben als objektive Wissenschaft, konstruiert daher, ausgehend von den

öffentlichen Daten des Verhaltens, ihre Theorie der Seele oder der seelischen Vorgänge.
Manchmal scheint es, als würden „private" Daten verwendet. Das ist besonders dann der Fall, wenn verschiedene Personen in bezug auf ihre privaten Erfahrungen übereinstimmen. Ein gutes Beispiel dafür sind die visuellen Nachbilder (Seite 60). Die einzige Übereinstimmung, die wir aber tatsächlich in den Berichten der verschiedenen Personen finden, ist diese: unter bestimmten Bedingungen verhalten sie sich alle in gleicher Weise. Sprechen und Selbstbeobachtung sind keine direkten Leitungen zum Bewußtsein eines anderen, über die wir ein Wissen von der Seele, sozusagen aus „erster Hand", beziehen könnten. Sprechen und Selbstbeobachtung sind vielmehr Verhalten, von dem her wir auf die zugrunde liegenden Prozesse schließen können, die das bedingen, was die Versuchsperson uns berichtet. Ob es nun richtig oder falsch ist, das ist eine andere Frage. Alles, was wir vom Bewußtsein eines anderen wissen – auch von dem, was das Unbewußte genannt wird – ist aus dem Verhalten (dem verbalen sowohl als auch dem nichtverbalen) erschlossen worden.

Tieruntersuchungen in der Psychologie

Drei Gründe sind es, die Wissenschaftler dazu veranlassen, Tiere zu studieren. Der erste Grund – er ist für den reinen Wissenschaftler ebenso bedeutsam wie die beiden anderen – ist dieser: Tiere wirken ungemein anziehend, und man kann sie um ihrer selbst willen studieren. Ihr Verhalten ist eines der uns am meisten bewegenden Rätsel der Natur, und das allein ist schon Grund genug dafür, daß man es zu lösen versucht.
Der zweite Grund ist mehr praktischer Natur. Man kann an Tieren Experimente durchführen, denen man den Menschen nicht aussetzen kann. Interessiert man sich zum Beispiel dafür, welche Auswirkungen die Zerstörung bestimmter Teile des Gehirns auf die Intelligenz hat, so müßte man, wollte man das an Menschen untersuchen, warten, bis ein Patient mit der entsprechenden Verletzung in ein Krankenhaus eingeliefert wird. An Tieren können wir Operationen durchführen. Daß bei diesen Operationen, wie bei allen anderen, Narkose zur Anwendung kommt und man alle Vorsichtsmaßnahmen trifft, um eine Infektion zu vermeiden, ist selbstverständlich.

Dieser experimentellen Chirurgie verdankt der moderne Chirurg einen großen Teil seiner Fähigkeit, menschliche Erkrankungen zu behandeln. Im psychologischen Labor führen derartige Untersuchungen zu neuen Einsichten in die Verhaltensprobleme des Menschen. Welcher humanitäre Wert diesen Arbeiten in Zukunft zukommen wird, können wir heute nur erahnen. Aber man kann am Menschen nicht nur keine experimentelle Chirurgie durchführen, man kann mit ihm auch keine Züchtungs- und Aufzuchtsexperimente machen. Wir können Kinder nicht in vollkommener Isolierung aufziehen, nur um zu sehen, ob eine solche Behandlung sich in irgendeiner Form auf die Intelligenz auswirkt oder zu anderem abnormen Verhalten führt.

Mit Tieren hingegen kann man das machen. Aber abgesehen davon sind Menschen für Aufzucht- und Züchtungsexperimente allein deshalb ungeeignet, weil es so lange dauert, bis ein Kind endlich herangewachsen ist. Der Experimentator wäre wahrscheinlich schon längst tot, bevor das Experiment richtig begonnen hätte, denn meistens reicht eine Generation für das, was er wissen möchte, nicht aus. Der gleichen Schwierigkeit sehen wir uns übrigens auch bei höheren Tieren gegenüber. Es dauert acht bis zehn Jahre, bis ein größerer Affe erwachsen ist. Aus diesen Gründen wurden bei fast allen Züchtungs- und Aufzuchtexperimenten Ratten und Mäuse verwendet, von denen man jährlich zwei oder mehr Generationen für Studienzwecke zur Verfügung hat.

Der dritte Grund beruht weniger auf Nützlichkeitserwägungen, sondern kommt eher dem ersten, mehr philosophischen Grund nahe. Es handelt sich dabei um die Notwendigkeit vergleichender Untersuchungen. Man kann das Verhalten eines Tieres besser verstehen, wenn man es mit dem eines anderen vergleicht und untersucht, inwiefern es diesem ähnlich ist bzw. sich schon von ihm unterscheidet. Erst auf diese Weise wird man auf das Außerordentliche gewisser Züge des Verhaltens aufmerksam. Es klingt zwar ein wenig paradox, aber tatsächlich bekommt man erst nach dem Studium tierischen Verhaltens die entsprechende Achtung vor der intellektuellen Fähigkeit des Menschen. Wüßten wir nichts über das Verhalten der Tiere, könnten wir kaum abschätzen, wie großartig die intellektuelle Leistung eines zweijährigen Kindes ist, das einen Satz mit der Absicht formuliert, irgend etwas zu bekommen, nach dem es verlangt. Und dabei wird „Sprache", wie es scheint, nur im Vorbeigehen, vollkommen mühelos, erlernt. Kinder, die wir für dumm halten, können sogar Sprache wirkungsvoll gebrauchen; leider sind aber nur die stolzen Eltern eines Erstgeborenen von dieser Leistung wirklich beeindruckt.

Die vergleichende Psychologie wirft ein neues Licht auf den ganzen Sachverhalt. Wir wissen, daß schon die intellektuellen Prozesse der Ratte überaus komplex sind, zu komplex, als daß wir sie heute, nach vierzig Jahren intensiver Forschung, richtig verstehen könnten. Hunde sind intelligenter als Ratten, und Schimpansen sind noch intelligenter als Hunde; und doch kein Tier, nicht einmal der intelligente Schimpanse, ist in der Lage, Sprache zu verwenden. (Die sprechenden Vögel, auf die wir später eingehen werden, sind keine Ausnahme.) Erst nach solchen Vergleichen wird es einem möglich, die intellektuellen Leistungen des Menschen in der richtigen Perspektive zu sehen. Werden gleiche Methoden bei der Untersuchung von Tier und Mensch angewandt, so wird dadurch der Mensch nicht degradiert, sondern es wird vielmehr erst dadurch möglich, seine Ausnahmestellung richtig zu bewerten. Ja, erst dadurch werden in einem Maße, wie es der introspektiven Psychologie vollkommen unbekannt war, die Schwierigkeiten aufgezeigt, denen wir uns beim Versuch, seelische Vorgänge zu erklären, gegenübersehen.

Nun kommt allerdings kein Psychologe auf den Gedanken, daß zuerst alle Probleme des tierischen Verhaltens gelöst sein müßten, bevor wir darangehen können, das Verhalten des Menschen zu erforschen. Am erfolgreichsten ist es vielmehr, das Verhalten von Mensch und Tier gleichzeitig zu studieren, und zwar einmal der vergleichenden Untersuchungen wegen, deren Wert wir oben besprochen haben; zum anderen kann man hoffen, daß es leichter ist, das Verhalten niederer Tiere zu erforschen und daß uns die dabei erzielten Erfolge neue Anhaltspunkte und Hinweise für das Studium des menschlichen Verhaltens geben werden. Denn es besteht kein Zweifel darüber, daß die anatomische Organisation des Nervensystems bei allen Säugetieren mehr oder weniger die gleiche ist. Ebenso klar scheint es zu sein, daß die Prinzipien des Verhaltens oder der Gehirnfunktion, wenn schon nicht völlig gleich, so doch über weite Strecken die gleichen sind.

Das Anliegen der Psychologie des zwanzigsten Jahrhunderts ist keinesfalls die Erforschung der menschlichen Seele allein, sondern der Seele schlechthin (Seele so definiert, wie wir es zu Beginn dieses Kapitels getan haben). Psychologen untersuchen mit gleicher Berechtigung sowohl Schimpansen als auch Menschen.

Probleme des menschlichen Verhaltens: die abnorme Persönlichkeit

Bisher haben wir uns über das, was Psychologie ist und was sie zu erreichen sucht, überwiegend abstrakt ausgedrückt. Die gegebenen Definitionen werden dem Leser aber sinnvoller und lebendiger erscheinen, sobald wir uns ernstlich dem Studium des Verhaltens zuwenden. Wir werden im folgenden einige Aspekte des Fragenkomplexes „Persönlichkeit" und im nächsten Abschnitt einige des „sozialen Verhaltens" behandeln. Unter diese Überschriften fallen solche Fragen wie seelische Gesundheit und Erkrankung, Jugendkriminalität, Rassenvorurteile und psychologische Gründe für den Krieg, um nur einige zu nennen. Es braucht sicherlich nicht ausführlich erklärt zu werden, wie bedeutsam es für das menschliche Wohlergehen ist, mit diesen Problemen fertig zu werden. Viel Zeit und Geld wird für die psychologische Forschung in der Hoffnung aufgewandt, sie möge einen wesentlichen Beitrag zur Lösung gerade dieser Probleme liefern. Diese Hoffnung ist nicht ganz unberechtigt, denn es wurde schon viel erreicht, aber offensichtlich müssen wir noch vieles mehr lernen als bis heute möglich war.
Heißt das nun, daß im Hinblick auf die Dringlichkeit dieser Probleme die gesamte Forschung sich vor allem auf sie konzentrieren sollte? Diese Frage muß sicherlich verneint werden, denn ein wissenschaftliches Problem wird nicht immer dadurch gelöst, daß man sofort bei der „Anwendung" beginnt und auf die Klärung der Grundlagen verzichtet. In der folgenden Erörterung werden wir zu erklären versuchen, wie zum Beispiel Experimente über das Lernen der Hunde ein wichtiger Beitrag für das Verständnis menschlicher Probleme sein können. Die Analyse so komplexer Strukturen wie der des Nervensystems kann auf verschiedenen Ebenen durchgeführt werden. Ebenso wie es für das Verständnis von Geisteskrankheiten wichtig ist, diese direkt zu studieren, muß man, will man sie wirklich verstehen, auch den normalen, gesunden Mechanismus kennen. Um das zu erreichen, muß man bei Tieren und Menschen manchmal auch die einzelnen Prozesse untersuchen, die zur Entwicklung einer „normalen" oder „abnormen" Persönlichkeit beitragen.

„Persönlichkeit“ ist ein ziemlich vager Begriff, der kaum eindeutig erklärt werden kann. Er bezieht sich auf die seelischen Charakteristika, die das allgemeine Verhaltensmuster eines höheren Tieres bedingen. Im besonderen ist an solche Charakteristika gedacht, durch die sich ein Individuum von den anderen der gleichen Art sichtlich unterscheidet. Einige Psychologen schließen Charakteristika des intellektuellen Verhaltens in die Definition ein, andere unterscheiden wieder zwischen Intelligenz und Persönlichkeit. Die letzteren wollen unter dem Begriff Persönlichkeit nur emotionelle, motivationale und soziale Charakteristika wie zum Beispiel Freundlichkeit, Selbstsucht, Initiative, Führereigenschaften, Fröhlichkeit usw. verstanden wissen, aber Intelligenz so weit als möglich ausschließen.

Von einer Geisteskrankheit wird die Persönlichkeit in verschiedenster Weise erfaßt. (Übrigens stimmt es nicht, daß jeder der Patienten glaubt, er sei Einstein oder Kaiser Napoleon.) Die drei Fälle, die hier beschrieben werden, vermitteln einen Eindruck von der Vielfalt der Krankheitsbilder, wie man sie in den Kliniken antrifft.

Bei Frau X (Alter: 47 Jahre) hatte es mit einem dreitägigen Anfall von Depression begonnen. Später bekam sie diese Anfälle monatlich; sie dauerten mit der Zeit immer länger, schließlich bis zu zwei Wochen. Wieder etwas später ging jedem dieser Anfälle eine Periode freudiger Hochstimmung (Euphorie) voraus. Wenn Frau X sich im Zustand einer akuten Depression befand, wollte sie sterben (sie hatte aber noch nie Selbstmord versucht); sie weigerte sich, Besucher zu empfangen, sprach nichts, aß nichts und kleidete sich nicht an. Befand sie sich in einer Periode freudiger Hochstimmung, so sang und tanzte sie, erwartete die unwahrscheinlichsten Dinge von anderen Personen und war über jede Zurechtweisung oder Ermahnung, sich vernünftig zu verhalten, äußerst ungehalten. Ihr Zustand verschlechterte sich zusehends, und nach zwei Jahren, vom Zeitpunkt des ersten Anfalls an gerechnet, mußte sie in ständige Krankenhauspflege gegeben werden. Zur Zeit, als dieser Fall berichtet wurde, konnte dafür noch keine wirksame Behandlung gefunden werden.

Dr. Y (Alter: 35 Jahre) war Zahnarzt in der Armee. Im Anschluß an einen Anfall von Laryngitis fühlte er sich auch weiterhin müde und schwach und verlor das Interesse an seiner Arbeit. Es kam zu anhaltenden Verdauungsstörungen, er litt an Sodbrennen und gab sich mehr und mehr der Vorstellung hin, ein Magengeschwür zu haben. Bei einer medizinischen Untersuchung konnten keinerlei Anzeichen dafür gefunden werden. Mit der Zeit wurde seine Arbeitsfähigkeit sehr beeinträchtigt, er verlor an Selbstvertrauen und es kam so weit, daß er alle schwierigeren Fälle Kollegen übergab. Wegen dieser Symptome mußte er natürlich noch nicht in ein Krankenhaus eingeliefert werden (der Kontakt mit der Wirklichkeit war noch vorhanden), doch sein emotionelles Unbehagen war groß und seine Arbeitskraft ließ beträchtlich nach.

Durch Psychotherapie konnten seine tiefgreifenden seelischen Schwierigkeiten (sie hatten ihren Grund in einem besonderen Familienkonflikt) zwar nicht beseitigt, doch so weit gemildert werden, daß sie für den Patienten erträglich wurden und er seine Arbeit wieder zufriedenstellend durchführen konnte.

Herr Z. (Alter: 30 Jahre) war ein Medizinstudent. Während des ersten Jahres machte er in seinem Studium gute Fortschritte. Vom zweiten Jahr an hatte er jedoch Schwierigkeiten. Er litt an Kopfschmerzen, konnte sich nicht mehr recht konzentrieren und verlor an Gewicht. Außerdem bildete er sich ein, seine Lehrer hätten es darauf abgesehen, ihn durchfallen zu lassen. Eines Nachts dann, als er allein studierte, lehnte er sich plötzlich zum Fenster hinaus und beschimpfte einige ihm unbekannte Leute mit obszönen Ausdrücken. Später gab er an, die Leute hätten ihm mit einer Lampe ins Gesicht geleuchtet. Im Krankenhaus verschlechterte sich sein Zustand. Es kam oft vor, daß er mit niemand sprechen wollte und sich mehr und mehr zurückzog. Manchmal aber sprach er über mysteriöse Personen, die ihn angeblich verfolgten. Diese Leute brachten seine Gedanken durcheinander, hielten ihn dadurch vom Studium ab, riefen ihm obszöne Wörter zu und richteten irgendwelche Strahlen auf ihn, die seine Potenz schwächten. Er hatte nun lange Perioden, während der er überhaupt nicht reagierte, nicht einmal auf Nadelstiche. Er mußte künstlich ernährt werden. Während dieser Zeit konnte man seine Glieder in beliebige Stellungen bringen, in denen sie dann stehenblieben. Keine Behandlung war erfolgreich.

Was verursacht Geisteskrankheiten? Wie können sie geheilt oder – noch besser – verhindert werden? Es gibt zwei Möglichkeiten, um an diese Probleme näher heranzukommen. Einmal kann man empirisch-praktisch vorgehen. Das wird man dann tun, wenn man persönlich mit Patienten zu tun hat. Man wird einmal diese, dann jene Methode anwenden und so über Versuch und Irrtum herausfinden, welche wirkt und welche nicht. Der zweite Weg ist ein mehr oder weniger theoretisches Vorgehen. Hier geht es nicht in erster Linie darum, zu heilen und zu helfen, sondern vielmehr darum, das Problem zu verstehen. Man geht von der Überlegung aus, daß es einem, sofern man in der Lage ist, normales und abnormes Verhalten zu verstehen, auch gelingen wird, neue Behandlungsmethoden zu finden, möglicherweise solche, an die man sonst gar nicht gedacht hätte.

Beide Aspekte sind für den Fortschritt wesentlich. Der erste Weg hat unmittelbar zu praktischem Wissen geführt, das sofort angewendet werden kann. Ein Beispiel dafür sind die Beruhigungsmittel, die vielen Menschen geholfen haben, von denen aber niemand genau weiß, wie sie eigentlich wirken. Außerdem kann der Psychiater einen Kranken nicht damit abspeisen, daß er ihm sagt: „Wir verstehen Ihr Problem heute noch nicht ganz, kommen sie in einigen Jahren wieder, dann sind wir vielleicht schon ein bißchen weiter." Er muß auf alle Fälle jetzt und sofort helfen, und in vielen Fällen kann er auch wirklich Hilfe geben. Der größte Teil der Behandlungsmethoden, die bereitstehen, bringt allerdings meist nur Linderung, aber keine echte Heilung. Die Hoffnung auf bessere Heilmethoden muß sich auf den theoretischen Fortschritt stützen, auf neue Erkenntnisse.

Die grundlegende Frage, um die es hier geht, ist die: Was ist eine Geisteskrankheit? Einerseits besteht die Möglichkeit 1), daß es sich bei Geisteskrankheiten einfach um schlechte Gewohnheiten, verkehrte Denkweisen, das Ergebnis überstarker seelischer Anspannung handelt, oder darum, daß etwas zu fürchten gelernt wurde, vor dem man sich gar nicht zu fürchten braucht, oder daß jemand nicht gelernt hat, mit den Lebensproblemen eines Erwachsenen fertig zu werden. Das würde aber heißen, daß wir es nicht mit einer Krankheit im eigentlichen medizinischen Sinne zu tun haben, sondern eher mit einem pädagogischen Problem. Würden alle Kinder in richtiger Weise erzogen, so gäbe es – dieser Auffassung gemäß – keine Geisteskrankheiten. Andererseits besteht die Möglichkeit 2), daß es sich tatsächlich um eine Krankheit, um ein ausschließlich medizinisches Problem handelt, an das man nur mit Medikamenten (wenn man ihre Wirkung kennt) und ähnlichen Behandlungsmethoden herangehen kann. Kurz gesagt: Einige Teile der Maschinerie sind schadhaft geworden und müssen repariert werden, damit sie wieder normal funktionieren können.

Welche der beiden Ansichten ist nun richtig? Wir können darüber nicht mit Sicherheit entscheiden, haben jedoch guten Grund anzunehmen, daß keine von beiden die alleinige Wahrheit ist. Zur Zeit gehen die Ansichten darüber noch weit auseinander. Bevor wir die menschliche Seele nicht besser verstehen, werden wir zu keiner Entscheidung kommen. Vieles weist allerdings darauf hin, daß Geisteskrankheiten meist eine Kombination von unerwünschtem Lernen, verkehrten Denkweisen und einem Fehler oder einer Schwäche der Maschinerie sind.

Viele von denen, die sich mit diesem Problem beschäftigen, haben schon im vorhinein entschieden, zu welcher Antwort sie kommen werden.

1) Jemand, der der ersten Hypothese anhängt, wird sich vor allem mit der Entwicklung des Patienten befassen, um in den besonderen Erfahrungen oder in der absonderlichen Art der Erziehung, der der Patient ausgesetzt war, die Erklärung für die Krankheit zu finden. Sollte sich dieser Weg als

erfolgreich erweisen, so könnte man in Zukunft Geisteskrankheiten dadurch verhindern, daß man die Eltern lehrt, wie sie ihre Kinder erziehen sollen, damit sie einmal gesunde und normale Erwachsene werden. Dieselbe Ausgangshypothese wird einen auch dazu veranlassen, nach Methoden zu suchen, mit denen man die während der Kindheit erlernten Verhaltensweisen ändern und durch besser angepaßte ersetzen kann. Man wird dann auf diese Weise versuchen, ein Verhalten, das bereits gestört ist, zu korrigieren. Psychotherapie ist der Versuch, gestörtes Verhalten durch Sprechen mit dem Patienten und dadurch, daß man ihn zum Reden bringt, ihn in Situationen stellt, die ein Umlernen ermöglichen und seine Einstellungen oder was eben der Störung zugrunde liegt, zu ändern. Die bekannteste Form der Psychotherapie ist die Psychoanalyse. Sie wurde durch die scharfsinnigen Überlegungen eingeleitet, die Sigmund Freud um 1880 anstellte. Die Psychoanalyse ist sowohl eine Theorie als auch eine besondere Form der Behandlung.

2) Arbeitet man nach der zweiten Hypothese, so wird man die Ursachen u. a. in Krankheitsprozessen des Gehirns oder der endokrinen Drüsen suchen, deren Sekrete – die in den Blutstrom hinein ausgeschieden werden – für die Funktion des Gehirns notwendig sind, in mangelhafter Ernährung (zum Beispiel in Vitaminmangel), in Verletzungen oder in angeborenen Defekten des Nervensystems.

Jede dieser extremen Weisen, an das Problem heranzugehen, konnte einige Erfolge verbuchen: Die Schule der Psychotherapie oder des „Kindheitslernens" erweiterte sowohl unser Wissen über normales als auch über abnormes Verhalten. Die Schule, die die Ursache ausschließlich in Gehirnkrankheiten sucht, kann auf einige echte Heilungen verweisen. Die Psychotherapie hilft dem Patienten, mit seiner Störung zu leben, doch wird diese nach unserem gegenwärtigen Wissen niemals völlig beseitigt.

Die Suche nach organischen Defekten und Krankheiten konnte einige großartige Erfolge verzeichnen, zum Beispiel bei der Paralyse (syphilitische Gehirnerkrankung), bei seelischen Störungen als Folge von Beriberi und Pallagra (Vitamin-B-Mangel). Diese Krankheiten können vollkommen verhindert (und auch geheilt) werden, wenn der Patient frühzeitig genug behandelt wird, nämlich noch bevor es zu einer dauernden Störung gekommen ist. Dogmatismus und Ignoranz sind direkt proportional. Wir wissen sehr wenig über den Mechanismus der Geisteskrankheiten und sind daher dementsprechend dogmatisch in unseren Aussagen darüber. Der Leser wird in der Literatur wieder und wieder finden, wie ein Autor von vornherein den einen der beiden eben diskutierten Standpunkte einnimmt und dann dem anderen jede Bedeutung abspricht. An und für sich sind solche festgelegten Standpunkte kaum zu vertreten, denn es gibt keinen Anhaltspunkt dafür, weshalb Erlebnisse und konstitutionelle Faktoren nicht zusammenwirkend Geisteskrankheiten verursachen sollten. Außerdem wird gerade das von vielen Forschungsergebnissen nahegelegt.

Wie wir wissen, beeinflussen die Gehirnprozesse die Tätigkeit anderer Organe, und umgekehrt wirkt sich das in diesen Organen ablaufende Geschehen wieder auf die Gehirnprozesse aus. Zorn und Furcht stören zum Beispiel die Verdauung, beschleunigen die Herzschlagfrequenz und erhöhen die Ausscheidungen gewisser innersekretorischer Drüsen. Selbstverständlich kann das Gehirn nicht in Isolation leben, sondern auch seine Funktion hängt wesentlich von den chemischen Produkten ab, die ihm der Blutstrom zuführt. Jede der oben erwähnten Veränderungen (Verdauung, Blutzirkulation, Hormone) beeinflußt ihrerseits wieder die chemische Umgebung des Gehirns. Das Gehirn kontrolliert die anderen Teile des Körpers und ist gleichzeitig von ihnen abhängig. Das ist auch der Grund dafür, weshalb es zu richtiggehenden Teufelskreisen kommen kann. Funktion A ist gestört; dadurch wird Funktion B gestört, und B stört nun wieder A. Unter normalen Umständen sind einer solchen Störung gewisse Grenzen gesetzt, und nach einiger Zeit kehrt das ganze System wieder zu seiner Normalfunktion zurück, ja die Störung flaut sofort ab, wenn ihre Ursache behoben ist. Befindet sich aber ein schwaches Glied in der Kette, so kann das zu einem ganz anderen Ergebnis führen.

Betrachten wir zum Beispiel psychosomatische Erkrankungen. (Der Ausdruck soll wohl den Arzt daran erinnern, daß Leib und Seele eine Einheit sind.) Man versteht darunter solche Fälle von Magengeschwüren, Asthma, Hautkrankheiten usw., bei denen bestimmte Einstellungen und das gesamte Gefühlsleben des Patienten eine im hohen Grade mitbestimmende Ursache der Erkrankung sind, ja nach Ansicht mancher Forscher sogar die einzige. Es herrscht sicher kein Zweifel darüber, daß der Seelenzustand eines Patienten ein wichtiger Faktor bei diesen und anderen Erkrankungen ist, doch es besteht kein Grund anzunehmen, er sei der einzige. Die Schwierigkeiten, die sich einer solchen Schlußfolgerung entgegenstellen, sind immer die gleichen:

Warum bekommen manche Personen, die unter gleicher emotioneller Anspannung leben, keine Magengeschwüre? (oder Asthma, Herzkrankheiten usw.). Diese Sachlage ließe sich natürlich um vieles leichter verstehen, wenn nachgewiesen werden könnte, daß die ersten Symptome der Krankheit bereits vorhanden waren, bevor es zu dieser seelischen Belastung kam. Aus dieser Sicht könnte zum Beispiel das Magengeschwür eines Mannes mit kleineren Verdauungsstörungen beginnen, die so lange unbedeutend bleiben und nicht beachtet werden, bis irgendwelche Sorgen oder sonstige seelische Belastungen den Teufelskreis in Gang setzen. Die emotionellen Erregungen verschlimmern dann die Verdauungsstörungen, und es wäre wenigstens denkbar, daß die Störung dieser vegetativen Vorgänge die chemische Struktur des Blutes in solcher Weise veränderte, daß dadurch die emotionelle Reaktionsbereitschaft (Reizbarkeit) erhöht würde und das wiederum die Verdauungsschwierigkeiten steigerte usw.

Es ist weiterhin klar, daß jemand, der schon in seiner Kindheit gelernt hat, sich wegen seiner Gesundheit Sorgen zu machen, für einen solchen Prozeß besonders anfällig ist. Schon auf das erste Anzeichen eines Magenschmerzes, eines unregelmäßigen Herzschlages, auf die erste Andeutung eines Asthmaanfalles würde er mit dem größten Gefühlsaufwand reagieren und somit den beschriebenen Prozeß einleiten. Ob diese Art der Interaktion, wie wir sie hier darstellen, bei psychosomatischen Erkrankungen wirklich stattfindet, wissen wir nicht. Wäre dem aber so, so würde dadurch sowohl die Anfälligkeit des Patienten erklärt als auch der Umstand, daß gerade ein bestimmtes und kein anderes Organ des Körpers erkrankt.

Lassen Sie uns nun ähnliche Überlegungen über das Entstehen von Psychosen und Neurosen anstellen. Angenommen, eine Frau leidet an einer gewissen Schwäche der Hypophyse. Diese Schwäche wirkt sich so aus, daß die Hypophyse zwar unter normalen Umständen ausreichende Mengen von Sekreten ausscheidet doch das Reservoir für manche dieser Stoffe unter emotioneller Anspannung sehr schnell aufgebraucht ist. Länger dauernde Aufregungen, Ärger, der unterdrückt werden muß und somit länger anhält, wiederholte sexuelle Erregung, die nicht befriedigt wird usw. führen dazu, daß die Erzeugung dieser Stoffe durch die Hypophyse mit dem Verbrauch nicht mehr Schritt halten kann und daher gewisse Stoffe fehlen, die für die Funktion des Gehirns notwendig sind. Dadurch würde natürlich sofort eine Beeinträchtigung der seelischen Prozesse hervorgerufen, doch möglicherweise anfangs noch in einem so schwachen Ausmaß, daß sie nicht bemerkt wird. Sollten diese leichten Beeinträchtigungen aber zu einer weiteren emotionalen Anspannung (zum Beispiel zu neurotischer Angst) führen, so würde dadurch die Belastung der Hypophyse verstärkt werden, und der ganze Prozeß würde unaufhörlich fortschreiten und sich mehr und mehr steigern. Entstehen manche Geisteskrankheiten tatsächlich auf diese Weise (unser Beispiel war ein rein hypothetisches), so muß hier doch noch ein anderer Umstand erwähnt werden. Es ist bekannt, daß beim Auftreten von Geisteskrankheiten Vererbung eine gewisse Rolle spielt. In unserem Beispiel wäre es allerdings nicht eine Minderwertigkeit des Nervensystems, die vererbt wurde, sondern die Minderwertigkeit einer Drüse. Daraus folgt, daß sich der Pathologe, der nach den organischen Grundlagen der Geisteskrankheiten Ausschau hält, nicht allein auf das Gehirn beschränken darf, sondern auch andere Organe in seine Untersuchungen einbeziehen muß.

Das Gehirn und der übrige Körper bilden ein System. Die Ursache für Verhaltensstörungen kann sowohl im Drüsensystem – darüber haben wir eben gesprochen – als auch in den Wahrnehmungen und Gedanken des Subjekts begründet sein. Man schätzt zum Beispiel, daß unter den außerordentlichen Anspannungen des modernen Krieges, sofern der Widerstreit zwischen Furcht, Angst und Pflicht nur lange genug andauert, jeder Mensch zusammenbrechen muß. Dieser Zusammenbruch (Feuerschock oder Schlachtmüdigkeit), der auch als Kriegsneurose bekannt ist, sollte lieber als Gefechts- oder Schlachtpsychose bezeichnet werden. Wie man aus diesem Beispiel sieht, können auch seelische Anspannungen zu Geisteskrankheiten führen. Im extremen Fall der Schlachtpsychose kann das ohne erbmäßige Anlage geschehen; aber auch in weniger extremen Fällen, wenn nämlich dispositionelle Faktoren eine gewisse Rolle spielen, können wir annehmen, daß seelische Belastung nicht selten die auslösende Ursache eines Zusammenbruchs ist. Anerkennen wir auch vollkommen die Bedeutung konstitutioneller Faktoren für das Entstehen von Geisteskrankheiten, so darf uns das nicht dazu verführen, die Bedeutung des Faktors Erfahrung zu übersehen. Eine der beiden Erklärungen schließt die andere keineswegs aus.

Welche Kindheitserlebnisse formen die Persönlichkeit des Erwachsenen in einer solchen Weise, daß dieser Mensch zu einem Nörgler wird und immer die Fehler der anderen sieht; wie kommt es, daß ein anderer leicht in Jähzorn gerät und so überall anstößt; wodurch wird der dritte ein Pedant, der aus dem seelischen Gleichgewicht gerät, sobald irgend etwas nicht auf dem richtigen Platz liegt? Der eine Mensch lernt es, sobald er die Tür des Büros hinter sich geschlossen hat, alle Gedanken daran abzuschütteln, und ein anderer wird noch in der Nacht von der Last seiner Verantwortung gequält. Einer lernt, wie man sich im Umgang mit anderen Menschen verhalten muß, um mögliche Zusammenstöße auf ein Minimum herunterzudrücken; ein anderer lernt es nie, sondern scheint den Konfliktstoff überall, wohin er kommt, erst richtig anzufachen. Einer lernt es, sich rasch an neue und unangenehme Bedingungen anzupassen, ein anderer lernt es nicht, sondern verschlimmert die Situation sogar noch.

Wie sollen wir diese Persönlichkeitsunterschiede verstehen? Sicherlich ist dabei unter anderem auch ein Unterschied in der Lernfähigkeit beteiligt; und diese wiederum hängt zu einem großen Teil von dem Lernen während der Kindheit ab. Die Beschäftigung mit dem menschlichen Verhalten bringt uns immer wieder auf die grundlegenden Fragen des Lernens zurück. Obwohl die Psychologen seit einem halben Jahrhundert intensiv an diesen Problemen arbeiten, konnten noch immer keine klaren Antworten gefunden werden. Gewiß, wir haben schon eine beträchtliche Menge über das Lernen gelernt, doch oft ist es so, daß das Ergebnis einer Untersuchung uns nur neue Probleme zu lösen aufgibt. Durchbrechen wir die äußere Schale – und das ist sicherlich schon ein Fortschritt – so stoßen wir auf eine zweite, um vieles härtere.

Ein sehr aufschlußreiches Beispiel für abnorme Persönlichkeitsentwicklung ist folgendes Experiment, das an Tieren durchgeführt wurde. Der große *Physiologe* Pawlow fand, daß Hunde, denen eine Aufgabe gestellt wird, die zu schwierig für sie ist, nach mißlungenem Lösungsversuch Neurosen oder neurosenähnliche Zustände entwickeln. Dabei wurde auch diese Entdekkung wie manche andere (zum Beispiel die des Penizillins) mehr oder weniger zufällig gemacht, nämlich während einer Untersuchug, in der der Experimentator etwas ganz anderes bezweckte. Die Bedeutung dieser Entdeckung wurde jedoch sofort erkannt, und es wurden weitere Versuche zu ihrer Klärung durchgeführt. Der Experimentator wollte in diesem Experiment herausfinden, wie kleine Unterschiede zwischen zwei Gegenständen Hunde noch wahrnehmen können. Die Methode, derer er sich bediente, war die des *konditionierten Reflexes* (Seite 41 ff.). Den Tieren wurde beigebracht, daß sie immer, nachdem sie einen bestimmten Gegenstand zu sehen bekommen hatten, mit Futter belohnt wurden, jedoch nicht, wenn ihnen andere Gegenstände gezeigt wurden. War ein Hund nicht imstande, zwischen den beiden Gegenständen zu unterscheiden, so wurde er dafür nicht bestraft. Im Verlaufe des Experimentes wurden die beiden Gegenstände einander immer mehr angeglichen. Als dann ein Hund nach einigen Tagen nicht mehr in der Lage war, zwischen ihnen zu unterscheiden, veränderte sich plötzlich sein Verhalten. Der Hund folgte dann nicht mehr wie bisher bereitwillig in den Experimentierraum, sondern sträubte und wehrte sich, und statt wie früher ruhig im Apparat zu stehen, bellte er und bewegte sich wild hin und her. Auch hatte das Tier jegliche Unterscheidungsfähigkeit eingebüßt, sogar bei solchen Aufgaben, die es früher ohne Schwierigkeit bewältigt hatte. Die Störungen verschwanden nie mehr gänzlich; das Tier zeigte, wenn es nach längerer Zeit wieder in den Versuchsstand gebracht wurde, immer noch starke Anzeichen von Unruhe.

Hier scheinen also irgendwelche nicht mehr rückgängig zu machende Lernprozesse stattgefunden zu haben. Das gesamte Bild, einschließlich des emotionellen Aspektes und der Tatsache, daß die Symptome auch nach langer Zeit wieder ausgelöst werden können, zeigt eine auffallende Ähnlichkeit mit gewissen menschlichen Problemen. Wir können allerdings nicht eher mit Sicherheit sagen, die „experimentellen Neurosen“ und solche Neurosen, wie wir sie aus der Klinik kennen, seien dasselbe, bis wir beide noch weit besser verstehen. Von Bedeutung ist aber, daß durch diese experimentellen Neurosen der Beweis dafür erbracht wurde, daß Wahrnehmungen allein, ohne daß ihnen irgendwelche unangenehmen Erfahrungen folgen, zu schweren Verhaltensstörungen führen können. Käme es auch bei Menschen zu ähnlichen Erscheinungen, so würde das vieles erklären, was sonst rätselhaft bliebe.

Andererseits wäre dadurch noch lange nicht alles erklärt – verstehen wir doch weder den Zusammenbruch noch die Tatsache, daß dieses Lernen über so lange Zeit hin anhält. Auch wissen wir nicht, welche Situationen beim Menschen ähnliche Folgen auslösen würden. Ein Problem, das für einen Hund äußerst schwierig, ja, unlösbar ist, kann für ein Kind überhaupt kein Problem sein. Das sind Fragen, die auf experimentellem Wege nicht beantwortet werden können. Was wir statt dessen zu entdecken hoffen sind die Prinzipien, nach denen ein solcher Zusammenbruch erfolgt, sowie auch jene, die dem Lernen zugrunde liegen. Zweifellos werden wir auch dabei nicht allein mit Untersuchungen an Hunden auskommen; denn wenn wir auch glauben, das Verhalten der Hunde wirklich zu verstehen, so können wir doch noch immer nicht auf den Menschen schließen. Das höhere Intelligenzniveau des Menschen könnte zum Beispiel noch andere Varianten hervorbringen und somit eine Änderung unserer Schlußfolgerungen erfordern. Wenn wir die im Tierexperiment angewandten Methoden auch auf den Menschen anwenden, so müssen wir vorsichtig und schrittweise vorgehen und prüfen, ob sie uns zu einem besseren Verständnis des menschlichen Verhaltens verhelfen oder nicht. Bringen sie uns wirklich weiter, so ist das natürlich großartig; helfen sie uns nicht, so werden wir weitersuchen nach anderen Prozessen, die noch in Betracht gezogen werden sollten, und danach, ob nicht etwa unsere Interpretation des Tierexperimentes falsch sei.

Seit einiger Zeit schon hat man sich ganz besonders auf die Lernprozesse der Laboratoriumsratte konzentriert. Wenn hier eine eindeutige Antwort auf die Frage nach der Natur des Lernens gefunden wird, darauf, unter welchen Bedingungen es stattfindet und unter welchen nicht, so wird das von außerordentlich klärender Wirkung sein, und zwar auch für die Probleme, denen wir uns bei höheren Arten gegenübersehen. Es läßt sich im voraus natürlich nicht sagen, wann es zu diesem wissenschaftlichen Durchbruch kommen wird, und außerdem werden wir die menschlichen Probleme nicht ausschließlich durch Tieruntersuchungen klären können. Wenn jedoch der Angriff auf die verschiedenen Entwicklungsstufen ausgedehnt und von den verschiedenen Ausgangspunkten her vorgetragen wird, so bestehen größere Aussichten auf Erfolg, als wenn alle Mühe nur auf eine Art, nämlich den Menschen, konzentriert würde.

Persönlichkeit und soziale Probleme

Unsere einleitende Überschau über das Fachgebiet Psychologie und die Beziehung zwischen praktischen und theoretischen Problemen wollen wir mit einigen Betrachtungen über die Beziehung der normalen Persönlichkeit zu gewissen sozialen Problemen abschließen. Im besonderen wollen wir die Fragen „Gruppenkonflikt“ und „Vorurteil“ berühren.

Abneigung, Verdächtigungen und Haß gegen andere, die sich in Lebensstil, Aussehen und Glauben von der eigenen Art unterscheiden, ist eine weitverbreitete Erscheinung unter erwachsenen Menschen. Ja, man könnte sie nahezu als universelles Phänomen bezeichnen. Ob wir es nun gern hören oder nicht: Leute, die frei von solchen Vorurteilen und Einstellungen sind, bilden eine kleine Minderheit unter uns Menschen. Krieg selbst ist natürlich kein psychologisches Problem, doch die unvernünftigen Einstellungen, die ihn möglich machen, die durch Kriegshetze geschürten Vorurteile, – das sind eindeutig psychologische Probleme. Die Frage ist nur: Was kann dagegen getan werden?

Ähnlich wie bei den Geisteskrankheiten ist es auch hier wieder unser erstes Ziel zu verstehen, was vor sich geht; und erst dann, wenn wir das geschafft haben, können wir hoffen, heilend und vorbeugend einzugreifen. Doch hier wie dort stoßen wir mit jedem Schritt vorwärts auf neue, kompliziertere Rätsel, die uns die Gesellschaft zur Lösung aufgibt. Wenn Protestanten fürchten, die Katholiken könnten an Macht gewinnen und die Gesellschaft beherrschen, oder wenn die weiße Rasse in den Negern eine potentielle Bedrohung ihrer eigenen Zukunft sieht u. ä., so wird man solche Einstellungen vor allem einmal durch verbales Lernen zu erklären versuchen. Wie wir wissen, findet solches Lernen auch tatsächlich statt: den Kindern der einen Gruppe wird alles erdenklich Schreckliche über die andere Gruppe erzählt. Doch ist das die ganze Erklärung? U. a. zwei Punkte lassen Zweifel daran aufkommen: einmal gibt es Beispiele dafür, wie solche Gegensätze spontan aufspringen und deshalb nicht gut durch Lernen erklärt werden können. Zweitens: wurden diese Einstellungen gelernt, wie kann man dann ihre Stärke und Beharrlichkeit erklären? Dieses Lernen ist auch sicherlich gar nicht selten nur auf einige nebenbei gemachte Bemerkungen gegründet. Überlegen Sie sich im Gegensatz dazu nur, wie schwierig es ist, Kindern irgend etwas durch „verbales Lernen" beizubringen. Oft wird es nur unter größter Anstrengung aller Beteiligten, Lehrer und Kinder, erreicht; von der Nachhaltigkeit reden wir lieber gar nicht erst. Solche Überlegungen zwingen uns zu weiterem Nachdenken darüber, was denn noch bei Vorurteilen und Abneigungen mitspielen könnte. Betrachten wir nun das Ganze einmal in einem größeren Zusammenhang. Man ist es gewohnt, den Menschen für ein sehr vernünftiges Tier zu halten und ist daher sehr erstaunt, wenn man findet, daß er sich ohne vernünftigen Grund vor etwas fürchtet oder gegen etwas feindlich eingestellt ist. Deshalb suchen wir auch nach Erklärungen für die in Frage stehenden Einstellungen. Doch ist das Verhalten des Menschen wirklich immer nur durch rationale Gründe gesteuert? Ist alles, was er tut, vernünftig? Wenn wir diesen Fragenkomplex überschauen, so entdecken wir bald einige sehr erstaunliche Sachverhalte die zu der Annahme führen, daß die Ablehnung von Gruppen nur ein besonderer Fall eines viel allgemeineren Phänomens ist, nur eine Manifestation von etwas viel tiefer Liegendem. Furcht entsteht zum Beispiel nicht nur dann, wenn eine Verletzung vorhergesehen wird (das wäre ein vernünftiger Grund), und nicht jede Wut wird durch Frustration ausgelöst! Der Mensch ist sicherlich das intelligenteste aller Tiere, die bisher von Wissenschaftlern untersucht wurden. Der Preis, den er für seine höhere intellektuelle Fähigkeit gezahlt hat, ist anscheinend eine mit dieser korrespondierende stärkere Empfänglichkeit für emotionelle Störungen. Der Entwicklung der Fähigkeit zu rationalem Denken scheint eine ebensolche für irrationales parallelzulaufen.

Vergleichende Untersuchungen, die in diesem Zusammenhang unternommen wurden, dienen v. a. zwei Zwecken. Einmal können wir an Tieren die Entwicklung der Emotionen unter kontrollierten Bedingungen studieren. Das geht so weit, daß wir schließlich die ganze Lebensgeschichte eines bestimmten Tieres genau kennen. (Komplikationen durch verbales Lernen können wir ausschalten.) Weiter liefern uns diese Untersuchungen neue Gesichtspunkte, machen uns auf Aspekte aufmerksam, die wir sonst wohl ihrer Alltäglichkeit wegen übersehen würden. Die Furcht vor Fremden – man sagt, die Kinder seien scheu – tritt zwischen dem 6. und 12. Lebensmonat auf. Furcht vor der Dunkelheit oder vor nur vorgestellten sich in der Dunkelheit verbergenden Wesen findet man nicht vor dem 3. Lebensjahr. Schlangen, sowohl harmlose als auch gefährliche, werden nahezu auf der ganzen Welt ungefähr vom 6. Lebensjahr an gefürchtet. Diese Fakten – sie sind uns allen bekannt, vielleicht sogar zu bekannt – werden selten im Zusammenhang gesehen. Berücksichtigt man jedoch das alles, so ergibt sich zwangsläufig die Frage, ob sich der Mensch tatsächlich so von Vernunftgründen leiten läßt, wie wir es gern glauben möchten. In bezug auf soziale Feindschaften muß man fragen, ob diese Einstellung des Menschen gegenüber anderen, die sich von ihm durch Aussehen und Glauben unterscheiden, nicht in irgendeiner

Form in den Rahmen dieses irrationalen Verhaltens paßt. Und eben das ist es, was uns durch vergleichende Untersuchungen nahegelegt wird.
Wenn wir von der Ratte zum Schimpansen fortschreiten, so finden wir eine stets zunehmende Vielfalt von Gründen, die Furcht auslösen können. Lauter Lärm, plötzlicher Verlust des Stützpunktes (Umfallen oder umgestoßen werden) und Schmerz lösen nahezu in allen Säugetieren Furcht aus. Für die Laboratoriumsratte kommt zu dieser Liste noch „fremde Umgebung" hinzu. Noch länger wird die Liste für Hunde, denn es kommen hinzu: fremde Personen, bestimmte fremde Gegenstände (ein Ballon, der aufge-

Abbildung 1. Eines der Probleme, auf das wir beim Studium des Verhaltens höherer Tiere stoßen, ist folgendes: Warum fürchten sich Schimpansen vor Gegenständen wie der Totenmaske eines Schimpansen (links) oder dem Modell des Kopfes eines Schimpansenjungen (rechts)?

blasen wird, eine Tierstatue), ein unbekanntes Ereignis (wenn der Besitzer andere Kleider an hat, oder wenn ein Hut mit einer Schnur, die der Hund nicht sehen kann, über den Fußboden bewegt wird). Selbstverständlich ist nicht jeder Hund so leicht aus der Ruhe zu bringen. Doch Furcht wird in Hunden ganz allgemein durch eine weit größere Vielzahl von Bedingungen ausgelöst als in Ratten. Die Anzahl der Bedingungen, aber auch der Grad der Störung, zu dem sie führen, nimmt bei Affen und Menschenaffen abermals zu. Wollte man alles das aufzählen, was in einem Schimpansen Furcht auslöst, so ergäbe sich eine nahezu endlose Liste: die ungewohnte Form einer Karotte, ein Wurm in einem Keks, eine Schnur von einer bestimmten Größe und Farbe, eine Puppe, die ein Tier darstellt, und so immer fort. Es gibt Dinge, die nur von einigen Tieren und nicht von anderen gefürchtet werden; dann gibt es aber auch Gegenstände, die in allen erwachsenen Schimpansen unterschiedslos Furcht auslösen. Dazu gehören bestimmte Tierpuppen, die Skulptur eines Schimpansenkopfes oder die Totenmaske eines Schimpansen (Abbildung 1).

Ähnlich sind auch die Gründe, die zu feindlicher Haltung und zum Angriff führen, in höheren Tieren vielfältiger als in niederen. Die Ratte beißt, um zu entfliehen, um Schmerzen zu vermeiden; sie kämpft auch noch um Futter und um ihre Jungen zu verteidigen. Aber das sind auch schon so ziemlich alle Gründe, die sie zum Kämpfen veranlassen. Es gibt bei der Beschreibung des Verhaltens der Ratte keinen nachweislichen Grund, von Zorn und Ärger zu reden. Um wie vieles komplexer sind aber schon die Gründe, die bei Hunden Aggression auslösen. Manchmal hat man den Eindruck, Hunde „schmollten" (eine Form des Zorns im Menschen) und seien aus „Eifersucht" aggressiv. Schimpansen sind häufig verärgert, und Angriffe ohne ersichtlichen Grund sind keine Seltenheit. Die Gründe für Wutanfälle und Furcht, die man erkennen kann, zeichnen sich durch außerordentliche Vielfalt aus. Ein junger Schimpanse bekam richtige Wutanfälle, wenn ein junges Weibchen nicht gerade dort saß, wo er es gut beobachten konnte. Ein anderes Männchen wurde wütend, wenn es zusehen mußte, wie sich in einem anderen Käfig ein Männchen mit einem Weibchen sexuell beschäftigte. Wenn einem Schimpansen Futter angeboten und dann wieder zurückgezogen wird, so macht ihn das nicht gieriger nach dem Futter (was bei Hunden der Fall wäre), sondern es verärgert ihn. Er „schmollt" und nimmt das Futter, nach dem er ursprünglich so sehr verlangte, aus „Trotz" nicht mehr an. Die Liste dieser Zornauslöser könnte ebenso wie die der Dinge und Ereignisse, vor denen sich ein Schimpanse fürchtet, bis ins Unendliche fortgesetzt werden.

Alle bis jetzt gesammelten Daten stimmen darin überein, daß die komplexere Maschinerie, die für die höheren intellektuellen Prozesse notwendig ist, auch leichter störbar ist, d. h. also, daß die gesteigerte Empfänglichkeit für irrationale Prozesse mit der immer besser entwickelten Fähigkeit, Probleme zu lösen, Hand in Hand geht. Das gleiche gilt übrigens auch für die Entwicklung des einzelnen Tieres. Jedenfalls stimmt das für Hunde und Schimpansen; die komplexeren und schwieriger verständlichen Gründe für Furcht und Aggression findet man eher bei den älteren Tieren als bei den jüngeren. Desgleichen sind die Gründe auch bei Kindern bis zu einem Alter von 5 oder 6 Jahren einsehbar, doch nicht mehr bei erwachsenen Menschen. Wir Erwachsenen glauben, von Furcht und Aggressionen frei zu sein und niemals jemanden, außer in Notwehr, zu verletzen. Ist dem wirklich so? Stimmt es wirklich, daß der erwachsene, zivilisierte Mensch ein nettes und vernünftiges Wesen ist, oder sollten wir in ihm eher ein wildes, gefährliches Tier sehen, das nur intelligent genug ist, seine gefährlichen Eigenschaften mit Hilfe sozialer Einrichtungen im Zaume zu halten? Mit Hilfe eines Systems also, das er schon weit entwickelt hat, das aber noch lange nicht vollkommen ist? Dieses System müßte eine gründlichere Ausbildung des heranwachsenden Kindes in den Gebräuchen, Sitten, den Moralvorstellungen und den komplizierten Regeln der Höflichkeit und des Anstandes, eben all dessen, was man von einem Erwachsenen erwartet, einschließen. (Schwere Strafen für jeden, der sich nicht an die „Norm" hält, wären in diesem System selbstverständlich). Einen besonderen Platz würden in dieser Ausbildung Religion, die sozialen Einrichtungen, die damit im Zusammenhang stehen, und Staat und Gesetz einnehmen.

Ist das aber auch wirklich eine zutreffende Beschreibung der Verhältnisse? Feindseligkeit gegenüber anderen Gruppen von Menschen würde vollkommen in ein solches Bild passen. Wir wissen zwar nicht, ob es tatsächlich so ist, doch muß eine solche Annahme ernstlich in Erwägung gezogen werden, wenn wir jemals lernen wollen, mit dem Problem des Krieges fertig zu werden. Ist der Mensch jedoch seiner Natur nach ein friedfertiges Wesen, dem man nur beigebracht hat, kriegerisch und grausam zu sein, so brauchen wir nichts weiter zu tun als zu verhindern, daß Kinder Schlechtes über andere Gruppen gelehrt wird. Sollte aber der Mensch ganz anders geartet sein, so wäre es höchste Zeit herauszufinden, welche Art von Umgebung und Behandlung aus Kindern freundliche und friedfertige Erwachsene macht die fähig sind, auch mit Menschen anderer Rasse und anderer Konfession zusammenzuleben. Da es schon einige solcher Menschen gibt, stehen wir keineswegs vor einer unlösbaren Aufgabe. Nur wissen wir heute noch nicht, welcher Bedingungen es bedarf, damit ein Kind ein derartiger Erwachsener wird.

Die Fragen, die hier hineinspielen, schließen alle Teilgebiete der Psychologie ein; doch möchten wir den Leser daran erinnern, daß dieses Buch kein Hand- oder Lehrbuch der Sozialpsychologie oder der klinischen Psychologie ist. Vielmehr möchten wir begreiflich machen, warum sich Psychologen in einer Zeit so lebenswichtiger Probleme wie Geisteskrankheiten und sozialer Konflikte aller Art mit dem Gefühlsleben der Schimpansen beschäftigen, Studenten sinnlose Silben lernen lassen oder die Formwahrnehmung von Ratten und Katzen studieren. Es hat seinen Grund; wollen wir nämlich in der Auseinandersetzung mit sozialen Problemen über die Stufe des „Über-den-Daumen-Peilens" hinauskommen, so müssen wir Denken, Wahrnehmen und Gefühle des Menschen verstehen. Und auf das Verständnis eben dieser grundlegenden Prozesse zielen diese rein akademischen Untersuchungen ab.

Wir wissen, daß die Wahrnehmung eines Mitgliedes einer anderen Gruppe von unseren Ansichten über diese Gruppe beeinflußt ist, doch wissen wir nicht, wie es dazu kommt. Wir wissen, daß rein intellektuelle Vorstellungen wie die, daß sich die Erde um die Sonne bewegt und nicht umgekehrt, oder daß der Mensch von niederen Arten abstammt, starke gefühlsmäßige Reaktionen hervorrufen können, doch wissen wir wiederum nicht, warum; und ebensowenig wissen wir, warum manche Menschen davon nicht berührt werden. Wir wissen, daß manche der Einstellungen, die während der Kindheit gelernt werden, sehr dauerhaft sind; wir wissen jedoch nicht, wie und wodurch sich dieses Lernen von anderem Lernen, das leichter abgebaut und modifiziert wird, unterscheidet.

Psychologie, so wie sie in diesem Buch verstanden wird, ist in erster Linie eine akademische Disziplin, die sich der Untersuchung der mehr komplexen Aspekte des Verhaltens – oder des Geistes widmet, der das Verhalten bedingt. Wir haben begründete Hoffnung, daß die Psychologie auch in Zukunft zu Ergebnissen kommen wird, die praktischen Wert für die Behandlung menschlicher Probleme haben werden. Um allerdings dazu wirklich in der Lage zu sein, muß sie ihre Anstrengungen hauptsächlich auf die Lösung grundlegender Fragen verlegen. Der Student, der sich der Psychologie zuwendet, weil er für das Wohlergehen der Menschen arbeiten möchte, muß sie ebenso wie derjenige, der mehr wissenschaftliche als humanitäre Interessen verfolgt, vorerst als ein rein akademisches Fach meistern. In Übereinstimmung mit dieser Auffassung will dieses Buch den Leser mit den grundlegenden Ideen der Psychologie als Wissenschaft bekanntmachen. Bevor wir nämlich von einer angewandten Wissenschaft reden, müssen wir erst eine Wissenschaft haben, die wir anwenden können.

Zusammenfassung

Früher wurde Psychologie die Wissenschaft von der Seele genannt, heute nennt man sie meist die Wissenschaft vom Verhalten. Ist es die Seele, die das komplexe Verhalten höherer Tiere bedingt, so sind beide Definitionen annähernd richtig. In der modernen Psychologie wird die Seele als Teil oder Aspekt der Gehirntätigkeit betrachtet – diese Feststellung soll als Arbeitshypothese aufgefaßt werden – und ausschließlich mit Hilfe objektiver Methoden erforscht. Von den seelischen Vorgängen selbst haben wir nur ein indirektes, theoretisches Wissen, welches aus dem Verhalten erschlossen wird. In einem so abgesteckten Rahmen hat die Tieruntersuchung ihren natürlichen Platz. Sie wird teils um ihrer selbst willen unternommen, teils um neues Licht auf menschliches Verhalten zu werfen.

Die dringlichsten Probleme, denen sich unsere Wissenschaft heute gegenübersieht, sind die der Geisteskrankheiten und der sozialen Konflikte. Diese Probleme muß man auf mehreren Ebenen gleichzeitig angreifen. In der Praxis müssen wir an diese Probleme mit dem geringen Wissen und den Mitteln, die uns heute zur Verfügung stehen, herangehen; ein besseres Verständnis dieser Probleme kann uns in Zukunft nur die Entwicklung der „reinen Wissenschaft", die Erweiterung unseres theoretischen Wissens, bringen. Geisteskrankheiten erfassen Wahrnehmung, Gedächtnis, Gefühle, Denken usw., und eben dasselbe tut eine feindliche Einstellung gegenüber anderen Menschen. Weil wir aber bis heute weder Wahrnehmung noch Gedächtnis noch sonst einen dieser Prozesse ganz verstehen, ist eben alles, was uns mehr über diese Vorgänge lehrt – mag es nun eine Untersuchung des Augenlidreflexes am Menschen oder eine über das Paarungsverhalten der Ratten sein – ein potentieller Beitrag zum Verständnis der Geisteskrankheiten und der Gründe für soziale Konflikte.

2. Seelische Prozesse, erschlossen vom Verhalten her

Wie wir schon im 1. Kapitel betonten, kann eine brauchbare Theorie des Verhaltens, die bessere Wege zur Lösung unserer praktischen Probleme weisen wird, nur auf objektive Daten gegründet sein. Daraus folgt, daß wir seelische Vorgänge nicht unmittelbar durch Selbstbeobachtung erforschen können, sondern sie aus dem Verhalten erschließen müssen. Doch in welcher Weise kann das geschehen? Gewiß, auch Berichte über das eigene Bewußtseinsleben sind Verhalten und können daher objektiv ausgewertet werden. Doch sind diese Berichte bekanntlich ein äußerst unzuverlässiges Beweismaterial. Das ist der wesentliche Grund dafür, daß wir beim Ausbau unserer Theorie hauptsächlich auf einfacheres Verhalten angewiesen sind. Alle Einzelheiten müssen dabei selbstverständlich näher begründet werden, was nun in diesem Kapitel geschehen soll.

Der Schluß vom Verhalten auf seelische Vorgänge ist keineswegs so abwegig wie es vielleicht zunächst scheinen mag, ist er doch aus dem täglichen Leben einem jeden bekannt. Die Aufgabe der Wissenschaft ist es, aus der Summe all dieser Erscheinungen verläßliche Untersuchungsmethoden zu entwickeln. Wir werden einfache Fälle kennenlernen, bei denen dieser Schluß ohne weiteres gezogen wird, und wieder andere, deren Erhellung beträchtlichen Scharfsinn erfordert. Wir werden in diesem Zusammenhang noch auf eine andere interessante Beobachtung stoßen: wir schließen bei Tier und Mensch in ähnlicher Weise vom Verhalten auf seelische Vorgänge.

Die Beispiele, die wir besprechen werden, stammen einmal aus den für das Studium des Verhaltens wichtigen Bereichen des Lernens und der Wahrnehmung, zum andern aus den für das Verständnis höherer Tiere ebenso bedeutsamen Fragenkomplexen, Einstellungen und Gefühlen. Beim Lesen dieses Kapitels sollten sowohl die methodischen Probleme, die angeschnitten werden, als auch die Fakten, die für sich allein schon von Bedeutung sind, beachtet werden.

Wahrnehmung: Übungs- und Testmethoden

Eine der wichtigsten Methoden für die Untersuchung der Wahrnehmung ist das Unterscheidungslernen. Was wir dadurch erreichen wollen, ist im wesentlichen nichts anderes als herauszufinden, welche Gegenstände ein Tier als „gleich" und welche es als „verschieden" wahrnimmt. Interessieren wir uns dafür, wie feine Unterschiede zwischen zwei Gegenständen von einem Tier noch wahrgenommen werden können, so üben wir es darauf ein, auf einen bestimmten Gegenstand und nicht auf einen anderen in einer bestimmten Weise zu reagieren. Bringt ein Tier eine solche „differentielle Reaktion" fertig, so ist es für uns klar, daß es fähig ist, zwischen den beiden Gegenständen zu unterscheiden! Haben nun zwei Gegenstände für ein Tier nahezu nichts gemein, so wird diese „differentielle Reaktion" in kürzester Zeit gelernt werden; sind sie einander ähnlich, doch immer noch unterscheidbar, so bedarf es schon längerer Übung; führt aber auch ein sehr langes Training zu keiner „differentiellen Reaktion", so können wir mit ziemlicher Sicherheit annehmen, daß das Tier die beiden Gegenstände nicht unterscheiden kann. Haben wir ein Tier nun auf einen Gegenstand eingeübt, so können wir es auch an anderen testen, die uns vom menschlichen Standpunkt aus ähnlich erscheinen. Daran, ob auch dieser andere Gegenstand die gleiche Reaktion auslöst, ersehen wir, ob er unserem Versuchssubjekt ähnlich erscheint oder nicht.

Auf diese Weise kann man also erforschen, wie die Welt eines Tieres aussieht, klingt, sich anfühlt, wie sie riecht usw. Beim Menschen erübrigen sich im allgemeinen derartige Versuche. Er hat von Kindheit an viele Reaktionsweisen gelernt, auf die wir auch in der experimentellen Situation zurückgreifen können. Besonders wichtig ist hierbei natürlich das verbale Lernen. Eine Vielzahl von Gegenständen hat er mit Namen zu bezeichnen gelernt, und wir brauchen ihn daher nur nach dem Namen eines Gegenstandes zu fragen. Nennt er z. B. einen Gegenstand ein Quadrat und einen anderen einen Kreis, so können wir daraus schließen, daß er einen Unterschied zwischen den Gegenständen wahrnimmt. Auf diese Weise finden wir dann auch heraus, daß Kreise von verschiedener Farbe und Größe, in verschiedenen Entfernungen dargeboten, für unsere Versuchspersonen immer noch etwas Gemeinsames haben müssen, denn sie reagieren auf all diese verschiedenen Reize in gleicher Weise, indem sie sie alle „Kreise" nennen. Weil beim Menschen keine besonderen Vorübungen nötig sind, könnte man meinen, er eigne sich in idealer Weise für Wahrnehmungsversuche, doch auch hier gibt es eine Schattenseite. Wir wissen nicht bis in alle Einzelheiten, was ein Mensch in der Vergangenheit gelernt hat. Das kann jedoch, wie wir bald sehen werden, zu Fehlern führen.

1. Der große russische Physiologe Pawlow entwickelte die Methode des konditionierten Reflexes. Sie hat heute weite Verbreitung gefunden, wird von Forschern in aller Welt angewandt, und es ist daher wichtig, daß der Student sie wirklich versteht. Pawlow selbst arbeitete hauptsächlich mit Hunden, wobei Speichelsekretion die Reaktion war, die konditioniert wurde. Im Anschluß an seine Arbeiten wurde die Methode an vielen Arten, den Menschen eingeschlossen, angewandt und eine Vielzahl verschiedener Reaktionen wurde konditioniert.

Die Pawlowsche Methode ist im wesentlichen die folgende: Dem Tier wird ein neutraler Reiz, also einer, der es weder in einer besonderen Weise erregt noch eine spezifische Reaktion auslöst, dargeboten. Dem folgt ein Reiz (Gegenstand oder Ereignis), der eine spezifische Reaktion auslöst. Wenn zum Beispiel ein Tier hungrig ist und gefüttert wird, so löst das Speichelsekretion und Freßbewegungen aus, oder ein elektrischer Schock am Fuß führt zu einer Zuckung. Wird diese Reihenfolge: neutraler Reiz – Reiz, der eine spezifische Reaktion auslöst, einige Male wiederholt, so kommt es schließlich dazu, daß der neutrale Reiz allein schon die spezifische Reaktion auslöst, die erst zum zweiten Reiz gehört. Das Tier scheidet dann schon Speichel aus, bevor noch das Futter gezeigt wird und zuckt schon, bevor es den Schock bekommen hat. Diese Reaktion, sagt man, sei bedingt oder konditioniert. Der neutrale Reiz wird *konditionaler Stimulus* (CS) und die Reaktion darauf *konditionierter Reflex* (CR) genannt. Der ursprünglich erregende Reiz – also das Futter oder der Schock – heißt *unkonditionaler Stimulus* (UCS) und die Reaktion darauf *unkonditionierte Reaktion* (UCR). Das Wesentliche des ganzen Verfahrens ist die wiederholte Aufeinanderfolge von CS–UCS, wodurch die Entstehung eines CR bewirkt wird.

Dann können dem Tier natürlich auch andere Reize, denen kein UCS folgt, dargeboten werden. Kann das Tier zwischen diesen „negativen" Reizen und dem positiven CS unterscheiden? Ist es möglich, daß seine Reaktion nur zum positiven CS konditioniert wird?

Dazu nun ein Beispiel: Im 1. Kapitel beschrieben wir ein Experiment, in dem ein Hund darauf trainiert wurde, nur auf einen bestimmten Reiz-

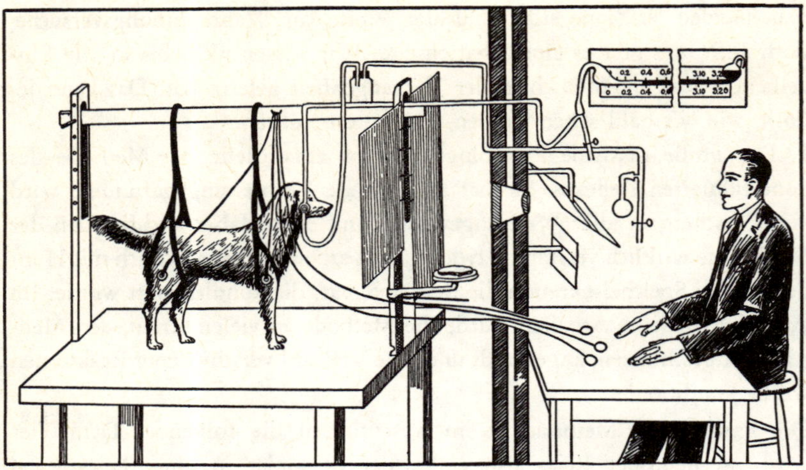

Abbildung 2. Apparat zum Studium des konditionierten Reflexes (Speichelausscheidung), wie ihn Pawlow verwendete. Der Hund und der Experimentator befinden sich in getrennten Räumen. Vor den Händen des Experimentators sehen wir die Tasten zur Kontrolle des CS (taktil: Beachte die Plättchen, die an Schulter und am Schenkel des Hundes angebracht sind) und UCS (das Tablett mit dem Futter kann so bewegt werden, daß es in Reichweite des Hundes kommt). An der Wange des Hundes ist ein Röhrchen angebracht, das mit dem Manometer oben rechts verbunden ist. Durch dieses kann die Menge der Speichelausscheidung gemessen werden. Nach Pawlow: Lectures on Conditioned Reflexes, übersetzt von W. H. Gantt, International Publishers, Inc.)

gegenstand und nicht auf einen anderen zu reagieren. Waren die beiden Gegenstände einander jedoch so ähnlich, daß das Tier sie nicht mehr zu unterscheiden vermochte, so erlitt es etwa das, was man im landläufigen Sprachgebrauch einen „Nervenzusammenbruch" (experimentelle Neurose) nennt. Der positive CS war ein Kreis, der vor dem Hund an die Wand projiziert wurde, der UCS Futter und der negative CS ein Oval. Speichelsekretion war die CR. Um den ausgeschiedenen Speichel sammeln und messen zu können, mußte man an der Wange des Tieres eine kleine Operation ausführen. Anfangs, als sich Kreis und Oval deutlich unterschieden – das

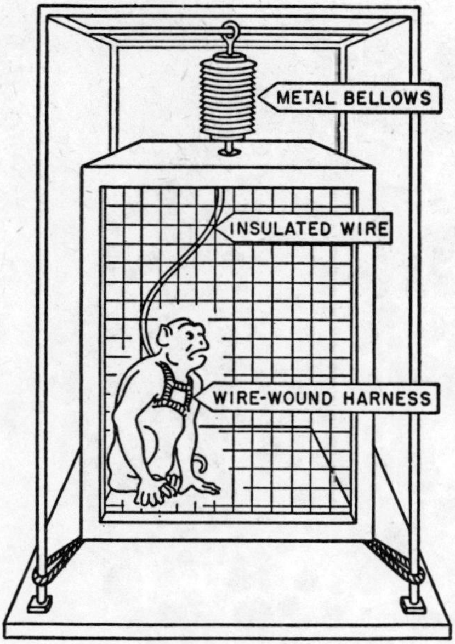

Abbildung 3

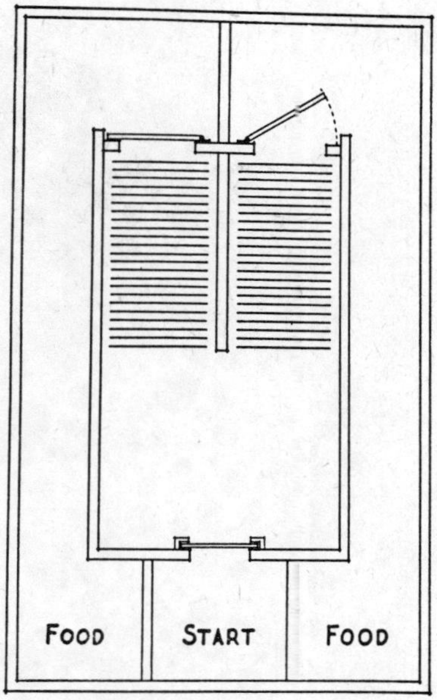

Abbildung 4

Abbildung 3. Konditionierung einer allgemeinen Reaktion zu einem elektrischen Schock. Der Affe befindet sich in einem „Stabilimeter“, mit dessen Hilfe jede Bewegung, die er macht, aufgezeichnet werden kann. Auf den akustischen CS folgte ein elektrischer Schock. Dieser wurde durch Drähte, die am Brustgeschirr des Affen angebracht waren, appliziert. (Nach Harlow, H. F. Primate Learning, in Comparative Psychology, Calvin P. Sonte, Editor, 3. Aufl., Prentice-Hall, Inc.)

Abbildung 4. Die von Lashley modifizierte Form des von Yerkes entworfenen „Diskriminationskäfigs“. Der Versuch beginnt damit, daß die Schiebetür des Startkäfigs vom Experimentator geöffnet wird. Bei jedem Versuch ist eine der beiden Schwingtüren geschlossen. Vor jeder der beiden Türen befindet sich ein Drahtgitter (horizontale Striche), über das das Tier mit einem leichten elektrischen Schock für die Wahl des falschen Tores „bestraft“ werden kann. (Nach Lashley: Comparative Psychology Monographs, 1935 Band 11.)

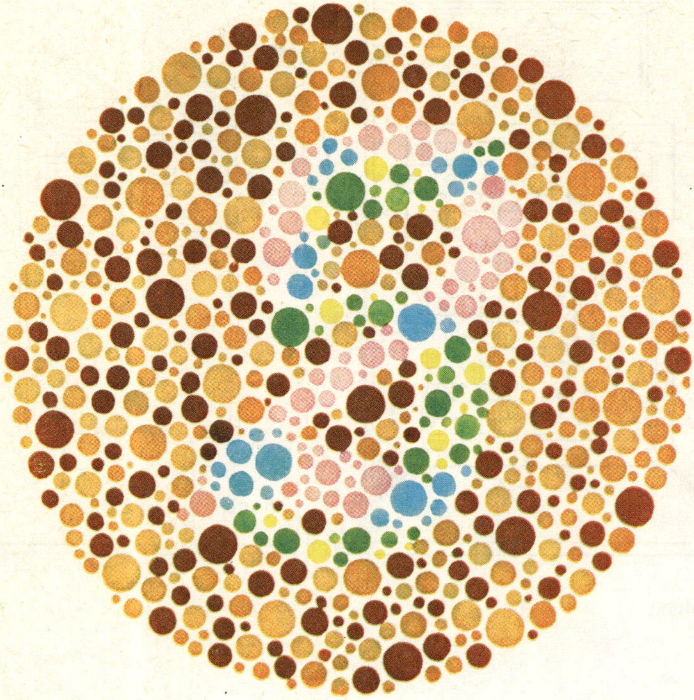

Abbildung 5. Beispiel einer Tafel des Ishihara Testes. Farbblinde sehen hier eine 2 und Farbtüchtige die Ziffer 5. (Nachgedruckt mit Genehmigung aus der Ishihara-Serie von Tafeln zur Feststellung von Farbenblindheit, Tokyo, Kanehara & Co., 1920)

Verhältnis von Breite zu Länge war im Oval 2:1 – konnte eine klare differentielle Reaktion festgestellt werden. Nur wenn der Kreis dargeboten wurde, schied das Tier Speichel aus. Von Versuch zu Versuch wurde das Verhältnis von Breite zu Länge reduziert, bis es schließlich auf 9:8 reduziert war. Hier kam es zuerst zu unklaren Reaktionen – es wurde immer noch bei der Darbietung des Kreises mehr Speichel als bei der des Ovals ausgeschieden – doch der Mengenunterschied war schon wesentlich geringer, und dann kam es zum „Nervenzusammenbruch". Wahrnehmungsmäßig war für den Hund das Oval 1:2 klar vom Kreis verschieden, nicht so das Oval 9:8. In der Umgangssprache würden wir sagen, „das Oval 9:8 sah fast wie ein Kreis aus".

Die Methode der konditionierten Reflexe eignet sich besonders gut zum Studium von akustischen Wahrnehmungen. Nehmen wir zum Beispiel einen Brummton als CS. Dazu einen CR aufzubauen, bereitet keine Schwierigkeit; und dann gilt es herauszufinden, wie dieser Brummton vom Hund wahrgenommen wird. Setzen wir nun statt des Brummtons einen Glockenton oder andere höhere oder tiefere Brummtöne ein, so werden wir feststellen, daß der Hund während des Experiments zu all diesen Tönen Speichel ausscheidet. Soll das nun heißen, daß all diese Töne für den Hund ähnlich oder gar gleich klingen? Nein, denn wie wir sehr bald sehen werden, können Hunde sehr gut zwischen verschiedenen Tönen unterscheiden. Was uns dieses Experiment bisher wirklich gezeigt hat, ist, daß Hunde wie auch andere Tiere (und selbst der Mensch) „generalisieren". Sie sind aber sowohl in der Lage, auf eine ganze Klasse von Geräuschen als auch auf ein bestimmtes Geräusch zu reagieren. Zuerst wird die generalisierte Reaktion gelernt.

Nun können wir darangehen, die Reaktion des Hundes auf einen besonderen Reiz zu konditionieren. Um das zu erreichen, werden wir eine ganze Anzahl negativer CS (denen kein Futter folgt) und einen positiven CS verwenden. Der Hund wird dann sehr bald so weit kommen, daß er nur noch auf den einen bestimmten Brummton (innerhalb der Grenzen seiner Unterscheidungsfähigkeit), den positiven CS, mit der Ausscheidung von Speichel reagiert. Das gleiche Experiment können wir auch mit reinen Tönen, also solchen mit nur einer Schwingungsfrequenz, durchführen. Ein Ton müßte dann wieder der positive CS sein, und verschiedene andere würden wir als negative CS verwenden. Pawlow konnte auf diese Weise feststellen, daß Hunde in der Lage sind, zwischen einem Ton mit der Frequenz 1000 und einem mit der von 1012 zu unterscheiden. Und das ist zweifellos eine ganz außerordentliche Leistung.

Wir könnten nun mit diesen Experimenten noch etwas weitergehen und Reaktionen auf Tonfiguren, zum Beispiel auf eine Folge von drei Tönen mit den Frequenzen 500, 600 und 300, konditionieren. Dabei würde sich zeigen, daß Hunde, ähnlich wie Menschen, fähig sind, eine Melodie zu erkennen und diese Tonfolge von einer anderen, die aus den gleichen Tönen gebildet ist, zu unterscheiden. Hunde werden auf die gleiche Tonfigur auch dann noch reagieren, wenn sie aus anderen Frequenzen (zum Beispiel 750, 900, 450) gebildet ist. Das entspricht der Fähigkeit des Menschen, Melodien auch in einer anderen Lage, d. h. höher oder tiefer klingend, wiederzuerkennen.

2. Bei der Diskriminations- oder Unterscheidungsmethode wird vom Tier eine Wahl zwischen zwei oder mehr Reizobjekten verlangt. Mit dieser Methode konnte gezeigt werden, daß Ratten wie nahezu alle anderen Säuge-

Abbildung 6. Welche Ziffer sieht man? Vergleiche mit Abbildung 7.

tiere (Affen und Menschen ausgenommen) farbenblind sind. Hunde, Ratten, Katzen und vermutlich auch Stiere regt ein grüner Gegenstand genau so auf wie ein roter. Auch scheinen die stärksten Farbkontraste von diesen Tieren kaum bemerkt zu werden; jedenfalls spielen sie in ihrem täglichen Leben so gut wie keine Rolle.

Im Prinzip ist die Methode, mit der das herausgefunden wurde, wieder ganz einfach. Eine Ratte wird in einen sog. Yerkes-Käfig gesetzt (Yerkes hat dieses Käfig-Modell entworfen). Dieser Käfig hat zwei Türen, die beide einen Zugang zum Futter haben. Die eine davon, immer durch eine grüne Karte gekennzeichnet, ist versperrt, die andere, blau markiert, ist offen. Dieses Experiment soll Aufschluß darüber geben, ob die Ratte es lernt, immer zur blauen Tür zu gehen. Natürlich müssen wir dabei alle nötigen Vorkehrungen treffen, damit sich die Ratte ausschließlich an den Farben orientiert. Die geöffnete Tür darf also nicht immer die rechte oder die linke sein; denn ein regelmäßiges Wechseln zwischen links und rechts würde die Ratte sehr bald lernen. Folglich muß die offene Tür (blaue Karte) in einer wie durch Zufall bestimmten Abfolge bald links, bald rechts sein. Diese unregelmäßige Anordnung ist ein ganz wesentlicher Zug aller „Unterscheidungsexperimente".

Geht die Ratte auch unter diesen Umständen noch immer nur zu einer Karte, so wissen wir wenigstens, daß sie irgendeinen Unterschied zwischen den beiden Karten wahrnimmt. Allerdings bedeutet das noch lange nicht, daß sie die Farben Blau und Grün unterscheidet. Setzen wir nämlich unseren Versuch mit Karten fort, die in einem etwas helleren oder dunkleren Grün gehalten sind, so finden wir, daß es die Helligkeit und nicht die Farbe war, an der sich die Ratte orientierte. Wenn wir die verschiedenen Helligkeitsgrade von Grün, ausgehend vom dunkleren Farbton, durchprobieren, so wird die Ratte von einem bestimmten Helligkeitsgrad an die grüne Karte der blauen vorziehen; und hat das Grün gerade die richtige Helligkeit, so ist es der Ratte niemals möglich, es vom Blau zu unterscheiden. Bei äußerster Vorsicht und sofern man alle irreführenden Unterschiede in der Helligkeit vermeidet, gelingt gelegentlich so etwas wie eine echte Farbreaktion. Es scheint jedoch festzustehen, daß die Ratte hauptsächlich auf Helligkeitsunterschiede anspricht und die Farbe selbst für sie von untergeordneter Bedeutung ist. (Der Sinn dieser Feststellung wird etwas klarer werden, wenn Sie Abbildung 6 und Abbildung 7 betrachten.

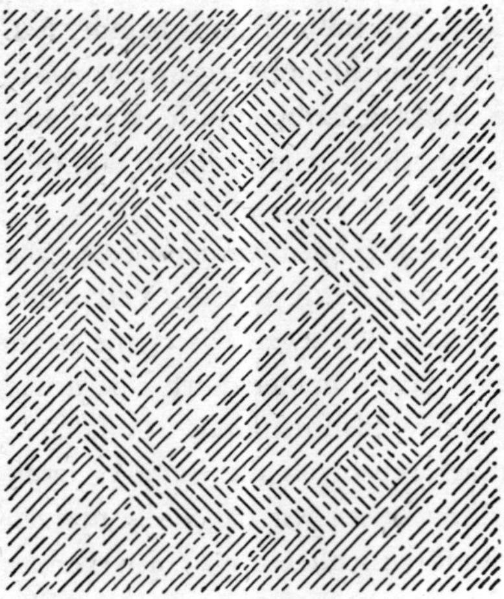

Abbildung 7. Auf Grund der Gestaltcharakteristika kann man hier eine 6 erkennen. Die gleichen Gestaltcharakteristika finden sich auch in Abbildung 6. Dort wird das Auge jedoch durch die Helligkeitsunterschiede abgelenkt. Die Wirkung, die dadurch erzielt wird, ist ähnlich der für Farbenblinde im Ishiahara Test. Auch dort sind es Helligkeitsunterschiede, die den Farbenblinden eine Ziffer wahrnehmen lassen, und Unterschiede in der Farbe, auf Grund derer der Farbtüchtige eine andere Ziffer sieht.

In Abbildung 6 können gewisse Gestaltcharakteristika entdeckt werden, doch die Helligkeit ist schließlich dafür ausschlaggebend, welche von zwei Ziffern gesehen wird.) Ganz anders verhält es sich bei Affen und Menschenaffen. Bei ihnen ist die Unterscheidung der Farben das erste, und ist sie einmal aufgebaut, so bedarf es schon sehr großer Helligkeitsunterschiede, um sie zu stören. Primaten können, ebenso wie viele Vögel, Fische, Reptilien und Insekten, Farben sehen; die niederen Säugetiere können das jedoch nicht.

All das mutet vielleicht etwas umständlich an, wenn man bedenkt, daß der Mensch eine solche Karte einfach anschaut und dann dem Experimentator sagt, was er sieht. Jedenfalls könnte man meinen, daß es so einfach sei. Tatsächlich können uns aber auch Menschen nicht immer sagen, wie sie die Dinge sehen. Deshalb müssen wir, um zuverlässige Ergebnisse zu bekommen, auch Menschen mit objektiven Methoden prüfen. Ein Farbenblinder weiß zum Beispiel oftmals gar nicht, daß er farbenblind ist, denn er kann auf Grund irgendwelcher anderer Hinweise, relativer Helligkeitsunterschiede, Form der Gegenstände, Umgebung usw. gelernt haben, Farbnamen richtig zu gebrauchen. Er sieht einen Blutstropfen und weiß, daß man sagt, der Saft, der in den Adern enthalten ist, sei rot, oder er weiß, daß im Sommer die Blätter auf den Bäumen grün sind. Daher hat er, bevor er getestet wurde, vielleicht noch gar nicht bemerkt, daß Rot und Grün für andere Leute noch etwas ganz anderes bedeuten. Folglich müssen wir es mit dem Menschen genauso wie mit der Ratte machen: ihm alle zusätzlichen Hinweise (Form, Helligkeit, Größe, Umgebung usw.) nehmen und ihn allein auf Grund der Farbe entscheiden lassen. Für den Menschen brauchen wir natürlich kein Zimmer mit zwei Türen zu bauen und ihm hinter der einen ein Wiener Schnitzel oder Ananas mit Schlagsahne zu verstecken. Wir geben ihm lediglich ein Bündel verschiedenfarbiger Garne, die sich nicht in der Helligkeit unterscheiden, und fordern ihn auf, die Fäden nach den Farben zu ordnen. Eine völlig farbenblinde Versuchsperson versagt gänzlich bei dieser Aufgabe – und merkt es vielleicht noch nicht einmal. Andere Versuchspersonen wiederum (es gibt verschiedene Grade der Farbenblindheit) werden Farben einander zuordnen, die normale Versuchspersonen nicht zusammengeben würden. Eine weitere Möglichkeit, Farbenblindheit zu testen ist diese: Der Versuchsperson wird eine Karte gezeigt, auf der aus vielen kleinen Kreisen einer Farbe eine Ziffer dargestellt ist, die sich gegen einen andersfarbigen Hintergrund abhebt. Für das normale Auge herrscht der Farbeindruck vor, und es wird daher die Ziffer gesehen. Um den Farbenblinden noch mehr irrezuführen, wird u. U. auch noch die Helligkeit der Kreise variiert, so daß er entweder gar keine oder eine ganz andere Ziffer sieht als der Farbtüchtige. Die Abbildungen 6 und 7 sollen dem Normalsichtigen eine Vorstellung davon vermitteln, wie für einen Farbenblinden ein solches Diagramm aussieht. In Abbildung 6 kann man auf Grund der Helligkeitsunterschiede eine 5 sehen, zieht man jedoch die Form in Betracht, so kann man eine 6, wie

Abbildung 8. Mit Hilfe dieser Karten, auf die Diagramme gezeichnet sind, kann die Wahrnehmung der „Horizontalität“ im Apparat, der in Abbildung 9 abgebildet ist, studiert werden. Das oberste Paar sind die Diagramme, an denen geübt wurde; darunter zwei Paare von „Testdiagrammen“.

sie auch noch in Abbildung 7 dargestellt ist, bemerken. In Abbildung 7 wurden alle Helligkeitsunterschiede eliminiert und das Gesehene wird nur noch durch die Form bestimmt. Helligkeitsbeziehungen können manchmal auch für das normale Sehen beherrschend werden (ähnlich wie bei Farbenblinden und niederen Säugetieren) und bewirken, daß eine bestimmte Form oder Anordnung gesehen und eine andere überhaupt nicht bemerkt wird.

Diese zwei Tests für Farbenblindheit, die „Holmgren Wolle“ und die „Ishiara Farbtafeln“, sind nicht unfehlbar, und es ist manchmal nicht leicht herauszufinden, ob sich ein Fehler eingeschlichen hat und von welchem Ausmaß er ist. Obwohl beide Methoden normalerweise wirksam sind, so bringen uns doch oftmals selbst einfache Fragen an die Versuchsperson nicht weiter. Auffallend ist jedenfalls der hohe Ähnlichkeitsgrad der Testmethoden für Tiere und der für Menschen.

Auf etwas Ähnliches stoßen wir auch bei der Untersuchung der Wahrnehmung von Formen und Gestalten. Das Tierexperiment beginnt wieder damit, daß wir zum Beispiel der Ratte beibringen, zwischen zwei Formen zu unterscheiden. Hat die Laboratoriumsratte gelernt, immer auf die Karte zu reagieren, auf der mehrere waagerechte Striche dargestellt sind, so entscheidet sie sich auch für den waagerechten Balken, wenn ihr das zweite Kartenpaar (Abbildung 8) dargeboten wird.

Die Ratte zeigt durch ihre Reaktion jedoch auch, daß sie einen gewissen Unterschied zwischen der Testkarte (ein waagerechter Balken) und der Trainingskarte (mehrere waagerechte Striche) wahrnimmt; denn sie reagierte im ersten Versuch mit der Testkarte erst nach längerer Zeit, sprang aber, als ihr die Trainingskarte wieder dargeboten wurde, sofort. Wir können aus diesem Versuch folgern, daß die Ratte sowohl Ähnlichkeit als auch Verschiedenheit von Test- und Trainingskarte wahrnimmt. Bemerkenswert ist, daß sich die Ähnlichkeit nicht nur auf die horizontale bzw. senkrechte Linie bezieht, sondern auf ein allgemeineres Charakteristikum, denn die Reaktion wird auch auf ein paar horizontal angeordnete Kreise übertragen. Wie wir heute zu wissen glauben, ist die Art, in der die Ratte die „Horizontale“ wahrnimmt, der des Menschen sehr ähnlich.

Auch die Art, wie die Ratte die Dreieckigkeit wahrnimmt, weist noch Ähnlichkeiten mit der Wahrnehmung des Menschen auf. Da es sich hier jedoch um einen weitaus komplexeren Prozeß handelt, werden auch die begrenzten Fähigkeiten der Ratte bald erkennbar. Hat eine Ratte zum Beispiel ge-

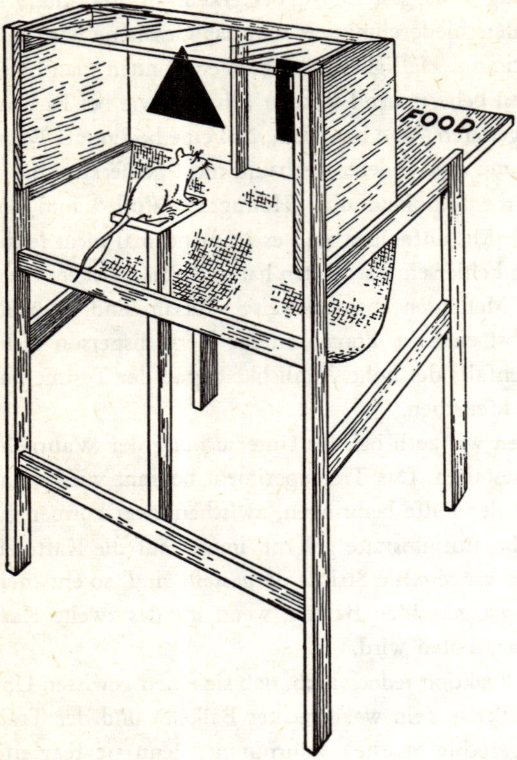

Abbildung 9. Von Lashley entworfene Versuchsanordnung zur Untersuchung der Wahrnehmung (der Umstand, daß die Ratte springen muß, veranlaßt sie dazu, den „Reizgegenständen" größere Beachtung zu schenken). Dieser Apparat hat zwei Fenster, die mit leichten Pappkarten verschlossen sind. Auf einer ist das „negative" (darauf soll sie nicht reagieren), auf der anderen das „positive" Diagramm dargestellt (darauf soll sie reagieren), (links ein Dreieck und rechts, teilweise verdeckt, ein Quadrat). Wenn die Ratte zum positiven Diagramm springt, so fällt die Karte um, und die Ratte erreicht das Futter. Springt sie auf das negative Diagramm — dieses ist fest verschlossen — so fällt sie ins Netz. (Aus Lashley, Nach Munn: Handbook of Psychological Research, Houghton, Mifflin Co.)

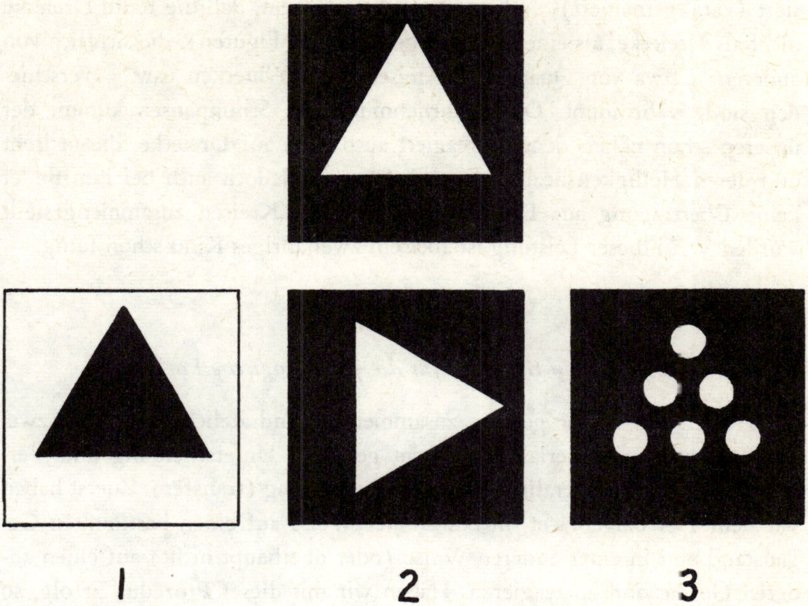

Abbildung 10. Mit Hilfe dieser Diagramme wurde die Wahrnehmung der „Dreieckigkeit“ untersucht. Oben das Trainingsdiagramm. Die Testdiagramme 1 und 2 werden vom Schimpansen als dem Trainingsdiagramm ähnlich wahrgenommen. Nicht so das Diagramm 3. Das zweijährige Kind ist allerdings in der Lage auch dieses, als dem Trainingsdiagramm ähnlich, wahrzunehmen.

lernt, zwischen einem Quadrat und einem Dreieck zu unterscheiden, so können wir das Dreieck vergrößern oder verkleinern, und die Ratte wird immer noch richtig reagieren; wird es jedoch um 45 Grad gedreht, so hört die Unterscheidungsfähigkeit auf. Das heißt also, ein gedrehtes Dreieck wird von der Ratte nicht mehr als das gleiche wahrgenommen wie eines, das auf seiner Grundlinie steht. Oder wenn wir eine Ratte darauf trainieren, ein aufrecht stehendes Dreieck von einem umgelegten zu unterscheiden, so findet von einem schwarzen Trainingsdreieck keine Übertragung der Reaktion auf ein weißes, noch auf Kreise, die in der Form eines Dreiecks gruppiert sind, statt. Mit anderen Worten: die Wahrnehmung des ursprünglichen Dreiecks wird nicht in gleicher Weise wie beim Menschen generalisiert (verallgemeinert), und es scheint klar zu sein, daß die Ratte Dreiecke nicht als Dreiecke, als eine Gruppe von Formen (Figuren), die sichtlich von anderen – etwa von Quadraten, Kreisen und Rechtecken usw. – verschieden sind, wahrnimmt. Die Wahrnehmung des Schimpansen kommt der unseren schon näher, denn er reagiert auch noch auf Dreiecke, die gedreht und deren Helligkeitsbezug umgekehrt wurde. Jedoch auch bei ihm findet keine Übertragung auf Dreiecke statt, die aus Kreisen zusammengestellt wurden. – Zu dieser Leistung ist aber ein zweijähriges Kind schon fähig.

Bedeutung des verbalen Berichtes für die psychologische Forschung

Wir fassen das bisher gesagte zusammen: Grundsätzlich haben wir zwei Arten von Beweismaterial in Betracht gezogen: Unterscheidung und Verallgemeinerung (Generalisation) oder Übertragung (transfer). Zuerst haben wir dem Tier beigebracht, in bestimmter Weise auf einen bestimmten Gegenstand und in einer anderen Weise (oder überhaupt nicht) auf einen anderen Gegenstand zu reagieren. Haben wir mit dieser Prozedur Erfolg, so wissen wir, das Tier nimmt einen Unterschied zwischen den beiden Gegenständen wahr. Wollen wir weiter noch herausbekommen, welcher Art der Unterschied ist, den das Tier bemerkte, so besteht eine der Möglichkeiten darin, die Gegenstände so weit zu verändern, bis das Tier nicht mehr lernen kann, zwischen ihnen zu unterscheiden.

Eine zweite Methode ist die, dem Tier, nachdem es gelernt hat, auf einen Gegenstand in bestimmter Weise zu reagieren, einen anderen Gegenstand (Testobjekt) darzubieten und zu beobachten, ob es ohne weitere Übung auf diesen in gleicher Weise wie auf den ersten Gegenstand (Trainingsobjekt) reagiert. Diese Methode wollen wir als die der „gleichwertigen Stimuli“ oder die „Übertragungsmethode“ bezeichnen. Überträgt ein Tier eine Reaktion, die es nur für den Reiz A gelernt hat, spontan auf den Reiz B, so folgt daraus, daß A und B dem Tier ähnlich erscheinen: die seelischen Vorgänge (Gehirnvorgänge), die die Reize auslösen, müssen irgend etwas gemein haben, damit sie die gleiche Reaktion bewirken.

Wir flüchten uns hier nicht in phantastische Vorstellungen von einem tierischen Bewußtsein, noch denken wir überhaupt im Rahmen einer solchen Terminologie. Woran uns liegt und wonach wir fragen, ist dieses: Ist der

Vorgang, der im Gehirn von Reiz A ausgelöst wird, teilweise oder ganz der gleiche, der von Reiz B verursacht wird? Unsere Forschungsarbeit versucht also zu ergründen, welche Prozesse mit welchen Eigenschaften postuliert werden müssen, um für die Vielfalt der Reaktionen verantwortlich sein zu können, mit denen Tiere auf die Reize der Umwelt antworten.

Das gleiche Ziel verfolgen wir auch, wenn wir mit Menschen arbeiten. Fragen wir einen Menschen, wie ein bestimmter Gegenstand aussieht, so gibt uns seine Antwort keine bessere Möglichkeit, zu den Prozessen vorzudringen, die seine Wahrnehmung aufbauen, als die Reaktion eines Tieres in einem Unterscheidungsexperiment. Sein verbaler Bericht, seine Ausführungen darüber, wie ihm etwas erscheint, sind ein Verhalten, das im Prinzip genau so funktioniert wie das der Laboratoriumsratte, die hinter unterschiedlich gekennzeichneten Türen Futter sucht. Auch durch den Bericht des Menschen erfahren wir nur, welche Gegenstände im menschlichen Gehirn gleiche und welche verschiedene Prozesse auslösen.

Ein Beispiel. Ein Kind hat gelernt, „rund“ zu sagen, wenn es einen Ball sieht. Bemerkt es nun einmal am Strand einen Seeigel und bezeichnet auch ihn als „rund“, so besagt das weiter nichts, als daß Ball und Seeigel Prozesse auslösen, die irgend etwas gemein haben. Und zwar müssen sie deshalb etwas gemein haben, weil die Reaktion auf den einen Gegenstand spontan auch auf den anderen übertragen wird. Die Tatsache, daß das Kind unter anderen Umständen auf die beiden Gegenstände verschieden reagiert – es benennt sie mit anderen Namen, hebt den einen ohne Scheu auf und berührt den anderen nur mit äußerster Vorsicht – weist uns weiter darauf hin, daß die Wahrnehmungsprozesse, die von beiden ausgelöst werden, nicht vollkommen identisch miteinander sind. Hier müssen wir wieder an das Beispiel mit der Ratte denken. Sie zögerte, nachdem sie an einer Karte mit mehreren waagerechten Strichen gelernt hatte, danach auf eine Karte zu reagieren, auf die nur ein dicker weißer Balken gemalt war.

Das Zögern des Tieres, die Reaktion, die es auf mehrere waagrechte Striche gelernt hatte, auf den einen waagrechten Balken zu übertragen, zeigte uns, daß dieses Muster doch nicht genau den gleichen Prozeß auslöste, jedoch genug mit dem ersten gemein hatte, um mit einiger Verspätung doch noch die Reaktion hervorzurufen.

Bei Anwendung dieser Methode dürfen wir uns aber zu keinen falschen Folgerungen verleiten lassen. Der Schluß, zwei Wahrnehmungsprozesse hätten etwas gemein, weil sie zur gleichen Reaktion führten, wäre zum Beispiel dann unberechtigt, wenn das Versuchstier bei verschiedenen Gelegenheiten darauf trainiert worden wäre, auf jeden der beiden Gegenstände mit der gleichen Reaktion zu antworten. Zum Beispiel könnte ein anderer Experimentator einem Versuchstier beigebracht haben, auf die Darbietung eines Kreises Futter zu erwarten. Weiß ich das nicht, so bringe ich ihm vielleicht das gleiche mit Quadraten bei; und teste ich es anschließend an Kreisen, so könnte ich zu der völlig falschen Schlußfolgerung kommen, daß Kreise und Quadrate für mein Tier gleich aussehen.

Allerdings ist es unwahrscheinlich, daß einem so etwas mit Versuchstieren passiert (denn man hat immer genaue Aufzeichnungen darüber, welchen Versuchen ein Tier unterworfen worden ist). Bei Menschen kann das schon viel eher geschehen. Menschen haben nämlich, bevor sie zu uns ins Labor kommen, vieles gelernt, von dem wir keine Ahnung haben. Vor allem haben sie gelernt, die Sprache in vielfältiger Weise zu gebrauchen. Besonders aus diesem Grunde müssen wir vorsichtig sein bei der Interpretation von Selbstbeobachtungsprotokollen (Berichte einer Versuchsperson über ihr eigenes Seelenleben). Das Beispiel des Farbenblinden war in dieser Hinsicht schon aufschlußreich. Obwohl er uns nicht täuschen wollte, erzählte er uns, er sehe Blut rot, Gras grün und Zitronen gelb. Wir müssen daher annehmen, daß der Farbenblinde die Reaktion „grün" gesondert für Gras, die Farbe eines bestimmten Hauses usw. gelernt hat; denn eine spontane Übertragung der Reaktion „grün" auf andere Gegenstände, die von einem Normalsichtigen so bezeichnet werden, kann er nicht vornehmen.

Was die Beschreibung tatsächlich leistet, ist eine Klassifizierung der beschriebenen Gegenstände im Hinblick auf andere, die schon früher erfahren wurden. Die Aussage, ein Gegenstand sei grün, spitz und kühl, ist eine Angabe darüber, daß dieser Gegenstand auf meine Sinne die gleiche Wirkung hat wie das Anschauen von Gras, wie das Berühren einer Nadelspitze und wie das Befühlen von Eis. Das ist aber auch wirklich alles, was eine Beschreibung leistet. Gibt es keine frühere Erfahrung, die mit der neuen korrespondiert, so ist auch keine Beschreibung möglich. (Fremde Gegenstände können deshalb meist gut beschrieben werden, weil fast jede neue Wahrnehmung eine Kombination bekannter Teile ist.) Blindgeborene, die schon sprechen können, sind, wenn sie durch eine Operation sehend werden, nicht in der Lage, uns die Welt, die sie das erste Mal sehen, zu beschreiben. Sie können es deshalb nicht, weil ihnen die Ausdrücke, die Begriffe fehlen, die sie dafür brauchen. Später, wenn sie schon die Namen der meisten Dinge, die sie umgeben, gelernt haben, scheint es, als sähen auch sie die Welt so, wie wir sie sehen. Doch wiederum ist die Sprache irreführend, denn die Wahrnehmung ist nicht auf die gleiche Erfahrung aufgebaut. Der Patient erkennt die Gegenstände eher nach ihrer Farbe (vielleicht auch noch nach ihrer Größe) als nach ihrer Gestalt. Solange wir ihn allerdings nur an Gegenständen testen, deren Namen er gelernt hat, werden wir das kaum bemerken. Es kann dann für Patient und Arzt eine große Überraschung geben, wenn sie plötzlich bemerken, wie sehr doch die Wahrnehmung des Patienten von der eines Normalen abweicht. Ein Patient, der gelernt hatte, einen Zuckerwürfel zu benennen, vermochte es nicht mehr, als er diesen in einem anderen Licht sah; oder es war ihm unmöglich, eine Zündholzschachtel, die er ebenfalls kannte, wiederzuerkennen, wenn sie umgedreht wurde und er die andere Farbe der Unterseite sah. Die Ähnlichkeit der Methoden mit denen der Tierexperimente ist offensichtlich: zuerst lernt die Versuchsperson eine spezifische Reaktion auf einen Reiz(gegenstand) zu geben, und dann wird an anderen ähnlichen Gegenständen getestet, um zu sehen, wie weit die Übertragung (transfer) geht.

Die Berichte Blinder über deren Raum- und Formwahrnehmung sind ähnlich schwierig zu interpretieren. Sie verwenden in ihren Beschreibungen dieselben Ausdrücke wie Sehende, doch das bedeutet wiederum nicht, daß sie die gleichen taktilen Erfahrungen haben und daher wirklich das gleiche mit denselben Wörtern meinen. Manche Blinde meinen, wenn sie sagen, ein Gegenstand sei rund, nur, er habe keine scharfen Kanten. So etwas kann meist nur dadurch herausgefunden werden, daß der Patient mit einem eiförmigen Gegenstand getestet wird. Auch Wörter wie hoch und entfernt scheinen in gleicher Bedeutung wie von Sehenden gebraucht zu werden, doch die ihnen zugrunde liegenden Gedanken (seelischen Vorgänge) sind nicht die gleichen. Dem Blinden mag das erst auffallen, wenn er nach einer Operation sehend wird. Dann sagt er zum Beispiel über seine neue Erfahnung, er habe eben festgestellt, Bäume seien wirklich größer als Menschen. (All das trifft natürlich nicht für Patienten zu, die erst erblindeten, nachdem sie schon während einiger Jahre sehen konnten. In diesem Fall korrespondieren die Berichte über Raumwahrnehmung in hohem Maße mit denen normal Sehender.)

Vorstellungen

Hier scheinen wir nun einen Forschungsbereich vor uns zu haben, in dem wir ohne subjektive Methoden nicht mehr weiterkommen können. Doch dem ist nicht so; und die Weise, wie wir als Verhaltensforscher dabei vorgehen, ist wieder ein Beispiel dafür, wie durch objektive Analyse die wenig vertrauenswürdigen subjektiven Berichte korrigiert werden können.

Ja, was meinen wir denn eigentlich, wenn wir sagen, „mir schwebt eine Szene aus meiner Kindheit vor“, „ich sehe das Gesicht eines Freundes, der sich im Augenblick in einer ganz anderen Stadt aufhält, vor mir“, oder „die Musik klingt mir immer noch im Ohr, obwohl die Musiker schon längst nicht mehr spielen“? Das heißt einfach: in meinem Kopf laufen ähnliche oder gleiche Prozesse ab wie damals, als ich den Gegenstand vor mir sah oder die Musik wirklich hörte. Wie es dazu kommen kann und welcher Natur diese Prozesse sind, das gehört zu den ganz großen Problemen der Psychologie (siehe auch das Problem Ideation, Seite 81). Obwohl wir noch viel über die Details dieser Vorgänge zu lernen haben, sehen wir uns hier außerdem einem schwierigen philosophischen Problem gegenüber. Aus irgendwelchen unbekannten Gründen läuft ein Prozeß, der früher einmal stattgefunden hat, nun abermals ab. Kommt die Erregung, die diesen Prozeß auslöst, über den sensorischen Apparat, so handelt es sich um Wahrnehmung; wird sie jedoch auf irgendeine andere Weise hervorgerufen, so nennen wir es Vorstellung (Erinnerung oder Gedanke). Das Betrachten einer Szene löst komplizierte Aktivitäten unseres Nervensystems aus. Das Problem der Vorstellungen ist nun dieses: wie kommt es, daß die teilweise oder völlig gleichen Prozesse ohne sensorische Stimulation ausgelöst werden können?

Eine weitere Frage ist: wie weit können uns subjektive Berichte in zuverlässiger Weise dabei helfen, die Natur dieser Prozesse aufzuklären? So gibt es zum Beispiel Leute, die ein außerordentlich gutes Gedächtnis haben; fast scheint es so, als hätten sie so etwas wie Fotografien von den Szenen und Gegenständen, die sie einmal gesehen haben, in ihrem Kopf. In extremen Fällen berichten Leute, sie sähen bei geschlossenen Augen eine Buchseite, die sie früher einmal gelesen hatten, wieder so klar vor sich, daß sie diese ohne weiteres wieder herunterlesen können. Solche Menschen sind allerdings selten. Dagegen gibt es eine beträchtliche Anzahl von Leuten, die sich nach eigener Aussage deutlich einzelne Wörter, Zeilen oder gar Strophen von Gedichten vorstellen können. Es scheint, als sei bei diesen Personen in der einen Hälfte ihres Gehirns oder ihrer Seele ein Bild aufbewahrt, das sie mit der anderen Hälfte – in ähnlicher Weise wie ein gemaltes Bild – anschauen können.

Trotz der Erzählungen der Versuchspersonen verhält es sich nicht ganz so. Falls sie nämlich tatsächlich richtige Bilder vor sich sähen, müßten sie die einzelnen Wörter von hinten nach vorn genau so rasch buchstabieren können wie von vorn nach hinten. Geben wir jedoch einer solchen Versuchsperson ein längeres Wort, zum Beispiel *Universität* oder *Stuttgart* vor und sagen ihr, sie möge es sich gut vorstellen und es dann so rasch wie möglich von hinten nach vorn (also mit dem letzten Buchstaben beginnend) buchstabieren, so wird sich zeigen, daß sie das bei weitem nicht so schnell kann, wie von vorn nach hinten. Es ist dabei sehr aufschlußreich, zu beobachten, wie erstaunt Versuchspersonen oft selbst sind, daß ihnen das so große Schwierigkeiten bereitet. Leute, die ein solches „photographisches Gedächtnis" für Gedichtstrophen haben, können nicht das letzte Wort jeder Zeile, bei der

Abbildung 11. Die Demonstration eines negativen Nachbildes. Betrachten Sie bei guter Beleuchtung den Punkt im Zentrum des Buchstaben E und zählen Sie, ohne die Augen zu bewegen, langsam bis 35. Dann schauen Sie sofort auf den schwarzen Punkt im Zentrum des grauen Quadrates, und es wird ein negatives Nachbild auftreten.

letzten beginnend, angeben, ohne sich die ganze Strophe ins Gedächtnis zu rufen. Würde es sich bei dieser Art der Erinnerung wirklich um vollständige Bilder, also um einfaches Lesen, handeln, so wäre es kaum notwendig, die ganze Zeile zu lesen, um nur das letzte Wort zu nennen. Ebensowenig brauchte die Versuchsperson die ganze Strophe zu lesen, wenn sie nur die letzte Zeile angeben soll. Jedoch gerade das ist es, was diese Leute tun müssen, um unserer Instruktion nachzukommen.

Wir müssen daraus schließen, daß ein Erinnerungsbild doch nicht genau das ist, was es nach den Selbstbeobachtungsberichten zu sein scheint. Buchstabiert eine Versuchsperson ein Wort oder rezitiert sie ein Gedicht, so wirken dabei auch visuelle Vorgänge mit. Sagt aber nun die Versuchsperson, es handle sich um ein Bild, das sie vor sich sieht, so ist das nicht ganz zutreffend, denn es sind nicht einfach Bilder, auf die sie schauen kann. Hier von Bildern zu reden (ähnlich gemalten Bildern, Spiegelbildern), ist eine irreführende Analogie. In einem Fall ist die Analogie „Bild" weniger irreführend, nämlich bei den negativen und positiven Nachbildern. Schauen Sie für 30 oder 40 Sekunden auf ein hell erleuchtetes Fenster oder auf ein weißes Blatt Papier, das Sie vor einen dunklen Hintergrund halten, und dann auf eine dunklere Fläche, so werden Sie eine dunklere von einer helleren Zone umgeben sehen, die die gleiche Form wie das Fenster oder das Papier hat. Dieses Phänomen ist ein negatives Nachbild. Ein anderes Beispiel. Schauen Sie für einige Zeit auf ein farbiges Papier oder irgendeinen Gegenstand in einer leuchtenden Farbe, der vor einem andersfarbigen Hintergrund steht, und dann wieder auf eine matte einfarbige Fläche: Sie werden die gleiche Form sehen, die der Gegenstand hatte, jedoch in der Komplementärfarbe (Grün statt Rot, Gelb statt Blau usw.). Auch positive Nachbilder lassen sich demonstrieren. Am eindrucksvollsten ist das folgende: Sie halten sich länger als eine halbe Stunde in einem vollkommen dunklen Zimmer auf und schalten dann für einen Augenblick das Licht ein. Dabei soll das Auf- und Abschalten so schnell wie möglich vor sich gehen. Sofort danach werden Sie eine ziemlich getreue Wiedergabe der Szene sehen, wie sie sich in dem Moment darbot, als das Licht aufleuchtete. Auch in diesem Bild kann man nicht von einem Teil zum anderen blicken, denn es wandert mit den Augen mit, doch ist das, was Sie sehen, der ursprünglichen Szene in erstaunlicher Weise ähnlich. Wenn man diese Erscheinung nun Nachbild nennt, so ist das eine ziemlich treffende Bezeichnung.

Die Vorstellungen (Erinnerungsbilder) ganz einfacher Gegenstände sind möglicherweise von gleicher Art. Es mag möglich sein, daß man sich die verschiedenen Teile einer vorgestellten Linie oder vielleicht sogar die eines Kreises oder Quadrats „anschaut". Handelt es sich jedoch um Vorstellungen komplexerer Szenen, dann ist das etwas völlig anderes.
Wie es nun auch jedem subjektiv erscheinen mag, die Erinnerung an eine Buchseite oder eine Szene ist nicht dasselbe, als hätte man sie wirklich vor Augen, wobei man sich jeden beliebigen Teil anschauen könnte. Die objektive Analyse weist darauf hin, daß es nicht richtig ist, in solcher Weise von Vorstellungen zu reden, als sähe man ein Bild tatsächlich vor sich. Zugegeben, dieser Einwand ist, wenn es sich um einfache Gegenstände oder geometrische Figuren handelt, nicht immer ganz zutreffend. Aus diesem Grunde wäre es durchaus denkbar, daß komplexere Erinnerungen auch Serien solcher Teilvorstellungen einschlössen.

Einstellungen und die Notwendigkeit wiederholten Testens

Oftmals ist es notwendig, mehrere Tests durchzuführen, um einen psychischen (seelischen) Vorgang tatsächlich identifizieren zu können. Das kriminalistische Vorgehen, dessen es bedarf, um eine Einstellung eines Tieres zu identifizieren, wollen wir an den Beispielen von Furcht und Interesse demonstrieren. Würde das, was wir Furcht nennen, immer das gleiche Verhalten hervorrufen, das von Mal zu Mal nur in Stärke und Dauer variiert, so wäre unsere Aufgabe ziemlich einfach. Ganz allgemein können wir sagen, Furcht hat „Rückzug" und „Ausweichen" zur Folge. Schwache Furcht kann aber auch noch von anderen seelische Vorgängen beeinflußt werden, und es muß dann gar kein Rückzug erfolgen; sehr große Furcht wiederum kann völliges Erstarren hervorrufen. Außerdem bleibt noch zu berücksichtigen, daß ein Tier auch aus ganz anderen Gründen als aus Furcht einem Gegenstand ausweichen kann. Es wird wohl klar, daß unter diesen Umständen eine einzige Beobachtung nicht ausreicht, den Seelenzustand, die Einstellung, die einer Reaktion zugrunde liegt, zu erkennen.
Beginnen wir wieder damit, zu fragen, was es heißt, wenn ein Gegenstand – sagen wir die Photographie eines Menschen – das Interesse eines gefangenen Schimpansen wachruft. Die erste Bedingung, um darüber irgendeine Aussage machen zu können, ist wohl die, daß sich das Zeigen des Bildes irgend-

wie auf das Verhalten des Tieres auswirken muß. War das Tier ruhig, als es getestet wurde, so wird sich sein Interesse durch erhöhte Aktivität zeigen, vielleicht dadurch, daß es näher an das Bild heranrückt. Nimmt das Interesse jedoch die Form von Furcht an, so wird es wieder vom Bild abrücken. War das Tier, als ihm das Bild gezeigt wurde, in einem aktiven Zustand, so wird es möglicherweise seine Tätigkeit unterbrechen und plötzlich auf das Bild starren. Auch könnte es sein, daß die Aktivität im Innern des Tieres zunimmt, die Manifestation im Verhalten jedoch ein Erstarren aller Bewegungen ist. Ein Verhalten, das Interesse zeigt, ist also nicht eine spezifische Reaktion, sondern eine Veränderung der gerade ablaufenden Reaktionen. Wollen wir herausfinden, ob es sich bei einem bestimmten Verhalten tatsächlich um Interesse handelt, so brauchen wir Vergleichsmöglichkeiten, das heißt, wir müssen das Verhalten des Tieres wenigstens an zwei verschiedenen Gegenständen beobachten.

Um Sicherheit darüber zu erlangen, ob es in unserem Fall wirklich die Photographie war, die das Interesse des Tieres erweckte, müssen wir noch weitere Tests durchführen. Die Veränderung des Verhaltens, die wir beobachteten, hätte schließlich auch durch ein anderes Ereignis hervorgerufen werden können, das zeitlich mit dem Zeigen des Bildes zusammenfiel. Aus diesem Grund werden wir dem Schimpansen das Foto bei verschiedenen Gelegenheiten und auf verschiedene Weise darbieten; zum Beispiel könnten wir es ihm einfach hinlegen und warten, ob er es von selbst nimmt und betrachtet. Ein erfahrener Experimentator wird in der Praxis allerdings mit zwei oder drei Beobachtungen auskommen, die er zu verschiedenen Gelegenheiten durchführt. Als erfahren würden wir in diesem Zusammenhang jemanden bezeichnen, der viel von Schimpansen weiß, viele Tiere und vielleicht dieses eine ganz besonders gut kennt, also jemanden, der auf Grund seiner vielen Beobachtungen leicht entscheiden kann, ob die Reaktion auf das Bild stärker war, als wenn er dem Tier nur die leere Hand hingehalten hätte; ferner ob das Verhalten von der Art war, die das Tier immer zeigt, wenn es einen Gegenstand sieht, den es gerne haben möchte; und schließlich, ob es eher dem Verhalten glich, mit dem es gewöhnlich auf einen furchterregenden Gegenstand reagierte usw.

Um hier noch einmal kurz die Fakten darzustellen: Ein Schimpanse, der in einem Käfig aufgezogen wird, zeigt im Unterschied zu einem, der im Heim einer Familie aufwächst, nur ein schwaches und oberflächliches Interesse an Bildern. Die Punkte, um die es hier geht, werden vielleicht noch besser durch die Reaktion des Schimpansen auf einige furchterregende Gegenstände illustriert. (Wir haben schon kurz darauf hingewiesen, werden jedoch noch genauer darauf eingehen.)

Bei ein- bis zweijährigen Tieren rufen diese Gegenstände noch keine besondere Reaktion hervor, sie erregen aber deutlich das Interesse der fünf- bis sechsjährigen und versetzen erwachsene Affen (ungefähr vom neunten Lebensjahr an) in wilde Furcht. Nähert sich der Experimentator mit dem Testobjekt in der Hand einer Gruppe jüngerer Tiere, so kann er deutliches Interesse feststellen, jedoch gilt dieses Interesse nicht dem Testobjekt, sondern ihm. Das war daran zu erkennen, daß die Tiere den „furchterregenden Gegenstand" gar nicht beachteten und den gleichen Grad der Erregung zeigten, wenn der Experimentator sich ihnen mit leeren Händen näherte. Die Fünfjährigen zeigten schon bedeutend mehr Interesse am Testobjekt, sie starrten hauptsächlich dieses an und nicht den Experimentator. Hier stoßen wir wieder auf einen Punkt, der wesentlich dafür ist, das Interesse eines Tieres festzustellen: sein Verhalten ist am erregenden Gegenstand orientiert. Wie wir aber später noch sehen werden, kann es sein, daß ein Tier an einem Gegenstand interessiert ist, sein Verhalten das aber nicht eindeutig erkennen läßt. In diesem Fall kann man Interesse nicht unmittelbar feststellen, sondern muß sich mit Schlüssen begnügen. Folglich müssen wir annehmen, daß noch andere Prozesse einwirken und das Verhalten, das sonst durch Interesse allein hervorgerufen wird, stören und unterdrücken. Einigen Tieren genügte ein kurzer Blick auf den schreckerregenden Gegenstand, um schreiend davonzulaufen. Andere wiederum brüllten, wimmerten und bellten, zogen sich aber nur langsam mit aufgestellten Haaren – bei allen Säugetieren ein Zeichen für emotionelle Störung – in sichere Entfernung zurück. Einige Tiere ließen allerdings keines der beschriebenen Zeichen erkennen, unterbrachen jedoch ihre Tätigkeit und fixierten den Testgegenstand, konnten aber durch nichts dazu bewegt werden näher als bis auf eine gewisse Entfernung an ihn heranzugehen. Jede rasche Bewegung hatte ein plötzliches Zurückweichen zur Folge. Offensichtlich rief dieser Gegenstand auch in diesen Tieren Furcht hervor, obschon bei weitem nicht in dem Maße wie bei den übrigen.

Unser Beispiel klärt zweierlei: 1) Eine einzelne Beobachtung würde uns nicht solche Schlußfolgerungen über ein scheinbar ruhiges Tier gestatten:

Es war eine ganze Anzahl von Beobachtungen am einzelnen Individuum nötig, die noch durch Beobachtungen an anderen Tieren in der gleichen Situation erhärtet wurden. 2) Wir haben hier einen Fall vor uns, in dem es galt, einen seelischen Zustand zu identifizieren, obwohl gerade die Hinweise im Verhalten, die gewöhnlich für diesen Zustand als typisch angesehen werden, fehlten.

Man nimmt nicht an, daß sich seelische Vorgänge und Zustände – auch so heftige wie Furcht, die gewöhnlich starke Wirkungen haben – immer, wenn sie auftreten und solange sie andauern, im Verhalten manifestieren. Wir können nur sagen, daß sie dahin tendieren, sich in der typischen Weise zu manifestieren. Furcht zum Beispiel wird definiert als ein Vorgang, der gewöhnlich zu Flucht und Ausweichen führt. Zorn führt zu Angriffen, Gernhaben kann ein Annähern des Tieres an den Gegenstand, den es „gern hat", hervorrufen. Es ist ein Verhalten, das die Stimulation, die von diesem Gegenstand ausgeht, länger zu bewahren scheint. Das Verhalten, das hier als typisch für diese seelischen Prozesse beschrieben wurde, kann durch andere seelische Prozesse, die gleichzeitig ablaufen, teilweise unterdrückt, ja sogar vollkommen gestört werden. Übrigens scheint diese Art der Unterdrückung oder Hemmung in höheren Tieren fortlaufend stattzufinden. Unter gewöhnlichen Umständen, wenn gerade keine einzelne Verhaltenstendenz vorherrscht, kann es vom Zufall abhängen, welche Verhaltensweise schließlich zutage tritt.

Reizschwelle und Summationsmethode

Ein anderes Mal kann eine Verhaltenstendenz gerade an der Schwelle dazu sein, vorherrschend zu werden. Jedoch wird sie von einigen anderen seelischen Prozessen, die eben noch stark genug dazu sind, gehindert, im Verhalten manifest zu werden. Unter Umständen ist es möglich, diese versteckte Verhaltenstendenz dadurch zu demonstrieren, daß man ihr durch einen kleinen Anstoß zum Durchbruch verhilft. Unser Subjekt ist zum Beispiel schon ein wenig gereizt, doch sind dafür noch keine eindeutigen Anzeichen im Verhalten erkennbar. Kommt jetzt noch eine kleine Aufregung hinzu – selbst auch wieder nicht stark genug, um eine Reaktion auszulösen – so kommt es zum Zornesausbruch. Daraus können wir nun mit Berechtigung folgern, daß auch schon, bevor der zweite Reiz hinzukam, ein Prozeß im Gange war, der etwas mit Zorn zu tun hatte. Mit anderen Worten: ein seelischer Vorgang, der selbst nicht stark genug war, um zu einem sichtbaren Verhalten zu führen, kann mit Hilfe dieser Methode noch nachträglich identifiziert werden.

Die hier beschriebene Methode wird die „Methode der Summation" genannt. Von Summation spricht man immer dann, wenn zwei aufeinanderfolgende Reize eine Reaktion auslösen, zu der keiner von beiden allein ausreichend gewesen wäre. Von einer Erregung, die nicht stark genug ist, eine Reaktion hervorzurufen, sagt man, sie sei unter dem „Schwellenwert" oder „unterschwellig". Der Ausdruck „Reizschwelle" (oder „Schwellenwert") bezieht sich auf den Punkt, oberhalb dessen ein Reiz stark genug ist, eine Reaktion hervorzurufen.

Diese Ausdrücke wurden ursprünglich bei der Untersuchung der Empfindungen entwickelt und werden auch heute noch hauptsächlich in der Psychophysik verwendet. Die Vorstellungen, auf die sie sich beziehen, passen jedoch in vollem Maße auch auf unser Problem, nämlich das der Identifizierung

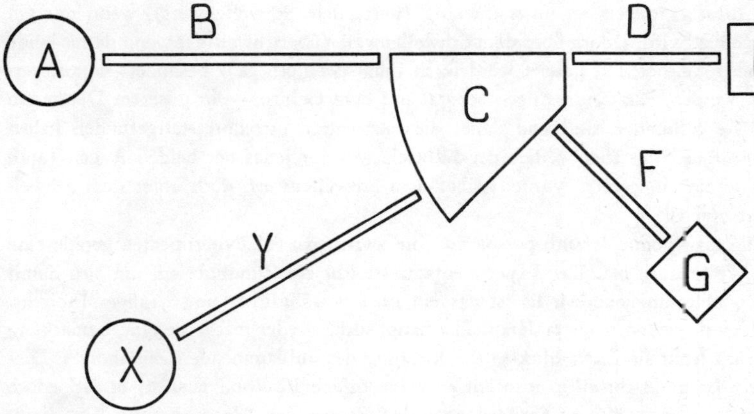

Abbildung 12. Mechanische Vorrichtung zur Illustration von „unterschwellig" versus „überschwellig" und „Summation". A und X sind lichtempfindliche Einheiten („Augen"); B und Y Verbindungen („optische Nerven"); C ist die Integrations- und Kontrollstation („Gehirn").

seelischer Prozesse. Ja, es ist sogar so, daß wir manche Aspekte anders gar nicht erfassen können.

Um unsere Überlegungen noch etwas zu klären, wenden wir uns Abbildung 12 zu. Sie stellt eine mechanische Vorrichtung dar, die in gewisser Weise unserem Sehapparat gleicht. Fällt ein schwacher Lichtreiz auf die lichtempfindliche Einheit A und löst er in dieser keine Reaktion aus, so kann auch nichts weitergeleitet werden, und wir werden daher feststellen: dieser Reiz war für einen Teil (A) oder das ganze System unterschwellig. Als nächstes erregt nun ein stärkerer Reiz A, er ist jedoch noch immer nicht stark genug, um auch B zu erregen. Dieser Reiz ist für Teile des Systems über- und für andere unterschwellig. Vorstellbar wäre es auch, die Reizstärke zu finden, die groß genug ist, um A, B und C zu erregen, die jedoch, da die Schwellenwerte von D und F hoch sind, D, E, F und G nicht erregen würde. Sind E und G in unserem System hier „Effektoren" ähnlich den Muskeln des Menschen, so haben wir in diesem Modell eine Analogie zu der Situation vor uns, in der ein Reiz zentrale Aktivität auslöst, die sich aber nicht im Verhalten manifestiert.

Nehmen wir nun an, A und X stellen die zwei Augen eines Menschen dar, C sein Gehirn, E die Muskeln, die die Augen bewegen, und G die Muskeln, die beim Sprechen eingesetzt werden. Wir stimulieren ein Auge während einer kurzen Zeit mit einem schwachen Lichtreiz. Es erfolgt darauf keine Reaktion. Stimulieren wir nun beide Augen auf die gleiche Weise und können wir dann eine kleine Augenbewegung bemerken, die den Blick in die Richtung der Lichtquelle lenkt (ob auch eine verbale Reaktion dabei erfolgt, ist in diesem Zusammenhang sehr wichtig), so werden wir sagen, dieser Lichtreiz sei unterschwellig (unter dem Schwellenwert), wenn nur ein Auge gereizt wird, jedoch über dem Schwellenwert (überschwellig), wenn damit beide Augen zu gleicher Zeit gereizt werden. Es muß hier noch ganz besonders darauf verwiesen werden, daß beide Augen separat mit dem Gehirn — in unserem Diagramm mit C — verbunden sind und daher die Summation nur dort stattgefunden haben kann. Daraus folgt aber weiter: der Lichtreiz war für jedes der beiden Augen (auch wenn sie einzeln gereizt wurden) über dem Schwellenwert, doch unter dem Schwellenwert von C.

Stellen Sie sich eine Versuchsperson vor, die zwischen zwei Experimenten gerade eine kurze Wartepause hat. Der Experimentator streicht ein Zündholz an, um sich damit eine Zigarette anzuzünden. Es ist das ein ganz gewöhnliches und häufiges Ereignis. Die Versuchsperson reagiert darauf überhaupt nicht, weder macht sie eine Bemerkung dazu noch lenkt sie ihren Blick in die Richtung des aufflammenden Zündholzes. Dieser Reiz ist unterschwellig, insofern er keine offene Reaktion auslöst; es ist jedoch nicht notwendigerweise so für den zentralen Prozeß der Wahrnehmung. Das heißt also, die Versuchsperson könnte das Aufflammen wahrgenommen haben, ohne es jedoch zu zeigen. Fügen wir dem jetzt noch eine weitere Stimulation hinzu und fragen: „Sahen Sie, was ich eben tat?" (und ist in der Zwischenzeit nichts anderes Außerordentliches vorgefallen), so werden wir jetzt eine verbale Reaktion bekommen und möglicherweise auch eine Augenbewegung in die Richtung beobachten können, in der das Zündholz angestrichen wurde.

Das Prinzip, das hier zur Anwendung kommt — wir können jetzt noch keine Auskunft über die Details dieses Prozesses geben — ist das der Summation. Ein Reiz hat eine Wirkung, die im Verhalten nicht sichtbar wurde, die es jedoch nach Hinzukommen einer weiteren Stimulation teilweise oder ganz wurde. Solange wir uns darüber klar sind, daß wir nicht wirklich wissen, wie das alles geschieht (unser Wissen über Gefühle, Wahrnehmung, Denken usw. ist immer noch sehr lückenhaft), ist das Wissen von unterschwelligen Prozessen, die durch das Hinzukommen weiterer Stimulation überschwellig werden können, von überaus großer Bedeutung für uns. Ohne diese Kenntnis könnten wir nicht einmal damit beginnen, Verhalten zu verstehen.

Wir können jetzt zur Analyse der Furcht (als vom „Furcht-Verhalten" unterschieden) zurückkehren. Wir müßten jetzt schon in der Lage sein, sowohl 1) milde Furcht, die noch kein Vermeideverhalten erzeugt, als auch 2) stärkere Furcht, die sich in Verhaltensweisen wie Zittern und Schwitzen, doch immer noch nicht in „Vermeideverhalten" manifestiert, und 3) die voll zum Ausdruck kommende Furcht zu behandeln. Die beobachteten Verhaltensweisen, die wir im folgenden besprechen, waren für sich allein noch nicht verständlich, wurden jedoch nach Anwendung der Summationsmethode interpretierbar. Wir müssen allerdings hinzufügen, daß wir die Methode hier in diesem Beispiel noch in etwas ungenauer Form angewendet haben.

Während einer Voruntersuchung zu einem größeren Projekt, über die „Furcht in Schimpansen", wurde dem kräftig gebauten Männchen Shorty das bemalte Modell einer Schlange gezeigt. Das Tier wandte seinen Blick sofort davon ab und ging, ohne irgendein Zeichen größerer Erregung zu zeigen, in die andere Ecke des Käfigs. Da Affen ganz allgemein eine große Abneigung gegen Schlangen haben, ist es sehr unwahrscheinlich, daß die Bewegung des Affen zufällig genau in dem Augenblick eingeleitet wurde, als er der Schlange ansichtig wurde. Zieht man jedoch weiter in Betracht, daß die Schlange ein äußerst furchterregender Gegenstand ist, so ist die langsame und lässige Veränderung seiner Position doch sehr erstaunlich. Man fühlt sich fast gedrängt zu denken, daß das Zusammentreffen der beiden Ereignisse vielleicht doch nur reiner Zufall gewesen sei. Um noch eine weitere Information über Shortys Zustand zu erhalten, trug der Experimentator die Schlange in die Ecke, in der Shorty saß, und zeigte sie ihm. Shorty brüllte, sprang auf und schleuderte das erstbeste Stück Holz, das ihm in die Hände kam, nach dem „Gegenstand" oder dem Experimentator, oder vielleicht auch nach beiden. Ob das von Shorty gezeigte Verhalten Zorn oder Furcht, oder durch Furcht hervorgerufener Zorn war, geht uns jetzt nichts an, ganz abgesehen davon, daß diese Begriffe ohnehin nicht sehr genau zu trennen sind. Wichtig ist hier folgendes: die zweimalige Reizung mit demselben Gegenstand hatte den beschriebenen Erfolg. Die erste Reaktion war noch schwach und in Beziehung zu dem Reiz nicht eindeutig interpretierbar. Erst nachdem die Summation erfolgte, also erst nach der zweiten Reizung, war es klar, mit welchem Prozeß wir es zu tun hatten.

Ein anderes Beispiel: Während einer späteren Phase derselben Untersuchung – der ganze Vorgang war jetzt schon viel besser organisiert, das Experiment verlief nach festen Regeln – wurde vor dem Käfig ein „Schaukasten" aufgestellt. Das Tier wurde durch Futter an den Apparat herangelockt; in dem Augenblick jedoch, in dem das Tier das Futter nehmen wollte, wurde ein Abteil des Schaukastens geöffnet und ein Testobjekt wurde sichtbar. Die meisten dieser Testobjekte waren solche Gegenstände, die gewöhnlich bei den Tieren Furchtverhalten auslösten. Soda, ein Schimpansenweibchen, war während des ersten Versuches aufgeregt und verstört. Weil Soda aber das Futter haben wollte, blieb sie nicht wie viele andere Tiere dem Schaukasten gänzlich fern, sondern entwickelte eine neue Verhaltensweise. Sie kam jetzt jedesmal sofort zum Futter, nahm es, drehte sich, ohne den Kasten anzuschauen, ohne Hast und sichtbare Erregung um, entfernte sich einige Meter davon, setzte sich dann in einem Winkel von 90 Grad zum Kasten nieder und verzehrte das Futter. Ihr Verhalten blieb während vieler Versuche völlig gleich, und es schien so, als interessiere sie sich für nichts außer für das Futter. Kennt man das Verhalten von Schimpansen, so ist es kaum vorstellbar, daß Soda alle Furcht verloren haben könnte, noch entspricht das stereotype Verhalten, das sie an den Tag legte, der Norm. Dann passierte dem Experimentator beim Öffnen des Schaukastens ein kleiner Fehler, und eine der Türen fiel unter leichtem Geklapper zu. Soda sprang zurück, und jetzt ließ ihr Verhalten alle Anzeichen von Furcht erkennen. Dabei muß ausdrücklich betont werden, der Lärm selbst war zu schwach, als daß er unter anderen Umständen zu irgendeiner Schreckreaktion geführt hätte.

Wir haben hier nun wieder einen Summationsprozeß vor uns, und abschließend können wir feststellen: Soda befand sich schon, bevor der Lärm einsetzte, im Zustand der Furcht. Dieser Prozeß war jedoch nicht stark genug, um sich gegen andere Prozesse durchzusetzen, die zu derselben Zeit aktiv waren (das Verlangen nach Futter), und es wurde daher kein klares „Furchtverhalten“ offenbar. Soweit war der Prozeß unterschwellig, doch es bedurfte nur einer kleinen Verstärkung, um ihm zum Durchbruch zu verhelfen und ihn die Schwelle überschreiten zu lassen.

Weitere Beispiele für Schlüsse, die wir aus dem Verhalten ziehen

Die Beispiele, die wir bisher besprachen, stammten alle aus Untersuchungen über Wahrnehmungen, Gefühle oder Einstellungen. Andere Beispiele für Schlußfolgerungen vom Verhalten auf die unbeobachtbaren Vorgänge, die im Kopf ablaufen, bringen wir noch später. Die Methode, die wir als „behavioristisch bezeichnet haben, setzt voraus, daß solche Schlüsse ganz wesentlich zur Analyse des Verhaltens höherer Tiere gehören. Eine Liste all der Gelegenheiten, bei denen sie angewendet werden, läßt sich unmöglich aufstellen, und das ist auch gar nicht unsere Absicht. Um jedoch einen annähernden Eindruck von ihrer Vielfalt zu geben, wollen wir noch einige Beispiele dafür bringen.

Das „Gedächtnis“ ist ein Beispiel für das, was wir aus dem Verhalten erschließen. Gewöhnlich werden auch wir der Ansicht sein, daß wir einfach durch Fragen herausfinden können, woran sich jemand erinnert. In vielen Fällen stimmt das auch. Beachten müssen wir allerdings: Sprechen ist Verhalten, von dem wir auf das Bestehen der dauerhaften Wirkungen früherer Erfahrungen schließen. Durch die „Ersparnismethode“ kann jetzt aber gezeigt werden, daß auch hier der verbale Bericht nicht immer stimmt. Jemand sagt zum Beispiel, er könne sich an irgend etwas überhaupt nicht mehr erinnern, er habe es vollkommen vergessen. Lernt er es aber jetzt wieder, so braucht er dafür nicht annähernd so lange wie beim ersten Mal. Daraus folgt, daß die frühere Erfahrung eine Spur hinterließ – tatsächlich hatte sich die Versuchsperson ja etwas gemerkt, worüber sie uns allerdings nichts berichten konnte.

Eine interessante Beobachtung, die zu obigem in Beziehung steht, ist diese: Geübte Sekretärinnen geben oft an, sie hätten völlig vergessen, wo auf der Schreibmaschine die einzelnen Buchstaben sind. Fragt man eine Sekretärin, wo ein bestimmter Buchstabe sei, ohne ihr die Chance zu geben, auf die Tastatur einer Schreibmaschine zu schauen, so wird sie uns die Frage auch wirklich nicht sofort beantworten können, wäre jedoch andererseits in der Lage, selbst ein noch so kompliziertes Wort zu schreiben, ohne auf die Buchstaben zu schauen. Der objektive Test hat uns wiederum gezeigt, daß sie nicht wirklich vergessen hatte, wo sich auf der Tastatur die einzelnen Buchstaben befinden. Das „Verhalten“ war zuverlässiger, hatte höheren diagnostischen Wert als der verbale Bericht.

Ein weiteres Beispiel ist die Entdeckung der Erwartung in einem Tier (siehe Seite 90). Ein Affe beobachtete, wie in eine Dose, aus der er auch früher schon Futter nehmen durfte, eine Banane gelegt wurde. Als er aber nun die Dose öffnet und darin keine Banane, sondern Salatblätter findet, bekommt er so etwas wie einen Wutanfall, und das, obwohl er Salatblätter unter anderen Umständen, nämlich wenn er gesehen hätte, daß sie hineingegeben wurden, stillschweigend herausgenommen und verzehrt hätte. Die Schlußfolgerung, die wir hier durchführen, ist ziemlich komplex. Auf Grund einer einzigen Beobachtung wären wir dazu nicht berechtigt. Auf alle Fälle hätten wir die Reaktionen des Affen auf folgende Situationen miteinander vergleichen müssen: (1) Der Affe sieht, daß Salatblätter in die Schale gegeben werden und findet auch Salatblätter, (2) eine Banane wird in die Schale gegeben und er findet auch eine darin; (3) er sieht, wie eine Banane hineingegeben wird und findet aber Salatblätter. Wie Sie also sehen, brauchen wir für diese unsere Schlußfolgerung, wie auch für viele andere, wiederholte Beobachtungen. Konnten wir nach mehreren Versuchswiederholungen feststellen, daß der Affe die Fähigkeit hat, zukünftige Ereignisse vorwegzunehmen, also auf Grund früherer Erfahrungen Erwartungen hat, und fanden wir außerdem noch, daß sein übriges Verhalten mit dem Vorhandensein von Erwartungen in Einklang steht, so brauchen wir diese nicht bei jeder Gelegenheit von neuem zu beweisen, sondern können einfach annehmen, daß unter gewissen Umständen Erwartungen das Verhalten mitbestimmen.

Unser letztes Beispiel handelt vom plötzlichen Auftreten der „Einsicht“ (Seite 305). Um ein schwieriges Problem zu lösen, bedarf es oftmals langwieriger Lernprozesse, bei denen nur ein langsamer Fortschritt zu verzeichnen ist, bis das Subjekt dann endlich imstande ist, das Problem zu lösen. Bei höheren Tieren kann man oft beim Lösen schwieriger Probleme einen ganz anderen Verlauf beobachten. Das Tier müht sich an einer Aufgabe wieder und wieder, jedoch erfolglos. Plötzlich verändert sich sein Verhal-

ten, und ganz unvermutet ist die Lösung da. Ein „Einsichtsblitz" hat stattgefunden, das Tier nahm das Problem in einer neuen Weise wahr, und das Verhalten änderte sich folgerichtig. So etwas Ähnliches, ein plötzliches Auftauchen der Lösung, hat aber sicher schon jeder an sich selbst wiederholt erlebt, zum Beispiel beim Lösen von Kreuzworträtseln, beim Lösen irgendwelcher geometrischer Probleme u. ä.
Wir möchten hier aber nun betonen, daß „Aufblitzen von Einsicht", ein „Einsichtsblitz" bildliche Ausdrücke sind; sie dürfen vom Leser nicht wörtlich genommen werden. Das, worauf es hier ankommt, ist, daß irgendeine Umorganisierung der Denkprozesse und der Wahrnehmung, die stattgefunden hat, eine sichtbare Veränderung des Verhaltens zur Folge hatte. Der Schluß, den wir gezogen haben, war natürlich wiederum eine Folgerung aus dem Verhalten. Der Begriff „Einsicht" ist nicht genau, er bezieht sich in ganz grober Weise auf Umstrukturierung und Umorganisierung seelischer Vorgänge.

Randbemerkungen zur Terminologie

In diesem Kapitel wurden einige Ausdrücke gebraucht, von denen wir nicht behaupten können, daß sie exakte Begriffe seien. Bildliche Ausdrücke wie „Erinnerungsbilder" oder „Einsichtsblitz" haben dann großen Wert, wenn es nur unsere Absicht ist, uns verständlich zu machen und es uns auf die Genauigkeit unserer Ausdrucksweise weniger ankommt. Wörter wie Interesse, Abneigung usw. sind von ähnlich zweifelhaftem Wert; sie sind uns bei der Analyse des Verhaltens wegen ihrer Ungenauigkeit fast im Wege. Manche Psychologen vertreten die Ansicht, wir sollten derart populäre Ausdrücke wegen ihrer Ungenauigkeit überhaupt nicht in die wissenschaftliche Diskussion bringen, und es scheint fast so, als dächten manche Leute, von der Wissenschaft müßte immer und überall vollkommene Präzision gefordert werden. Das dürfte jedoch eine Fehlinterpretation sein.
Exaktheit in der Ausdrucksweise und Exaktheit in der Messung weisen interessante Parallelen auf. Die Forderung, sich bei der Beschreibung des Verhaltens der Alltagssprache völlig zu enthalten, ist zu vergleichen mit der Forderung, die Zeit immer in Sekunden anzugeben. Oder es ist so, als ob ein Physiker, der es gelernt hat, in Angström-Einheiten zu messen, plötzlich

die Verwendung des Meters für unwissenschaftlich hielte. Tatsächlich ist es ungeschickt, ein Stück Land in Millimetern auszumessen; und es ist nicht nur ungeschickt, sondern auch wissenschaftlich unehrenhaft, nahezu ein Schwindel, in Millimetern anzugeben, was in Metern gemessen wurde. Hier wird Genauigkeit vorgetäuscht, die der Messung nicht entsprach. Leider ist es in der Psychologie ausgesprochen leicht, bei der Beschreibung oder Interpretation von Verhalten eine Sprache zu verwenden, die zu umständlich ist, um überhaupt verstanden zu werden und andererseits eine Genauigkeit voraussetzt, besser vortäuscht, die weder durch unsere Daten noch unser theoretisches Wissen gerechtfertigt ist.

Wir müssen beim Berichten unserer Daten und bei der Formulierung unserer Ideen nach dem Grad von Genauigkeit streben, der durch die Umstände gefordert ist. Wir haben, wie wir später noch sehen werden, genauere Ausdrücke als Zorn, Intelligenz oder Gefühl und werden sie auch verwenden, wenn Genauigkeit erforderlich ist. Auch in der Psychologie gibt es einen wissenschaftlichen Jargon, der von Jahr zu Jahr an Schwierigkeit zunimmt und – das möchten wir betonen – der eine wirkliche Funktion hat. Er wird deshalb immer komplizierter, weil er sich auf immer kompliziertere Begriffe bezieht, die weiter und weiter von den volkstümlichen Vorstellungen über seelische Vorgänge abrücken. Wenn ein neuer Begriff eingeführt wird, so handelt es sich nicht darum, daß ein Prozeß, den jeder kennt, neu benannt wird, weil es so vielleicht besser aussieht. Ist Genauigkeit erforderlich, so ist die Verwendung dieser technischen Sprache unumgänglich. Es gibt jedoch verschiedene Ebenen der Analyse, und die Sprache muß der jeweiligen Ebene angepaßt sein.

Wenn man sagt, ein Hund hat das Futter gern, so ist an dieser Feststellung nichts falsch, nur ist sie nicht sehr genau. Wollen wir zum Beispiel, wenn wir Lernprozesse behandeln, etwas genauer sein, so werden wir vielleicht sagen, das Futter im Maul des Hundes ist ein unkonditionierter Reiz und wirkt sich, wie wir später noch sehen werden, verstärkend auf das Lernen aus. Aber auch Lernen ist kein sehr genauer Ausdruck und muß oftmals näher bestimmt (zum Beispiel motorisches Lernen) oder durch einen anderen Ausdruck, wie etwa Konditionieren, ersetzt werden.

Daraus folgt nun zweierlei:

1. Immer ist die einfachste Sprache, die der Aufgabe gerecht wird, vorzuziehen.

2. Die kompliziertere technische Terminologie ist für die feinere Analyse notwendig; sie wurde nicht, wie manche Leute glauben, erfunden, um den Laien zu beeindrucken.

Zusammenfassung

Der Hauptzweck dieses Kapitels war es, vorzuführen, wie seelische Prozesse vom Verhalten her identifiziert werden können und dabei aufzuzeigen, daß Berichte über die eigenen seelischen Vorgänge (Selbstbeobachtungsprotokolle) sehr irreführend sein können; außerdem, daß die Identifizierung seelischer Prozesse in Tieren in ähnlicher Weise geschieht wie in Menschen.

Der wesentlichste Unterschied für viele dieser Folgerungen besteht natürlich in der menschlichen Sprache, einer sehr komplexen und flexiblen Verhaltensform, in der jeder, schon lange bevor er unser Labor betritt, gründliche Ausbildung und Übung besitzt. Obwohl die Sprache meist ein guter Hinweis für unsere Schlußfolgerungen ist, müssen wir doch vor falschen Schlüssen, zu denen sie uns verleiten kann, auf der Hut sein.

Im Verlaufe dieses Kapitels haben wir auch einige neue Teilgebiete der Psychologie gestreift, Themen angeschnitten, auf die wir später noch zurückkommen werden. Lernen, Wahrnehmung, Generalisation von Reaktionen sowie Gefühle gehören dazu. Gleichzeitig haben wir Sie auch mit der Methode des konditionierten Reflexes und der Diskriminationsmethode bekanntgemacht. Auf zwei andere Fragen, die in diesem Kapitel erwähnt wurden, nämlich Farbenblindheit und Vorstellungen, werden wir nicht mehr zurückkommen.

Das Hauptproblem des Schließens vom Verhalten auf seelische Vorgänge besteht darin, daß sich die seelischen Vorgänge im Verhalten nicht immer stark genug ausdrücken, um erkannt zu werden, oder daß ihr Ausdruck durch andere Vorgänge, die gleichzeitig ablaufen, entstellt wird. In diesem Fall mag es dann notwendig sein, mehrere verschiedene Tests durchzuführen. Wichtige Begriffe, die wir kennengelernt haben, sind „Reizschwelle" und „Summation". Die Summation von Reizen kann einen Prozeß soweit verstärken, daß er die Schwelle überschreitet und im Verhalten sichtbar wird.

3. Weisen der sensorischen Kontrolle: Reflexe und Vermittlungsprozesse

Wir beginnen nun die nähere Untersuchung des Verhaltens mit der grundsätzlichen Frage: Wie geschieht es, daß (1) sensorische Ereignisse das Verhalten steuern und (2) wie direkt ist deren Kontrolle über das Verhalten? Sie üben ihren Einfluß mit Hilfe des Nervensystems aus, wobei dieses u. a. die Rolle eines Überbringers, eines Leiters von Erregungen spielt. Die Erregung wird von den Rezeptoren (Sinneszellen) zu den Effektoren (Muskeln oder Drüsen) geleitet. Die Erregungsleitung kann durch verschiedene Faktoren kompliziert sein, und in diesem Kapitel werden wir darauf eingehen, wie diese verschiedenen Ebenen das Verhalten bedingen. Findet die Leitung vom Rezeptor zum Effektor ziemlich direkt statt, so haben wir es mit einem Reflex, mit einem von den Sinnen dominierten Verhalten, zu tun. Sind verschiedene Komplikationen in die Leitung eingeschaltet, so ist das Verhalten sowohl unter der Kontrolle der Sinne als auch unter der der Vermittlungsprozesse (Ideen, Denken). Die verhaltenswissenschaftliche Frage, die wir nun zu beantworten haben, ist diese: Wie kann zwischen diesen beiden Formen der Reaktion auf die Umwelt unterschieden werden?

Worin unterscheidet sich das Verhalten einer Spinne, die ein Netz baut, von dem eines Bauern, der seinen Acker pflügt, um darauf Kartoffeln anzusetzen? Sowohl die Spinne als auch der Bauer treffen Vorbereitungen für die Nahrungsgewinnung. Können diese beiden Formen des Verhaltens deshalb im gleichen Licht gesehen werden – und wenn nicht, auf Grund welcher Prinzipien kann ein Unterschied definiert werden? Oder ein anderes Beispiel: Einem Hund ist kalt. Einmal zittert er reflektorisch, um Wärme zu produzieren, und das andere Mal kommt er zur Tür und bellt so lange, bis er eingelassen wird. Besteht zwischen den Mechanismen dieser beiden Reaktionen ein Unterschied?

Verhalten ist unter der Steuerung der Sinne primär Anpassung an die Umwelt. Der Organismus vermeidet, was ihm schaden könnte, und nähert sich dem, was ihm nützt, oder er führt in seiner Umgebung solche Veränderungen durch, die ein Überleben wahrscheinlicher werden lassen. Dabei ist natürlich nicht alles Verhalten „Anpassung“ in diesem engen Sinn. Sexuelles Verhalten und Brutpflege sind genausowenig wie Spiel unbedingt notwendig zum Überleben. Aber auch für diese Formen des Verhaltens (zum Beispiel Finden des Geschlechtspartners, Vermeiden von Hindernissen am Weg zum und vom Nest, Einhalten der Orientierung beim Spiel) ist Steuerung durch die Sinne wesentlich; ohne sie ist kein organisiertes Verhalten möglich.

Betrachten wir nun einmal in diesem Zusammenhang einen einzelligen Organismus, zum Beispiel eine Amöbe. Sie hat nicht, wie die höheren Tiere, spezialisierte Teile für sensorische und Motorfunktionen. Wenn Nahrung aufgenommen wird, muß dasselbe Gewebe, ja dieselbe Zelle, die Nahrung auffinden, das Tier zur Nahrung hinbewegen, die Nahrung aufnehmen, verdauen, und die Abfallprodukte ausscheiden. Eine einzige Zelle muß also Nase, Mund, Beine und Verdauungsapparat in einem sein. Folglich hat die Amöbe nur beschränkte Möglichkeiten, Nahrung aufzufinden, zu fangen und selbst der Zerstörung zu entgehen. Nur Ereignisse, die sich in ihrer unmittelbaren Nähe und im gegenwärtigen Augenblick abspielen, können das Verhalten der Amöbe beeinflussen. Bei höheren Tieren ermöglicht die Spezialisierung, daß einige Zellen allein darauf eingerichtet sind, Futter oder Gefahr schon auf weite Entfernungen zu entdecken (Sinnesorgane), und andere wiederum darauf, rasche und genaue Bewegungen auszuführen (Muskeln). Die Spezialisierung hat aber zur Folge, daß Rezeptoren und Effektoren räumlich voneinander getrennt sind und es daher irgendeine Verständigungsmöglichkeit zwischen ihnen geben muß. Die erste Funktion des Nervensystems ist nun eine räumliche Integration und Koordination der Teile des Körpers. Die Spezialisierung der Effektoren bedeutet aber auch, daß Aktivitäten nach festen zeitlichen Abfolgen ablaufen müssen, um überhaupt zur Wirkung zu kommen. Auch diese zeitliche Integration wird vom Nervensystem geleistet.

Ein Beispiel: Eine Stechfliege setzt sich auf die Stirn eines Menschen und leitet damit den Verhaltensablauf ein. Die Haut der Stirn hat selbst keine ausreichende Möglichkeit zur Selbstverteidigung. Die Nervenfasern aber, die in der Haut sitzen, leiten die Erregung, die hier in der Haut entsteht, zum Zentralnervensystem, von wo sie auf Effektoren, die Muskeln der

Hand, umgeschaltet wird, die sich in einiger Entfernung von der Stirn befinden. Der Erfolg: die Fliege wird zerquetscht. Um eine erfolgreiche Verteidigung zu ermöglichen, mußten Zellen, die ziemlich weit voneinander entfernt sind, aufgerufen werden – und nicht nur das: sie mußten in einer ganz bestimmten Ordnung aufgerufen werden. Soll die Hand nicht die falsche Stelle treffen, müssen die Muskelkontraktionen, die bei einer solchen Bewegung mitwirken, nach einer bestimmten zeitlichen Abfolge ablaufen. Ein anderes Beispiel: Die Nase eines hungrigen Tieres riecht Futter. Die Nase hängt, wie der übrige Körper, von Nahrung ab, kann jedoch selbst die Nahrung nicht aufnehmen. Was die Nase aber zu leisten vermag ist, eine komplexe Serie von Aktivitäten der verschiedenen Teile des Körpers einzuleiten, die in einer bestimmten zeitlichen Folge ablaufen und dazu führen, daß das Futter im Magen landet, in den Darm und schließlich in den Blutstrom kommt. Dieser versorgt dann auch die Zellen des Olfaktorius ebenso wie alle übrigen Teile des Körpers mit Proteïnen, Salzen und Zucker und was die verschiedenen Organe noch alles benötigen, um ihre Funktionen erfüllen zu können.

Die Rolle, die dabei die Sinnesorgane spielen, ist klar: sie regen nicht nur Aktivität an, sondern lenken und steuern sie auch während des ganzen Verhaltensablaufes. Beim Erschlagen der Stechfliege hängen die Muskelkontraktionen, die gemacht werden müssen, von der ursprünglichen Lage der Hand ab, was weiter heißt, daß diese von den laufend einkommenden Mitteilungen der Sinneszellen in den Muskeln und Gelenken bedingt sind. Das Tier, das nach Futter jagt, muß seine Bewegungen andauernd den Positionsveränderungen seines Opfers anpassen usw. Für jede Art der Anpassung an die Umwelt, mag sie einfach oder komplex sein, ist die Kontrolle durch die Sinne das wichtigste Prinzip des Verhaltens.

Klassifizierung des Verhaltens mit Hilfe der Reiz-Reaktion (S-R) Formel

Der nächste Schritt ist nun, zu prüfen, wie direkt die Kontrolle des Verhaltens durch die Sinne ist. Dabei stoßen wir auf die berüchtigte S-R Formel und müssen zunächst ihre Bedeutung für die Klassifizierung des Verhaltens untersuchen.

Die S-R Formel ist trotz aller Anfeindungen, denen sie ausgesetzt war und immer noch ist, das wichtigste Instrument für die theoretische Analyse des

Verhaltens. Denkt man in ihrem Schema, so wird jede Bewegung und jede Ausscheidung einer Drüse als eine Reaktion auf eine unmittelbar vorher erfahrene sensorische Stimulation verstanden. Zeitlich integriertes Verhalten, Verhalten also, das sich über längere Zeit erstreckt, wird danach als eine Serie von Reaktionen auf eine Serie von Reizen aufgefaßt. Wie wir später noch sehen werden, ruft jede Reaktion selbst wieder eine neuerliche Stimulation (Rückkoppelung oder feed-back) hervor, und daraus folgt: ein einziges sensorisches Ereignis kann eine ganze Serie von Reaktionen einleiten. Stimulation, der eine Reaktion unmittelbar folgt, kann als der Grundtyp des Verhaltens angesehen werden, aus dem sich alle anderen Verhaltensmuster entwickelt haben.

Im Einklang damit wird Verhalten nach seiner Beziehung zur S-R Formel klassifiziert. In eine große Klasse fallen dabei alle die Handlungen, die gleichzeitig mit dem Reiz beginnen und auch zur selben Zeit wie dieser beendet sind (unter der Voraussetzung, daß kein anderer Prozeß dazwischenkommt). Auf diese Handlungen, die unter direkter sensorischer Kontrolle ablaufen, paßt die S-R Formel genau. Bei einer anderen großen Klasse von Handlungen – man könnte sie grob als Willenshandlungen bezeichnen – fehlt diese enge zeitliche Beziehung zum Reiz. Die S-R Formel paßt auf dieses Verhalten nicht. Hier werden wir erstmals mit einem wesentlichen Problem bekanntgemacht, dem wir uns immer gegenübersehen, wollen wir das Verhalten höherer Tiere verstehen. Es ist das Problem des Denkens (das natürlich die Grundlage allen willentlichen Verhaltens ist). Mögen auch die beteiligten Mechanismen im Falle der willentlichen Handlungen komplizierter sein als bei dem Verhalten, das direkt durch die Sinne kontrolliert ist, die Prinzipien jedoch, die der Funktion des Nervensystems zugrunde liegen, gelten für beide in gleicher Weise. Die Frage ist nun: Wie müssen die Vorstellungen von der S-R Formel erweitert werden, um auch willentliches Verhalten einzuschließen?

Eine eindeutige Scheidung aller Handlungen in zwei große Klassen gibt es nicht. Es scheint sich hier weit eher um ein Kontinuum zu handeln, und jede Aufteilung in Klassen ist bis zu einem gewissen Grade willkürlich. Wir haben es hier vielmehr mit einem Kontinuum zu tun und nicht mit verschiedenen Arten von Verhalten, denen verschiedene Prinzipien zugrunde liegen. Die Extreme dieses Kontinuums unterscheiden sich sehr stark voneinander; jedoch handelt es sich lediglich um einen graduellen und nicht um einen absoluten Unterschied.

Nach all dem, was bisher gesagt wurde, muß man sich fragen, warum hier überhaupt noch von Klassen geredet wird. Wie wir schon ausgeführt haben, ist die Funktion des Nervensystems wesentlich die eines Übermittlers von Erregungen. Wollen wir uns an die nun schon klassische Analogie halten, können wir uns Gehirn und Rückenmark als eine automatische Schaltzentrale vorstellen, in die die Leitungen der Rezeptoren einlaufen und aus der andere zu den Effektoren hinausführen. Einige der Verbindungen innerhalb der Schaltzentrale sind schon von vornherein fest eingebaut, andere werden erst mit der Zeit erworben (durch Lernen). Manche Verbindungen sind direkt und funktionieren prompt und zuverlässig, wie man es auch von einer automatischen Schaltzentrale erwartet. Auf reflexive Reaktionen – sie sind es, denen die festen Verbindungen zugrunde liegen – paßt die S-R Formel. Reaktionen werden von durchgehenden Leitungen – Rezeptor – Effektor – hervorgerufen, und dem entspricht die Schaltzentralenanalogie ausgezeichnet. Es scheint aber auch andere Verbindungen zu geben, die nicht so direkt sind, sondern möglicherweise noch weitere Leitungskreise eingebaut haben. Die Reaktionen, die davon betroffen sind, sind um vieles weniger zuverlässig, weniger leicht voraussagbar und treten manchmal erst nach langer Verzögerung in der Leitung auf.

Die Reizleitung über die Nervenfasern geht sehr schnell vor sich. Handelt es sich um durchgehende, also direkte Bahnen, so sollte sich ein Reiz innerhalb einer Sekunde auf das Verhalten auswirken. Der einfachste Fall des Verhaltens von der zweiten Art (also nicht S-R Typ) liegt dann vor, wenn zwischen Reiz (sensorischem Input) und Reaktion (Output) eine Verzögerung festgestellt werden kann. Die Schaltzentrale scheint in diesem Fall nicht mehr wie ein Durchgangsbahnhof eingesetzt worden zu sein, sondern es ist dort auch noch zu einigem Rangieren gekommen. D. h., die Schaltzentrale fungierte in diesem Fall nicht als einfache Verbindung der einkommenden Leitungen mit den nach außen führenden, sondern in ihr scheinen kompliziertere Vorgänge abzulaufen. Diese Vorgänge, die zwischen der Ankunft der Meldung in der Schaltzentrale und dem Auftreten der Reaktion liegen, sind es, die wir theoretisch aufklären müssen. Wie schafft es das Gehirn, eine Erregung in sich zu bewahren, um sie erst zu einem späteren Zeitpunkt an einen Muskel weiterzuleiten?

Diese Überlegungen im Gedächtnis behaltend, können wir nun unsere oben begonnene Einteilung auf vier Gruppen erweitern. Zwei davon sind vom S-R Typ, betreffen also Handlungen, die unter direkter sensorischer Kontrolle stehen, und zwei sind solche, bei denen die Kontrolle nur noch indirekt geschieht.

1. Reflexe: Die Verbindung vom Sinnesorgan zum Muskel bzw. zur Drüse ist direkt. Die Prozesse, um die es sich hier handelt, sind durch Wachstum und Reifung, unabhängig von jedem Lernen, bedingt (siehe Kap. 6). Es sind dies die unkonditionierten Reflexe.

Besondere Merkmale dieser Art der Leitungen sind der geringe Unterschied zwischen Reiz und Reaktion und zuverlässiges Funktionieren, womit gemeint ist, daß der Reiz immer auch die Reaktion auslösen wird. Ausnahmen von dieser Regel gibt es nur dann, wenn auf Grund exzessiver Reizung Müdigkeit eintritt oder eine eindeutige Beeinträchtigung durch eine andere Aktivität (zum Beispiel einen anderen Reflex) vorliegt.

2. Konditionierter Reflex: Funktioniert die Verbindung in so ziemlich der gleichen Weise, doch erst nach gewissen vorangegangenen Stimulationen, so haben wir es mit einer erworbenen S-R Verbindung, einem konditionierten Reflex, zu tun. Diese Verbindungen funktionieren gewöhnlich weniger zuverlässig, möglicherweise deshalb, weil sie – anatomisch gesehen – weniger direkten Leitungen folgen und deshalb leichter durch andere Prozesse gestört werden können. Die Formation solcher Verbindungen entsteht durch Lernen. Dieses könnte demnach als die Bildung neuer nervöser Verbindungen oder als die dauernde Veränderung alter definiert werden und würde ein Ergebnis sensorischer Stimulation und der Erregung der betroffenen Leitungen sein.

3. Hängt das „In-Aktion-Treten" einer bestimmten S-R Verbindung davon ab, ob das Tier darauf vorbereitet ist, in einer bestimmten Weise zu reagieren, so haben wir das Phänomen der Einstellung (set) vor uns. In diesem Fall arbeitet die S-R Verbindung so, als wäre in die Leitung ein Schalter eingebaut, der eingeschaltet werden muß, bevor die Reaktion erwartet werden kann. Wie wir später noch sehen werden, kann dieser Schalter auf chemische Weise (zum Beispiel durch Hormone im Blutstrom) oder auf nervöse Weise kontrolliert werden. Die Probleme des Behaltens und Verzögerns scheinen mit diesen nervösen Einstellungen in Verbindung zu stehen. Die erste Stimulation muß noch keine Reaktion hervorrufen, hat jedoch

Wirkungen, die dann klar zutage treten, wenn die zweite Stimulation gegeben wird. Man könnte das auch so sehen: Die erste Stimulation schließt den Schalter (stellt das Tier darauf ein, in einer bestimmten Weise zu reagieren) und die zweite löst die Reaktion aus. Solange der Schalter eingeschaltet bleibt ist das Verhalten des Tieres unter sensorischer Kontrolle und stimmt auch gut mit der S-R Formel überein. Das Problem, dem wir uns bei dieser Klasse des Verhaltens gegenübersehen, ist die Frage nach der Natur des Umschaltmechanismus.

4. Es gibt noch eine große, besonders für die höheren Tiere charakteristische Gruppe von Handlungen, die nicht durch unmittelbare Stimulation allein erklärt werden kann. Dieses Verhalten wird teilweise vom sensorischen Input, teilweise aber von Vorgängen gesteuert, die in der Umschaltzentrale selbst stattfinden und im Augenblick nicht unter sensorischer Kontrolle stehen. Auf diese autonomen zentralen Prozesse beziehen sich die Ausdrücke Ideation oder Vermittlungsprozesse (mediating processes).

Die Bedeutung dieser Begriffe wird erst im Verlauf späterer Diskussionen wirklich klar werden, doch eine vorläufige Erklärung kann schon jetzt gegeben werden. Eine sensorische Stimulation löst einen zentralen Prozeß aus. Anfangs tritt er immer nur im Zusammenhang mit dieser Stimulation auf. Bei Wiederholungen verändert sich der zentrale Prozeß, organisiert sich intern und erlangt schließlich eine eigene Existenz, unabhängig von der sensorischen Stimulation. Jetzt kann es geschehen, daß er noch andauert, wenn die Stimulation schon längst aufgehört hat, oder er kann bei völliger Abwesenheit der ursprünglichen Inputs in Verbindung mit anderen zentralen Prozessen erregt werden. Selbständig ist dieser Prozeß dann insofern, als er losgelöst vom ursprünglichen sensorischen Ereignis vorkommen kann. (Die sog. Erinnerungsbilder oder Vorstellungen sind ein Beispiel dafür.)

Ideation ist die klassische Bezeichnung für diesen Prozeß. Wir werden diesen Begriff hier in ziemlich allgemeiner Form verwenden und meinen damit (1) das Auftreten von Prozessen, unabhängig von den sensorischen Reizen, die sie ursprünglich auslösten, und (2) neue Kombinationen und Entwicklungen solcher Prozesse. „Vermittlungsprozeß" („Mediating process") ist ein neuerer Ausdruck, der sich im wesentlichen auf das gleiche bezieht. Er hat jedoch gegenüber Ideation den Vorteil, weniger vorbelastet zu sein. („Mediation" bezieht sich dabei auf die Möglichkeit, daß diese Prozesse als eine Verbindung oder Vermittlung zwischen einem sensorischen

Input und einer Reaktion wirken könnten, die nicht direkt miteinander verbunden sind. Im Wort „Vermittlungsprozeß“ kommt der gleiche Sachverhalt zum Ausdruck.)
In der Psychologie finden wir eine „große Tradition“ des Skeptizismus, der das Vorhandensein von so etwas wie Ideation bezweifelt. Diese Opposition kommt von den strengen Anhängern der „S-R Formel“. Die Gründe für diesen Skeptizismus, der sicher ein sehr gesunder und für den Fortschritt der Psychologie notwendiger war, sind darin zu suchen, daß der Begriff „Ideation“ viel theoretischer ist und man auf ihn erst durch weit komplexere Folgerungen kommt als auf die S-R Formel. Ideation ist jedoch nicht als Gegensatz zur S-R Formel gedacht, sondern vielmehr als der Versuch, die gleiche Art des Denkens auch auf anderes Verhalten auszudehnen, dessen theoretische Analyse ansonsten auf schier unüberwindliche Schwierigkeiten stoßen würde. Solange wir uns über die Natur des Verhaltens, das den Schluß auf die Ideation verlangt, und über die Kriterien für dessen Unterscheidung von Verhalten, das von den Sinnen dominiert ist, im klaren sind, gibt es keinen Gegensatz zwischen den beiden Typen.

Von den Sinnen dominiertes Verhalten: UCR und CR

In der Psychologie ist man so wie in allen anderen Wissenschaften verpflichtet, solange es die Fakten erlauben, eher eine einfachere als eine kompliziertere Erklärung anzunehmen. Aus diesem Grunde müssen wir so weit als möglich Erklärungen, die auf S-R Verbindungen Bezug nehmen, solchen vorziehen, die mit Vermittlungsprozessen arbeiten. Erklärungen im Sinne der S-R Formel verlangen weniger komplizierte Schlußfolgerungen; man könnte sagen, sie sind den Fakten näher. Wollen wir uns in unserer Analyse an die eben zitierte Regel halten, so werden wir unmittelbar vor die nächste Frage gestellt, nämlich: Welche Eigenschaften des Verhaltens werden implizite in der S-R Formel vorausgesetzt? Erst, wenn wir diese Frage beantwortet haben, können wir entscheiden, ob uns die S-R Formel eine zufriedenstellende Erklärung ist oder nicht.
Im vorangegangenen Abschnitt haben wir zum Beispiel angenommen, der konditionierte Reflex passe in den Rahmen der S-R Formel. Wir werden jetzt, wenn wir dieses Kriterium anwenden, sehen, weshalb die S-R Formel auf einige CR paßt, für andere jedoch eine zweifelhafte Erklärung ist.

Die Hinweise, die wir vom Verhalten dafür bekommen, ob wir es mit einer S-R Verbindung als einer direkten Leitung vom Rezeptor zum Effektor zu tun haben, die nach dem S-R Modell funktioniert, wenn die Verzögerung den entsprechenden Stimulus. Die Leitungsgeschwindigkeiten variieren von einem Meter pro Sekunde in den kürzesten Neuronen bis zu 120 Metern pro Sekunde in den längsten. Obwohl an den Synapsen (den Übertragungsstellen der Erregungen von einem Neuron auf ein anderes) eine kleine Verzögerung auftritt, sollte eine Sekunde nach Einsetzen des Reizes so ziemlich jede Reaktion auftreten, die in dieses Schema paßt. Aus diesem Grunde ist es fraglich, ob wir es auch dann noch mit einer Verbindung zu tun haben, die nach dem S-R Modell funktioniert, wenn die Verzögerung zwischen Reiz und Reaktion mehr als eine Sekunde beträgt. Weiter kann eine Erregung, wenn sie ein bestimmtes Sinnesorgan verläßt und sich ausschließlich an durchgehende Leitungen hält, heute nicht die eine und morgen wieder eine andere Reaktion hervorrufen. (Wenn so etwas geschieht, so fällt das unter Gruppe 3: Verhalten, das von Einstellungen mitbedingt ist.) Jede Stimulation sollte, wird sie nicht durch irgendeine andere gestört, in konstanter Weise immer die gleiche Reaktion hervorrufen.

Der UCR wird diesen Forderungen gerecht, wenn keine Störung durch andere Prozesse auftritt. Werden zwei Reflexe gleichzeitig gereizt, die miteinander in Widerstreit stehen, so kann natürlich nur einer auftreten. Ein Nadelstich in die Fußsohle eines Neugeborenen erzeugt eine Beugung, ein Zurückziehen des Fußes, ein leichter Druck auf die Fußsohle ruft hingegen einen leichten Gegendruck, ein Ausstrecken des Beines hervor. Treten die beiden Stimuli zu gleicher Zeit auf, so kann natürlich nur auf einen reagiert werden, und in diesem Fall ist es meistens der Beugereflex, der sich durchsetzt. Bei Erwachsenen können auch höhere Gehirnzentren reflektorische Vorgänge beeinflussen. Die reflektorische Reaktion auf eine Schmerzstimulation der Finger ist ein sofortiges Zurückziehen der Hand. Hält jemand jedoch eine wertvolle Tasse in der Hand, die zu heiß wird, so wird der Schmerzreflex so lange gehemmt, bis es möglich ist, die Tasse irgendwo abzustellen. Erst dann wird der Reflex ablaufen.

Ansonsten jedoch ist ein UCR sehr konstant und somit voraussagbar. Wollte man alle Reflexe des Menschen aufzählen, so würde das eine ziemlich lange Liste ergeben. Als Beispiele seien erwähnt die Reaktion der Pupille, der Pupillenreflex (wenn das Licht, das das Auge trifft, stärker wird, so erfolgt eine Kontraktion der Pupille); der Speichelreflex, der durch die Stimulierung des Mundes hervorgerufen wird; der Saugreflex, ausgelöst durch die Stimulierung der Lippen; weiter Niesen, Husten und Tränen durch Reizung der Nase, des Halses und des Augapfels; Reflexe des Herzens und der Arterien, die den Blutstrom des Körpers regulieren; Reflexe des Magens und Darms, die die Verdauung und die Bewegung der Nahrung durch den Verdauungskanal überwachen. Dazu kommt noch eine ganze Anzahl von Reflexen, die von der Stellung des Körpers ausgelöst werden und die die Orientierung im Raum besorgen usw. Alle diese UCR sind konsistent in ihren Aktionen, und es kann kein Zweifel darüber herrschen, daß sie von den Sinnen kontrolliert werden und von direkten S-R-Leitungen abhängen.

Wir wollen nun darauf eingehen, wie sich diese Kriterien auf die gelernten reflexähnliche Reaktionen, die CR oder erworbenen S-R Verbindungen, anwenden lassen.

Im ersten Versuch, den wir beschreiben werden, ist der CS ein Brummton und der UCS ein elektrischer Schlag, der zwei Sekunden, nachdem der Brummton einsetzte, durch den Fuß geleitet wird. Nach einigen Wieder-

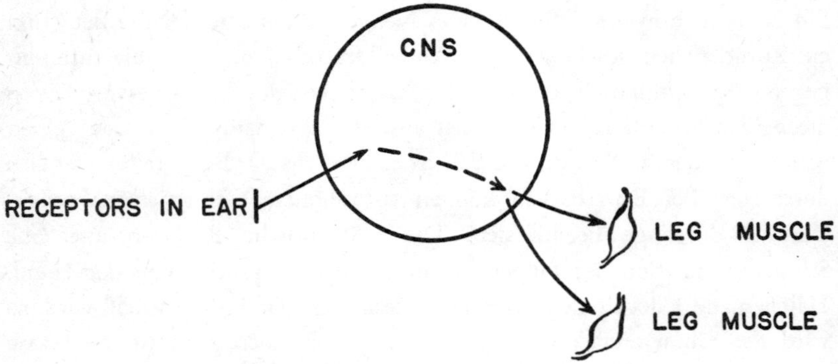

Abbildung 13. Schematische Darstellung einer möglichen S-R Verbindung, die bei einer konditionierten Reaktion in Aktion ist. Die Erregung wird von den Rezeptoren des Ohres zu den Muskeln des Beines geleitet. Wenn der Brummton ertönt, wird der Fuß zurückgezogen. ZNS, Zentralnervensystem.

holungen hebt das Tier, wenn es den Brummton hört, sofort, ohne erst den Schock abzuwarten, den Fuß, und so verhält es sich während aller folgenden Versuche. Wir könnten uns nun vorstellen, die Leitung, die an dieser Reaktion beteiligt ist, sei eine direkte Verbindung bestimmter Zellen des Ohres mit den Muskeln des Fußes. Arbeitet eine solche Verbindung nicht immer einwandfrei, so brauchen wir unsere Überlegungen noch nicht zu verwerfen. Da jede Leitung im ZNS ihren Weg durch ein Gewirr anderer Leitungen bahnen muß, ist sie dabei den Beeinflussungen durch andere Prozesse, insbesondere Hemmungen, ausgesetzt. Was wir jedoch in diesem Zusammenhang fragen können und müssen, ist, ob eine gewisse Kombination von Reflexen dazu tendiert, immer wieder die gleiche Reaktion hervorzurufen (jede Abweichung davon wird auf Müdigkeit oder Beeinflussung durch andere Prozesse zurückgeführt), oder ob andererseits die gleiche Reizkombination systematisch bei verschiedenen Gelegenheiten verschiedene Reaktionen hervorruft.

Wenn wir hier nicht an einen Reiz, sondern an eine Kombination von Reizen denken, kann uns das bei der Überwindung möglicher weiterer Schwierigkeiten helfen. Nachdem zum Brummton eine CR aufgebaut wurde, nehmen wir das Tier aus dem Käfig, in dem es sich während der Versuche befand, lassen es im Zimmer frei umherlaufen und schalten wieder den Brummton ein. Jetzt tritt keine CR auf. Das heißt nun nicht, diese Handlung werde nicht von S-R Verbindungen kontrolliert, zeigt aber, daß die Verbindung Ohr-Muskel nicht allein für die Reaktion verantwortlich ist, sondern noch von anderen, die von der Nase, vom Auge und der Haut ausgehen, unterstützt werden muß, nämlich durch den Anblick, den Geruch und die Berührung des Versuchsapparates. Anfangs mag die S-R-Formel dem Leser vielleicht zu einfach erscheinen. Hat man es jedoch mit wirklichem Verhalten zu tun, so wird es klar, daß man auch, wenn man sich an diesen so einfach scheinenden theoretischen Rahmen hält, in komplizierte theoretische Probleme hineingezogen wird.

Das Prinzip ist aber noch eindeutig: Im Versuchsapparat wenigstens kann der Experimentator, wann immer er möchte, durch entsprechende Zurichtung der Umwelt des Tieres die CR auslösen. Es besteht also eine wirksame Kontrolle durch die Sinne.

Nächstes Beispiel: Bei einem anderen Tier ertönt der Brummton für die Dauer von 10 Sekunden, bevor der UCS erfolgt. Nach einigen Wiederholungen erscheint die CR unmittelbar nach dem Einsetzen des CS; nach weiteren Versuchen tritt eine kleine Verzögerung ein, und die CR erscheint erst in der 7., 8. oder 9. Sekunde nach Beginn des CS. Wie kommt es zu dieser Verzögerung? Wenn wir annehmen, daß der CS auch einen Hemmungsprozeß auslöst, der etwa 7 Sekunden dauert, und daß die CR erst dann auftreten kann, nachdem dieser abgeklungen ist, so können wir auch das noch im Rahmen der S-R-Formel erklären. Nach allem, was wir über das Nervensystem wissen, scheint die dieser Erklärung zugrunde liegende Annahme berechtigt zu sein. (Eine mögliche Alternative dazu wäre die, daß wir es mit irgendeiner Form eines Vermittlungsprozesses zu tun hätten, der sich mit der Zeit verändert oder entwickelt und erst nach 7 oder 8 Sekunden die Schwelle erreicht und eine Reaktion erzeugt. An dieser Stelle sind solche Schlüsse zwar möglich, aber doch nicht notwendig.)

Wir verändern nun die experimentelle Situation noch etwas weiter und bekommen einen bedingten Reflex, der von einem Vermittlungsprozeß abhängen muß. Anstatt den CS während der ganzen Verzögerungsperiode

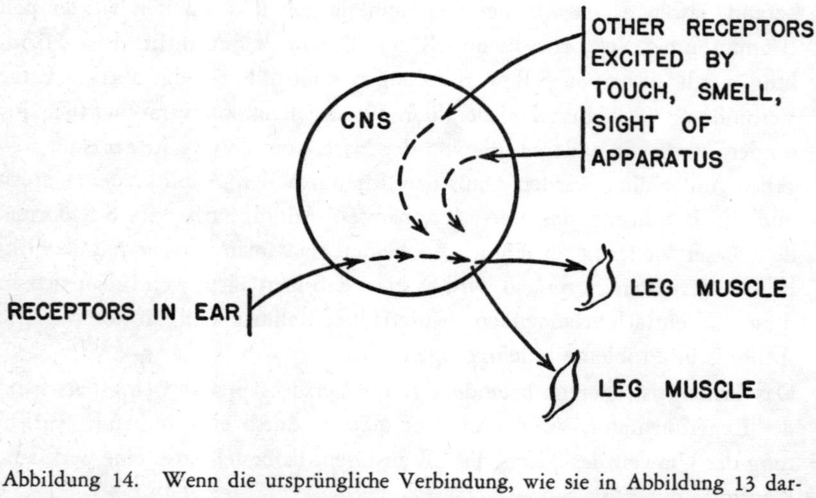

Abbildung 14. Wenn die ursprüngliche Verbindung, wie sie in Abbildung 13 dargestellt wird, die Reaktion außerhalb des Apparates nicht erregen kann, so kann das nur bedeuten, daß sie noch von anderen Bahnen, die von verschiedenen Rezeptoren ausgehen, unterstützt wird. Die S-R Formel gilt auch dafür.

von 10 Sekunden darzubieten, lassen wir ihn nur während einer Sekunde ertönen und geben dann nach weiteren 9 Sekunden den UCS. Die Reaktion ist wiederum um 7 bis 8 Sekunden verzögert, doch ist jetzt die Erklärung „Hemmungsprozeß“ nicht mehr anwendbar. Die Frage ist nun, was ruft 7 Sekunden nach dem Abklingen des CS die CR hervor? In irgendeiner Form bewahrt das Gehirn die Aktivität, die durch den CS angeregt wurde, auf, anstatt sie sofort an den Effektor weiterzuleiten. Dieses Aufspeichern wollen wir hier vorläufig einmal eine Spurenaktivität nennen, was ja laut Definition ein Vermittlungsprozeß ist. Wie das zu verstehen ist,darauf werden wir in Kürze eingehen.

Humorale und nervöse Einstellungen

Wie bereits vorgeschlagen, soll man sich diese Einstellungen als Schalter vorstellen, die in die Nervenbahnen eingebaut sind. Dabei gibt es zwei Möglichkeiten der Kontrolle dieses Schaltmechanismus: 1. durch humorale Mechanismen und 2. durch nervöse Mechanismen. Darunter fallen auch frühere Stimulationen der Sinnesorgane.

1. Humorale Mechanismen: Anstatt einer CR, die durch einen elektrischen Schock herbeigeführt wird, wenden wir uns jetzt der klassischen Prozedur Pawlows zu. Der UCS, den er verwendete, war Futter. Mit einem Hund wurden 40 Versuchswiederholungen durchgeführt; jedesmal folgte auf den Ton Futter. Durch diese häufige Verbindung Ton-Futter wurde eine zuverlässige CR aufgebaut: zum Ton wurde Speichel ausgeschieden. Dabei muß bemerkt werden, daß der Hund hungrig zu den Versuchen kam. Nachdem nun diese CR sicher eingeübt war, wurde der Hund einmal vor dem Experiment richtig gefüttert; er durfte so lange fressen, bis er nichts mehr mochte. Im Anschluß daran wurde er wieder in den Versuchsapparat gebracht, und wieder erklang der Ton. Diesmal wurde nur ganz wenig, nahezu kein Speichel auf den Reiz hin ausgeschieden. Wäre durch die Konditionierung wirklich eine durchgehende Bahn vom Ohr bis zur Speicheldrüse eingerichtet worden, und wäre allein dadurch das Auftreten der CR erklärt, so wäre nicht einzusehen, weshalb dieser bestimmte Ton nicht immer zu einer Speichelausscheidung führt, und zwar unabhängig davon, ob der Magen voll oder leer ist.

Jemand könnte das nun erklären wollen, indem er sagt, die Erregungen, die vom vollen Magen ausgehen, hemmten die Funktion der Speicheldrüse. Daß dem jedoch nicht so ist, kann leicht gezeigt werden. Man reizt das Maul des Hundes mit einer milden Säure, und prompt stellt sich Speichelausscheidung ein. Eine weit wahrscheinlichere Erklärung ist diese: Einige der Zellen, die an der Leitung Ohr-Speicheldrüsen beteiligt sind, haben unter den humoralen Bedingungen des Hungers eine höhere Leitfähigkeit.

Ähnliche Situationen gibt es bei Sexualreflexen. Ist eine Hündin in sexueller Erregung, so bewirkt das Streichen der Vulva eine reflektorische Bewegung des Schwanzes auf die eine Seite und das Einnehmen einer bestimmten Stellung; beides Aktionen, um dem Männchen die Kopulation zu ermöglichen. Ein anderes Mal kann die gleiche Stimulation zu einem völlig anderen Verhalten führen: Die Hündin dreht sich um und greift das Männchen an, läuft davon oder preßt nur den Schwanz ganz fest über die Vulva. Welche der Reaktionen auftritt, steht in unmittelbarem Zusammenhang mit den chemischen Bestandteilen des Blutstroms und denen anderer extrazellularer Flüssigkeiten, die das Nervensystem umgeben. Testen kann man das zum Beispiel dadurch, daß man das Verhalten einer Hündin (die Ovarien sind herausoperiert) vor und nach einer Injektion von Östrogen beobachtet. Natürlich ist auch anderes, nicht nur sexuelles Verhalten, von hormonalen Einflüssen mitbestimmt. Wir haben hier ein besonders deutliches Beispiel eines unkonditionierten Reflexes vor uns, bei dem die Funktion der nervösen Bahnen vollkommen von den humoralen Faktoren kontrolliert wird. Dabei gibt es noch sehr vieles, was wir über diesen Prozeß lernen müssen, zum Beispiel, welche Zellen durch das Östrogen beeinflußt werden. Wir können aber abschließend feststellen: Grundsätzlich ist auch der Mechanismus der humoralen Einstellungen keine Abweichung von der S-R-Formel.

2. Anders liegen die Dinge bei den nervösen Einstellungen. Nehmen wir als Versuchsperson einen intelligenten Studenten, dem einfache arithmetische Probleme keine Schwierigkeit bereiten, ja, die er sogar, wie er sagt, automatisch lösen kann. Wir setzen ihn vor einen Bildschirm und erklären ihm, daß auf diesem Bildschirm einfache Zahlenpaare erscheinen werden. Seine Aufgabe soll es sein, die Zahlenpaare so rasch wie möglich zu Summen zusammenzufassen. Die Serie wird aus so einfachen Kombinationen wie HH bestehen, und wir werden jedesmal sofort eine richtige Antwort bekommen. Dabei wird eine bestimmte Kombination von Reizen immer zu der

gleichen Reaktion führen, und die Reaktionszeit (die Zeit, die zwischen der Darbietung des Stimulus und der Reaktion, in unserem Fall der Antwort, verstreicht) wird sich in der Größenordnung einer Sekunde halten. Es handelt sich dabei um Verhaltensweisen, die gut eingeübt sind; Denken scheint daran nicht beteiligt zu sein. So betrachtet, scheint es nun, daß dieses Verhalten die Voraussetzungen erfüllt, um als S-R-Verbindung klassifiziert zu werden – so prompt und zuverlässig ist es.

Die Zuverlässigkeit der Reaktion hängt nun aber davon ab, ob die Versuchsperson darauf eingestellt ist zu addieren. Die Kombination 8,2 wird so lange die gleiche Reaktion hervorrufen, bis wir der Versuchsperson sagen, sie solle nun subtrahieren (dividieren oder multiplizieren). Jetzt ergibt plötzlich dieselbe Reizkombination mit ebenso großer Zuverlässigkeit die Reaktion 6 (4 oder 16). Man könnte nun annehmen, daß es eine Leitung Rezeptor-Effektor gibt, die beim Addieren zum Einsatz kommt. Wäre das der Fall, dann müßte es natürlich für das Subtrahieren, Multiplizieren und Dividieren auch eine eigene Leitung geben. Welche von diesen Leitungen aber zur Aktion käme, hinge ab von der vorhergegangenen Stimulation, von der Instruktion, die an die Versuchsperson erteilt wurde.

Das ist das Paradigma der Einstellungen: Zuerst wird Reiz A gegeben und zu einem späteren Zeitpunkt Reiz B. Die Reaktion wird von B ausgelöst, doch die Natur der Reaktion wird dabei von beiden (A und B) bestimmt. Wir stehen also vor folgendem Problem: Wie kann es geschehen, daß A auf eine Reaktion eine Wirkung ausübt, die erst abläuft, nachdem beträchtliche Zeit verstrichen ist? Bei den humoralen Einstellungen sahen wir uns keiner derartigen Schwierigkeit gegenüber, weil die Chemikalien dauernd im Blutstrom vorhanden sind. Das Problem der nervösen Einstellungen taucht aber deshalb auf, weil es so aussieht, als hielte die Umschaltzentrale die Wirkungen des ersten Reizes so lange zurück, bis der zweite zur Verfügung steht, um dann beide gemeinsam an die Muskeln weiterzugeben. Wenn wir früher von einem Schalter gesprochen haben, so war das nur bildlich zu verstehen. Es gibt keinen Anlaß anzunehmen, daß es wirklich so etwas wie einen Schalter in der Leitung gibt, der durch den ersten Reiz eingeschaltet wird. Es scheint vielmehr so zu sein, daß die Einstellungen von Spurenaktivitäten abhängen, die in der Schaltzentrale selbst aufgebaut sind. Das Additions- versus Subtraktionsbeispiel ist die klassische Laboratoriumsdemonstration von Einstellungen im Menschen. Andere Beispiele, die um nichts weniger eindringliche Demonstrationen des Prinzips ergeben, sind die der Erwartung und der nervösen Einstellung in Tieren. Ein Affe wurde auf „verzögerte Reaktion“ trainiert (in der bisherigen Diskussion haben wir nur von einer „Verzögerung der Reaktion“ gesprochen. Der Ausdruck „verzögerte Reaktion“ ist ein terminus technicus und bezieht sich auf eine spezielle Methode, die noch beschrieben werden soll. Entwickelt wurde die Methode 1913 von Hunter mit der besonderen Absicht, Ideation in Tieren nachzuweisen.) Begonnen wurde damit, daß der Affe sehen konnte, wie Futter in einen von zwei Behältern gegeben wurde, die sich außerhalb seiner Reichweite befanden. Als nächstes wird ein Wandschirm zwischen ihn und den Futterbehälter gestellt, damit er nicht später das Futter einfach dadurch findet, daß er seinen Blick auf den Behälter gerichtet hält, in dem sich das Futter befindet. Nach 5 oder 10 Sekunden wird der Wandschirm entfernt, die Behälter werden näher an das Tier herangebracht und es wird ihm gestattet, einen davon zu wählen.

Affen sind in der Lage, diese Aufgabe so gut zu lösen, daß dadurch wirklich ein Beweis für das Vorhandensein von Vermittlungsprozessen erbracht zu sein scheint. In einem der Experimente wurde das Vorhandensein dieser Prozesse jedoch besonders deutlich demonstriert. Als Belohnung hatte der Experimentator sowohl Salatblätter verwendet, die die Tiere recht gern mochten, als auch Bananen, die ihnen noch lieber waren. Sah der Affe, daß Salatblätter in den Behälter gegeben wurden und wählte er den richtigen Behälter, so nahm er die Salatblätter heraus und verzehrte sie anstandslos. Sah der Affe jedoch, daß Bananen in den Behälter gegeben wurden und fand er später Salatblätter darin – während der Verzögerungsperiode hatte der Experimentator den Inhalt der Behälter ausgewechselt – so nahm er die Salatblätter nicht, sondern schaute erstaunt, suchte im Behälter und um ihn herum; er suchte also offensichtlich die fehlenden Bananen. Ein Tier bekam in dieser Situation sogar einen richtigen Wutanfall.

Hier sind wir also wieder bei unseren Spurenaktivitäten. Der Umstand, daß der Affe sehen konnte, wie Bananen in den Behälter gegeben wurden, in dem er dann Salatblätter fand, muß einen längerdauernden Effekt gehabt haben. Das wird durch den Konflikt, den diese Situation auslöste, gezeigt. Wir wissen weiter, daß der Affe Salatblätter annahm, wenn er sah, daß diese in den Behälter gegeben wurden. Diese zweite Situation würde wieder mit dem Prinzip der „Kontrolle durch die Sinne“ übereinstimmen. Vom Wutanfall und dem Verweigern der Salatblätter kann diese Übereinstimmung allerdings auf keinen Fall mehr behauptet werden. Dieses Verhalten muß gemeinsam von Vermittlungsprozessen, die von früheren Stimulationen herrühren, und den Wirkungen der gegenwärtigen sensorischen Stimulation bedingt worden sein.

Das Problem des „Aufbewahrens" muß jedoch nicht immer dann gegeben sein, wenn wir es, wie es scheint, mit der Verzögerung der Reaktion zu tun haben. Zum Beispiel können auch niederere Tiere als Affen einen Test, der eine verzögerte Reaktion verlangt, erfolgreich lösen. Die Methode, die sie dabei anwenden, besteht darin, daß sie sofort ihre Haltung anpassen und diese dann beibehalten. Sieht das Tier zum Beispiel, daß das Futter in den rechten Behälter gegeben wird, so läuft es sofort in die rechte Ecke des Käfigs und wartet dort, bis der Wandschirm entfernt wird; dann wählt es den Behälter, der näher bei ihm steht. Affen und Schimpansen lösen das Problem jedoch meist nicht auf diese Weise, sondern können sich während der Verzögerungsperiode im Käfig umherbewegen. Hätten wir keine weiteren Daten zur Verfügung, so könnten wir allerdings noch annehmen, der Affe spanne die Muskeln der Hand an, die dem Futter näher ist, und halte sie auch so während der Verzögerungsperiode, während der er im Käfig umherwandert. Wird der Schirm gehoben, so braucht er sich nur den Behältern zuzuwenden und mit der angespannten Hand zu wählen.

Es gibt aber keinerlei Hinweise dafür, daß sich Affen den Ort, wo sich das Futter befindet, auf diese Weise „merken". Das Bananen- versus Salat-Experiment ist an und für sich schon dazu angetan, solche Erklärungen auszuschalten. Allerdings könnte jetzt noch jemand kommen und sagen, mit Hilfe einer anderen Muskelpartie, die auch noch angespannt wird, könnte sich der Affe nicht nur den Ort, an dem sich das Futter befindet, sondern auch die Art des Futters merken. Diese Erklärung wäre jedoch nicht mehr plausibel, geschweige denn richtig. Dazu kommt noch, daß der Mechanismus für die Rechts-links-Unterscheidung auf Grund von Stellungsänderungen meist erst das Ergebnis langwierigen Lernens ist. Der Konflikt, von dem wir sprachen, trat hingegen schon im ersten Versuch auf, in dem Salatblätter statt Bananen gefunden wurden. Diese Tatsache und andere Details des ursprünglichen Experiments, auf die wir hier nicht eingehen wollen, führen zu dem Schluß, daß das Tier einer echten Erwartung fähig ist. Es finden Vermittlungsprozesse oder Spurenaktivitäten statt, die auch noch andauern, nachdem der auslösende Reiz schon längst abgeklungen ist.

Der Mechanismus des Aufbewahrens

Unsere Beobachtungen am Verhalten weisen uns also darauf hin, daß die augenscheinliche Verzögerung zwischen Reiz und Reaktion unter manchen Umständen von irgendeinem Aufbewahrungsmechanismus im Nervensystem verursacht sein muß. In der Schaltzentrale scheint eine fortdauernde Aktivität aufgebaut worden zu sein, die ihre motorischen Wirkungen erst dann abgibt, wenn ein zweiter Reiz hinzukommt. Mit diesem arbeitet sie dann zusammen, um eine Meldung, einen output, an die Muskeln weiterzugeben. Welcher Natur sind diese Aktivitäten? Es ist wichtig, daß wir uns darüber klar sind: wir wissen darüber nichts Genaues, und die Antworten, die wir geben werden, sind daher in hohem Maße theoretisch. Was wir wissen, ist einmal: ein Stück Gehirngewebe, das von allen einkommenden und ausführenden Leitungen abgeschnitten ist, kann eine Erregung bis zu einer Stunde aufrechterhalten. Das heißt also, Aufbewahrungsmechanismen von der Art, wie wir sie oben angedeutet haben, können physiologisch de-

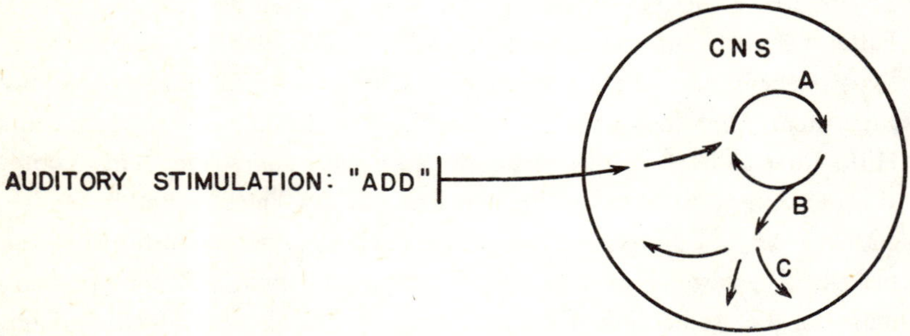

Abbildung 15. Dieses Diagramm stellt einen in sich selbst geschlossenen Leitungskreis dar. Ein Stimulus erregt A, dieses erregt B, und B erregt wiederum A usw. Man nahm zunächst an, das sei im wesentlichen der Mechanismus des „Behaltens" oder der „Spurenaktivitäten". C stellt eine Leitung dar, die von Kollateralen von B erregt wird.

monstriert werden. Zweitens wurden diese Mechanismen im Verhalten nachgewiesen. Wie es zu diesen Prozessen kommt, wie sie funktionieren, dafür steht uns heute nur eine einzige Erklärung zur Verfügung.

Wie man sich diesen Mechanismus vorstellt, ist in Abbildung 15 dargestellt. Das Gehirn und auch das Rückenmark enthalten durchweg geschlossene Leitungen, Erregungskreise. In einem dieser Erregungskreise könnte, rein theo-

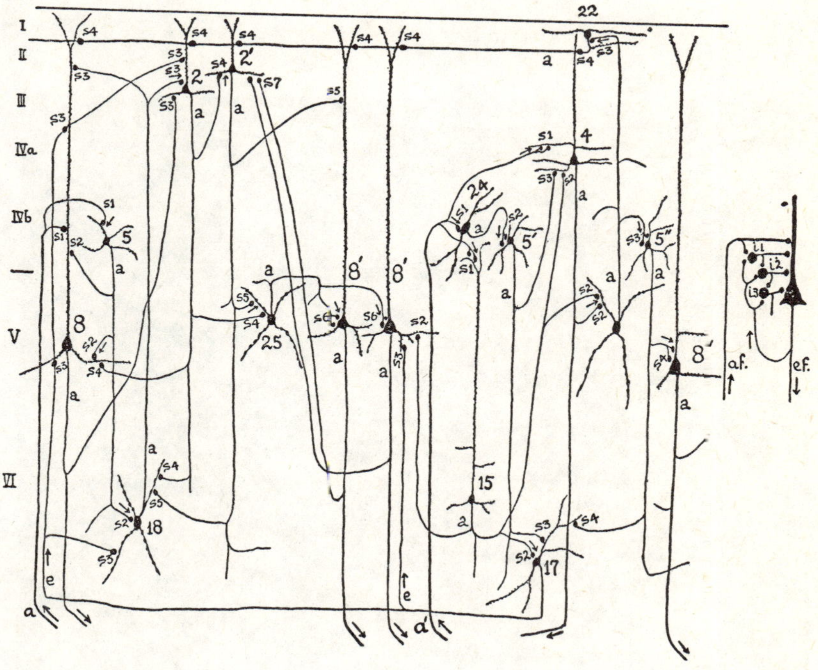

Abbildung 16. Diagramm „geschlossener Leitungskreise“ im menschlichen Kortex. Es ist das schon eine etwas realistischere Darstellung als Abbildung 15, doch auch sie ist immer noch sehr schematisch, denn es wird immer nur eine aus 1000 solcher Verbindungen dargestellt, die man tatsächlich im Kortex finden würde. Das kleine Diagramm, das sie rechts sehen, ist die Vereinfachung eines größeren. Pfeile zeigen die Richtung der Leitung einzelner Zellen an. (Aus Lorente de No, in Fulton: Physiology of the Nervous System 3. Aufl., Oxford University Press.)

retisch, eine Erregung ewig weiterlaufen und dabei sozusagen ihren „eigenen Schwanz jagen". Diesen Kreis brauchte sie möglicherweise erst dann zu verlassen, wenn eine weitere Erregung hinzukäme, mit der sie dann gemeinsam einen Motoreffekt hätte, zu dem keine von ihnen allein imstande wäre.
Es ist natürlich klar, die Leitungskreise, um die es hier geht und wie wir sie aus den anatomischen Untersuchungen kennen, sind um vieles komplizierter, als es die schematisierte Darstellung in Abbildung 15 auch nur erahnen läßt. Auch Abbildung 16 ist noch grob simplifiziert, erst Abbildung 17 gibt eine ungefähre Vorstellung von all dem, was hier mitspielt.

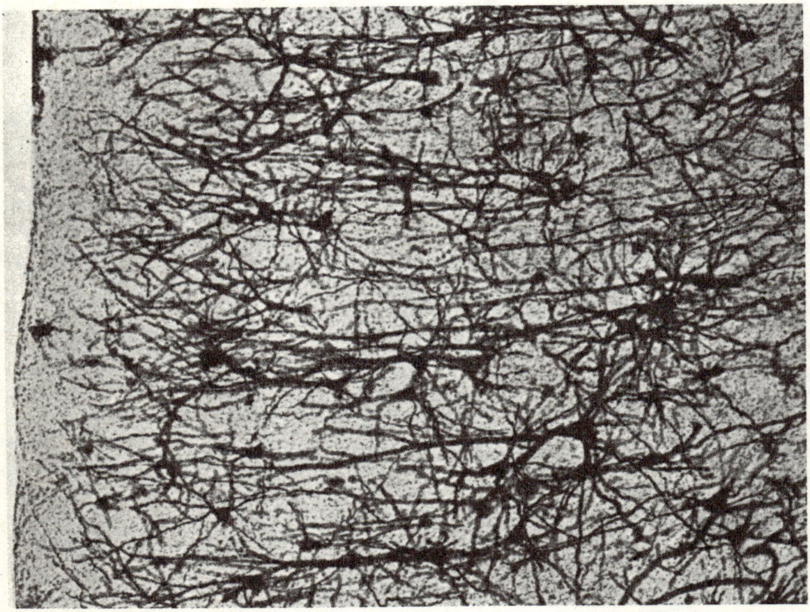

Abbildung 17. Mikrophotographie eines Stückes des Kortex einer Katze. Dieses Bild gibt schon eine bessere Vorstellung von der Komplexität der Verbindungen; doch auch hier ist nur eines von 60 Neuren zu sehen. Die äußere Schicht des Kortex ist links im Bild. (Aus Sholl: Organization of the Cerebral Cortex, Methuen and Co. Ltd.)

Es gibt Gründe – vor allem Ermüdbarkeit der Zellen –, die uns annehmen lassen, daß eine Kreisleitung mit nur zwei Verbindungen, die also aus nur zwei Zellen besteht, eine Erregung nicht länger als für Bruchteile einer Sekunde aufrechterhalten kann. Obwohl die hier beteiligten Systeme weitaus komplexer sind, können wir Abbildung 18 im Prinzip als die Darstellung des Mechanismus der Vermittlungsprozesse betrachten.

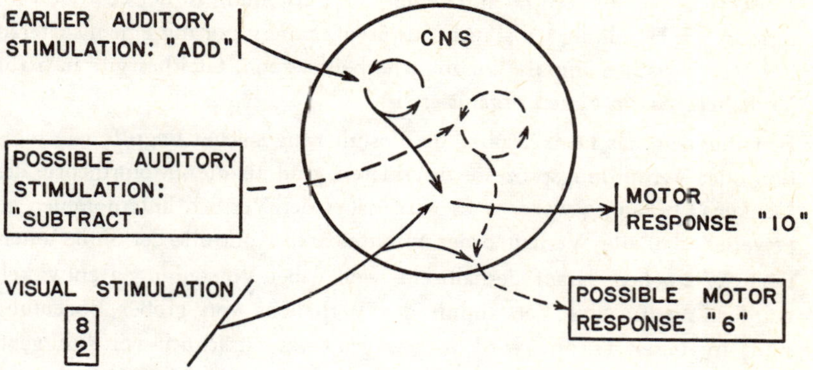

Abbildung 18. Hier wird der mögliche Mechanismus der „Einstellung" „addieren" dargestellt. Die Erregung, die von der früheren Stimulation „addieren" stammt, wird in geschlossenen Leitungskreisen aufbewahrt. Die zweite Stimulation (8,2) ist mit zwei motorischen Bahnen verbunden und kann die Reaktion „10" oder „6" auslösen. Die Aktivität des geschlossenen Leitungskreises unterstützt nur eine von diesen Reaktionen, nämlich „10". Wäre die frühere Stimulation „subtrahierend" gewesen, so wäre ein anderer Leitungskreis aktiviert worden, der die Reaktion ‚6" bedingt hätte. Es muß wohl nicht betont werden, daß dieses Diagramm vollkommen schematisch ist.

Abbildung 18 zeigt in schematischer Weise, wie wir einen Prozeß als Spurenaktivität auffassen können, der in selektiver Weise eine Motorreaktion verstärkt und eine andere nicht. Läuft nur ein Vorgang im Gehirn ab, so löst ein bestimmter Reiz eine Reaktion aus. Unter der Bedingung jedoch, daß noch eine zweite zentrale Aktivität abläuft, kann es geschehen, daß derselbe Reiz zu einer ganz anderen Reaktion führt. Im allgemeinen sind solche Reaktionen dann gemeinsame Produkte von sensibler Stimulation und Vorgängen, die bereits im ZNS ablaufen.

Die zeitliche Integration des Verhaltens

Wir wollen nun untersuchen, wie sich solche theoretischen Überlegungen, wie wir sie vorhin anstellten, auf Serien von Aktionen anwenden lassen, die in geordneten Abfolgen zusammengefaßt sind. Zuvor haben wir auch erfahren, daß eine einzelne Handlung, an deren Ablauf eine nervöse Einstellung beteiligt ist, immer von zwei Faktoren bedingt ist, einem sensorischen und einem zentralen. Die nervöse Einstellung ist der zentrale Prozeß, der die Handlung selbst nicht auslösen, sondern nur mit einem späteren Reiz (sensorischen Impuls) zusammenarbeiten kann. Gleiches gilt auch für Verhalten, das in Serien organisiert ist.

Bemühungen, das Denken ohne die Postulierung solcher Begriffe wie Ideation oder Vermittlungsprozesse zu erklären, sind als die „Motortheorie des Denkens" bekanntgeworden. Es wird dabei der Versuch unternommen zu beweisen, daß alles Verhalten der unmittelbaren Kontrolle der Sinne unterliegt. Wir gehen darauf deshalb ein, weil dabei Vorstellungen entwickelt wurden, die für das Verständnis des Verhaltens von großer Bedeutung sind. In dieser Theorie wird vorgetragen, was tatsächlich vor sich geht, wenn der Mensch denkt, sei es, daß er ein Selbstgespräch führt oder mit Händen und Fingern Bewegungen macht, die zu klein sind, um gesehen zu werden. Jedes Wort und jede Bewegung verursachen ihrerseits Rückempfindungen, werden somit selbst wieder zu einem Reiz und lösen, wie man es sich leicht vorstellen kann, eine ganze Kettenreaktion aus. Was durch eine solche Erklärung erreicht wird, ist eindeutig: anstatt mit Ideation oder Vermittlungsprozessen haben wir es mit einer Serie von S-R Reaktionen zu tun. Diese Theorie kann heute im Hinblick auf Daten, wie wir sie im vorigen Abschnitt diskutierten, nicht mehr als zufriedenstellende Erklärung des Denkens aufgefaßt werden. Die Überlegungen über Rückempfindungen oder besser: Rückkoppelungen (feedback), die in ihrem Rahmen entwickelt wurden, sind aber auch heute noch von großer Bedeutung für das Verständnis von Verhalten, das in Serien abläuft.

Es gibt zwei Arten sensibler Rückkoppelung: extrozeptive und propriozeptive (kinästhetische). Unter den Extrorezeptoren versteht man die Sinneszellen, die durch außerhalb des Körpers ablaufende Ereignisse gereizt werden (Augen, Nase, Mund, Haut usw.). Die Propriozeptoren hingegen liegen in Muskeln eingebettet, befinden sich in den Gelenken, im Labyrinth des inneren Ohres und werden durch jede Bewegung des Körpers erregt. Wird ein Glied bewegt, so vollzieht sich eine Tonusveränderung der entsprechenden Muskeln, und darauf reagieren die Sinneszellen, die in diesen Muskeln eingebettet sind. Dieselben Zellen würden natürlich auch ansprechen, wenn der Tonisierung eines Muskels die eines anderen in solcher Weise entgegenwirkte, daß es zu keiner Bewegung käme. Das Labyrinth des inneren Ohres besteht aus drei sehr kleinen, im rechten Winkel zueinanderstehenden und mit einer Flüssigkeit gefüllten Kanälen. Wird der Kopf bewegt, so bewegt sich natürlich die Flüssigkeit in den Kanälen, und dies verursacht eine Reizung der Sinnesorgane, die in diese Kanäle eingebaut sind.

Jede Reaktion (jedes Verhalten) auf einen einzelnen Reiz produziert eine Rückkoppelung, die selbst wieder als der Auslöser einer neuen Reaktion fungieren kann, deren Rückkoppelung dann eine dritte Reaktion hervorruft usw. Man darf dabei nicht aus dem Auge verlieren, daß bei einem solchen Verhaltensablauf meistens die extrozeptive und auch die propriozeptive Komponente mitwirkt. Wird zum Beispiel die Hand bewegt, so gibt es (1) vorerst einmal eine von den Muskeln und Gelenken ausgehende Propriozeption, dann aber meist auch (2) eine visuelle Stimulation (zum Beispiel durch die bewegte Hand), und (3) kommt dazu meist noch eine taktile Stimulation, weil große Wahrscheinlichkeit besteht, daß die Hand im Verlauf ihrer Aktion irgendeine Oberfläche berührt. Oder das Auge allein betrachtet: Ein bewegter Gegenstand an der Peripherie des visuellen Feldes verursacht eine Kontraktion der Augenmuskeln und ruft dadurch eine Fixierung auf einen Teil der Umgebung hervor. Wir haben also wieder eine zweifache Rückkoppelung, (1) eine Propriozeption vom Augenmuskel und (2) eine Veränderung der retinalen Stimulation.

Wenden wir das nun auf das Problem des Denkens an. Hier geht es darum, die Verzögerung zu erklären, die charakteristischerweise zwischen Reiz und Reaktion auftritt. Fragt man jemanden nach dem Produkt von 21 und 14 oder danach, wie viele Engel auf einer Nadelspitze Platz haben, so wird auf alle Fälle (angenommen, man bekommt überhaupt eine Antwort) so viel Zeit zwischen dem Reiz (Frage) und der Reaktion (Antwort) verstreichen, daß das nicht mehr mit der S-R-Formel in Einklang zu bringen ist. Die Motortheorie des Denkens sagt aber, diese Verzögerung sei nur scheinbar, denn tatsächlich handele es sich hier nicht um einen Reiz, dem eine Reaktion folgt, sondern um eine ganze Kette von Reaktionen. Danach sind die meisten „Bindeglieder" nicht sichtbare Reaktionen der Muskulatur, so zum Beispiel Bewegungen des Sprechapparates, die jedoch keinen Ton hervorrufen, von denen aber jede selbst wieder über Rückkoppelung die nächste Reaktion auslöst. Das geht dann so lange weiter, bis dieser ganze Prozeß schließlich bei der Antwort, die laut ausgesprochen wird, endet. Dieser Prozeß, so wie er hier beschrieben wird, ist also etwas Ähnliches wie ein Selbstgespräch, das von niemandem gehört wird. Denkt jemand über etwas Technisches nach, so würde das in ganz kleinen Bewegungen der Hand und Armmuskulatur, möglicherweise nur in Spannungsveränderungen, begleitet von Augenbewegungen, und vielleicht sogar von einer Kontraktion des Sprechapparates, vor sich gehen.

Es gibt nun klare Beweise dafür, daß solche Aktivitäten das Denken begleiten. Dabei handelt es sich wahrscheinlich nicht nur um überflüssige Begleiterscheinungen, sondern um echte Beiträge zur Lösung des Problems. Man möge zur Illustration einen Studenten beobachten, der an einem schwierigen Problem arbeitet. Ballen der Faust, Augenbewegungen, Bewegungen der Lippen, des Halses und des Kiefers sind gar keine Seltenheit; mancher wird sogar laut reden. Kritzeleien, wie sie viele Leute machen, wenn ihnen ein Bleistift in die Hand kommt, sind ein anderes Beispiel für das Gemeinte. Wie wesentlich dieses Kritzeln für die Problemlösung ist, kommt zum Beispiel dadurch zum Ausdruck, daß die Leistung bei vielen Leuten stark abfällt, wenn ihnen Papier und Bleistift entzogen werden. Aufzeichnungen von Zungen- und Lippenbewegungen während des Denkens zeigten ähnliche Muster, wie wir sie von den tatsächlichen Sprechbewegungen kennen. Ähnliches ist von den Taubstummen bekannt, die eine Zeichensprache anstatt einer Lautsprache verwenden. Kommt es dazu, daß der Mensch wirklich schwierige Probleme zu lösen hat, so verwendet er Hilfsmittel. Er fertigt Zeichnungen und Bilder von Dingen an, über die er nachdenkt, bewegt seine Augen, als sähe er das Ganze vor sich und spricht mit sich selbst, laut oder mit gedämpfter Stimme. Offensichtlich ist vieles von diesem Verhalten, besonders das Zeichnen und Anfertigen von Modellen, ein echter Beitrag zur Lösung des Problems. Erfahrungsgemäß scheinen Denkakte, die länger als eine Sekunde dauern, nicht ausschließlich ein „Gehirngeschehen" zu sein.

Andererseits ist es aber doch wieder nicht möglich, den ganzen Prozeß auf diese Weise zu erklären. Es ist richtig, der Denkprozeß kann, wenn empfindliche Meßgeräte eingesetzt werden, während er abläuft, auch in der Muskulatur entdeckt werden. Obwohl er auf diese Weise sichtbar gemacht werden kann, und obwohl, wie wir nun wissen, andere Bewegungen einen wesentlichen Anteil an den Denkprozessen haben, sind durch den Hinweis darauf noch lange nicht alle Schwierigkeiten beseitigt. Es ist zum Beispiel noch niemandem gelungen, mit Hilfe von CR, verbunden durch Rückkoppelungen, zu erklären, wie im alltäglichen Gespräch ein Sprecher seinen Satz konstruiert. Dazu kommt noch, daß der Gedanke den tatsächlichen Artikulationen meist weit vorauseilt. Die Behauptung, der Gedanke sei mit dem Sprechakt identisch, ist unhaltbar. In einigen Fällen von Aphasie (Verlust oder Störung der Sprache auf Grund einer Hirnverletzung) ist das Denken lange nicht so stark beeinträchtigt, wie man es erwarten müßte, bestünde

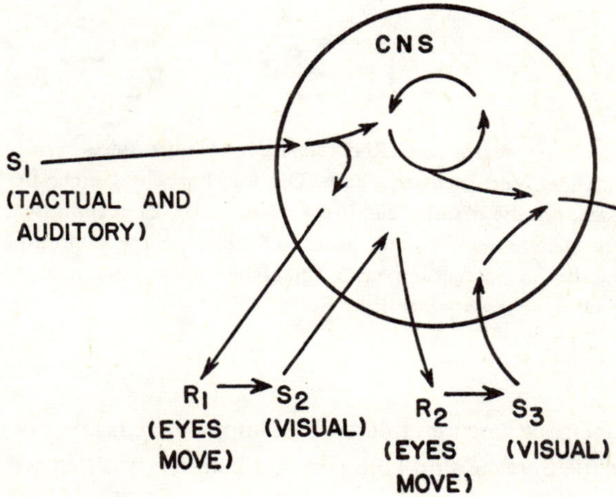

Abbildung 19. Dieses Diagramm zeigt das Zusammenwirken zwischen Rückkoppelung und Spurenaktivität. Ein Besucher kommt ins Laboratorium und fühlt, daß seine Hand irgendetwas berührt. Gleichzeitig hört er etwas umfallen. R 1 lenkt seinen Blick ungefähr zu der Stelle des Tisches, wo vorher die Hand war. S 2 ist die visuelle Stimulation, die daraus resultiert. R 2 ist eine zweite Augenbewegung in die Richtung eines Gegenstandes, der auf der Seite liegt. Hätte der Besucher nur einen umgefallenen Gegenstand gesehen, so hätte das noch nicht ausgereicht, ihn zu veranlassen, den Gegenstand wieder aufzustellen (R 3). Doch die frühere Stimulation (er hört, daß ein Gegenstand umfällt und „weiß" daher, daß er nicht richtig steht) zusammen mit dem Sehen des umgefallenen Gegenstandes veranlaßt ihn, diesen wieder aufzustellen.

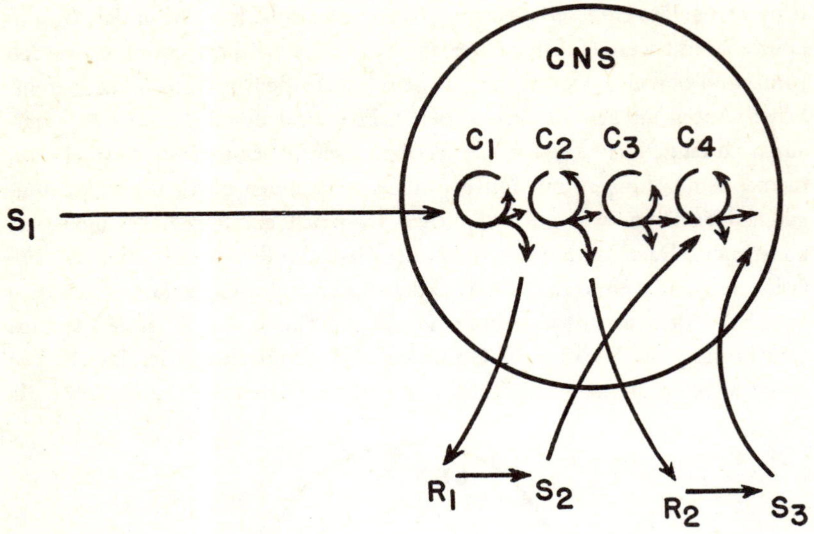

Abbildung 20. Zusammenwirken sensorischer Rückkoppelungs-Mechanismen bei der Steuerung sehr rasch ablaufender Verhaltenssequenzen. Die Rückkoppelung einer Bewegung geschieht zu langsam, um die nächste, die direkt darauf folgt, zu beeinflussen. Doch sie wirkt sich auf eine spätere Reaktion aus. Sensible Rückkoppelung kann nicht als ausreichende Erklärung für die Steuerung rasch ablaufender Bewegungen angesehen werden, doch sie spielt dabei eine wesentliche Rolle.

es nur aus einigen Muskelreaktionen und deren Rückkoppelungen. Die Forschungsergebnisse über die Sprache sind komplex und könnten, wollten wir sie hier diskutieren, irreführend sein. Daher werden wir jetzt auf keine weiteren Details mehr eingehen.

Die wesentlichen Überlegungen können nun folgendermaßen zusammengefaßt werden: (1) Beweismaterial, das weiter oben in diesem Kapitel behandelt wurde, weist auf das Bestehen von Vermittlungsprozessen hin. (2) Es ist kaum anzunehmen, daß diese keinen Anteil an längeren Gedankenprozessen oder an der Sprache haben, zumal wir heute noch keine andere auch nur annähernd zufriedenstellende Erklärung kennen. (3) Manche dieser komplizierten Prozesse laufen zu schnell ab, als daß dafür ausschließlich Rückkoppelungsmechanismen verantwortlich gemacht werden könnten.

Unsere Folgerung daraus wird sein: Die geordnete Abfolge im Verhalten ist sowohl von Rückkoppelungen als auch von Vermittlungsprozessen bedingt, die selbst wieder geordnete Abfolgen enthalten mögen. Manchmal wird dabei, besonders wenn es sich um Denkprozesse handelt, die eine der Komponenten einen stärkeren Einfluß haben, und manchmal die andere. Wie diese Zusammenarbeit in einem relativ einfachen Fall funktionieren könnte, ist in Abbildung 19 dargestellt.

Ein Reiz S 1 erregt sowohl eine Spurenaktivität als auch eine sichtbare Reaktion R 1; ein von dieser Reaktion rückgekoppelter Reiz S 2 löst die zweite Reaktion R 2 aus, und diese wiederum führt über Rückkoppelung zu S 3. S 3 könnte nun, müßte aber nicht, R 3 auslösen. Die Spurenaktivität ist jedoch solcher Art, daß sie R 3 unterstützt, und diese Reaktion wird somit die Endreaktion von S 1. Das Verhalten ist dann gemeinsam von peripheren und zentralen Prozessen bedingt worden.

Ein anderes Beispiel finden wir in Abbildung 20. Hier handelt es sich um den Zeitablauf sehr rascher und komplizierter Bewegungen. Zum Beispiel bringt es ein Geigenspieler bis zu 16 Bewegungen pro Sekunde. Wie kann nun der zeitliche Ablauf jeder dieser Bewegungen kontrolliert werden? Rückkoppelungen von den eben vorangegangenen Bewegungen können es sicher nicht sein; denn dafür reicht die Zeit zwischen den einzelnen Bewegungen einfach nicht aus. Sie beträgt nämlich nur 16 MS (Millisekunden) oder sogar noch weniger, wenn wir annehmen, daß nicht alle Bewegungen in gleichmäßigen Zeitabständen aufeinander folgen. Die Reaktionszeit für taktile Reize liegt bei 140 MS; doch auch der Gehörsinn kann nicht an die Stelle der taktilen Empfindungen treten. Denn wollten wir akustische anstelle taktiler Rückkoppelung annehmen, so bliebe das Problem das gleiche, denn die Reaktionszeit des Gehörsinnes ist ungefähr von der gleichen Größenordnung (die des visuellen Apparates sogar noch länger, nämlich 180 MS).

Die Reaktionszeit ist das Intervall zwischen dem Einsetzen des Stimulus und dem Auftreten der Reaktion. Gemessen wird sie fast nur unter Laboratoriumsbedingungen, wo die Versuchsperson auf einen einfachen Reiz mit einer einfachen Reaktion so schnell wie möglich zu antworten hat. Die Werte für die verschiedenen Reaktionszeiten sind gut gesichert, und es kann daher kein Zweifel darüber herrschen, daß man das Spielen sehr schneller Passagen nicht einfach als eine Reaktionskette erklären kann, in der eine Rückempfindung die nächste Reaktion einleitet. Es besteht nun aber andererseits auch kein Grund, für diese Art des Verhaltens die Rückkoppelungsidee völlig auszuschalten. Wie aus Abbildung 20 hervorgeht, könnte eine Rückkoppelung der ersten Reaktion, die zur Auslösung der Reaktion zu spät kommt, doch an der Kontrolle der vierten und fünften teilhaben.

Es gibt viele Beweise für die Bedeutung, die einem dauernden sensiblen Input für die Erhaltung eines integrierten Verhaltens zukommt. Wie wir in einem späteren Kapitel noch erfahren werden, ist die normale Vielfalt der sensorischen Stimulation Voraussetzung für die Aufrechterhaltung des allgemeinen Antriebsniveaus. Durch gleichförmige Stimulation werden die seelischen Funktionen eindeutig beeinträchtigt. Hinzu kommt noch die wichtige Rolle, die die sensible Rückkoppelung bei der Kontrolle vieler Einzelfunktionen hat. Des großen Anteils, den Rückkoppelungen aus den Beinen und Füßen am normalen Gehen und Stehen haben, ist man sich für gewöhnlich kaum bewußt. Es gibt aber Krankheiten, durch die diese Rückkoppelung beeinträchtigt ist, und bei diesen Patienten finden wir einen äußerst schwerfälligen, abnormen Gang. Ein solcher Patient wird bei der Beurteilung und Kontrolle seiner Lage im Raum völlig von visueller Rückkoppelung abhängig sein. Es wird ihm häufig unmöglich sein, mit geschlossenen Augen allein zu stehen oder auch nur ein Bein oder einen Arm in einer gegebenen Stellung zu halten. Ohne normale Rückkoppelung „wandern“ die Glieder, sie machen sich selbständig.

Der ständige Begleiter des Sprechens ist der Klang der eigenen Stimme. Man könnte nun meinen, das sei etwas völlig Unbedeutendes; daß dem jedoch nicht so ist, zeigen die folgenden Experimente: Die Hörfähigkeit von Studenten wurde dadurch stark beeinträchtigt, daß man die äußeren Gehörgänge blockierte. Nach ca. drei Tagen erklärten viele Studenten, es sei ihnen unmöglich, weiter in ihrer gewohnten Lautstärke zu reden. In einem anderen Experiment war es möglich, für den Sprecher das Hören der eigenen Stimme zu verzögern. Manche Versuchspersonen konnten unter dieser Bedingung nur noch sehr langsam sprechen, andere überhaupt nicht mehr. Der Grund dafür ist, daß sie sich selbst eine Silbe aussprechen hörten, während sie tatsächlich gerade eine andere formulierten. Daß es sich hier nicht um eine einfache Störung oder Ablenkung handeln kann, geht daraus hervor, daß keine ähnlichen Wirkungen auftraten, wenn die Sprecher etwas ganz anderes zu hören bekamen, aber auch, und das ist äußerst interessant, wenn sie sich selbst mit einer Verzögerung von mehr als einer Sekunde hören konnten. Diese und die oben angeführten Ergebnisse, daß künstlich schwerhörig Gemachte nicht mehr in der Lage sind, in ihrer normalen Lautstärke weiterzusprechen, verweisen sehr eindringlich auf die wichtige Rolle, die der Klang der eigenen Stimme beim Sprechen spielt.

Soweit kann unsere Diskussion folgendermaßen zusammengefaßt werden: (1) Wir anerkennen das Bestehen von Vermittlungsprozessen und ihren Beitrag, den sie zur Kontrolle des Verhaltens höherer Tiere leisten, aber (2) wir dürfen nicht annehmen, daß sie in einem von den Sinnen unabhängigen Vakuum operieren. An einer Serie sehr rasch ablaufender komplizierter Bewegungen – sie wurden vorher intensiv geübt – ist es möglich zu demonstrieren, daß Verhalten für Momente ohne sensorische Kontrolle ablaufen kann. Von diesen Ausnahmen abgesehen ist es klar, daß die Leitung und Kontrolle durch die Sinne für jede geordnete Abfolge von Aktionen Voraussetzung ist. Die Vermittlungsprozesse sind grundsätzlich Mittel, um die Weise, wie die Kontrolle durch die Sinne arbeitet, zu modifizieren, sie zeigen jedoch keinesfalls deren Abwesenheit an. Die Wendung „Dominanz der Sinne" wurde immer dann gebraucht, wenn wir auf eine bestimmte Form der Kontrolle durch die Sinne Bezug nehmen wollten, nämlich, wenn sich Ereignisse in der Umwelt sofort und unumgänglich auf das Verhalten auswirken. Tritt eine Verzögerung der Reaktion ein, so wird dadurch dem Organismus die Möglichkeit gegeben, sich einer so direkten Kontrolle durch die Sinne zu entziehen. In einem weiteren Sinne ist alles Verhalten der „Dominanz der Sinne" unterworfen; die Vermittlungsprozesse sind lediglich eine andere Form davon: weniger direkt und etwas umständlicher.

Dominanz der Sinne und willentliches Verhalten

Der Wille, der freie Wille, Volition – das sind Fragen, die schon viele Philosophen geplagt haben, und zwar hauptsächlich deshalb, weil die zugrunde liegende psychologische Problematik nicht klar formuliert wurde. Bei niedrigen Organismen, zum Beispiel Ameisen oder Regenwürmern, taucht dieses Problem noch nicht auf, denn wir finden noch keinerlei Abweichungen vom Prinzip der vollkommenen Kontrolle des Verhaltens durch die Sinne. Wie wir wissen, haben auch höhere Tiere Verhalten, das vollkommen unter der Kontrolle der Sinne steht. Solange wir uns ausschließlich damit befassen, stoßen wir nicht auf die hier aufgeworfene Problematik. Die Frage, um die es tatsächlich geht, wenn von „willentlichen Handlungen" gesprochen wird, ist: Wie können Vermittlungsprozesse Reaktionen (Verhalten) bedingen?

In früheren Zeiten dachte man sich das Nervensystem als eine Sammlung direkter S-R Verbindungen. Das heißt aber mit anderen Worten nur: Verhalten, das unter der direkten Kontrolle der Sinne steht, kann auf natürliche Weise erklärt werden. Fehlte nun diese direkte Kontrolle, so würde das Verhalten eine äußerst mysteriöse Angelegenheit, und man könnte es nicht anders als mittels eines Geistes oder einer Seele erklären, die selbst nicht Teil der Hirntätigkeit, sondern irgendeiner selbständigen Einrichtung wären. Der Wille – das ist die Kraft dieser selbständigen Einrichtung, die in irgendeiner Form auf das Gehirn ausgeübt werden konnte, um es zu einem Verhalten zu veranlassen, das es sonst nicht eingeschlagen hätte. In diese Vorstellung paßten auch Bezeichnungen wie „wenig" und „viel" Willenskraft. Der Ausdruck „freier Wille" wollte besagen, daß es sich beim willentlichen Verhalten um etwas handelt, das den wissenschaftlichen Gesetzen nicht unterworfen ist, etwas, das nicht von Ursache und Wirkung bestimmt wird.

Es muß nun ausdrücklich betont werden, daß alle diese Ideen eine äußerst primitive Vorstellung von der Maschinerie des Körpers und natürlich ganz besonders des Gehirns wiederspiegeln. Reagiert ein höheres Tier auf die gleiche Reizkombination bei zwei verschiedenen Gelegenheiten in verschiedener Weise, so nicht deshalb, weil sich ein selbständiger Wille eingemischt hat, sondern weil jedesmal in der Schaltzentrale andere Aktivitäten im Gange waren, weil die Schaltzentrale jedesmal anders eingestellt war. Selbstverständlich sind wir heute noch weit davon entfernt, alle Details dieser Problematik zu verstehen, und es steht uns daher auch nicht an, darüber, ob letztlich alles mit Hirnprozessen erklärt werden kann, dogmatische Aussagen zu machen. Gleichzeitig müssen wir aber feststellen: „Willentliches Verhalten" ist kein grundsätzliches philosophisches Problem.

Folgerichtig sind auch aus dem Sprachgebrauch der modernen Psychologie Ausdrücke wie „Wille" und „Willenskraft" verschwunden. Der Ausdruck „willentliches Verhalten" hat aber immer noch als grobe Klassifizierung einen gewissen Wert. Er bezieht sich auf Verhalten, das durch Wissen über Stimulation, die in diesem Augenblick von der Umwelt ausgeht allein noch nicht vorausgesagt werden kann, denn dieses Verhalten ist auch durch Vermittlungsprozesse mitbestimmt.

Zusammenfassung

Über die Umschaltzentrale des Zentralnervensystems steht alles Verhalten unter der Kontrolle der Sinne. Reflexives oder von den Sinnen dominiertes Verhalten wird durch direkte Verbindungen kontrolliert; bei höherem Verhalten sind auch Vermittlungsprozesse mitbeteiligt (ganz allgemein Gedanken oder Vorstellungen). Die Vermittlungsprozesse sind Aktivitäten der Umschaltzentrale und keine nur durchführenden Verbindungen. In der Zentrale kann sensorischer Input, also nervöse Impulse, für beträchtliche Zeit aufbewahrt und später weitergegeben werden. Die Erregung von Vermittlungsprozessen kann auch durch andere zentrale Aktivitäten geschehen, die gerade im Gange sind (also andere Vermittlungsprozesse), nicht nur durch sensorischen Input.

Einstellungen können mit Schaltern verglichen werden, durch welche die Schaltzentrale so gestellt werden kann, daß sie für bestimmte Reaktionen bereit ist. Die humoralen Einstellungen hängen von der chemischen Zusammensetzung des Blutes ab, die nervösen von den Vermittlungsprozessen.

Die Hauptaufgabe dieses Kapitels war, verständlich zu machen, wie Vermittlungsprozesse eine Erregung aufbewahren können. Nach der heutigen Theorie (sie kann richtig sein, muß es aber nicht) geschieht das durch Kreisleitungen oder Erregungskreise, die eine Erregung, ohne abzusterben, immer wieder durchlaufen kann.

Solche Vorgänge können teilweise die Verzögerungen zwischen der Darbietung des Problems und der Lösung erklären, die für das Denken charakteristisch sind. Teilweise handelt es sich bei dieser Verzögerung auch um eine Illusion, denn die „Motortheorie des Denkens“ hat uns darauf hingewiesen, daß während dieser Verzögerungsperiode viele kleine Reaktionen stattfinden können, die einzeln vielleicht nicht groß genug sind, um gesehen zu werden, von denen jedoch jede über Rückkoppelung eine Stimulation verursacht, die Anlaß zur nächsten Reaktion wird. Das Denken besteht (1) aus intern ablaufenden Serien von Vermittlungsprozessen, die (2) dauernd von Rückkoppelungen begleitet sind; diese stammen von den Reaktionen der Muskeln und helfen möglicherweise dabei, die internen Prozesse zu steuern. Geordnete Abfolgen des sichtbaren Verhaltens werden auf die gleiche Weise kontrolliert.

4. Das Nervensystem

Bisher haben wir erfahren, daß das Nervensystem als eine Ansammlung von Zellen auf die Erregungsleitung vom Rezeptor zum Effektor – direkt oder indirekt – spezialisiert ist. Einige Verbindungen führen in die Schaltzentrale, andere aus ihr heraus, und wieder andere bilden interne Verbindungen. In diesem Kapitel wollen wir nun näher darauf eingehen, wie die Schaltzentrale gebaut ist und wie ihre wichtigsten Teile funktionieren. Im nächsten Kapitel wenden wir uns dann den Funktionen der kleineren Bausteine des Systems, den einzelnen Nervenzellen, zu.

Im Querschnitt betrachtet, sind die Nervenzellen alle mikroskopisch klein, jedoch variieren ihre Neuriten in der Länge vom Bruchteil eines Millimeters bis zu einem Meter und mehr. Die Anzahl der Nervenzellen eines höheren Tieres ist sehr groß. (Das menschliche Nervensystem besteht aus 10^{10}, also 10 Milliarden Nervenzellen.) Zusammengepackt zu Kernen und Faserbündeln formen sie die leicht erkennbaren Makrostrukturen des Nervensystems. Der Bauplan, nach dem das Nervensystem angelegt ist, ist für alle Wirbeltiere im großen und ganzen der gleiche. Unterschiede zwischen den verschiedenen Gattungen sind meistens bedingt durch die relative Größe der besonderen Formationen, die aber immer wieder in gleicher Weise verbunden sind. Ganz besonders gilt das für Säugetiere; das Gehirn eines Menschen unterscheidet sich von dem einer Ratte lediglich in der Größe (es ist ungefähr 700 Mal so groß) und darin, daß einzelne Zentren relativ größer sind. In beiden jedoch können wir die gleiche Struktur und die gleichen Verbindungen der Teile untereinander feststellen. Im Einklang damit werden wir uns hier mit dem Aufbau des Säugetiergehirns befassen und uns nur dann auf den Menschen beziehen, wenn die Frage einer seiner speziellen Fähigkeiten, zum Beispiel die Sprache, zu erörtern ist.

Das Zentralnervensystem (ZNS) besteht aus dem Gehirn und dem Rückenmark und wird somit von den Verbindungen unterschieden, die zu den Rezeptoren bzw. Effektoren führen. Eine individuelle Nervenzelle wird als Neuron bezeichnet; sie besteht aus dem Zellkörper und seinen „Fortsätzen", an denen entlang die Leitung erfolgt. (Abbildung 34). Ein Nerv (er darf nicht mit einem Neuriten verwechselt werden) ist ein Bündel solcher Nervenfasern außerhalb des ZNS. Man könnte es mit einem Hochseekabel

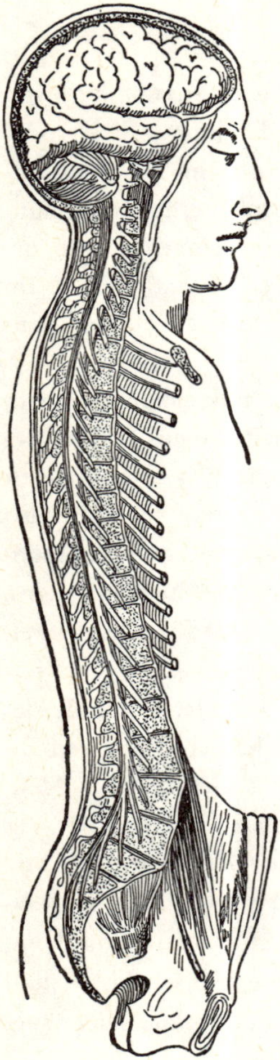

Abbildung 21. Grob vereinfachte Darstellung des ZNS. (Boutgery, Schwalbe, van Gehuchten) Man sieht Rückenmark und Gehirn im Querschnitt.

vergleichen, das Hunderte hinein- und hinausführender Leitungen enthält. Innerhalb des Zentralnervensystems bilden diese Bündel von Verbindungsfasern die Nervenfasern, die weiße Masse. Die graue Masse besteht aus den Zellkörpern. Die größte dieser Zellmassen ist der „cerebrale Kortex", worunter die äußere Schicht, die Rinde der Hauptteile des Gehirns, verstanden wird. Es gibt noch kleinere solcher Klumpen (Kerne), die im ganzen System verteilt sind. Die Verbindungsstelle von zwei Zellen, die Synapse, in der auch die Richtung der Leitung bestimmt wird, befindet sich meist ziemlich nahe dem Zellkern und liegt daher in der grauen Masse des Nervensystems. Die graue Masse ist also die eigentliche Umschaltzentrale, während die weiße Masse und die Nervenfasern mit Leitungskabeln verglichen werden können: sie besorgen die Verbindungen von einem Teil des Schaltwerkes zu einem anderen bzw. vom Schaltbrett zur Peripherie.

Der allgemeine Aufbau

In Abbildung 21 ist das Nervensystem des Menschen dargestellt.
Diese Darstellung zeigt das Rückenmark, an dessen einem Ende das Gehirn und eine Anzahl von Nerven, die mit dem Rückenmark in Verbindung stehen, zu sehen sind. Das ist auch schon grundsätzlich der Konstruktionsplan. Der grundlegende Aufbau ist leichter zu verstehen, wenn man sich das Nervensystem als eine Röhre (Neuralrohr) vorstellt, die einige Ausbuchtungen hat (das wäre also u. a. das Gehirn) und aus der dann außerdem noch einige winzige Zweige herauswachsen (die Nerven). Im ganz jungen Embryo ist es auch wirklich noch eine sehr einfache Röhre, die den Organismus in seiner ganzen Länge durchzieht, und zwar parallel zu einer anderen Röhre, dem Verdauungskanal. In diesem Stadium zeigt sich als einzige Abweichung eine Verdickung dieses Neuralrohres am vorderen Ende. Im Laufe der Entwicklung wird dieses Neuralrohr komplizierter. Der Hohlraum bleibt erhalten, doch werden die Rohrwände an manchen Stellen dicker als an anderen; es treten Ausbuchtungen und Einschnürungen auf, und an vielen Stellen entspringen kleine dünne Zweige (Nerven). Der Hohlraum der Röhre wird mit der Zeit so eng, daß man ihn kaum noch sehen kann, nur im Gehirn erweitert er sich an vier Stellen, den „Ventrikeln". Diese sind mit der gleichen Flüssigkeit gefüllt, die auch das Gehirn umgibt; sie

hat die Funktion eines Polsters gegen die knöcherne Hülle des Schädels. (Abbildung 23 und 24).

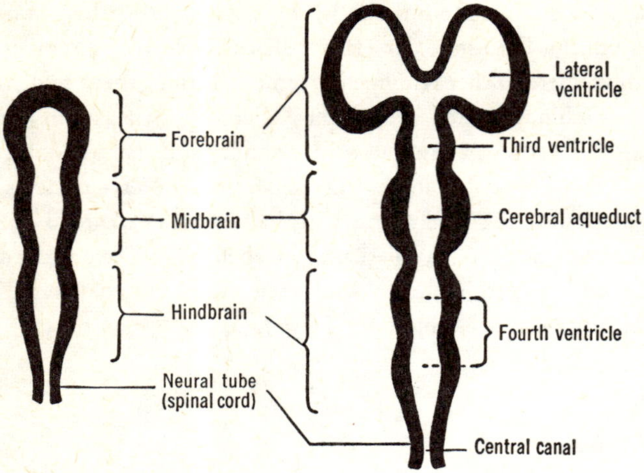

Abbildung 22. Zwei frühe Stadien der Entwicklung des Gehirns. Links kann man die „Röhrenform“ des „Neuralrohres“ noch gut erkennen. Rechts ein späteres Stadium; die beiden Ausbuchtungen sind die Anfänge der cerebralen Hemisphären. Das Rückenmark — man sieht hier nur das obere Ende — bleibt röhrenförmig. (Gardner)

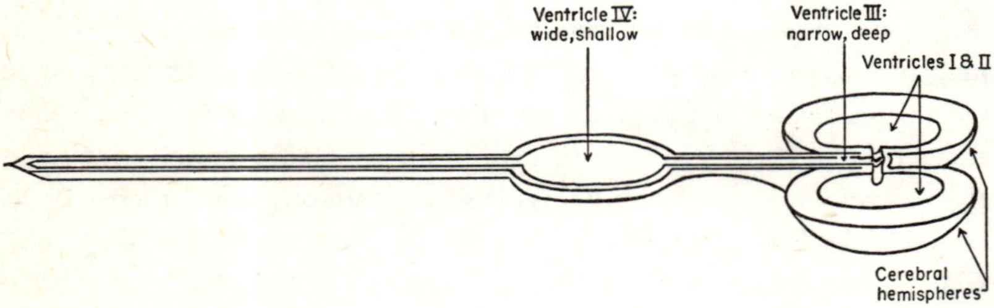

Abbildung 23. Schematische Darstellung des Gehirns eines Erwachsenen. Die obere Hälfte ist weggelassen damit man die Ventrikeln sehen kann. Das wäre die Form, die das Gehirn annehmen würde, hätte es ausreichenden Platz für sein Wachstum. Im beschränkten Raum des Schädels sind die einzelnen Teile jedoch eng zusammengepackt, wie es aus der folgenden Abbildung hervorgeht.

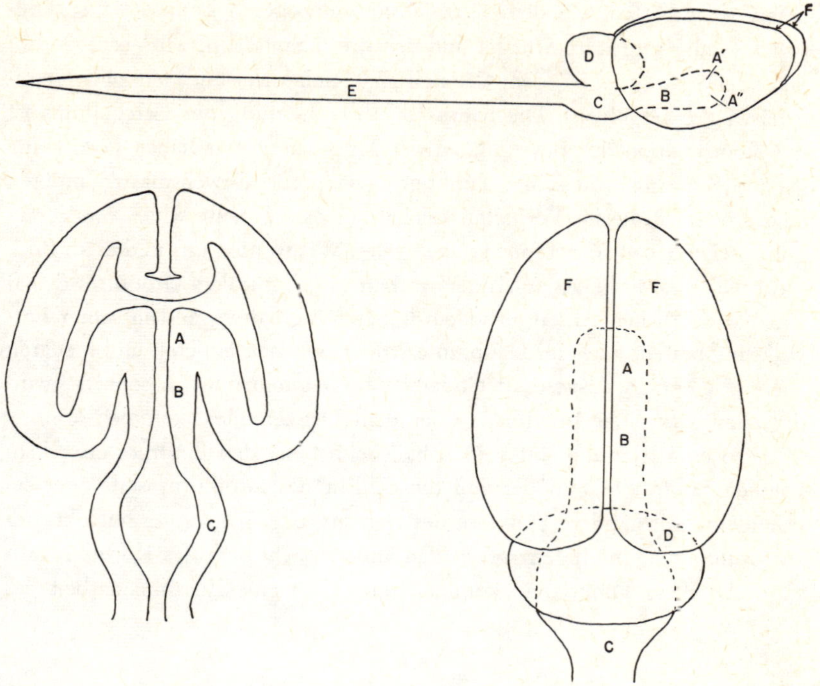

Abbildung 24. Die hauptsächlichen Gliederungen des ZNS in einem Säugetier, zum Beispiel der Ratte. Oben Seitenansicht; unten links horizontaler Schnitt; unten rechts Ansicht von oben. Anstatt ausgebreitet zu sein wie in Abbildung 23, sind die Hemisphären hier um das vordere Ende des Neural-Rohres zusammengedrängt. Sie verdecken dabei das Neural-Rohr so vollkommen, daß es außer von unten her nicht mehr zu erkennen ist. Weiter verdecken sie auch noch einen großen Teil des Cerebellums. A — Diencephalon (Zwischenhirn), dessen obere Hälfte (A') der Thalamus und dessen untere Hälfte (A") der Hypothalamus ist; B — das Mittelhirn; C — Medulla und Pons; D — Cerebellum; E — Rückenmark; F — cerebrale Hemisphären. A, B und C bilden gemeinsam den Hirnstamm.

Das menschliche ZNS unterscheidet sich davon in zweifacher Weise; einmal ist der Mensch fürs aufrechte Gehen gebaut, und der Hirnstamm ist deshalb nach B hinunter gebogen. Zweitens ist der Kortex von Falten und Runzeln überzogen (wie es aus Abbildung 25 und Abbildung 27 hervorgeht).

Das Gehirn besteht aus dem Hirnstamm, dem oberen Ende des ursprünglichen Neuralrohres im Schädel und den drei hauptsächlichen Vergrößerungen oder Schwellungen: dem Cerebellum (Kleinhirn) und den zwei Hemisphären des Großhirns. Die hauptsächlichste Leistung des Cerebellums ist die Koordination der Bewegungen der Muskulatur; wir haben noch keine genaue Kenntnis von seiner Funktion. (So große Gewebsmassen müßten eine größere Rolle im Verhalten spielen, als es die heute schon zur Verfügung stehenden Informationen nahelegen). Wir werden uns in diesem Buch nicht näher damit befassen. Anders verhält es sich mit dem Großhirn. Es hat einen wesentlichen Anteil an jedem höheren Verhalten, und in seiner Entwicklung besteht auch der Hauptunterschied zwischen höheren und niederen Tieren. Wenn es ausgeschaltet oder herausgenommen wird, so verschwindet alles, was einer Intelligenz oder dem Denken gleichkommen könnte. Wir möchten jetzt aber auf keinen Fall beim Leser den Eindruck erwecken, Denken fände allein in der äußeren Schicht des Großhirns statt oder sei irgendeine selbständige Funktion des Gehirns, oder gar, um es noch krasser zu formulieren, Intelligenz sei in den äußeren Schichten des Kortex lokalisiert. All diese Funktionen kommen nur durch eine Zusammenarbeit des

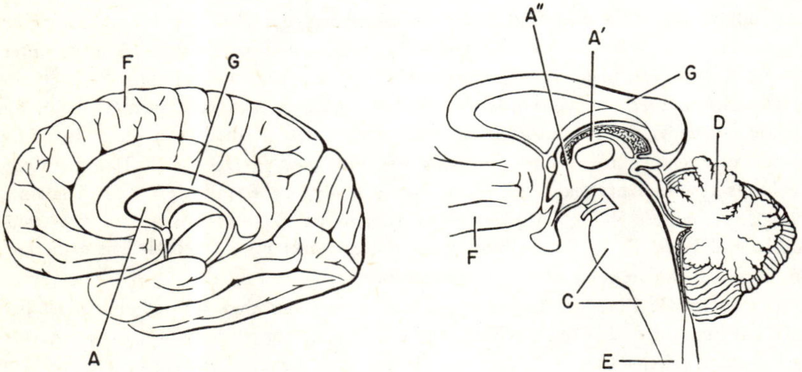

Abbildung 25. Längsschnitt durch das menschliche Gehirn. Im linken Bild fehlen Teile des Hirnstammes, die im rechten detaillierter ausgeführt sind. Die Zeichenerklärung von Abbildung 24 gilt auch hier; G ist das corpus callosum.

Hirnstammes mit den anderen Teilen des Gehirns zustande. Das wird dadurch veranschaulicht, daß intellektuelle Funktionen ebenso leicht durch eine ganz kleine Verletzung des Hirnstammes wie durch eine große des Kortex beeinträchtigt werden können.

Wie aus den Diagrammen 23 und 24 hervorgeht, ist das Großhirn mit den oberen Teilen des Hirnstammes nur über sehr dünne Gewebsteile verbunden. Das Großhirn (die Hemisphären) vergrößert sich mit dem Heranwachsen stark und kommt kaum mit dem begrenzten Raum innerhalb der Schädelkapsel aus. Die Hemisphären sind gezwungen, über das obere Ende des Hirnstammes hinauszuwachsen und sich in alle Richtungen zu verbreitern, wobei sie dann die Röhre, an die sie angehängt sind, völlig verdecken. Bei den höheren Säugetieren führt dieses Wachstum zu äußeren Falten und Wulstbildungen. Das vordere Ende des Hirnstammes ist das Diencephalon, dessen oberer Teil der Thalamus und dessen unterer Teil der Hypothalamus ist (Abbildung 24). Das ist auch die Stelle, an der die beiden Hälften des Großhirns mit dem Stamm verbunden sind, und alle ihre komplexen Verbindungen gehen durch diese Region. Der Thalamus ist eine Wegstation, die alle einkommenden Leitungen zu passieren haben. Jeder „sensorische Input“ (mit Ausnahme des Olfaktoriums) wird hier umgeschaltet. Der Hypothalamus hat eher motorische Funktionen als sensorische. Ist er auch eng mit dem Großhirn verbunden, so kann man ihn doch als die höchste Ebene der Organisation der Reflexe im Hirnstamm betrachten. Hier werden zum Beispiel der Wasserhaushalt des Körpers, die Körpertemperatur und der Appetit geregelt. Der Hirnstamm hat einen sehr komplexen Aufbau; für unsere Zwecke ist es aber nicht nötig, noch weiter ins Detail zu gehen. Im Prinzip kann man sich diesen Teil als den vorderen Teil des Rückenmarks, dort wo es in den Schädel eintritt, vorstellen. Grob kann man sich das Ganze weiter so zurechtlegen: der Hirnstamm und das Rückenmark kontrollieren das reflektorische Verhalten, und das Großhirn ist der „Sitz“ aller höheren Prozesse und des Lernens. Ein solches Schema aber simplifiziert die Tatbestände zweifellos, denn es kann ebensogut sein, daß auch Stamm und Rückenmark beim Lernen mitwirken (in welchem Ausmaß, darüber läßt sich diskutieren) und daß das Großhirn auch der Sitz einiger Reflexe ist. Nichtsdestoweniger müssen wir nach unserem heutigen Wissen sowohl den Hirnstamm als auch das Kleinhirn als höchste Instanz für die Reflexfunktionen betrachten und die beiden Hemisphären des Großhirns als den Ort, wo Lernen stattfindet.

Das Rückenmark und der Hirnstamm sind der Teil mit den fest eingebauten S-R Verbindungen, also der starre Teil des Schaltwerkes. Größer ist der Teil, in dem nicht alle Leitungen von vornherein festgelegt sind und in dem daher neue Verbindungen aufgebaut werden können. Seine Entwicklung ist die Vorbedingung für das Auftreten von Vermittlungsprozessen.
In Abbildung 26 wird das Gesagte in einem Diagramm dargestellt.
A-X und A-Y sind die schon vorher ins Rückenmark eingebauten Verbindungen. Es sind daher die Bahnen der unkonditionierten Reflexe. B-Z ist auch eine solche Bahn. Obwohl diese Bahnen nun in spinalen Nerven liegen (A und X in einem und Y in einem anderen) und B und Z in kranialen Nerven, gehört ihre Arbeit wieder der gleichen Kategorie an. Davon unter-

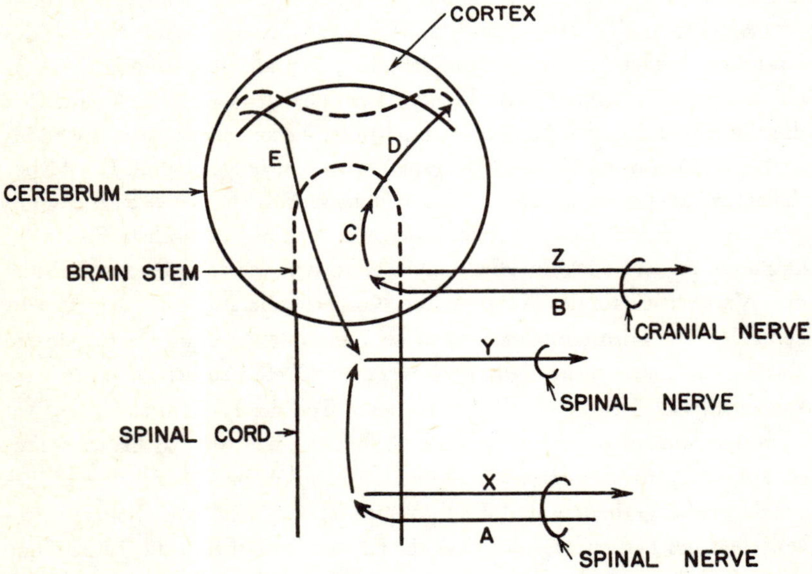

Abbildung 26. Hier werden die langen Leitungskreise, die bei gelerntem Verhalten mitwirken — sie beziehen auch das Cerebrum ein — den direkteren Leitungen der Reflexbahnen gegenübergestellt. A, B sind afferente, X, Y und Z efferente Bahnen. Die gestrichelten Linien, die D und E verbinden, stellen keine nur durchführenden Bahnen dar, sondern beziehen einige der Leitungskreise ein. (Kapitel 3)

scheidet sich die Verbindung B-C-D . . . E-Y. Die Verbindung B-C-D ist ebenso wie E-Y angelegt, die Verbindung D-E hingegen wurde durch irgendeine Form von Lernen oder Konditionieren eingerichtet. Der große Leitungskreis, der über den Kortex geht, weist auf die besondere Bedeutung der Hemisphären hin. Durch Vererbung und Wachstum sind die Reflexkreise festgelegt. Sie funktionieren automatisch und sind eine rasche, nicht veränderliche Weise der Anpassung an die momentane Umwelt. Ist eine Veränderung dieses Verhaltens erforderlich, so geschieht das nicht durch eine neue Verbindung innerhalb der Reflexkreise, sondern durch einen langen Leitungskreis, der über den Kortex führt und nun möglicherweise geschlossene Leitungskreise der Vermittlungsprozesse einschließt.

Jede cerebrale Hemisphäre ist in vier Lappen unterteilt. Der Lobus frontalis (Stirnlappen) reicht bis zur Zentralfurche (sulcus cerebris). Diese Furche ist deshalb von Bedeutung, weil sie den motorischen Kortex vom sensorischen trennt. Der Schläfenlappen (lobus temporalis) wird teilweise durch die sylvische Furche vom übrigen Gehirn getrennt. Den hinteren Teil der Hemisphäre nimmt der lobus occipitalis (Hinterhauptslappen) ein. Der lobus parietalis (Scheitellappen) ist die willkürlichste der vier Unterteilungen. Anatomisch läßt er sich am wenigsten klar abgrenzen. Er liegt zwischen Stirnlappen (vor ihm), Hinterhauptslappen (hinter ihm), dem Schläfenlappen (darunter) und der fissura longitudinale cerebri (Zentralfurche), die die zwei Hälften des Großhirns teilt.

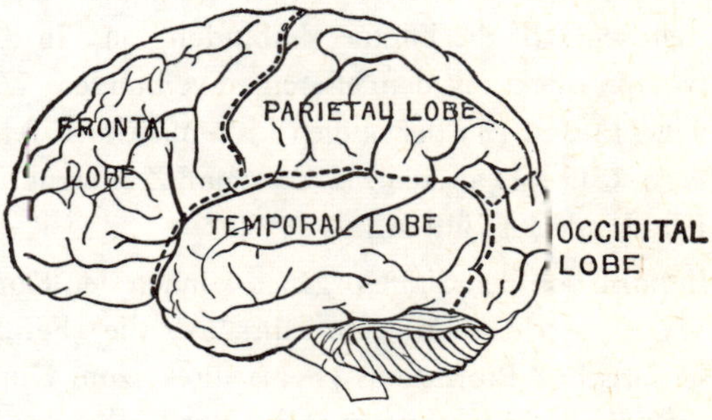

Abbildung 27. Das menschliche Gehirn von links gesehen; hier sind die vier Lappen zu erkennen. (Aus Herrick: The Introduction to Neurologie)

Afferente, efferente Bahnen und Kommissurenbahnen

Die Leitungen innerhalb des Nervensystems können in afferente, efferente und interne oder Kommissurenbahnen eingeteilt werden. Die afferenten Neuronen leiten zum ZNS (sensible oder sensorische Nervenfasern) und innerhalb des ZNS von den niederen Zentren zu den höheren. Die efferenten Neuronen führen von den höheren Zentren zu niederen und von diesen zu Effektoren. Als interne Leitungen wollen wir diejenigen bezeichnen, die zwei Punkte des ZNS miteinander verbinden, ohne eindeutig aufwärts oder abwärts zu führen. Diese Unterscheidung ist nicht absolut; je nachdem, an welcher Aktivität sich eine Gruppe von Zellen des Großhirns gerade im Augenblick beteiligt, könnte sie einmal intern und das andere Mal afferent (oder efferent) genannt werden.

Ein Rezeptor ist, genau genommen, kein Teil des Nervensystems, sondern eine Zelle außerhalb desselben, die darauf spezialisiert ist, eine schwache Störung (Reiz) so zu verstärken, daß ein Neuron gereizt wird, damit es dann seine ihm eigene Aufgabe, nämlich die der Leitung, durchführen kann. Effektoren sind natürlich auch wieder vom Nervensystem gesonderte Teile. Bei einem höher entwickelten Sinnesorgan, das spezialisierte Rezeptoren hat, würde eine S-R Leitung daher aus folgenden fünf Stufen bestehen: (1) Rezeptor, (2) afferentes Neuron, (3) internes Neuron, (4) efferentes Neuron und (5) Effektor. Die primitiven freien Nervenendungen in der Haut und die Leitungen des Olfaktorius in der Nase haben keine eigenen Rezeptoren. Hier leistet dasselbe Neuron beides: es nimmt den Reiz auf und leitet den Impuls weiter. Bei einigen unkonditionierten Reflexen fällt die interne Verbindung aus. In diesem Fall ist das afferente Neuron direkt mit dem efferenten verbunden. Wie man daraus ersieht, können (1) und (3) der obigen Liste manchmal fehlen. In Abbildung 26 sind A, B, C und D afferent, E, X, Y und Z efferent, und die Leitung, die D und E verbindet, ist intern.

Impulse von den Sinnesorganen können den Kortex über zwei verschiedene Wege erreichen. Der eine führt über die „Fernleitungen“ des spezifischen sensorischen Projektionssystems direkt zum Kortex, der andere über Bahnen, die im Hirnstamm von den durchgehenden Leitungen abzweigen, über das unspezifische Projektionssystem. Die Funktion der spezifischen Afferenzen ist, das Verhalten zu steuern, die der unspezifischen, die Aktionsbereit-

schaft des Kortex zu regulieren, ihn so vorzubereiten, daß er entsprechend auf die über die spezifischen Afferenten kommenden Impulse reagiert.
In ähnlicher Weise gibt es zwei Arten efferenter, also vom Kortex kommender, Leitungen; eine, die direkt zu den motorischen Zentren des Rückenmarks und Hirnstammes führt, über die eine direkte Kontrolle des Verhaltens ausgeübt wird, und eine andere für das unspezifische Projektions-

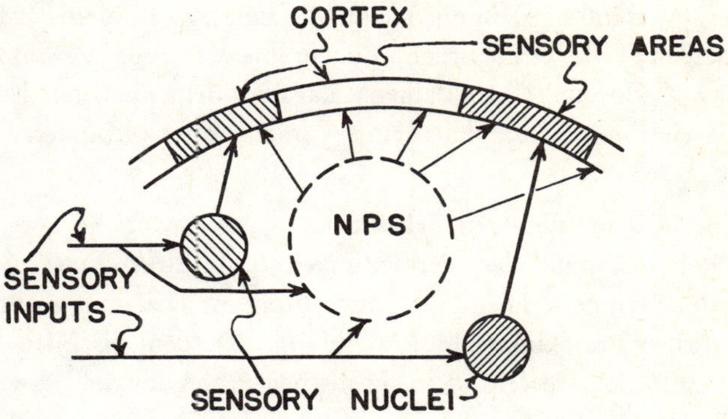

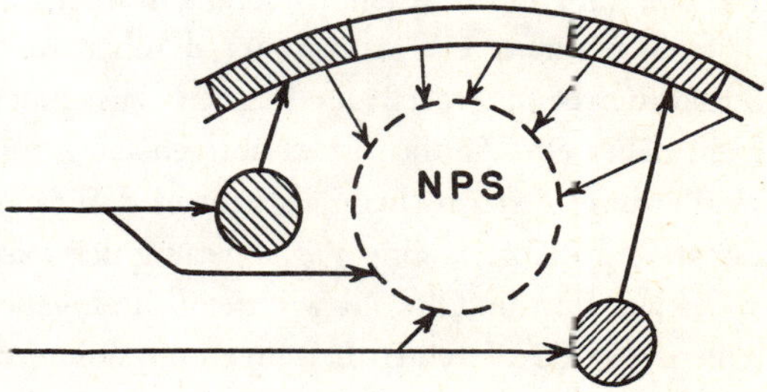

Abbildung 28. Diagramm des unspezifischen Projektionssystems (UPS). Man sieht zwei spezifische sensible Bahnen; die schraffierten Kreise stellen sensible thalamische Kerne dar, jede Leitung ist mit einem bestimmten kortikalen Projektionsfeld verbunden. Jeder sensible Input sendet auch Impulse in das UPS, die sich dort mit Erregungen, die von anderen Rezeptoren kommen, mischen und gemeinsam mit diesen, nicht mehr unterscheidbar, zum Kortex weitergeleitet werden (oberes Diagramm). Der Kortex sendet auch Erregung in das UPS (unten). Auf diese Weise tragen die kortikalen Prozesse zur Erhaltung des Erregungsniveaus (Antriebsniveau) bei.

system und dazu in Beziehung stehende Strukturen. Die Funktion dieses unspezifischen Systems scheint wiederum eine allgemein regulative zu sein. Durch sie wird eben die Reaktionsbereitschaft der motorischen Zentren des Rückenmarks bedingt, also darüber entschieden, welche Reaktion in einem bestimmten Augenblick ausgeführt werden soll.
Interne Verbindungen, sog. Eigensysteme, werden auf allen Ebenen des ZNS gefunden. Allgemein ist das Nervensystem so gebaut, daß es aus zwei symmetrischen Hälften besteht, zwischen denen es durchweg kleinere und größere Verbindungsleitungen gibt, die eine Koordinierung der Tätigkeit der beiden Teile ermöglichen. Die größte derartige Verbindung ist das „Corpus Callosum" (oder Balken), das über dem Thalamus kreuzt und die beiden Hälften des cerebralen Kortex miteinander verbindet.

Die spezifischen afferenten Bahnen
Jede der einkommenden Fernleitungen führt direkt von einer sensiblen Zone der Peripherie über eine Umschaltung im Thalamus zu ihrem eigenen sensorischen Projektionsfeld (Abbildung 29), dem visuellen Kortex oder visuellen Projektionsfeld, dem akustischen Projektionsfeld usw.
Das System des Olfaktoriums hat sich bei den Säugetieren nicht in gleicher Weise spezialisiert. Die Impulse, die von diesem ins Gehirn weitergeleitet werden, sind nicht zusammengefaßt, sondern verteilen sich über verschiedene Strukturen. Da man wenig darüber weiß, wie diese verschiedenen Strukturen beim Prozeß des Riechens zusammenwirken, gehen wir darauf nicht näher ein. Ähnlich ist es übrigens auch mit dem Schmecken. Hier hat es allerdings den Anschein, als gäbe es dafür ein gut umschriebenes Projektionsfeld im Kortex, eine Verlängerung der somatischen Felder entlang der sylvischen Furche. Obwohl wir ziemlich eingehende Informationen darüber haben, wie die afferenten Leitungen physiologisch funktionieren, wissen wir praktisch nichts über ihre Beziehung zum Verhalten.
Anders ist die Lage in bezug auf das Sehen, Hören und die somatische Sensibilität. Die Bahnen für diese Funktionen sind hoch organisiert. Die Impulse werden schnell zum Kortex geleitet, und die Erregungen, die von verschiedenen Reizen an der Peripherie erzeugt wurden, werden getrennt transportiert. In dieser Art der Leitung unterscheiden sie sich deutlich vom unspezifischen System, das nur langsam leitet und in dem die Verbindungen derart sind, daß sie zu einer guten Mischung aller Stimuli führen.

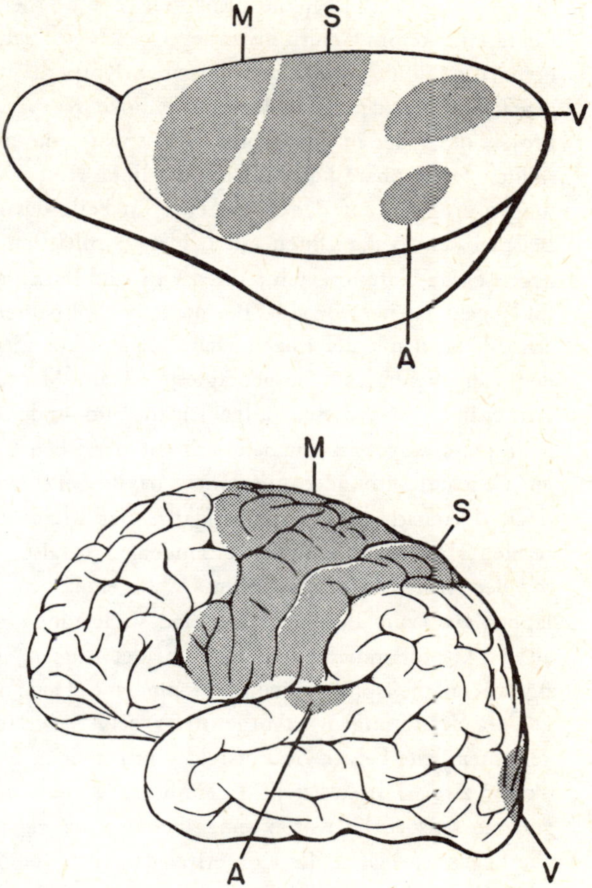

Abbildung 29. Ungefähre Lage der sensiblen und motorischen Projektionsfelder bei der Ratte und dem Menschen. Das Sehzentrum des Menschen ist zwischen den zwei Hemisphären, so daß es in unserer Darstellung kaum gesehen werden kann. Das Hörzentrum verschwindet nahezu gänzlich in der sylvischen Furche. M — motorisch; S — sensorisch; A — akustisch und V — visuell.

Eine wichtige Tatsache, die nicht vergessen werden darf, ist die, daß die Repräsentation im Gehirn meist gegengleich geschieht (lateralisiert ist). Das heißt, die Leitungen, die von der einen Körperhälfte kommen, führen zur gegenüberliegenden Hirnhälfte. Die linke Körperseite hat demnach ihre Projektionsfelder in der rechten Hemisphäre; die motorischen Zentren der rechten Hemisphäre kontrollieren die linke Körperhälfte. Nur wenige Leitungen erfolgen auf derselben Seite. Im Falle des akustischen Sinnes zum Beispiel sind beide Ohren mit beiden Hirnhälften verbunden, jedoch die gegenseitige Leitung (vom rechten Ohr zum linken akustischen Projektionsfeld) geht rascher vor sich. Bei niederen Wirbeltieren ist das rechte Auge ausschließlich mit der linken Hemisphäre verbunden, wohingegen sich bei den Säugetieren (am ausgeprägtesten beim Menschen) eine interessante Abweichung von diesem allgemeinen Bild findet. Die äußere temporale Seite jedes Auges ist mit dem sich auf derselben Seite befindenden visuellen Zentrum verbunden, die innere nasale Seite jedoch mit dem gegenseitigen. Demnach ist die rechte Hälfte der Retina beider Augen mit dem rechten Hinterhauptslappen verbunden, d. h. also, das linke Sehfeld wird mit der rechten Seite des Gehirns wahrgenommen. Fällt ein Hinterhauptslappen aus (zum Beispiel durch eine Verletzung), so erblindet der Patient an den korrespondierenden Stellen beider Augen. Ein verhältnismäßig häufiges Krankheitsbild, genannt Homonyme Hemianopsie (es wird durch größere Zerstörungen hervorgerufen), zeigt sich darin, daß der Patient auf der einen Seite beider Gesichtsfelder nichts sieht. Das visuelle Feld ist vertikal in zwei Hälften geteilt. In ähnlicher Weise wird der Patient, wenn der gesamte sensorische Kortex einer Hemisphäre zerstört ist, auf der gegenüberliegenden Hälfte des Körpers anästhetisch (empfindungslos). Die doppelte Verbindung des Gehörsinnes hat zur Folge, daß der Verlust eines akustischen Zentrums sich nur verhältnismäßig schwach auf das Hören auswirkt.

Schließlich bleibt noch die Organisation der kortikalen Verbindungen der drei höher entwickelten spezifischen sensiblen Systeme zu erwähnen. Hier finden wir eine Punkt-zu-Punkt-Projektion. Jeder periphere sensible Punkt steht mit einem bestimmten kortikalen – mit dem, was als die „primäre sensible Rinde“ bezeichnet wird – in Verbindung. Dabei ist es so eingerichtet, daß auch die räumliche Organisation der sensiblen Stimulation im Kortex wiedergegeben ist. Allerdings wird nicht die gleiche Raumorientierung eingehalten, das Abbild des Körpers auf der Hirnrinde steht sozusagen auf dem Kopf: die Beine sind hier oben und der Kopf ist unten. Weiter finden Verzerrungen der Größenverhältnisse statt. Die Repräsentation von Kopf und Händen und der zentralen Teile der Retina ist gegenüber dem Rest stark vergrößert. Die Punkte, die an der Peripherie nebeneinander liegen, haben auch ihre Repräsentation im Kortex nebeneinander: die Gestalt der einzelnen Körperteile bleibt trotz aller Verzerrung erkennbar.

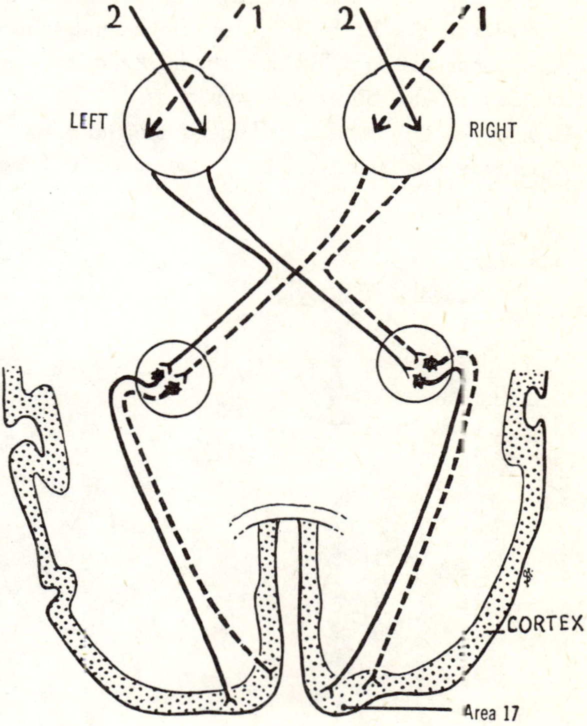

Abbildung 30. Die Sehbahnen. Oben: Lichtstrahlen vom (1) rechten und (2) linken visuellen Feld treffen das Auge. Beim Durchgang durch die Linse kreuzen die Lichtstrahlen. Der linke Teil jeder Retina ist mit dem linken visuellen Kortex („Area 17") verbunden, und die rechte Retina mit dem rechten visuellen Kortex. Ein Gegenstand im rechten visuellen Feld erregt daher allein die linke visuelle Region des Kortex. (Nach Gardner: Fundamentals of Neurology, 3. Aufl.)

Das steht nun zu einem alten Problem der Psychologie (in Wirklichkeit ist es überhaupt kein Problem) in Beziehung. Das Bild, das auf die Retina trifft, ist durch die vorgeschaltete Linse umgedreht. Die Frage ist nun: wie kommt es, daß wir die Dinge aufrecht sehen, obwohl die Repräsentation im Kortex auf dem Kopf steht? Hat man allerdings gelernt, in den Begriffen Reiz und Reaktion zu denken, so hat ein „Umgekehrt-sein" innerhalb des Systems keinerlei Bedeutung. Tatsächlich bedeutsam ist nur: *was* ist *womit* verbunden? Die Probleme des „Auf-dem-Kopf-Stehens" gibt es nur für den, der sich so etwas wie einen kleinen Mann im Kopf vorstellt, eine Art unabhängigen Beobachter, der auf Erregungsmuster der Retina schaut und dadurch, daß er selbst aufrecht im Raum steht, von dem „Auf-dem-Kopf-Stehen" der Bilder gestört wird.

Hat man das Denkschema „Kleiner Mann im Kopf" abgelegt, fragt man sich einfach: was bedeutet „oben" physiologisch? Dieses Oben bezieht sich

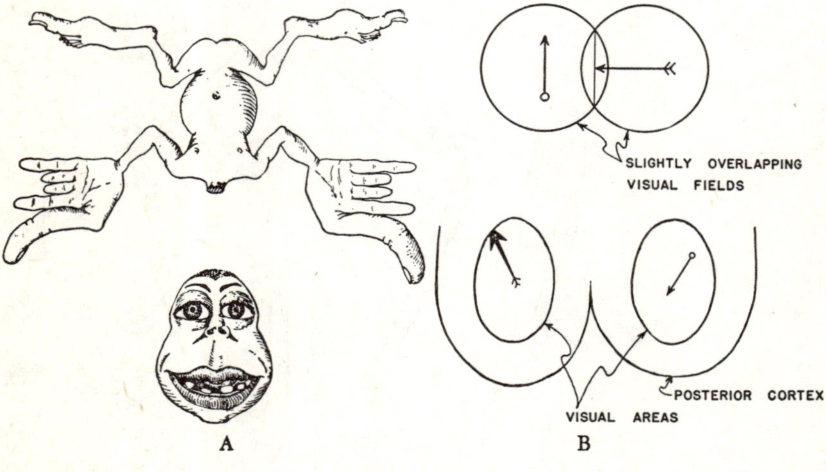

Abbildung 31. Kortikale Repräsentation: In A wird die Weise, wie die verschiedenen Teile des Körpers im Kortex repräsentiert sind, gezeigt (Füße oben, Kopf unten). Außerdem kann man daraus die relative Größe, in der die einzelnen Teile im Kortex repräsentiert sind, erkennen. (Aus Penfield, W., und Boldrey, E.: Brain, 1937). B zeigt, wie ein horizontaler und ein vertikaler Teil im visuellen Feld der Ratte (oben) im Kortex projiziert sind (unten). (Nach Lashley, K. S.: J. Comp. Neurol., 1934)

offensichtlich u. a. auf Prozesse, bei denen Bewegungen gegen die Schwerkraft durchgeführt werden, den Blick zur Decke richten anstatt zu Boden, die Hände zum Kopf und von den Füßen wegbewegen, den Körper aufrichten usw. „Oben“ oder „auf“ hat, wie wir aus den wenigen Beispielen ersehen können, einen verhaltensmäßigen Sinn. Es bezieht sich sowohl auf eine Klasse von Reaktionen als auch auf die Vermittlungsprozesse (Gedanken), die zu solchen Prozessen in Verbindung stehen. Über Reflexe ist der untere Teil der Retina via Hirnstamm mit Muskeln verbunden, die den Augapfel nach oben drehen. Ein Lichtstrahl auf den oberen Teil des Sehfeldes erregt den unteren Teil der Retina und bewirkt ein Aufwärtsblicken in die Richtung des Lichtes.

Es macht dabei nicht den geringsten Unterschied, ob die Leitung, die das Hinaufblicken veranlaßt, über oder unter der verläuft, die die Impulse für das Hinunterblicken transportiert. Nochmals: es zählt allein, *was womit* verbunden ist. Das Problem existiert also nicht mehr, sobald man in S-R Begriffen denkt und die Situation verhaltensmäßig betrachtet.

Die spezifischen efferenten Bahnen

Efferente Bahnen zu den motorischen Zentren des Rückenmarks und Hirnstamms entspringen den meisten Teilen des Kortex. Zum größten Teil kommen sie aber aus dem Bereich, der als der „motorische Kortex“ bekannt ist. Das ist die Zone, die unmittelbar vor dem sensiblen Kortex liegt. Efferente Bahnen, die zu den Beinen führen, kommen aus den oberen Teilen des motorischen Feldes, die zu den Händen aus den mittleren, und die, die das Gesicht versorgen, aus den unteren. (Bemerkenswert ist die Größe des Teiles, der den Mund repräsentiert.) Die Verbindungen sind hier wieder zum größten Teil gegengleich angelegt.

Eine Stimulation der mittleren Region des rechten motorischen Kortex verursacht eine Bewegung der linken Hand; oder ein Tumor, der das linke motorische Zentrum schädigt, hat eine Lähmung der rechten Körperhälfte zur Folge. Ebenso wie bei den spezifischen Afferenten geht auch die Reizleitung in den efferenten Bahnen mit großer Geschwindigkeit vor sich, und die Impulse, die aus verschiedenen Teilen des motorischen Kortex kommen, werden getrennt gehalten. Die Nervenfasern verlaufen in diesen Leitungen parallel. Zwei Zellen, die im Kortex nebeneinander liegen, senden ihre Impulse auch wieder zu benachbarten Punkten auf der gegenüberliegenden

Seite des Rückenmarks. Die Leitung erfolgt dabei über die Pyramidenbahnen, einen starken Strang weißer Masse, der den Kortex mit allen Teilen des Rückenmarks verbindet. Im allgemeinen ist es dabei so, daß die ventralen Stränge des Rückenmarks (die der Vorderseite zugewandten) die Impulse zu den Effektoren leiten und die dorsalen (dem Rücken zugewandten) die afferente Leitung besorgen. Die Pyramidenbahnen führen zu den Vorderhörnern des Rückenmarks und sind hier mit den Vorderhornzellen verbunden, die dann zu den Rezeptoren führen. Die afferenten Bahnen treten über die Hinterhörner in das Rückenmark ein.

Eine besondere Rolle bei der Reizabgabe von Hirnstamm und Rückenmark spielt das autonome Nervensystem. Wir wollen darauf jetzt jedoch nicht eingehen.

Über die Pyramidenbahnen, also die spezifischen Efferenten, soll der Kortex, wie man vermutet, eine direkte Kontrolle über das Rückenmark ausüben; doch das ist noch eine ungelöste Frage.

Unspezifische Funktionen

Wir sind schon einmal auf das unspezifische Projektionssystem gestoßen, das den Grad der Wachheit regelt, die Einsatzbereitschaft des ZNS reguliert. Hier von einem System zu reden, ist allerdings etwas irreführend, denn wir haben es mit einer Vielzahl von Strukturen zu tun, die durchaus nicht alle die gleichen Funktionen haben. Anatomisch sind die Strukturen, um die es hier geht, hochorganisiert und deutlich voneinander geschieden (natürlich auch durch interne Verbindungen miteinander verbunden). Möglicherweise wird es gar nicht so lange dauern, bis die Darstellung, die wir hier geben, überholt ist. Angedeutet wird diese Möglichkeit dadurch, daß es schon heute so aussieht, als hätten wir es nicht mit einem, sondern mit mehreren, qualitativ verschiedenen Antrieben zu tun. Das müssen wir jedenfalls aus dem Verhalten schließen. Allerdings sind wir heute noch nicht in der Lage, bestimmte Strukturen mit bestimmten im Verhalten zum Ausdruck kommenden Wirkungen in Verbindung zu bringen. Als Gruppe scheinen all diese Strukturen gemeinsam so etwas wie ein allgemeines Aktivitätsniveau zu bedingen. Aus diesen Gründen wollen wir von den Strukturen allgemein als dem „Antriebssystem“ sprechen. Dabei sind wir uns aber durchaus darüber klar, daß wir aller Wahrscheinlichkeit nach grob simplifizieren.

In enger Beziehung zu diesem afferenten System und teilweise sogar identisch mit ihm sind Strukturen mit ähnlichen efferenten Funktionen. Sie wirken nicht dahingehend, bestimmte motorische Bewegungen anzuregen und zu kontrollieren, sondern steigern oder senken die Erregbarkeit motorischer Zentren im Rückenmark. Sie sind von den Pyramidenbahnen getrennt und als das extrapyramidale System bekannt. Es scheint, als würde die direkte Kontrolle des Kortex über bestimmte Bewegungen ausschließlich über die Pyramidenbahnen ausgeübt (möglicherweise ist auch das wieder eine ungerechtfertigte Vereinfachung.) Über die Auswirkungen der extrapyramidalen Bahnen auf das Verhalten weiß man nicht viel, doch könnte es sein, daß sie u. a. die primäre Kontrolle über das autonome Nervensystem ausüben.

In die afferenten Funktionen der unspezifischen Strukturen sind auch Zweige und Fasern des spezifischen Projektionssystems einbezogen. Die Leitungen innerhalb des unspezifischen Systems verbinden Punkte, die weit voneinander entfernt sind; sie sammeln so die Erregungen der verschiedenen Sinne.

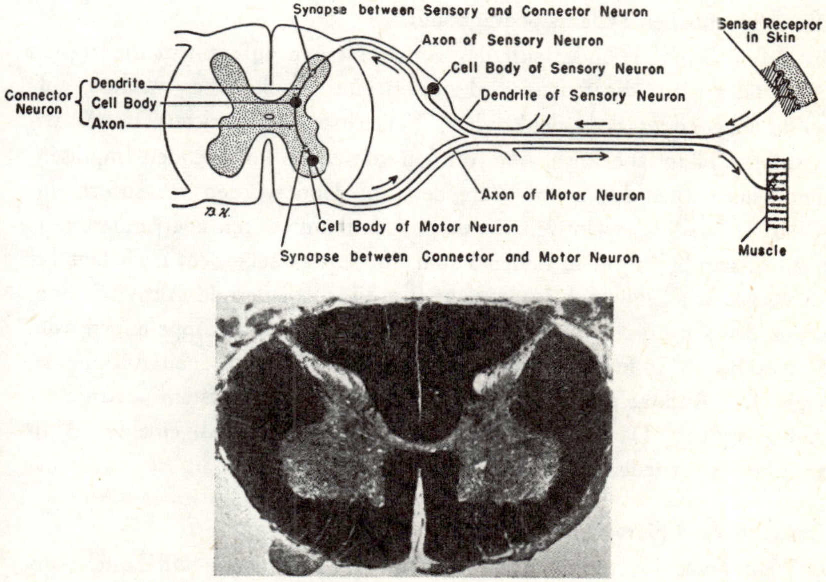

Abbildung 32. Das Rückenmark. A Darstellung eines Reflexbogens (Aus Ville: Biology, 3. Aufl.) B Mikrophotographie durch den Querschnitt des menschlichen Rückenmarks. Die weiße Masse ist schwarz gefärbt, wohingegen die graue grau blieb. Man kann die Hinterhörner (oben) und die Vorderhörner (unten) erkennen. (Aus Gardner: Fundamentals of Neurology, 3. Aufl.)

Die Leitungsgeschwindigkeit ist dabei ziemlich niedrig. Der Impulsstrom dieses System, der den Kortex erreicht, stammt daher nicht unterscheidbar von allen Sinnen.

Dieser Impulsstrom – besser wäre noch, ihn mit einem Impulshagel zu vergleichen – ist die Voraussetzung dafür, daß die spezifischen Bahnen zu ihren eigenen Funktionen, nämlich sichtbare Reaktionen und Vermittlungsprozesse auszulösen, fähig sind. Er hat also eine tonisierende, vorbereitende Wirkung. Ohne daß dieser allgemeine Impulshagel stattfindet, können spezifische sensible Bahnen immer noch Erregungen zu den sensiblen Projektionszentren leiten, doch die Impulse werden von dort nicht mehr weitergeleitet, sie wirken sich nicht auf das Verhalten aus. Eine S-R Bahn, die den Kortex miteinbezieht, ist also funktionsuntüchtig, sofern sich der ganze Kortex auf einem bestimmten Aktivitätsniveau befindet. Das zeigt sich auch in den flacheren EEG Kurven, die eben ihrerseits wieder von den Impulsen des unspezifischen Systems bedingt sind.

In tiefem Schlaf befindet sich das Antriebssystem auf seinem niedrigsten Aktivitätsniveau; die Spitze wird nur in einer vollkommen wachen, aufmerksamen (oder aktiv denkenden) Versuchsperson erreicht. Das Aktivitätsniveau hängt aber nicht nur von den von außen kommenden Impulsen, dem sensorischen Input ab. Wäre dem so, dann würden wir sofort einschlafen, sobald die Umweltstimulation abnimmt, wären aber andererseits nicht imstande, in einem hellen Raum, in dem es außerdem noch laut ist, einzuschlafen. Eine wichtige Quelle für die fortdauernde Aktivität sind, wenn der sensorische Input vermindert wird, die Rückkoppelungen vom Kortex her. Wir finden also hier wieder einen geschlossenen Rückmeldekreis. Der Rückmeldekreis wäre demnach hier Antriebssystem – Kortex – Antriebssystem. Daraus folgt: Denkprozesse tragen zur allgemeinen Aktivität bei, was wiederum für deren eigene Existenz notwendig ist.

Das autonome Nervensystem

Das autonome Nervensystem ist ein Teil des peripheren und besteht aus motorischen Fasern, die zu den glatten Muskeln und Drüsen führen. Man könnte es als ein ziemlich primitives motorisches System beschreiben, denn viele seiner Aktionen sind diffus und nur schwach von kortikalen Mechanismen kontrolliert. Das hat zur Folge, daß in gefühlsbetonten Situationen mit einem hohen nervösen Aktivitätsniveau (im besonderen der unspezifischen

Systeme des Hirnstammes) die Vermittlungsprozesse wohl die Skelettmuskulatur kontrollieren können, jedoch nicht die glatte (Viscerale Aktivitäten). Ein Mann, der sich in großer Angst oder Wut befindet, schlägt möglicherweise nicht zu und läuft auch nicht weg (das ist alles kontrolliert), jedoch sein Herz schlägt schneller, sein Blutdruck steigt an, er schwitzt, erblaßt und errötet abwechselnd, die Funktionen des Magens und Darms sind gestört usw.

Die meisten kontrollierten Untersuchungen von Gefühlen wurden im Labor an Studenten im ersten oder zweiten Semester durchgeführt. Da diese Leute meistens auch Prüfungen bestehen wollen, schrecken sie fast immer davor zurück, dem Experimentator, der sie zornig gemacht hat, eine herunterzuhauen. Ihre Vermittlungsprozesse sind allerdings nur fähig, Arm- und Beinmuskulatur zu kontrollieren, nicht aber die Aktionen des autonomen Nervensystems. Weil sich aber die Wirkung gefühlsgeladener Situationen hauptsächlich im autonomen Nervensystem äußert, haben viele Psychologen die autonomen Vorgänge den Gefühlen gleichzusetzen versucht. Das ist jedoch ein irreführender Schluß. Mag sich das allgemeine Aktivitätsniveau des ZNS im autonomen System reflektieren, so schließt dieses doch noch viele andere Funktionen ein, die wir nicht als emotionelle klassifizieren können. Tritt eine emotionelle Störung auf, so tendiert sie dazu, die Skelettmuskulatur ebenso zu erregen wie die glatte. Zittern und unkonditionierte Bewegungen der Skelettmuskulatur sind zum Beispiel gute Indikatoren für emotionelle Störungen.

Am wenigsten werden wir fehlgehen, wenn wir das autonome System nicht als einen spezifischen Indikator der Gefühle, sondern als einen primitiven Teil des motorischen Systems auffassen, der jedoch nicht so stark unter der kortikalen Kontrolle steht wie die übrigen Teile. Das autonome System gliedert sich in zwei Hauptzweige: das sympathische System – es ist mit der mittleren Region des Rückenmarks verbunden – und das parasympathische, das wiederum zwei Unterteilungen hat, wovon die eine mit dem unteren Teil des Rückenmarks und die andere mit dem Hirnstamm in Verbindung steht. Zu fast allen visceralen Organen (glatte Muskulatur) führen sowohl sympathische als auch parasympathische Fasern. Im allgemeinen arbeiten diese beiden Systeme gegeneinander: was vom Sympathikus gefördert wird, hemmt der Parasympathikus und umgekehrt. Das sympathische System wird oft als eine Art Alarmanlage betrachtet, die in Notfällen alle Reserven

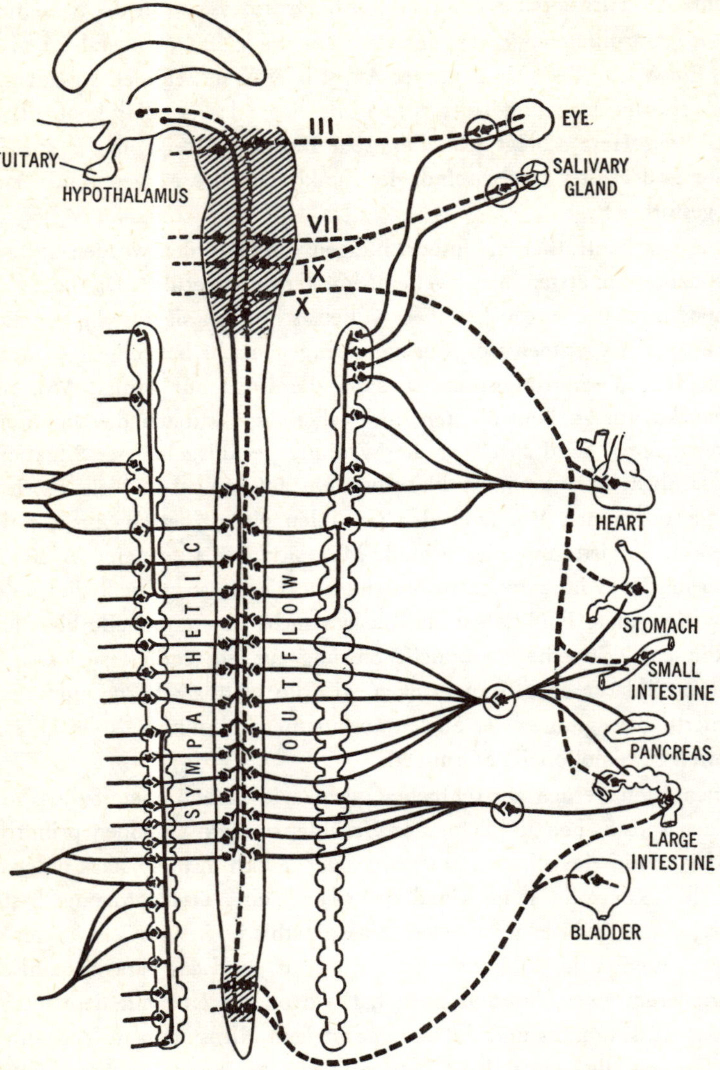

Abbildung 33. Das autonome Nervensystem. Der sympathische Teil desselben entspringt aus der mittleren Region des Rückenmarks und ist durch durchgehende Linien gekennzeichnet; das parasympathische System hat zwei Teile: den kranialen (oben) und den sakralen (unten). Seine Verbindungen sind durch unterbrochene Linien dargestellt.

des Organismus mobilisiert; es verfährt also freizügig mit den Kräften des Körpers und ist demnach eine Art Verschwender, wohingegen das parasympathische System eher ein Knauser ist, der übertriebener Verausgabung Einhalt gebietet und die Kräfte des Körpers aufbaut und konserviert. Das ist natürlich wieder einmal eine starke Vereinfachung, denn auch der Sympathikus hat seine Rolle in der normalen Ökonomie des Körpers. Das sympathische System beschleunigt die Herzschlagfrequenz, regt die Blutzufuhr zu den Muskeln an und stellt somit mehr Energie für deren Funktionen bereit. Es hemmt Verdauungsprozesse, wenn diese im Augenblick nicht gerade die Wirksamkeit des Verhaltens zu steigern vermögen. Das parasympathische System hingegen verlangsamt die Herzschlagfrequenz, fördert die Verdauung und verhindert, daß weitere Kräfte des Körpers freigegeben werden.

Von großer Bedeutung für die Aktionen des Sympathikus sind die Drüsen, die das Adrenalin erzeugen, die Nebennieren. Ihr innerer Teil, das Mark, gibt das Hormon Adrenalin in den Blutstrom ab, wenn das sympathische System in Aktion ist. Die Wirkung ist im allgemeinen die gleiche wie die der sympathischen Faser, und eine Ausschüttung von Adrenalin trägt nur zum allgemeinen Bild einer sympathischen Reaktion bei, wie sie bereits besprochen wurde. Da aber das Adrenalin auch das reticulare Aktivierungssystem des Hirnstammes erregt, sehen wir uns hier wieder einem beachtenswerten Rückmeldesystem gegenüber: Antriebssystem – sympathisches System – Adrenalin – und dann wieder über den Blutstrom Antriebssystem. Dieser Rückmeldekreis (Rückkoppelungsmechanismus) ist möglicherweise einer der Gründe dafür, daß allgemeine Erregungen des ZNS so langsam abklingen.

Lokalisation der kortikalen Funktionen

Wie wir bereits erfahren haben, sind die verschiedenen Sinnesorgane mit bestimmten Teilen des Kortex verbunden. Diese Teile leisten besondere Dienste für die Kontrolle des Verhaltens, ähnlich wie die motorischen Zentren eine besondere Funktion erfüllen, indem sie die Kontrolle des Kortex über die efferenten Fasern, also die, welche vom ZNS ausgehen, ermöglichen. Die Tatsache, daß ein bestimmter Prozeß in besonderer Weise von einer engumschriebenen Stelle des Kortex abhängen könnte, ist als die Lokalisation der Funktionen im Kortex bekannt (Gehirnlokalisationen).

Hier liegt jedoch eine Falle, vor der wir warnen müssen: Keine psychische Funktion kann nur innerhalb eines kleinen Teiles des Kortex existieren, von einem kleinen Teil des Kortex allein ausgeführt werden. Wir sagen so leichthin: Sehen ist im Sehzentrum, einem Teil des Hinterhauptslappens, lokalisiert. Wir dürfen uns nun nicht irremachen lassen, denn das heißt auf gar keinen Fall, daß das Sehen — also der Sehprozeß oder die visuellen Vorstellungen — nur in diesem besonderen Teil des Hinterhauptlappens stattfinde. Was wir meinen, wenn wir sagen, eine Funktion sei dort oder dort lokalisiert, ist dieses: Wesentliche Teile des Prozesses laufen in dieser Region und nur dort ab. Wie wir noch in Kürze sehen werden, ist das Sprechen auf der linken Hälfte des cerebralen Kortex lokalisiert. (Jedenfalls ist es bei den meisten Menschen links.) Das bedeutet nun wiederum nicht, daß alle Vermittlungsprozesse, die zum Sprechen beitragen, allein in dieser Gegend ablaufen, sondern lediglich, daß für deren Organisation dieser Teil des Kortex wesentlich ist. Deshalb kann eine Verletzung dieser Region des Gehirns die Sprechfähigkeit aufheben (in gewissem Ausmaß werden auch immer andere Funktionen beeinträchtigt), wohingegen größere Zerstörungen anderer Teile keine solche Wirkung haben.

Wir müssen in diesem Zusammenhang noch kurz auf einen anderen Punkt eingehen: Wenn wir im Text öfter von kortikalen Prozessen sprechen, so soll dieser Ausdruck immer als eine Abkürzung für Prozesse, die sich hauptsächlich im Kortex abspielen, gemeint sein. Keinesfalls soll der Eindruck erweckt werden, der Kortex sei in der Lage, unabhängig von anderen Strukturen zu funktionieren. Einmal ist er, wie wir schon gesehen haben, vom allgemeinen Aktivitätsniveau, von der Tätigkeit der unspezifischen Projektionssysteme, abhängig. Abgesehen davon sind aber auch viele der Leitungskreise des Kortex so organisiert, daß sie fast immer auch den Thalamus und möglicherweise häufig auch noch andere subkortikale Zentren einschließen. „Kortikale Aktivität" meint also fast immer Kortex und Thalamus, also kortiko-thalamische Prozesse.

Die wichtigsten Lokalisationen befinden sich im sensorischen und motorischen Kortex. Der übrige Teil des Kortex ist als Assoziationskortex bekannt. Der Ausdruck Assoziationskortex stammt von früheren Gehirnforschern, die annahmen, die Aufgabe der Assoziationsfelder sei einfach die einer Verbindung, einer Brücke zwischen den sensorischen und motorischen Feldern. Wie wir heute wissen, ist diese Vorstellung geradezu falsch. Vermittlungsprozesse sind kein einfaches Anhängen eines sensiblen Impulses an eine motorische Bahn. Auch gibt es keinen Anlaß anzunehmen, daß Assoziation, also der Aufbau von Verbindungen durch Lernen, nur im Bereich der Assoziationsfelder stattfinde. Sensorische und motorische Bahnen könnten, ohne den Assoziationskortex einzubeziehen, Verbindung miteinander aufnehmen (die zwei Regionen liegen nebeneinander), und es ist weiter wahrscheinlich, daß neue Bahnen den Thalamus und andere subkortikale Zentren ebenso einbeziehen wie den Kortex. „Lokalisation der Funktionen" oder „Assoziationskortex" sind Ausdrücke, die aus früherer Zeit stammen und sich ihren festen Platz im Sprachgebrauch erworben haben. Man kann sie auch ruhig weiter verwenden, sofern man ausreichend Vorsicht walten läßt.

Es gibt zwei große Inseln des Assoziationskortex: eine präfrontale, noch vor den motorischen Feldern des Stirnlappens liegende Zone und eine hintere, die Teile des Scheitel-, des Schläfen- und des Hinterhauptlappens einbezieht (Abbildung 29).

Besonders rätselhaft sind dabei für uns die präfrontalen, also die vorderen Felder. Es scheint, als spielten sie keinerlei Rolle im normalen Verhalten des Menschen. Nun ist das aber eine sehr große Region und müßte schon allein deshalb von irgendeiner Bedeutung sein. Weiter wird diese Vermutung auch noch dadurch bestärkt, daß die Bedeutung dieser Region für das Verhalten niederer Tiere nachgewiesen werden konnte. Die Fähigkeit des Affen für verzögerte Reaktionen ist klar beeinträchtigt, wenn der vordere Teil des Gehirns wegoperiert wurde. Nicht so beim Menschen. Es ist bekannt, daß Erkrankungen des Stirnlappens gewöhnlich deutliche Veränderungen im Verhalten des Menschen hervorrufen. Erklärungswert liegt darin noch nicht, denn eine Erkrankung führt nicht nur zur Zerstörung von Neuren, sondern verändert auch die Funktion anderer Neuronen, die dann abnorm arbeiten und auch abnorme Meldungen an das übrige Gehirn weitergeben. Sie können auf diese Weise das ganze System in Unordnung bringen und dadurch zu einem stark veränderten Verhalten führen. Wird nun der erkrankte Teil operativ entfernt und ist das übrige Gehirn noch nicht geschädigt, so kehrt das Verhalten des Patienten in Kürze wieder zu seinem Normalzustand zurück. Soweit wir bisher feststellen konnten, bleibt auch die Intelligenz durch diesen Eingriff unbeeinflußt.

Trotz des eben Gesagten müssen wir annehmen, daß diese Region von Bedeutung ist. Unser Versagen, dies nachzuweisen, ist möglicherweise darauf zurückzuführen, daß wir nicht die richtigen Testmethoden angewendet haben.

Dieser Schluß wird durch eine weitere Gruppe von Fakten gestützt. Leiden Patienten unter starker Angst und Depression, so kann ihr Zustand oftmals durch einen tiefgeführten Schnitt in beide Stirnlappen wesentlich gebessert werden. Durch diesen Schnitt werden die Verbindungen mit einem Großteil der übrigen Zentren durchtrennt. Diese Operation wird frontale Lobotomie genannt. Bei der präfrontalen Lobotomie wird der ganze vordere Teil des Stirnlappens entfernt.

Schon seit langem werden die frontalen (vorderen) Assoziationsfelder als der Sitz der höheren seelischen Funktionen betrachtet, also als der Sitz all dessen, was gut und groß im Menschen ist. Tatsächlich haben wir heute weit mehr Grund, von der Großartigkeit der hinteren Assoziationsfelder zu reden. Die Entwicklung dieser Bereiche ist beim Menschen (im Gegensatz zu den niederen Tieren) sicherlich ebenso stark wie die der vorderen. Schädigungen dieser Region verursachen mit viel größerer Wahrscheinlichkeit eine starke Beeinträchtigung der höheren Funktionen. Wir möchten, bevor wir fortfahren, nochmals daran erinnern, daß seelische Funktionen immer Funktionen des ganzen Gehirns sind und nicht nur einzelner Teile. Was nun in bezug auf die hinteren Assoziationsfelder festgestellt wurde (speziell auf den Teil, der zum Schläfenlappen gehört), ist, daß sie von besonderer Bedeutung für die allgemeine Integration der Aktivitäten verschiedenster Teile des Gehirns sind. Seelische Funktionen oder, wenn Sie wollen, der Geist oder die Seele, haben ihren Sitz nicht ausschließlich im Gehirn. Es gibt zum Beispiel, wie wir gesehen haben, keine höhere seelische Funktion, wenn das Antriebssystem ausfällt. Natürlich sind auch keine seelischen Funktionen möglich, wenn der Kortex fehlt, während das Antriebssystem normal funktioniert. Daraus folgt nun allerdings, daß wir mit ebensogutem Recht den Hirnstamm als Sitz der seelischen Funktionen ansehen könnten. Jedes dieser Bemühen, der Seele einen Sitz zuzuschreiben, ist müßig und zeugt nur von Unkenntnis. Die Seele ist eine komplizierte Interaktion der verschiedenen Teile des Gehirns und kann nicht in irgendeinem Teil lokalisiert werden.

Die dramatischsten und bekanntesten Wirkungen, die durch Verletzung der hinteren Assoziationsfelder verursacht werden können, sind die Aphasien. Das wichtigste Symptom ist dabei der Verlust der Sprache, doch sind dadurch automatisch alle anderen Denkabläufe, die am Zustandekommen der Sprache beteiligt sind, irgendwie beeinträchtigt. Die auftretenden Störungen können verschiedene Formen annehmen; zum Beispiel sind bei manchen Patienten Schreiben und Sprechen in stärkerem Maße gestört, bei anderen wiederum Lesen und Verstehen der gesprochenen Sprache. Bei den meisten Patienten finden sich jedoch oft Beeinträchtigungen aller vier Faktoren der Sprache. Weiter werden auch Wirkungen auf nichtverbale Intelligenztests gefunden. Das Erkennen des Inhalts widersinniger Bilder kann zum Beispiel beeinträchtigt sein. Andere Bereiche der Intelligenz sind wiederum kaum oder gar nicht beeinflußt. Die Auswirkungen auf die Intelligenz sind meistens sehr uneinheitlich. Das ist auch nicht anders zu erwarten, eben weil Intelligenz keine einheitliche Funktion ist, sondern eine Vielzahl von Fähigkeiten und Geschicklichkeiten der verschiedensten Art einschließt.

Läsionen (Verletzungen), die Aphasie hervorrufen, treffen meistens die mittlere Gegend des linken cerebralen Kortex, und zwar in der Nähe der sylvischen Furche, häufiger etwas vor dieser Stelle, seltener dahinter. Bei einem Linkshänder können Aphasien auch durch Schädigung der rechten Hemisphäre hervorgerufen werden, doch sind das äußerst seltene Fälle. Eine Ausnahme bilden Leute, deren linke Hemisphäre schon vor dem zweiten Lebensjahr zerstört wurde. Bei diesen würden Schädigungen der rechten Hemisphäre im Erwachsenenalter eine Aphasie hervorrufen. Dann gibt es noch eine Gruppe von Linkshändern, bei denen nur die Schädigung beider Hemisphären zu einer Aphasie führt. Bei diesen Personen ist die Lokalisation der Sprache bilateral (zweiseitig).

Die Beziehung, die wir beim Sprechzentrum und bei „der bevorzugten Hand“ finden, weist auf die Frage der „kortikalen Dominanz“ hin. Darunter ist die Vorstellung zu verstehen, die eine Hemisphäre dominiere über die andere und sei für das Verhalten wichtiger als die andere. Die meisten Menschen sind Rechtshänder und daher mit der Hand, die von der linken Hemisphäre kontrolliert wird, geschickter. Dieselbe Hemisphäre ist, wie wir gehört haben, auch am Sprechen beteiligt. Für die meisten Menschen ist daher die linke Hälfte vorherrschend. Nun besagen aber ältere Meinungen, die Kontrolle der Sprache und der bevorzugten Hand müßte notwendigerweise in derselben Hirnhälfte liegen. Das „muß“ aber gar nicht so sein. (Eine Läsion der linken Hemisphäre kann eine Aphasie bei einem Linkshänder zur Folge haben.) Man ist sogar so weit gegangen, ähnliches für die Augen zu behaupten und folgerte, der bevorzugte Gebrauch eines Auges sei ein weiterer Beweis für die Dominanz einer Hemisphäre. Die Schwierigkeiten, aus dem „bevorzugten Auge" etwas zu beweisen, beginnt schon damit, daß jedes Auge mit beiden Hirnhälften verbunden ist und allein deshalb nicht aus den gleichen Gründen wie eine Hand vorgezogen werden kann. Weiter konnte nicht bewiesen werden, daß „Vorziehen" eines Auges wirklich mehr als ein Vorziehen sei. Denn wenn beide Augen normal gesund sind, so besteht zwischen dem bevorzugten und dem anderen Auge keinerlei Unterschied in bezug auf „Sehfertigkeit". Außerdem ist die Korrelation zwischen bevorzugter Hand und bevorzugtem Auge ziemlich gering.

Die Tatsachen über cerebrale Dominanz sind daher folgende: Bei den meisten Personen ist die linke Hemisphäre in bezug auf das Sprechen und die rechte Hand dominant. Es gibt aber auch Individuen, die keine bevorzugte Hand haben oder bei denen diese Bevorzugung nicht so stark ausgeprägt ist. Die Sprache aber kann manchmal beidseitig lokalisiert sein.

Zusammenfassung

Das Nervensystem ist eine Röhre mit drei großen Verdickungen (Schwellungen) am vorderen Ende. Das vordere Ende ist das Gehirn. Die zwei vorderen Schwellungen sind die cerebralen Hemisphären, und deren äußere Schicht ist der cerebrale Kortex. Beim Lernen und höheren Verhalten spielen Leitungskreise mit, in die der Kortex einbezogen ist. Andere Leitungskreise sind die Grundlage für die Reflexe.

Es gibt zwei Arten von Input in das System: spezifischen und unspezifischen. Jedes Sinnesorgan auf jeder Seite des Körpers hat eine Fernleitung zu seinem bestimmten Feld des Kortex (auf der gegenüberliegenden Seite); es hat jedoch auch Verbindung zu einer gemeinsamen Sammelstelle, dem Antriebssystem oder nichtspezifischen Projektionssystem, das alle ankommenden Impulse mischt und zum Kortex weiterleitet. Das wirkt sich aus als eine allgemeine Anregung des Kortex, die ihm dann ermöglicht, seine Funktionen durchzuführen. Das Antriebssystem ist im Schlaf weniger aktiv. Eine Verletzung dieses Systems führt zu Bewußtlosigkeit.

Auch der Output aus dem Gehirn zu den niederen Zentren ist spezifisch und unspezifisch. Einige Fernleitungen gehen direkt zu den niederen Zentren, andere jedoch führen durch das unspezifische System und scheinen eher auf das allgemeine Niveau der motorischen Aktivität als auf eine spezielle Aktivität einzuwirken. Das autonome Nervensystem, das Drüsen, Herz, Blutgefäße und die glatte Muskulatur kontrolliert, arbeitet wie ein Teil des unspezifischen Output. Seine Aktivität ist nicht auf Emotion spezialisiert.
Lokalisation der Funktion ist ein sehr gefährlicher Ausdruck, denn zum Beispiel „Lokalisation des Sehens im Sehzentrum des Kortex" heißt nicht, daß Sehen nur im Sehzentrum stattfinde oder daß diese Region allein für das Sehen zuständig sei und bei keinen anderen Funktionen mitwirke. Gut lokalisierte Zentren sind das motorische und das sensorische (beide bilateral) sowie das Sprachzentrum, das sich fast immer auf der linken Seite befindet. Der präfrontale Teil des Kortex ist uns ein Rätsel, weil er nahezu keine Funktion für das Verhalten des Menschen zu haben scheint (er hat bei Affen weit mehr Funktion). Intellektuelle Prozesse stehen in engerer Beziehung zum lobus parentalis und temporalis.

5. Die nervöse Leitung

Wir wenden uns nun dem Problem zu, wie die Reizleitung all die verschiedenen Funktionen leistet, die dem Zentralnervensystem zugeschrieben werden. Wie wir gesehen haben, besteht das grundlegende Problem des Verhaltens darin, herauszufinden, wie eine Reizung eines Rezeptors das bedingen kann, was von einem Effektor ausgeführt wird. Die Frage ist also:

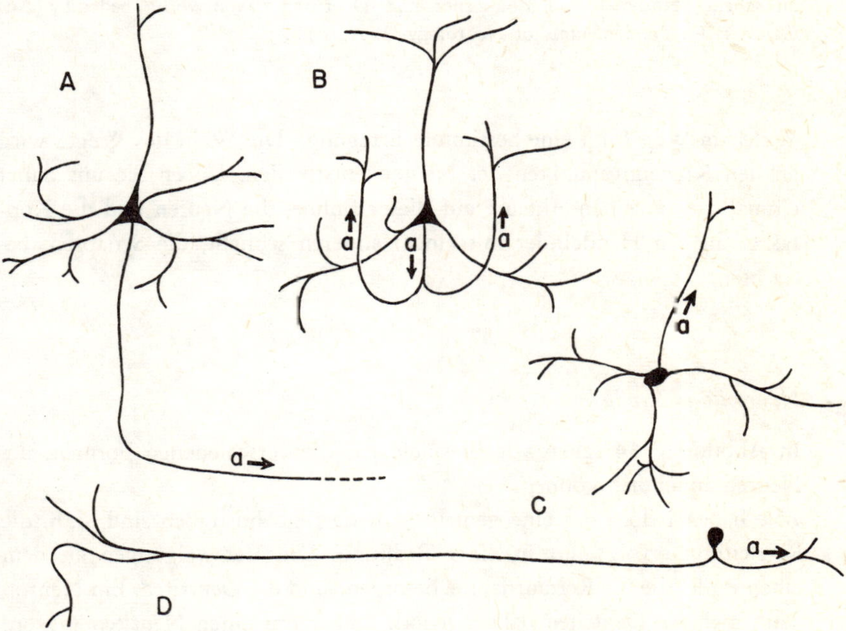

Abbildung 34. Verschiedene Formen, die Neuren annehmen können. A, Axon oder Neurit. Bei Neuron A kann man nur einen Teil des Neuriten sehen. Bei B, C und D wird die ganze Zelle gezeigt. B und C sind Zellen mit kurzen Neuriten, wie sie im ZNS vorkommen. D ist das afferente Neuron eines Rückenmarknervs. Hier finden wir sehr lange Dentriten und kurze Neuriten.

Abbildung 35. Synapse. Die synaptischen Endknöpfe (schwarz) nehmen Kontakt mit einem Zellkörper auf (punktiert). Es sind hier nur einige der Endknöpfchen zu sehen. Manchmal sind Zellkörper und Dentriten davon völlig bedeckt. (Aus Gardner, E.: Fundamentals of Neurology, 3. Aufl.)

Welchem Weg folgt eine bestimmte Erregung? Die Wahl des Weges wird an den Kreuzungspunkten der Neuren entschieden. Lassen Sie uns daher einmal die einzelnen Akteure auf dieser Bühne, die Neuren und die Kontakte, die ein Handelnder mit einem anderen schließt, die Synapsen, betrachten.

Neuron und Synapse

In Abbildung 34 sehen wir Beispiele für die verschiedenen Formen, die Neuren annehmen können.

Alle haben jedoch das eine gemein, daß sie Einbahnstraßen sind, d. h. die Reizleitung erfolgt nur in einer Richtung. Die Verzweigungen an dem einen Ende, die die Reizaufnahme besorgen, sind die Dentriten. Ein Neuron kann mehrere Dentriten haben, jedoch immer nur einen Neuriten (Axon, Achsenfortsatz). Der Neurit leitet vom Zellkörper weg zu einer anderen Zelle; gewöhnlich hat auch er, wenn er das Erfolgsorgan erreicht, kleine Verästelungen. Obwohl es die Aufgabe der Dentriten ist, Reize aufzunehmen, kann auch der Zellkörper selbst von direkt an ihm vorbeiführenden Neuriten Reize aufnehmen (Abbildung 35). Weil die Leitung über die

Dentriten manchmal langsam vor sich geht und nicht sehr wirksam ist, wurde angenommen, daß es sich dabei um eine primitivere Anordnung handle und die direkte Erregung des Zellkörpers, die eine wirksamere Leitung gestattet, eine Weiterentwicklung sei.

Die Synapse ist die Stelle, wo ein Neurit mit den Dentriten oder dem Zellkörper eines anderen Neurons Kontakt aufnimmt. Eine Vergrößerung der Fasern des Neuriten an den Kontaktstellen läßt sog. Endknöpfchen erkennen. Eine mögliche Grundlage für die Verbesserung der Leitung in den Synapsen, die durch Lernen geschieht, könnte eine Vergrößerung der Endknöpfchen sein. Bis jetzt ist das allerdings eine rein theoretische Erklärung und nicht einmal eine notwendige, denn die Veränderung könnte ebensogut eine chemische Funktion dieser Endknöpfchen sein wie eine ihrer Größe.

Beide, Dentriten und auch Neuriten, sind Reizleiter, doch haben sie, wie es scheint, verschiedene Eigenschaften. Der Neurit funktioniert ebenso wie der Zellkörper nach dem „Alles-oder-Nichts-Prinzip", – nicht so die Dentriten. Das „Alles-oder-Nichts-Prinzip" besagt kurz: Wenn ein Neurit reagiert, verbraucht er dabei alle seine verfügbaren Energien, oder er reagiert überhaupt nicht. Man könnte seine Funktion mit dem Abfeuern eines Gewehres vergleichen. Ein Schuß geht los oder er geht nicht los, ein schwächeres Ziehen am Zünglein hat keinen schwächeren Schuß zur Folge, sondern gar keinen. Der Dentrit hingegen arbeitet eher nach einem Pfeil-und-Bogen-Prinzip. Wird der Bogen nur schwach gespannt, erfolgt auch nur ein schwacher Schuß, ein stärkeres Spannen des Bogens hat eine stärkere Wirkung.

Neuriten leiten ohne Energieabfall (Dekrement), d. h. die Erregungen, die an einem Neuriten entlang wandern, werden mit der Entfernung nicht schwächer. Die Funktion des Neuriten könnte man in dieser Hinsicht mit einer Zündschnur vergleichen, die Funktion des Dentriten aber eher mit dem Abbrennen eines feuchten Zündholzes. Je weiter die Flamme herunterbrennt, desto kleiner wird sie und erlischt möglicherweise, bevor sie das Ende des Zündholzes erreicht hat. Die Dentriten leiten also mit Energieabfall (Dekrement). Es kann oft geschehen, daß ein Dentrit in einiger Entfernung vom Zellkörper erregt wird; die Erregung jedoch erlischt, bevor sie beim Zellkörper angekommen ist. Je stärker der Dentrit erregt wird, desto größer ist die Wahrscheinlichkeit, daß die Erregung den Zellkörper erreicht und auf ihn übergreift. Zellkörper und Neurit tendieren dazu, als Einheit zu funktionieren; beide sind in Funktion oder sie sind es nicht. Befindet sich daher der Zellkörper in Erregung, so flutet diese über ihn und den Neuriten mit all seinen Verästelungen hinweg.

Dieses Geschehnis, der nervöse Impuls, ist der fundamentale Prozeß der nervösen Leitung. Die wichtigsten Tatsachen darüber können wir für unseren gegenwärtigen Zweck in folgender Weise zusammenfassen: (1) Der Impuls ist eine Veränderung sowohl chemischer als auch elektrischer Natur, die sich rasch, doch mit einer begrenzten Geschwindigkeit, entlang des Neurons bewegt. Die Geschwindigkeit variiert mit dem Durchmesser der Faser (bis zu 120 Metern pro Sekunde in den dicksten und langsamer als 1 Meter pro Sekunde in den dünnsten). (2) Diese Veränderungen können über eine Synapse ähnliche Vorgänge in einem zweiten Neuron auslösen. Erreicht eine Erregung einen Muskel oder eine Drüse, so kann sie diese dazu veranlassen, Sekrete auszuscheiden bzw. sich zu kontrahieren. (3) Das Neuron braucht nach jedem Erregungsablauf eine gewisse Rastpause (refraktäre Periode), eine gewisse Zeit, um nachzuladen. (4) Unmittelbar nachdem eine Erregung ausgelöst wurde, kann ein Neuron nicht sofort wieder reagieren. Jedoch ein wenig später, noch bevor das Nachladen abgeschlossen ist, in der relativen Refraktär-Periode, kann das Neuron durch einen überschwelligen Reiz neuerlich abgefeuert werden. (5) Wenn ein Neuron reagiert, verbrauchen Zellkörper und Neurit alle verfügbaren Energien, und das ist das „Alles-oder-Nichts-Prinzip".

Die absolute refraktäre Periode ist die erste Phase während des Nachladens, der Regeneration. Während dieser Periode ist die Reizschwelle unendlich hoch, und kein auch noch so starker Reiz könnte eine Reaktion des Neurons hervorrufen. Während der relativ refraktären Periode ist die Reizschwelle immer noch hoch, doch ein starker Reiz könnte eine neuerliche Reaktion erreichen. Für große Zellen ist die refraktäre Periode kürzer und die Reizschwelle während der relativ refraktären Periode niedriger.

Zunächst wollen wir uns nun mit den einfachsten Konsequenzen aus den eben aufgezählten Tatsachen befassen. Jeder Nerv ist aus einem Bündel von verschieden großen Neuren zusammengesetzt, die, wie wir wissen, auch in ihrer Leitungsgeschwindigkeit differieren. Erregt daher ein starker Reiz alle Neuren eines gegebenen Bündels, so löst das spontan eine ganze Salve von Impulsen aus, deren Ankunft am anderen Ende des Nervs jedoch

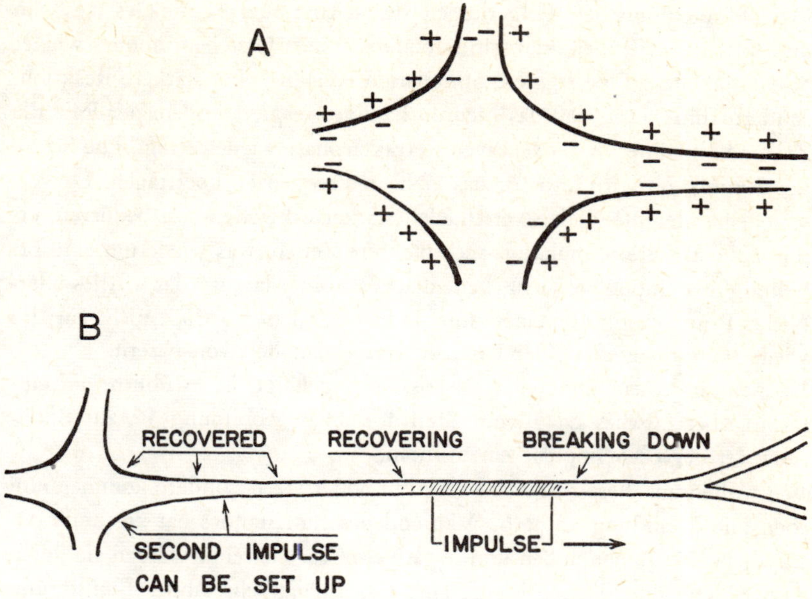

Abbildung 36. A — ein polarisiertes Neuron im Ruhezustand. B — ein Impuls (schraffierter Teil) wandert am Neuriten entlang. Aus diesem Bild geht hervor, daß in diesem Neuron zwei oder mehr Impulse zu gleicher Zeit auftreten können. Eine zweite Reaktion kann in der „erholten" Region ausgelöst werden, sobald der erste Impuls die Faser entlanggewandert ist und der Zellkörper sich selbst wieder nachgeladen hat. Es ist bekannt, daß der Prozeß um vieles komplizierter ist, als man es aus dem Diagramm A erahnen könnte.

über eine größere Zeitspanne verteilt ist. Eine kurze, intensive Reizung des Fußes hat daher nicht eine ebenso kurze Erregung in der Ebene des Rückenmarks zur Folge. Dort kommt eine Serie von Impulsen an, deren Ankunft sich über einen beträchtlichen Teil einer Sekunde verteilt. (Die zeitliche Streuung auf der Ebene des Gehirns ist natürlich noch größer). Weiter bewirkt die refraktäre Periode, die jeder Erregung eines Neurons folgt, daß die höchste Frequenz, mit der ein Neuron reagieren kann, ungefähr in der Größenordnung von 1000 pro Sekunde liegt.

Obwohl die logischen Folgerungen des „Alles-oder-Nichts-Gesetzes“ an und für sich ziemlich klar sind, bereitet sein Verstehen immer wieder Schwierigkeiten. Eine stärkere Stimulation erzeugt keine stärkere Reaktion, sondern führt dazu, daß das Neuron häufiger reagiert, indem der Reiz die Zelle schon früher in der relativen Refraktärphase wieder erregt. Die Stärke der Stimulation wird also für das ZNS in Frequenzen übertragen. Da verschiedene afferente Zellen verschieden starker Schwellenreize bedürfen, erregt eine stärkere Stimulation auch mehrere Zellen, was wiederum eine Erhöhung der Input-Frequenz bedeutet. Es folgt daraus: das „Alles-oder-Nichts-Prinzip“ gilt für einen Impuls in einer Faser, jedoch nicht für das wiederholte Reagieren einer Faser oder eines Bündels von Fasern.

Ist man an diesem Punkt der Diskussion angelangt, ist es üblich, ein einfaches, aber falsches Diagramm, ähnlich dem in Abbildung 36, zur Erklärung der nervösen Impulse einzuführen.

Wir wollen uns diesem Brauch auch nicht widersetzen, sondern kommen ihm eben mit Abbildung 36 nach. Während des Ruhestandes hat die Zelle positiv geladene Zonen außen und negative innen. Getrennt werden sie durch eine selektiv durchlässige Membrane. Das ist ein sehr labiles Equilibrum, das schon durch eine schwache Störung aus dem Gleichgewicht gebracht werden kann und den positiven Ionen erlaubt, die Membrane zu passieren. Wenn das geschieht, wird die Oberfläche des Neurons an dieser Stelle negativ, und dieser elektrische Effekt wird als Aktionspotential bezeichnet. Die Polarisation (d. i. die Scheidung der positiven und negativen Jonen durch die Membrane) ist an dieser Stelle aufgehoben; die eingetretene Depolarisation schreitet, indem sie das Equilibrum der nächsten Umgebung stört, fort und wandert am Neuriten entlang. Nachdem das Equilibrum gestört ist, beginnt die Zelle, indem sie die positiven Ionen wieder nach außen bringt, es wiederherzustellen. Dieser Prozeß dauert alles in allem ungefähr eine Millisekunde. Das heißt also, der nervöse Impuls dauert an jedem einzelnen Punkt der Zelle 1 MS (0,5 MS in dicken und 2,0 MS in dünnen Fasern).

Es ist bekannt, daß der ganze Vorgang um vieles komplexer ist, als er hier beschrieben wurde. Die positiven Ionen, die hineinwandern, sind Natriumionen, die positiven jedoch, die während dieses Geschehens wieder nach außen wandern, sind Kaliumionen, und niemand weiß, wie die Natriumionen während der Erholungsphase wieder nach außen kommen. Irgend etwas muß es bewirken, und dieses Etwas ist bekannt als die Natriumpumpe — eine Sache, die mit dem Einhorn und dem

Vogel Greif etwas zu tun hat, oder mit der Himmelsschale, auf der die Sterne hängen. Psychologen fühlen sich manchmal dazu veranlaßt, Dingen, die sie weder gesehen haben noch verstehen, Namen zu geben. Immerhin ist es beruhigend, daß auch andere so verfahren.

Das Alles-oder-Nichts-Prinzip ermöglicht eine schnelle Leitung zu entfernten Punkten. Eine wesentliche Hilfe für die schnelle Leitung ist die Markscheide, eine fettige Hülle, die viele Nervenfasern umgibt. (Sie verleiht auch der weißen Substanz ihre Farbe). In Zwischenräumen von ungefähr einem Millimeter finden sich Einschnürungen in die Hülle, genannt die „Rovenierschen Einschnürungen". Es scheint nun, daß ein elektrisches Potential an einer dieser Einschnürungen eine Erregung bei der nächsten auslöst. Die Markscheide, die die Abschnitte zwischen den Einschnürungen bedeckt, scheint durch ihre isolierende Wirkung zu verhindern, daß Impulse auch in den dazwischenliegenden Segmenten auftreten. Man stellt sich danach also vor, daß der Impuls nicht gleichmäßig die Faser entlangläuft, sondern von einer Einschnürung zur anderen springt. Diese Art der Leitung würde schneller vor sich gehen als eine kontinuierlich die Faser entlanglaufende; außerdem würde sie weniger Energie verbrauchen.

Die erste Form der Ermüdungserscheinungen des Neurons ist die refraktäre Periode. Die absolute refraktäre Periode dauert ungefähr so lange wie ein Impuls, also 1 MS. Danach kann die Zelle wieder erregt werden, doch die folgende relative refraktäre Periode dauert 80 MS in dicken Fasern und bis zu einer Sekunde in den dünnsten. Zweitens haben Zellen, die in rascher Folge reagieren, nach einiger Zeit so etwas wie ein Nachschubproblem. Die Natriumionen können nicht sofort nach jeder Reaktion ausgeschieden werden und sammeln sich daher nach einer längeren Periode dauernder Aktivität an. Vollständige Erholung dauert jetzt eine Stunde oder mehr.

Hemmung ist eine Hyperpolarisation (nicht Depolarisation, die stattfindet, wenn eine Zelle feuert), die ein Reagieren der Zelle verhindert. Das wird möglicherweise durch die chemische Aktion von Zellen hervorgerufen, die darauf spezialisiert sind. Bahnung ist das Gegenteil von Hemmung: In dem einen Fall tendiert der Impuls, der die Synapse erreicht, dazu, eine Reaktion zu verhindern, und im anderen, eine zu bewirken. (Bahnung und Reizung haben so ziemlich die gleiche Bedeutung.) Es hat sich jedoch eingebürgert, Ereignisse, (1) die außerhalb des ZNS ein Neuron in Erregung versetzen, Reize oder Stimuli zu nennen und (2) die Erregung eines Neurons durch ein anderes „Bahnung". Abbildung 37 zeigt, wie über eine solche Hemmungsverbindung eine nervöse Aktivität eine Leitung bahnen (fördern) und eine andere hemmen kann.

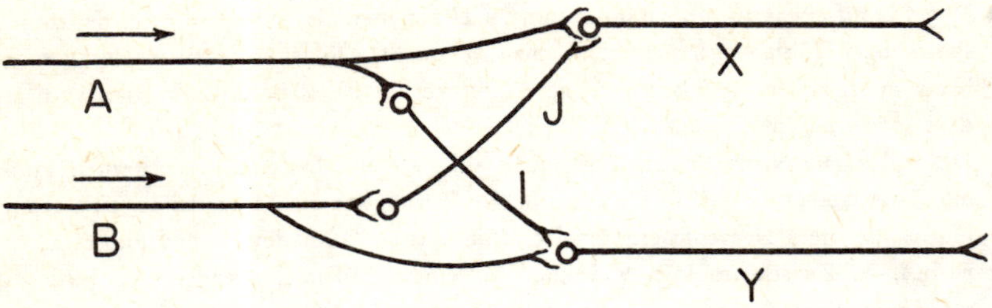

Abbildung 37. Der Hemmungs-Mechanismus. Neuron A erregt in üblicher Weise Neuron X. Über eine kollaterale Verbindung wird auch Neuron I erregt, das auf Hemmung spezialisiert ist. I bewirkt eine Hyperpolarisation von Y und verhindert dadurch, daß es zur gleichen Zeit wie X ausgelöst wird. In ähnlicher Weise erregt B Y, doch hemmt B (über J) X.

Zeitliche Abläufe in der Synapse

Physiologen haben herausgefunden, daß es Umstände gibt, unter denen ein einziger Impuls eine Synapse nicht überqueren kann, während zwei oder mehrere dazu in der Lage sind. Weiter gibt es noch Hinweise darauf, daß zwei Impulse, die über zwei verschiedene Neuriten ankommen, wirksamer sind als zwei Impulse hintereinander in demselben. Das heißt nun nicht, ein Impuls könne nie eine Synapse kreuzen, sondern lediglich: zwei Impulse werden mit größerer Wahrscheinlichkeit das nächste Neuron zu einer Reaktion veranlassen können als einer. Zum Beispiel könnte die zweite Zelle dann ziemlich leicht durch einen Impuls erregt werden, wenn sie sich in einem vollkommenen Ruhezustand befindet, also in einem Zustand, der erst nach der relativ refraktären Periode eintritt. Nur eine Summation von zwei oder mehreren Impulsen könnte schon während der relativ refraktären Periode eine Reaktion bewirken. Da verschiedene Impulse, deren Wirkungen addiert werden, innerhalb einer sehr kurzen Zeitspanne ankommen müssen, scheint die zeitliche Abfolge ein wichtiger Faktor in der nervösen Leitung zu sein.

Unter diesem Gesichtspunkt ist nun die Bedeutung verschiedener struktureller Eigenheiten des ZNS leichter zu erfassen. Sind die Fasern in Parallelen angelegt, wie es beim spezifischen afferenten System der Fall ist, so wird die Erregung, die eine Gruppe benachbarter Zellen erfaßt hat, sicher bis zur nächsten Synapse transportiert. Alle Neuriten liefern ihre Erregungen an dieselbe Gruppe postsynaptischer Zellen, und dadurch wird eine Summation ermöglicht. Leiten die Fasern jedoch in verschiedene Richtungen, so kann keine Summation zustande kommen, ausgenommen natürlich, zwei der Neuriten treffen rein zufällig bei einer dritten Zelle zusammen. In Abbildung 39 ist die Wahrscheinlichkeit, daß der Reiz S, der die Zellgruppe A auslöst, auch noch die Zellen der Gruppen B, C, D, und E erregen wird, ziemlich groß.

Die Wahrscheinlichkeit, daß auch noch die Zelle E die Zelle H erregen wird, ist schon bedeutend geringer.

Auf den ersten Blick scheint es nun, Leitungen in Parallelen seien wirksamer und daher auch besser als divergierende Leitungen. Divergierende Leitungen sind unwirksam, und es ist kaum einzusehen, weshalb der größte Teil des Gehirns aus solchen Leitungen bestehen sollte. Ein sensibler Impuls wird mit großer Zuverlässigkeit bis zu den Neuren C, D und E geleitet, um

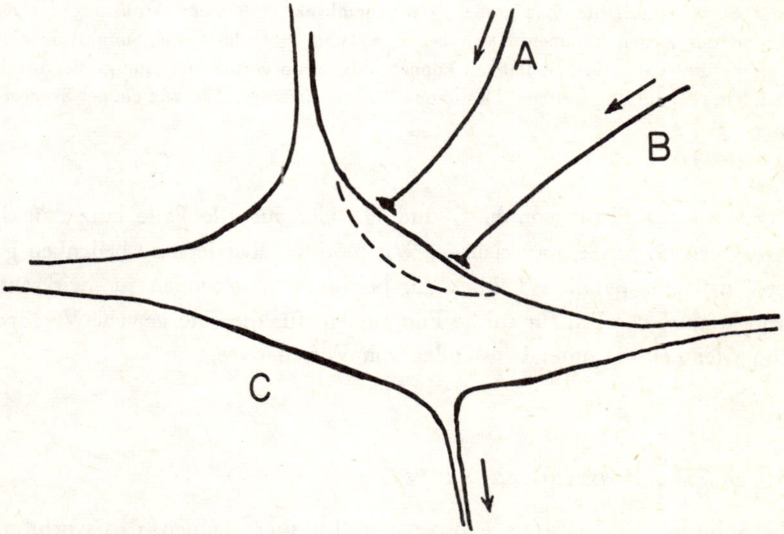

Abbildung 38. Summation in der Synapse. A und B sind Neuriten, C ist ein Zellkörper. A allein wäre nicht imstande, C zu erregen. A und B haben gemeinsam eine höhere Wahrscheinlichkeit, C zum Reagieren zu bringen.

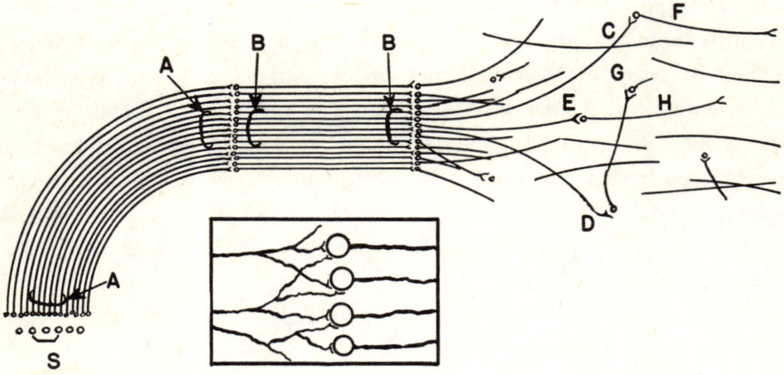

Abbildung 39. Nervöse Leitung: Parallele Leitung links, divergente rechts. Die Stimulation S erregt eine Gruppe von Neuren A, die gemeinsam zur nächsten synaptischen Ebene leiten und zur Summation in der postsynaptischen Gruppe B führen. Diese wird daher mit großer Zuverlässigkeit ausgelöst. Bei der nächsten Synapse finden wir eine gewisse Divergenz. B bewirkt Summation bei C, D und E, und es wird auch hier mit großer Wahrscheinlichkeit zu einer Auslösung der Reaktion der Zellen kommen. Doch bei F, G und H findet keine Summation statt (einige dieser divergenten Bahnen können sich, wenn es sich um eine große Anzahl handelt, rein zufällig treffen). Das untere Bild ist eine Vergrößerung einiger Synapsen A — B.

dann auf der Ebene von F, G und H, oder auf alle Fälle kurz danach, sozusagen im Sande zu verlaufen. Wir möchten aber jetzt zu bedenken geben, daß eine parallele Leitung für bestimmte Funktionen zu „wirksam" sein könnte, nämlich für solche Funktionen, für die eine gewisse Verzögerung der Leitung unter Umständen von Vorteil wäre.

Synchronie und Asynchronie; das EEG

In Abbildung 39 wird als selbstverständlich angenommen, daß synchronisiertes Reagieren für die Zellen, die in parallelen Leitungen angelegt sind, charakteristisch ist. Aktivitäten in Regionen mit einem vorwiegend divergent angelegten Leitungssystem würden demnach wenig Synchronisation

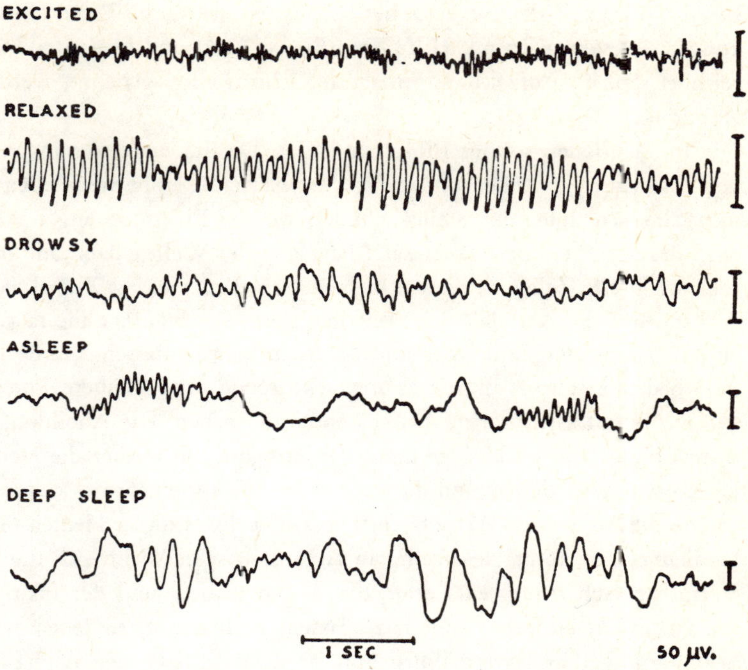

Abbildung 40. Das EEG bei 5 verschiedenen Antriebsniveaus. Die zweite Wellenform von oben („entspannt“) ist der Alpha-Rhythmus; beim zweiten von unten („leichter Schlaf“) sind neben den hohen langsamen Wellen auch noch einige schnellere Rhythmen zu erkennen. Die vertikalen Linien zeigen die Voltstärke an und erlauben daher einen Vergleich der Amplitudenhöhe (zum Beispiel würden die Wellen, die ganz unten aufgezeichnet sind, bedeutend größer sein, wären sie mit derselben Skala wie die obersten aufgenommen). (Aus Jasper, in Penfield und Erickson, Epilepsy and Cerebral Localization Charles C. Thomas, 1941)

zeigen. Wir wollen nun sehen, welche Beweise uns dafür und für Fragen, die dazu in Beziehung stehen, die Elektroenzephalographie erbringen kann. Das Lesen dieses Wortes oder des Namens des Apparates, mit dem die Elektroenzephalographie durchgeführt wird – Elektroenzephalograph –, wird wahrscheinlich einen jeden erschauern lassen, weshalb wir uns dem allgemein üblichen Sprachgebrauch angleichen und kurz EEG sagen.

Bei der Tätigkeit der Nervenzellen entstehen elektrische Potentialschwankungen. Diese werden mit Hilfe des EEG verstärkt und fortlaufend aufgezeichnet. Solche Aufzeichnungen, auch Gehirnwellen genannt, werden in Abbildung 40 gezeigt.
Die Implikationen solcher Bilder sind klar. Da die Aufzeichnungen nicht von einer einzigen Zelle, sondern von der ganzen Gruppe von Zellen stammen, die sich unter der Stelle befindet, wo die Elektrode angebracht ist, wird das aufgezeichnete Potential (die Höhe der Welle) dann am größten sein, wenn alle Zellen in diesem kleinen Gebiet zu gleicher Zeit aktiv sind. Es kann nur die Aktivität der Dentriten sein, die abläuft, ohne tatsächlich eine Erregung der Zellkörper und Neuriten zu veranlassen. Große Potentiale bedeuten also, daß wir es mit synchronen, und kleinere Potentiale, daß wir es mit asynchronen Aktivitäten zu tun haben. Die Abbildung zeigt demnach auch: je stärker der Grad der Erregung, je wacher die Versuchsperson ist, desto kleiner sind die Potentiale. Bewußtseinsprozesse sind asynchrone diffuse nervöse Aktivitäten. Die Zellen jedes dieser kleinen Gebiete tendieren dazu, nicht gleichzeitig in Aktion zu sein. Wenn sich die wache Versuchsperson richtig entspannt, die Augen schließt und der Instruktion, die Gedanken einfach wandern zu lassen, nachkommt, so sehen wir pro Sekunde ungefähr 10 verhältnismäßig große Potentiale, den Alpha-Rhythmus. Öffnet die Versuchsperson nun die Augen und richtet sie ihre Aufmerksamkeit auf irgendeinen Gegenstand der Umgebung, oder versucht sie, ein Problem zu lösen, so werden sofort schnellere kleinere Potentiale (Beta-Rhythmus) den Alpha-Rhythmus ablösen.
Schlaf wird andererseits von viel größeren Potentialen und größeren Wellen (Delta-Rhythmus) begleitet. Die Potentiale werden dann nicht von feuernden Neuronen verursacht, sondern von den synchronisierten Potentialen der Dentriten, die, wie wir gesehen haben, nicht immer bis zum Zellkörper leiten und daher auch auftreten können, ohne Impulse hervorzurufen. Tritt eine Synchronisation reagierender Neuronen in großem Ausmaß auf, so folgt ein epileptischer Anfall.
In Kürze also nochmals, was wir vom EEG wissen: Denken steht mit dem Auftreten kurzer, schneller Impulse in Verbindung. Der Alpha-Rhythmus mit seinen langsameren Wellen weist darauf hin, daß sich das Subjekt im Augenblick auf nichts konzentriert, also sich nicht geistig anstrengt. Delta-Wellen zeigen einen noch geringeren Grad von Bewußtsein an, oftmals so-

gar kein Bewußtsein. Zwei Punkte sind von Interesse. Einmal: Delta-Wellen werden auch bei pathologischen Zuständen des Gehirns gefunden, die auch das Denken beeinträchtigen. Weiter: Im Neugeborenen kommen nur große langsame Wellen vor, und zwar auch im Wachzustand (zusammen mit einigen schnelleren Wellenaktivitäten). Das volle Muster des Erwachsenen erscheint nicht vor dem 14. Lebensjahr. Das weist uns weiter darauf hin, daß die kortikalen Bewußtseinsprozesse im Kleinkind noch nicht vorkommen. Diese Folgerung wird durch die Ergebnisse der Verhaltensforschung gestützt (darauf kommen wir später zurück), durch die angedeutet wurde, daß Wahrnehmung der Umwelt im Sinne des Erwachsenen erst allmählich als Ergebnis von Erfahrung erreicht wird. Da sich Denkprozesse wahrscheinlich von Wahrnehmungsvorgängen her entwickeln, kann man bei einem Kind in den ersten Wochen nach der Geburt nicht von einer wirklichen Denkfähigkeit reden.

Einige Autoren, vor allem Psychoanalytiker, scheinen durch den Mangel an Erinnerung an die ersten Erlebnisse der Kindheit etwas in Verlegenheit gebracht zu sein. Sie nehmen anscheinend an, das Kind habe ein gleichartiges Bewußtsein und Gedächtnis wie der Erwachsene. Es wurde schon so weit gegangen, anzunehmen, daß auch der Fötus im Uterus schon Bewußtsein habe und sich daher später als Erwachsener immer noch nach dem idyllischen Zustand der Geborgenheit, der damals herrschte, zurücksehne. Solche Überlegungen sind jedoch nichts als Unsinn. Wir brauchen gar keine besondere Verdrängung anzunehmen, die das Vergessen der Erlebnisse in der frühen Kindheit bewirkt. Es ist viel wahrscheinlicher, daß es da noch keine Erlebnisse im Sinne des Erwachsenen gibt. Mit anderen Worten, das Neugeborene lebt nicht bewußt, sondern entwickelt Bewußtsein schrittweise zwischen dem fünften und zehnten Monat.

Spezifische Sinnesenergien und Verschlüsselung

Der zeitliche Ablauf der nervösen Aktivitäten steht noch zu einem anderen Problem in Beziehung. Wie erreicht es das Nervensystem, daß es die Meldungen der verschiedenen Sinnesorgane so auseinanderhält, daß sie an ihrem richtigen Bestimmungsort ankommen? Das geschieht einmal dadurch (1), daß es verschiedene Kanäle für verschiedene Rezeptoren gibt. Vom Auge führt der Sehnerv zum Sehzentrum, das Ohr steht mit dem akustischen Zentrum in Verbindung usw. Auf diese Weise bleiben die Wirkungen visueller, akustischer, taktiler Stimulation voneinander getrennt. Es gibt aber noch einen zweiten Mechanismus,der zur Erreichung dieses Zweckes beiträgt. (2) Er ermöglicht es, daß zwei verschiedene Meldungen in demselben Kanal übermittelt werden können, wenn sie verschieden verschlüsselt sind.

Wir kommen da auf eine der alten Fragen der Psychologie, nämlich: Wie kommt es, daß die Stimulation des Sehnerven, ganz gleich auf welche Weise sie geschieht, immer wieder eine visuelle Wahrnehmung erzeugt, oder daß sensible Reize vom linken Fuß nie mit solchen der rechten Hand verwechselt werden? Diese Tatsache ist als das „Prinzip der spezifischen Sinnesenergie" bekannt. Wichtig ist dabei: es ist ganz gleich, auf welche Weise der Sehnerv stimuliert wird (Druck, elektrischer Strom usw.); immer wird dadurch bewirkt, daß die Versuchsperson Licht sieht. Der Sehnerv ist also immer, wenn er einmal erregt ist, spezifisch für visuelle Wahrnehmungen, und offensichtlich hat er diese spezifische Eigenschaft deshalb, weil er zum visuellen Kortex führt. Allein schon eine Stimulation dieser Region reicht aus, um den entsprechenden Effekt zu erzielen. Ein Schlag auf den Kopf, der bewirkt, daß wir tausend Sterne sehen, ist der beste Beweis dafür. Doch der Chirurg, der am Gehirn eines Patienten operiert, der bei vollem Bewußtsein ist, kann den Hinterhauptslappen an bestimmten Stellen stimulieren, und der Patient wird berichten, daß er Licht sieht, obwohl er vielleicht die Augen geschlossen hat. Das visuelle Erlebnis besteht daher aus Aktivitäten bestimmter Leitungen im visuellen Kortex. Das Hören, genauer noch das Erlebnis des Hörens, besteht aus Aktivitäten des akustischen Zentrums usw. Der Unterschied zwischen diesen Prozessen, ihre Unterscheidbarkeit, hängt also damit zusammen, daß jedes dieser Sinnesorgane mit ganz bestimmten Regionen des Gehirns verbunden ist. Grundsätzlich sind alle Bahnen, die zur taktilen Wahrnehmung beitragen, geschieden von denen der akustischen oder visuellen. Ein Unterschied zwischen zwei Wahrnehmungen bedeutet die Möglichkeit, unterschiedlich darauf zu reagieren. Das ist auch so lange einleuchtend, als die sensiblen Erregungen verschiedene Teile des Gehirns erreichen und klar getrennte Bahnen vom Rezeptor zum Effektor haben.

Die gleiche Unterscheidung der Bahnen findet man natürlich innerhalb des sensorischen Systems. Wie wir bereits gesehen haben, ist jeder Teil der

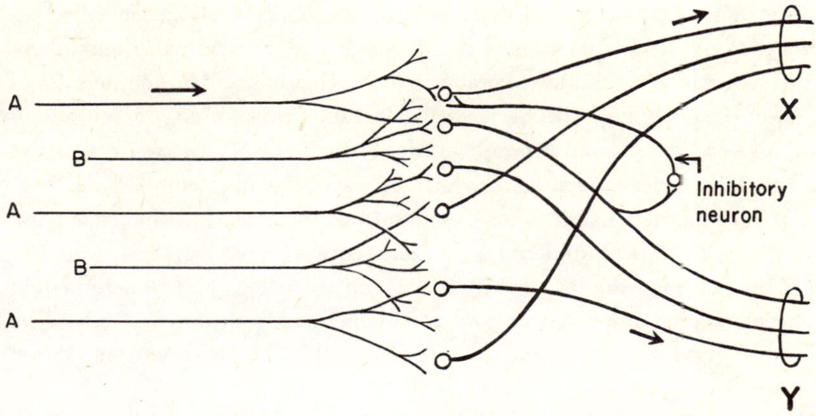

Abbildung 41. Ein mögliches Schema der Verschlüsselung sensibler Impulse. A und B sind afferente Neuronen, A hat eine niedrigere Reizschwelle als B. Ein schwacher Reiz würde nur A auslösen, ein stärkerer würde A mit einer höheren Rate feuern und außerdem B auslösen. Bei den nächsten Synapsen könnte es nun sein, daß X eine niedrigere Schwelle als Y hat, das heißt, bereitwilliger auf eine niedrige Impulsfrequenz reagiert. Wenn allein A aktiv ist, würde X feuern und Y dazu tendieren, inaktiv zu sein. Nimmt die Rate des Feuerns zu, würde Y zu reagieren beginnen und X hemmen (der Übersichtlichkeit wegen wurde nur ein „Hemmungsneuron" in unserem Diagramm dargestellt. Bei diesem handelt es sich um eine Spekulation). Es muß durchaus nicht sein, daß dieses Aussortieren in räumlich voneinander getrennte Bahnen schon bei der nächsten synaptischen Verbindung geschieht, sondern es könnte ebensogut an einer anderen Stelle des Systems vor sich gehen.

Retina mit einer bestimmten Stelle im Gehirn verbunden. Das Bestehen dieser verschiedenen Leitungen hilft uns, zu erklären, weshalb das Subjekt auf Stimuli, die verschiedene Teile der Retina treffen, verschieden reagieren kann. Das Subjekt weiß, aus welcher Richtung das Licht kommt, unabhängig davon, ob es darauf reagiert oder nicht. Das heißt also, nach einer entsprechenden Summation, die nach dem Eintreffen eines zweiten Reizes eintritt, würde das Subjekt seinen Blick auf das Licht richten oder danach zeigen (siehe Kap. 2). In gleicher Weise gibt es auch innerhalb des somästhetischen Systems für die verschiedenen Körperteile eigene Leitungen. Das Subjekt „weiß", daß es an der Hand berührt wurde, und ist die Stimulation so stark, daß sie eine Reaktion hervorruft, so wird es wahrscheinlich eher die Hand als irgendeinen anderen Körperteil bewegen.

Jetzt müssen wir auch noch den zweiten Punkt in Betracht ziehen. Die Spezialisierung der Empfindungen ist zu weitgehend, als daß dafür ausschließlich „getrennte“ Leitungen verantwortlich gemacht werden könnten. Zwei sensible Signale können über dieselbe Leitung transportiert werden – teilweise wenigstens – und dennoch auf der Ebene des ZNS als zwei gesonderte Mitteilungen verstanden werden. Erreicht wird das über eine Art der Verschlüsselung, deren Geheimnis die Frequenzmuster der einkommenden Impulse sind. (Eine Mitteilung kann zum Beispiel aus einer Serie von Impulsen bestehen, die in gleichen Abständen eintreffen; eine andere besteht aus plötzlichen Impulssalven und wird außerdem noch durch verschiedene Kombinationen der afferenten Fasern unterstützt, die gleichzeitig in Aktion sind.)

Als erstes Beispiel dafür, welche praktischen Auswirkungen das beschriebene System hat, betrachten wir die Transformation der Stärke (Intensität) eines Reizes in (1) Frequenzen des Reagierens und (2) Anzahl der afferenten Neuren, die zum Reagieren gebracht werden. In Abbildung 41 verursacht ein schwacher Reiz Reaktionen der Zelle A, die aber mit einer ziemlich niedrigen Rate erfolgen.

Ein stärkerer Impuls führt zu einer schnelleren Aufeinanderfolge von Reaktionen der Zelle und wird möglicherweise auch noch B auslösen. Die nachgeschalteten Neuren X und Y können demnach einer hohen Rate – rasche Aufeinanderfolge von Impulsen – oder einer niedrigen Rate ausgesetzt sein. Neuren unterscheiden sich aber nicht nur nach der Reizschwelle (Anzahl der Impulse, die an der Synapse nötig sind, um sie zu erregen), sondern auch im Hinblick auf die Häufigkeit der Impulsabgabe. Hat nun die Leitung X eine niedrige Reizschwelle, so wird sie leichter durch eine niedrige Frequenz von Impulsen ausgelöst, und es wäre daher denkbar, daß ein schwacher Reiz X, jedoch nicht Y aktiviert. Ein starker Reiz, ein schwerer Impulshagel, könnte möglicherweise X stärker erregen als Y. Und ist es weiter noch so, wie es in unserer Abbildung vorgeschlagen wird, daß die Aktivität von Y die von X hemmt, so würde bei starker Stimulation nur Y und bei schwacher nur X aktiv sein. Zwei Signale würden demnach also dieselbe Leitung benutzt haben und doch im ZNS gesondert ankommen.

Die Details dieses Geschehens konnten bis jetzt noch nicht experimentell nachgewiesen werden. Wenn wir aber dennoch eine so detaillierte Darstellung vorbrachten, so geschah es deshalb, weil wir zeigen wollten, wie es möglich sein kann, daß ein und dasselbe afferente Neuron zu zwei verschiedenen Sinneseindrücken beiträgt, und was unter „Verschlüsselung" verstanden werden soll. Das Aussortieren der Mitteilungen, auch solcher, die auf räumlich getrennten Leitungen überbracht werden, geschieht wahrscheinlich nicht schon auf dieser Ebene, sondern erst im Kortex. Was wir tatsächlich wissen, ist, daß verschiedene sensible Ereignisse nicht immer völlig getrennte Bahnen benutzen; werden sie aber unterschieden, so gelangen sie schließlich ins ZNS, doch auf gesonderten Bahnen.

Dieser letzte Punkt, der besagt, daß es am Ende dann doch zu einer räumlichen Trennung kommt, ist eine einfache und direkte Schlußfolgerung aus dem Verhalten. Haben wir zwei Sinneseindrücke, A und B, die vom Subjekt unterschieden werden können, so kann ihm beigebracht werden, auf Reiz A die rechte Vorderpfote und auf Reiz B die linke Vorderpfote zu heben. Die durch A ausgelöste Erregung kann dieselben zum Zentrum führenden Bahnen benutzen, die auch B benutzt; schließlich wird sie aber nur zu den motorischen Neuren geleitet, die zur rechten Vorderpfote führen. Wir können daraus folgern: Schon bevor mit dem Training für die Vorderpfotenreaktion begonnen wurde, und obwohl die von A und B ausgelösten Erregungen wenigstens teilweise dieselbe Bahn benutzen, so kommen sie schließlich an irgendeinem Punkt des ZNS doch auf verschiedene Bahnen. Umgekehrt kann es natürlich auch vorkommen, daß verschiedene Reize auf derselben Bahn enden, und zwar dann, wenn ein Subjekt gelernt hat, auf verschiedene Stimuli in gleicher Weise zu reagieren. Das Prinzip ist also klar: wahrnehmungsmäßige Unterscheidbarkeit bedeutet räumliche Trennung an irgendeinem Punkt des ZNS.

Ein interessantes Beispiel zur Frage der speziellen Sinnesenergien und der Verschlüsselung finden wir im Geschmackssinn. Eine schwache Säure auf der Zunge erregt drei Gruppen von afferenten Neuren: A, B und C. Eine salzige Lösung reizt die Neuren der Gruppen A und B, und Chinin, das bitter schmeckt, erregt A und C. Trotz der jedesmaligen Aktivität von A rufen die drei afferenten Prozesse auf einer höheren Ebene drei völlig verschiedene Wirkungen hervor. (Sauer, salzig, bitter und süß – worüber uns weniger Informationen zur Verfügung stehen – sind die vier primären Geschmacksqualitäten.)

Die Aktivitäten der Linie A tragen also zu jedem dieser drei Erlebnisse bei (verstanden als eine nervöse Aktivität des Großhirns). Welches Erlebnis zustande kommt, hängt dabei gänzlich vom Gesamtmuster der ablaufenden Aktivitäten ab: A–B–C ist ein Prozeß, A–C ein weiterer und A–B wieder ein anderer.

Ein anderes Beispiel ist die Temperaturwahrnehmung. Die Reize „gleichmäßige Wärme" und „gleichmäßige Kälte" verwenden über beträchtliche Strecken dieselben Bahnen. Wärme jedoch erzeugt langsames und unregelmäßiges Feuern, Kälte hingegen schnelleres und regelmäßiges. Schließlich werden diese Meldungen dann an irgendeinem Punkt des ZNS aussortiert. Das muß geschehen, bedingen doch beide recht verschiedene Reaktionen. Obwohl der synaptische Mechanismus nicht genau bekannt ist, ist es jetzt nicht mehr allzu schwierig, sich vorzustellen, wie dieses Aussortieren vor sich gehen könnte. Im Falle des Geschmacks wäre es denkbar, daß A und B zu einer Summation führen und dann Reaktionen von Zellen auslösen, die die Kombination von A und C nicht feuern kann. (Diese Zellen würden dann ihrerseits wieder jede andere Zelle hemmen, die von A erregt wurde.) Bei Warm und Kalt liegt, wie wir gesehen haben, der Unterschied wesentlich im Muster des zeitlichen Laufes; einige Zellen scheinen eine niedrige Reizschwelle für Impulse einer Frequenz zu haben, andere Zellen haben eine niedrige Schwelle für andere Frequenzen. Das könnte der wesentliche Faktor beim Aussortieren der Warm- und Kaltmeldungen sein.

Zusammenfassend: Die Individualität eines Reizes scheint u. a. durch die verschiedenen Bahnen gewahrt zu sein, auf denen die Reizleitung erfolgt. Das wird durch die Reizmuster (Gruppen, die von Neuren erfaßt werden) und die zeitliche Gliederung der Impulsserien unterstützt. Zwei verschiedene Impulse können deshalb wenigstens teilweise dieselben afferenten Bahnen benutzen. Wenn das jedoch geschieht, so müssen die verschiedenen Meldungen auf einer höheren Ebene wieder aussortiert werden. Wenn der Organismus imstande ist, in verschiedener Weise auf zwei sensible Ereignisse zu reagieren, entweder dadurch, daß er ihnen verschiedene Namen gibt (d. i. differentielle verbale Reaktion) oder sich so verhält, daß die eine Stimulation aufrechterhalten und die andere vermieden wird, so heißt das, an irgendeinem Punkt des Nervensystems muß eine räumliche Trennung dieser beiden Prozesse stattfinden.

Diffuse Leitung, die Grundlage höheren Verhaltens

Zu Anfang dieses Kapitels haben wir festgestellt, daß es grundsätzlich zwei verschiedene Arten der Konstruktion des Leitungssystems des ZNS gibt. Zellen können (1) in Parallelen angelegt sein; die Fasern gehen gemeinsam von einer Stelle aus und enden wiederum gemeinsam an einer anderen. In diesem Fall ist die Wahrscheinlichkeit groß, daß eine Erregung von einer Synapse zur nächsten gelangt. In anderen Gebieten ist die Leitung, wie wir gehört haben (2), diffus; die Zellen gehen vielleicht von derselben Stelle aus, leiten jedoch in verschiedene Richtungen. Das hat zur Folge, daß die Impulse bei der nächsten Synapse nicht summiert werden können. Eine solche Form der Reizübermittlung scheint auf den ersten Blick äußerst unwirksam zu sein, denn es kann unter diesen Umständen oft geschehen, daß eine Erregung nicht bis zum Effektor gelangt und somit keinen Einfluß auf das Verhalten hat. Jetzt muß jedoch bedacht werden: es ist gar nicht immer wünschenswert, daß auf jede Stimulation reagiert wird. Das Übersehen von Kleinigkeiten ist zum Beispiel eine unbedingte Notwendigkeit, soll Konzentration auf das Wesentliche möglich sein; und eine kortikale Organisation, die das ermöglicht, mag sie auch unter dem einen Gesichtspunkt unwirksam erscheinen, ist äußerst effektvoll, wird sie unter einem anderen betrachtet. Jetzt taucht die Frage auf, wie wir folgendes zu verstehen haben: Diffuse Leitung ist die Vorbedingung allen höheren Verhaltens, oder genauer, die Vorbedingung für die Selektivität jedes höheren Verhaltens (auf einige Stimuli wird reagiert und auf andere nicht), der Aufbewahrungsmechanismen und der Verzögerung der Leitung, die es ermöglicht, daß ein Reiz seine Wirkung im rechten Augenblick hat; oder noch allgemeiner: die Vorbedingung für das Fehlen der vollkommenen Dominanz der Sinne im Verhalten der höheren Tiere.

Im 3. Kapitel haben wir zwischen Verhalten, das von den Sinnen dominiert wird, und willentlichem Verhalten unterschieden. Würden alle Leitungen des ZNS in Parallelen verlaufen, so würde alles Verhalten von der ersten Art sein. Wie wir gesehen haben, sind die sensorischen afferenten Bahnen in Parallelen angelegt: auch wenn das Tier schläft, erreicht der Reiz sicher die entsprechenden sensiblen Projektionsfelder. D. h., daß die Stimulation, die von der Umwelt ausgeht, den sensiblen Kortex vollkommen kontrolliert. Jeder Druck auf der Haut wird sich in einem bestimmten Erregungsmuster im sensiblen Kortex wiederspiegeln. Wird nun eine nervöse Zelle für lange Zeit nicht gereizt, so tendiert sie, weil sie ein lebender Organismus ist und deshalb aktiv sein muß, dazu, schließlich spontan von selbst zu reagieren. Man würde das allerdings nur erwarten, wenn ein Neuron während einer ziemlich langen Zeit ohne Stimulation gelassen wurde. Ist aber das Sinnesorgan wechselnden Stimulationen durch die Umwelt ausgesetzt, so bleiben alle afferenten Bahnen unter der Kontrolle der Umwelt.

Würde die Leitung vom sensiblen Kortex weiter in parallelen Bahnen verlaufen, so würde das eben Ausgeführte auch für das ganze übrige ZNS zutreffen. Das gesamte Nervensystem wäre dann unter der Kontrolle der Sinne, der Organismus wäre ein Automat, und all seine Aktionen würden durch die Reize, die Stimulationen des Augenblicks, bestimmt sein. Jede plötzliche Stimulation würde zu einer krampfartigen Zuckung des Muskels führen, mit dem das gereizte Sinnesorgan verbunden ist, denn der hohe Wirkungsgrad der parallelen Leitungen würde dafür sorgen, daß der Reiz sofort den entsprechenden Muskel erreicht und auch sofort seine volle Wirkung erzielt. Eine Verzögerung der Reaktion bis zu einem günstigeren Augenblick wäre unter diesen Voraussetzungen unmöglich; Denken oder das, was man willentliche Handlungen nennt, wäre ausgeschlossen. Denken und willentliches Handeln sind Prozesse, die unabhängig von den augenblicklichen sensiblen Reizen ablaufen. Sie arbeiten jedoch darin mit den sensiblen Reizen zusammen, daß sie bedingen, welche aus einer Vielzahl möglicher Reaktionen jeweils ausgeführt wird. Eine solche Zusammenarbeit wäre, wie wir jetzt schon einige Male betonten, unmöglich, verliefen alle Leitungen des ZNS parallel.

Tatsächlich ändern sich die Regeln, nach denen die Leitung erfolgt, sobald der Reiz die sensiblen Projektionsfelder verläßt. Ob eine Erregung weitergeleitet und wohin sie geleitet werden soll, hängt von nun an davon ab, welche anderen Vorgänge im System ablaufen.

Abbildung 39

Im System, das in Abbildung 39 dargestellt ist, hängt der Erfolg, den Neuron C haben wird, F zu erregen, davon ab, ob zu gleicher Zeit andere Neuren (in der Abbildung nicht dargestellt) Impulse nach F senden, also von einer Summation seiner Impulse mit denen der anderen Zellen. Die Neuren des Bündels A werden ziemlich sicher die des Bündels B auslösen, mögen sich diese auch in einer relativ refraktären Periode befinden. Bei B kommt nicht nur ein Impuls an, sondern gleich eine ganze Salve von Impulsen. Befindet sich jedoch F in einer refraktären Periode, so ist es äußerst unwahrscheinlich, daß C – selbst bei Summation seiner Impulse mit denen einiger anderer Zellen – F auslösen wird.

Es wird nun auch die Beziehung des unspezifischen Projektionssystems und des Erreger- oder Antriebsystems zu den Funktionen des Kortex klarer werden. Ihre Funktion ist die, einen allgemeinen Erregungshintergrund, einen dauernden Erregungsstrom, in den weitverzweigten Regionen des Kortex bereitzustellen. Durch dieses dauernde Bombardement mit Impulsen wird die Wahrscheinlichkeit für das Auftreten von Summation an den Synapsen erhöht und somit kortikale Leitung eher möglich. Ein Impuls des Antriebsystems, der bei F ankommt, könnte sich dort mit einem von C summieren, und je größer der Grad der allgemeinen Erregung, desto größer die Wahrscheinlichkeit, daß eine solche Summation stattfindet.

Summation muß auch zwischen kortikalen Zellen vorkommen. Zwei Neuren, die im sensiblen Kortex nebeneinander liegen und ihre Neuriten in den benachbarten Assoziationskortex führen, werden ziemlich wahrscheinlich

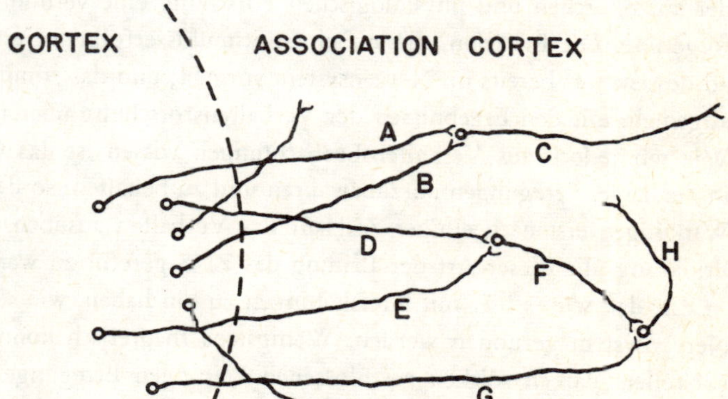

Abbildung 42. Konvergenz der Erregung im Assoziationskortex. A und B konvergieren zu C; D und E zu F; F und G zu H. Es wird angenommen, daß es sich hierbei um zufällige Konvergenz handelt. Das Diagramm stellt unter Tausenden von Neuren dieser Region diejenigen dar, die solche Beziehungen haben.

nicht zu demselben Punkt leiten; hingegen kann der Fall eintreten, daß zwei Neuriten von Zellen, die nicht so nahe beieinander liegen, dort zusammenkommen (wie D und E in Abbildung 42).

Unter Hunderttausenden von Zellen, die an diesem System beteiligt sind, muß das ziemlich häufig vorkommen. In Abbildung 42 könnte A durch Summation mit Impulsen des Antriebsystems möglicherweise C abfeuern, muß es aber nicht; ist jedoch auch B in Aktion, so steigt die Wahrscheinlichkeit an, daß C reagieren wird. Ist die sensible Aktivität D und E derartig, daß D und E zu gleicher Zeit aktiv sind, dann ist es wahrscheinlich, daß sie auch F auslösen. Löst nun dieselbe sensible Aktivität auch G aus, dann würde G sich mit F summieren, und die Leitung würde auch H einschließen. Ob H nun feuern wird oder nicht, hängt von der zeitlichen Organisation der Vorgänge in D, E, F und G ab. Würde H kurz zuvor von einem anderen Neuron ausgelöst, das auf unserer Zeichnung nicht zu sehen ist, oder wäre es gerade einer Stimulation durch andere Zellen derselben Region ausgesetzt, so würde es natürlich jetzt nicht reagieren. Die Leitung eines nervösen Impulses durch dieses verstrickte Netzwerk ist daher eine Funktion all der anderen komplexen Aktivitäten, die in demselben Gewebe vor sich gehen.

Soweit ist das gemäß den uns heute zur Verfügung stehenden Ergebnissen der anatomischen und physiologischen Forschung eine vernünftige Schlußfolgerung. Die Reaktion, die auf einen Stimulus erfolgt, ist eine Funktion all dessen, was bereits im Nervensystem vorgeht; und das stimmt auch ganz allgemein mit den Ergebnissen der Verhaltensforschung überein.

Wie wir jedoch aus Verhaltensbeobachtungen wissen ist das Gehirn auch in der Lage, Erregungen aufzubewahren und zu behalten, so daß diese ihre Wirkungen erst nach einiger Zeit auf das Verhalten ausüben. Die einzige Erklärung, die dieser Art der Leitung des ZNS gerecht zu werden scheint, ist die, daß wir es hier mit Kreisleitungen zu tun haben, wie sie überall im Nervensystem gefunden werden. Wenigstens theoretisch könnte man sich vorstellen, daß in solchen geschlossenen Leitungen Erregungen für einige Zeit fortdauern. Dabei müssen wir betonen: wir haben heute keine physiologischen Beweise für deren tatsächliche Mitwirkung beim Lernen und Verhalten. Solche Vermutungen gehören daher in den Bereich der Theorie. Doch sie zu durchdenken, hat zu klareren Problemstellungen geführt; das veranlaßte zu neuen und wichtigen Forschungen im Labor. Daraus folgt, daß diese Überlegungen trotz ihres rein theoretischen Charakters ernst genommen werden dürfen, wenngleich wir damit rechnen müssen, daß die physiologischen Details, so wie man sie heute versteht, nicht immer stimmen werden.

Was wir hier zur Diskussion stellen, sind die physiologischen Hypothesen über die *Vermittlungsprozesse,* welche in Kapitel 3 definiert wurden. Kurzgefaßt besagt unsere Hypothese folgendes: Ein Vermittlungsprozeß ist die Aktivität einer Gruppe von Neuren, die in der Form eines geschlossenen Leitungskreises angeordnet sind. In Zukunft werden wir uns auch mit dem Ausdruck „Zell-Gruppierung" darauf beziehen. Handelt es sich um eine Serie solcher Aktivitäten, so wollen wir diese *Phasensequenz* nennen. Die Ausdrücke Zellgruppierung und Phasensequenz werden wir immer dann einsetzen, wenn wir ausdrücklich die physiologische Hypothese meinen, die wir in Kürze vorstellen werden; Vermittlungsprozesse sagen wir, wenn keine besondere Bezugnahme darauf beabsichtigt ist. Wir sollten hier anmerken, daß das, was wir tun, wenn wir uns Überlegungen zu eigen machen, die ursprünglich aus der Physiologie stammen, insofern nichts Besonderes ist, als eben das in der Psychologie ziemlich häufig notwendig ist. Weil unser physiologisches Wissen noch unvollständig ist, werden wir Vorstellungen, die aus der Physiologie stammen, hier häufig in etwas allgemeinerer Form wiederfinden. Wir brauchen eine gewisse Beweglichkeit, wenn wir sie auf psychologische Probleme anwenden wollen.

Die Leitungskreise, die die Grundlage der Zellgruppierungen sein sollen, existieren anatomisch und sind in den Wachstumsprozessen, welche die Struktur des ganzen ZNS bedingen, von Anfang an angelegt. Wir können weiter annehmen, daß sie von Anfang an in der Lage sind, als „Aufbewahrungsmechanismen" (Vermittlungsprozesse) zu funktionieren. Wie wir aber später noch sehen werden, weist jedoch die Verhaltensbeobachtung darauf hin, daß daran auch ein ausgedehnter Lernprozeß beteiligt ist. Wir wollen nun überlegen, wie es zu all dem kommen kann.

Die grundlegende physiologische Annahme des Lernens ist diese: Hat einmal ein Impuls eine Synapse überquert, so ist es für einen späteren Impuls leichter, das ebenfalls zu tun. Präziser ausgedrückt: Wenn Neuron A Neuron B auslöst oder wenigstens dazu beiträgt, B auszulösen, so muß irgendeine Veränderung in A oder B oder in beiden stattgefunden haben, welche die Fähigkeit von A erhöht, B in Zukunft neuerlich auszulösen. Die Veränderung, die eintritt, könnte nun eine solche der Endknöpfchen (Abbildung 35 und 38) oder auch irgendeine chemische Veränderung sein. Es handelt sich bei unseren Überlegungen um rein theoretische Annahmen, aber offensichtlich um notwendige, wenn wir Lernen als einen physiologischen Prozeß verstehen sollen.

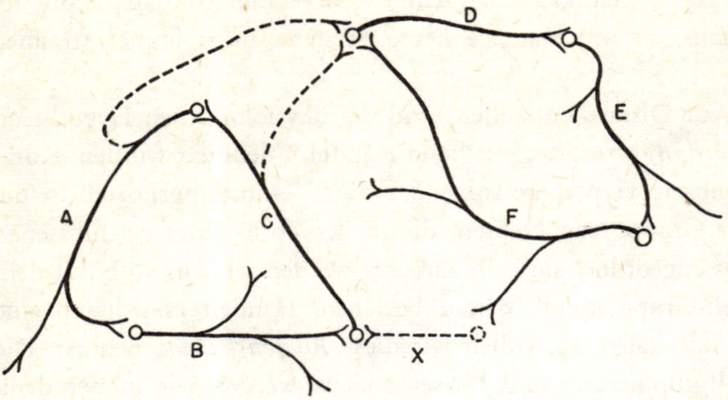

Abbildung 43. Hier soll illustriert werden, auf welche Weise Lernen die Funktion kortikaler Leitungskreise modifizieren und zu Zellgruppierungen zusammenfassen kann. Es wird dabei angenommen, daß A, B und C im Assoziationskortex durch dieselben sensiblen Ereignisse erregt werden. (Die Neuriten des sensiblen Kortex werden hier nicht gezeigt, doch es wird angenommen, daß sie jede Zelle separat erregen). Wenn der Impuls von A bei B in dem Augenblick ankommt, in dem B von Neuriten, die vom sensiblen Kortex kommen, ausgelöst wird, so wird die Synapse A—B verstärkt werden. Ähnlich würde das bei den anderen Synapsen geschehen. Das Ergebnis dieser Verstärkung wäre dann, daß die Erregung einer Zelle eine Erregung des ganzen Leitungskreises zur Folge hätte. Die unterbrochenen Linien stellen Verbindungen zwischen den beiden Leitungskreisen dar, die es ermöglichen würden, daß das Ganze als ein System funktionierte.

Nehmen wir nun an, die Zellen A, B und C in Abbildung 43 werden wiederholt als Ergebnis einer bestimmten sensiblen Stimulation gereizt.

A sendet Impulse zu B, wenn andere Zellen (nicht gezeigt) dasselbe tun. Auf diese Weise trägt A dazu bei, daß B reagiert, und die synaptische Verbindung zwischen A und B wird gestärkt.

Ähnliches geschieht an den Synapsen B-C und C-A. Jedes der Neuren wird durch diesen Vorgang darin erfolgreicher, das nächste der Serie(n) auszulösen. Schließlich kann es dann so weit kommen (vor dem allgemeinen Erregungshintergrund des Antriebsystems), daß allein schon die Erregung eines der Neuren genügt, um den ganzen Erregungskreis A-B-C-A-B- usw. in Aktion zu versetzen. Ist das System soweit entwickelt, kann es autonom funktionieren: seine Aktivität steht mit einem bestimmten sensiblen Ereignis in Beziehung, wird aber auch noch dann fortdauern, wenn diese Stimulation schon längst abgeklungen ist. Wenn irgendein anderes Ereignis im Kortex eine der drei Zellen auslösen sollte, so würde das ganze System wie bei einer externen Stimulation reagieren.

Es ist allerdings äußerst unwahrscheinlich, daß ein solcher Leitungskreis nur isoliert in Funktion wäre. Jedes sensorische Ereignis würde sicherlich eine ganze Anzahl ähnlicher Leitungskreise oder Erregungskreise auslösen, die dann — theoretisch — dazu tendierten, Verbindungen untereinander aufzunehmen und somit in einem größeren System aufzugehen. Ein Beispiel dafür, wie man sich das vorstellen kann, ist Abbildung 43. D-E-F ist ein anderer Leitungskreis. Die Neuren werden hier durch die gleiche Stimulation wie A, B, und C erregt, und zwischen den Zellen würde die gleiche Art synaptischer Veränderungen auftreten, die die Fortdauer der Erregung im Leitungskreis ermöglicht. Sind zwei solcher geschlossenen Erregungskreise so nahe beieinander wie diese, so ist die Wahrscheinlichkeit ziemlich groß, daß Verbindungen zwischen ihnen hergestellt werden (im Bild durch die unterbrochenen Linien angedeutet). Werden nun die beiden Kreise durch denselben sensiblen Reiz erregt, sind sie also zu gleicher Zeit aktiv, so wird A gerade dann Impulse nach D senden, wenn D feuert. Im Einklang mit unserer Annahme über das Lernen werden daher die Verbindungen A-D und C-D dadurch gestärkt. Wird nun die Zelle X auch durch dasselbe sensible Ereignis ausgelöst, oder ist die Verbindung F-X aus irgendeinem Grund schon vorher fest eingerichtet, und reagiert X auch immer, wenn F reagiert, so würde dadurch F in die Lage versetzt, C auszulösen. A-B-C und D-E-F würden dann gemeinsam mit anderen Leitungskreisen derselben Region, die durch dasselbe sensible Ereignis ausgelöst werden, zu einem System verschmelzen, und diese Funktionseinheit wollen wir Zellgruppierung nennen.

Man nimmt an: Das Zustandekommen solcher Zellgruppierungen hängt von den zufälligen Verbindungen ab, die zwischen den Teilen bestehen (diese Verbindungen werden dann durch Lernen verstärkt.) Nur die Neuren würden in eine Zellgruppierung einbezogen werden, deren Zellen miteinander in der Weise in Beziehung stehen, wie das oben beschrieben wurde. Ungefähr $1/10$ Prozent aller Neuren einer Region würden dabei mitwirken. Zwei Zellgruppierungen könnten deshalb räumlich eng miteinander verbunden sein und doch als zwei voneinander unabhängige Systeme funktionieren — natürlich nur unter der Bedingung, daß sie nicht wiederholt gleichzeitig aktiv sind. Ist das der Fall, würden synaptische Verbindungen in der gleichen Weise wie zwischen A-B-C und D-E-F aufgebaut werden.

Das ganze ist natürlich höchst spekulativ, und wir sind nur deshalb soweit auf Einzelheiten eingegangen, um eine der Richtungen aufzuzeigen, in denen psychologische Theorien direkte und sinnvolle Beziehungen zu den physiologischen und anatomischen Vorstellungen herstellen können. Eine solche Theorie könnte selbstverständlich die verschiedensten Formen annehmen. Wir haben heute weder ausreichende physiologische noch psychologische Informationen, um entscheiden zu können, welche Form die richtigste, ja nicht einmal, welche die beste sei. Anstatt uns nun weiter in den Details dieser Theorie zu verlieren oder gar in den Einzelheiten der Auslösung dieser vielen Millionen von Zellen, die sicher bei jeder Aktion eines höheren Tieres beteiligt sind, werden wir wenige, aber berechtigte Annahmen formulieren, die uns dabei helfen sollen, die Dinge in der richtigen Perspektive zu behalten. Dabei sind diese Annahmen so gehalten, daß sie sowohl für die speziellere physiologische Konzeption der „Zellgruppierungen" als auch für die weniger physiologische der „Vermittlungsprozesse" gelten.

Annahme 1: Eine Zellgruppierung (Vermittlungsprozeß) ist das Ergebnis einer langsamen Entwicklung, die aus der Wiederholung bestimmter sensibler Ereignisse, gewöhnlich während der Kindheit, resultiert. (Rein anatomisch wäre es möglich, daß so etwas im Kortex allein aufgebaut würde, doch ist es bedeutend wahrscheinlicher, daß in diese Leitungskreise auch subkortikale Zentren einbezogen werden.)

Annahme 2: Werden zwei Zellgruppierungen A und B wiederholt zu gleicher Zeit aktiviert, so tendieren sie dazu, assoziiert zu werden. A kann dann B erregen und umgekehrt. Sind sie immer zur selben Zeit aktiv, so werden sie zu einem System einer Zellgruppierung verschmelzen. Sind sie außerdem aber auch noch zu verschiedenen Zeiten unabhängig voneinander aktiv, so bleiben sie selbständige (aber assoziierte) Systeme. (Das würde also heißen: die Erregung eines Teiles von A wird mit großer Wahrscheinlichkeit das ganze System A auslösen; die Wahrscheinlichkeit, auch B zu erregen, ist um vieles geringer. A ist möglicherweise nur dann in der Lage, B in Erregung zu versetzen, wenn ein drittes System C die Aktivierung von B unterstützt.)

Annahme 3: Eine Zellgruppierung, die gleichzeitig mit einer afferenten Bahn aus derselben Region aktiv ist, wird dazu tendieren, mit dieser ebenso wie mit anderen Zellgruppierungen Verbindung aufzunehmen. Die meisten sensiblen Ereignisse, die Gruppierungen bilden, werden von motorischen Aktivitäten begleitet. Dies führt uns zu der Annahme, daß die meisten Zellgruppierungen auch motorische Komponenten einschließen. Sie tendieren daher dazu, sichtbares Verhalten hervorzurufen; visuelle Zellgruppierungen verursachen Augenbewegungen, somästhetische Zellgruppierungen, Bewegungen der Hand usw.

Annahme 4: Jede Gruppierung korrespondiert mit einem verhältnismäßig einfachen sensiblen Input, zum Beispiel mit dem bestimmten Klang eines Lautes, einer Silbe anstatt eines ganzen Wortes, mit einer Zunahme der Helligkeit, einem einfachen Geruch, dem Druck auf eine bestimmte Hautstelle, mit einer bestimmten Linie im visuellen Feld usw. Daraus folgt, daß in der Wahrnehmung eines Gegenstandes nicht nur eine Gruppierung, sondern eine Anzahl von Gruppierungen einbezogen ist. Die Aktivität der Gruppierung ABCDE ist die Wahrnehmung eines Gegenstandes, und die von ABCDX die eines anderen.

In den folgenden Kapiteln werden wir noch sehen, welchen Wert diese Annahmen für die Behandlung der verschiedensten Verhaltensprobleme haben. Dieses Kapitel wollen wir mit der Skizze des Bildes abschließen, das sich daraus für Denkprozesse und die Aufmerksamkeit ergibt.

Vorausgesetzt wird bei diesen Überlegungen die Vorstellung, daß die Erregungsübertragung im Kortex über die Aktivität von Serien von Zellgruppierungen, also über Phasensequenzen vor sich geht. Wie soll das nun funktionieren? Zuerst müssen wir einmal feststellen: eine Erregung kann über Serien von einzelnen Zellgruppierungen nicht zuverlässig übermittelt werden, denn jede von ihnen hat nur eine begrenzte Wahrscheinlichkeit, die nächste auszulösen. Gelingt die Übertragung an einem Punkt, so kann sie doch am nächsten schon versagen. Es sind also immer viele Zellgruppierungen gleichzeitig im Gehirn aktiv. Sind nun einige andere Zellgruppierungen auch mit B, C und D verbunden, so daß jede von mehr als einer Gruppie-

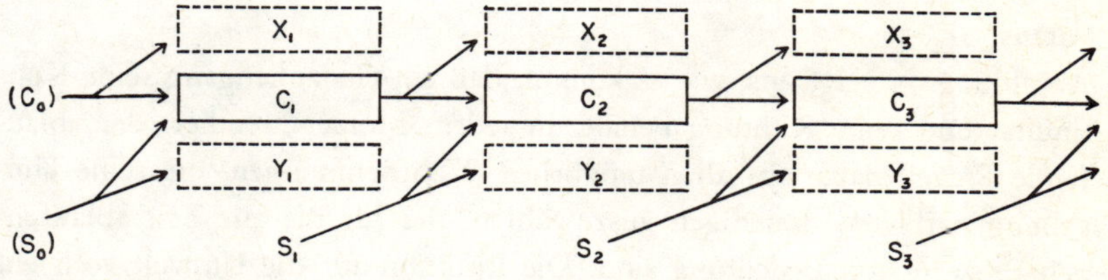

Abbildung 44. Illustration des Auswahlprozesses, der beim Denken abläuft. C ist ein zentraler Prozeß (gleichzeitig aktive Zellgruppierungen) an drei aufeinanderfolgenden Zeitpunkten. S ist der korrespondierende sensible Input. X und Y sind unterschwellig erregte Zellgruppierungen. X empfängt Erregung nur von einer (zentralen) Quelle. Auch Y bekommt Erregung nur von einer (sensiblen) Quelle. Daraus resultiert, daß die beiden eine geringere Wahrscheinlichkeit haben, aktiv zu sein. C besteht aus Zellgruppierungen, die Erregung von beiden Quellen empfangen und daher mit größerer Wahrscheinlichkeit aktiviert werden können. C 1 bedingt daher selektiv, welche von den Zellgruppierungen, die dazu tendieren, von S 1 erregt zu werden, es tatsächlich auch sein werden und umgekehrt. Dieser selektive zentrale Einfluß ist Aufmerksamkeit. In unserem Diagramm ist er durch horizontale Pfeile gekennzeichnet.

rung Impulse empfängt, so ist eine Übertragung schon um vieles wahrscheinlicher. Mit anderen Worten: ein Reiz hat eine größere Wahrscheinlichkeit, sich auf das Verhalten auszuwirken, wenn er in die Prozesse hineinpaßt, die gerade im Gehirn ablaufen.

Diese Art der Beziehung ist in Abbildung 44 dargestellt.

Die Vorgänge die ablaufen (C 1, C 2, C 3), sind sowohl durch sensible Reize als auch durch zentrale Prozesse angeregt worden. Der Anblick eines Reizgegenstandes könnte viele verschiedene Gedanken aufkommen lassen; welcher davon sich aber tatsächlich durchsetzt, hängt von der Auswahl ab, die die zentralen Prozesse aus all diesen Möglichkeiten treffen. Diesen auswählenden Einfluß der bereits ablaufenden zentralen Prozesse meint man, wenn man von Aufmerksamkeit spricht.

Aufmerksamkeit und Einstellung sind zwei verwandte Begriffe. Beide beziehen sich auf die Auswahl, die *von* zentralen Prozessen getroffen wird. Von Einstellungen wird dabei meist im Hinblick auf Reaktionen, also den motorischen Output, gesprochen. (Mit welchen von zwei möglichen Reaktionen wird nun tatsächlich auf einen gegebenen Reiz geantwortet?) Aufmerksamkeit bezieht sich vor allem auf die Auswahl aus dem möglichen sensiblen Input. (Auf welchen Aspekt des Reizgegenstandes soll reagiert werden?) Beide jedoch setzen die gleiche Form des zentralen Mechanismus voraus.

Abbildung 44 zeigt uns, wie es kommt, daß ein Gedankengang seine Kontinuität und seine Richtung behält. In jedem Moment tendiert der ablaufende Prozeß dazu, aus allen möglichen Wahrnehmungen, die seine Umgebung darbietet, diejenigen auszuwählen, die für die zur Zeit ablaufenden Prozesse von Bedeutung sind. Die Reaktion auf die Umwelt vollzieht sich also nicht zufällig.

Das heißt nun aber nicht, daß eine Gedankenkette nicht auch unterbrochen werden kann. Findet zum Beispiel ein sensibles Ereignis statt, das guteingefahrene zentrale Prozesse auslöst, und erregt es die ihm zugehörigen Zellgruppierungen, die einander wieder alle stark fördern, so kann dadurch sehr leicht eine neue Phasensequenz in Schwung gebracht werden. In Abbildung 44 könnte zum Beispiel S 3 zentrale Verbindungen haben, die sich nicht mit denen von C 3 überschneiden; beide aber könnten Zellgruppierungen auslösen, deren Verbindungen sich überschneiden, wodurch eine neue Phasensequenz eingeleitet würde und möglicherweise wiederum andere Aktivitäten gehemmt würden. So könnte ein unerwartetes Ereignis plötzlich die eben ablaufende Gedankenkette unterbrechen, eine neue in Gang setzen und dadurch in weiterer Folge auch das sichtbare Verhalten beeinflussen. In diesem Fall würden wir davon reden, daß irgend etwas in der Umwelt unsere „Aufmerksamkeit fesselt".

Zusammenfassung

In Kapitel 4 wurden der allgemeine Aufbau des ZNS und dessen wichtigste Bahnen beschrieben. In diesem Kapitel konzentrierten wir uns auf die Interaktion der einzelnen Neuren untereinander. Der nervöse Impuls ist ein kleiner elektrochemischer „Sturm", der über Neurit und Zellkörper hinweggeht. Dieser Prozeß folgt dem Alles-oder-Nichts-Prinzip. Die Erregung eines Dentriten kann dazu führen, daß, beginnend am Zellkörper, ein nervöser Impuls ausgelöst wird. Diese Erregung selbst ist jedoch kein nervöser Impuls, denn sie folgt weder dem Alles-oder-Nichts-Prinzip, noch muß ihr Auftreten notwendigerweise Zellkörper und Neuriten zur Reaktion veranlassen. Das Alles-oder-Nichts-Prinzip bedeutet, daß die Intensität eines Stimulus in Impuls-Frequenzen übertragen werden muß und sich nicht als ein „stärkerer Impuls" auswirkt.

Die Wahrscheinlichkeit einer Leitung über die Synapse wird durch die Summation von zwei und mehr Impulsen, die von verschiedenen Neuren zu gleicher Zeit dort ankommen, erhöht. Die Wahrscheinlichkeit, daß ein einziger Impuls das nächste Neuron erregt, ist sehr gering. Aus diesem Grunde kommt der Zeitabfolge an den Synapsen eine besondere Bedeutung zu. Verschiedene Neuren feuern in verschiedenen Raten. Infolgedessen können zwei verschiedene Mitteilungen dieselbe Leitung benutzen. Die verschiedenen Zeitabfolgen ermöglichen es, daß es an den Synapsen zu einer Aussortierung der verschiedenen Meldungen kommt und diese von dort verschiedene Bahnen nehmen. Das, was unter „spezifischen Sinnesenergien" verstanden wird, also die unterschiedliche Wirkung sensorischer Inputs, ist teilweise auf diesen Mechanismus zurückzuführen, teilweise aber auch auf die separaten Bahnen, durch die bestimmte Teile des Körpers mit dem Kortex verbunden sind.

Das EEG zeigt an, daß in einer wachen, aufmerksamen Versuchsperson die nervösen Reaktionen in bezug auf die zeitliche Abfolge asynchron verlaufen. Jede größere Synchronie der Reaktion der Neuren im Gehirn tendiert dazu, Krämpfe zu verursachen. Bei Bewußtlosigkeit finden einzelne Reaktionen statt, doch die großen EEG Potentiale, die dann zu beobachten sind, haben ihre Ursache hauptsächlich in der Aktivität der Dentriten.

Der Umstand, daß für die Reizübertragung an den Synapsen Summation notwendig ist, weist darauf hin, daß Systeme mit divergenten und solche mit parallelen Leitungen sich stark voneinander unterscheiden. Die parallele Leitung vom Sinnesorgan zum sensorischen Kortex garantiert, daß die Erregung sicher im Gehirn ankommt. Von dort weg sind die Leitungen jedoch divergent, und ob nun eine Weiterleitung der Erregung stattfinden wird oder nicht, hängt davon ab, welche Aktivität gerade im Gehirn abläuft und ob diese Aktivität zu einer Summation an den Synapsen im Assoziationskortex beitragen wird oder nicht. Darin liegt offensichtlich auch der Grund dafür, daß das Antriebssystem aktiv sein muß, damit ein Tier bei Bewußtsein ist. Der „Impulshagel" in den ganzen Kortex erhöht die Wahrscheinlichkeit der Summation an jeder Synapse.

Eine weitere Implikation dieser Tatsache ist diese: Regionen mit divergenter Leitung sind notwendig, soll ein Tier nicht wie ein Automat funktionieren und gänzlich unter der Kontrolle der Sinne stehen. Wären nämlich alle Leitungen in Parallelen angelegt, so hätte jeder Reiz eine sofortige Reaktion des entsprechenden Muskels zur Folge, und es könnte zu keiner „Verzögerung der Reaktion" kommen. Jede stärkere Stimulation würde zu einem Krampf führen. Die divergente Leitung macht ein Aussieben des sensorischen Inputs möglich und führt so zu einem selektiven Reagieren auf die Stimuli, die mit dem eben ablaufenden Verhalten des Tieres in Beziehung stehen.

Weiter wurden hier noch Gedanken über den physiologischen Mechanismus der Bildung von Zellgruppierungen (Vermittlungsprozessen) ausgeführt. Da das aber noch alles sehr spekulativ ist, gingen wir nicht ins Detail. Statt dessen versuchten wir die Eigenschaften aufzuzeigen, die solche Zellgruppierungen auf Grund der uns heute zur Verfügung stehenden anatomischen, physiologischen und psychologischen Kenntnisse haben könnten. Wir haben das dann zu vier sehr allgemein gehaltenen Arbeitshypothesen zusammengefaßt. Diese Hypothesen wandten wir auf Probleme des Denkens, der Einstellung und der Aufmerksamkeit an.

6. Vererbung, Reifung und primäres Lernen

Wir haben bisher schon einige Male kurz das Problem der Entwicklung des Verhaltens gestreift. Es ist nun an der Zeit, auf diese Frage genauer einzugehen. Wie ist der Gang der Entwicklung? Welche Faktoren bedingen sie?

Beginnen wir so zu fragen, so stoßen wir sofort auf das alte Problem der Beziehung von Anlage und Umwelt. Ist es Intelligenz oder Instinkt, von dem ein bestimmtes Verhalten gelenkt wird? Handelt es sich um Angeborenes oder Erworbenes, um Reifung oder Lernen?

Üblicherweise wird bei dieser Frage von zwei Gegensätzen ausgegangen; man fragt zum Beispiel: Ist Intelligenz angeboren oder erworben? Wurde eine bestimmte Weise wahrzunehmen gelernt oder ist sie ohne Lernen zustande gekommen? Diese Fragen werden nie zu einer richtigen Antwort führen, weil sie falsch gestellt sind. Die Gegensätze, die darin so leichthin postuliert werden, sind unechte – insofern nämlich, als es sie überhaupt nicht gibt. Wurde allein schon dadurch große Verwirrung gestiftet, daß man sich angewöhnt hat, von zwei gegensätzlichen Annahmen auszugehen, so wurde diese Verwirrung aber noch dadurch gesteigert, daß diese beiden Variablen als Alternativen, als gegeneinander wirkende statt als zusammenwirkende Kräfte gesehen wurden. In diesem Kapitel wollen wir nun zu zeigen versuchen, wie solche Mißgriffe vermieden werden können.

Das zentrale Problem aller Aspekte der psychologischen Analyse ist die Frage nach der Natur des Lernens und danach, welche Rolle es bei der Entwicklung der Persönlichkeit des Erwachsenen spielt. Ebenso zentral – tatsächlich ist es dasselbe Problem von der anderen Seite gesehen – ist die Rolle von Reifung und Wachstum beim Ausbau der Strukturen, in denen Lernen stattfinden kann. Dabei ist es nur theoretisch möglich, die verschiedenen Arten der Einflüsse zu unterscheiden, die das Verhalten eines erwachsenen Tieres bedingen; in der Praxis sind sie untrennbar. Das Verhalten eines Tieres ist weder von der Vererbung noch von den fördernden Einflüssen der Umwelt unabhängig. Kein höheres Verhalten kommt ohne Lernen zustande. Da diese Vorstellungen erst in letzter Zeit richtig erkannt wurden, kann es leicht sein, daß Sie noch hier und da in der Literatur die falsch gestellten Fragen und die dann notwendigerweise falschen Antworten finden werden.

Instinktives Verhalten und Reifung

Der Ausdruck „Instinkt" ist für die Wissenschaft von ziemlich zweifelhaftem Wert. Begründen werden wir diese Behauptung später. Etwas besser steht es mit dem Adverb „instinktiv"; es kann zur groben Klassifizierung bestimmter Arten von Verhalten eingesetzt werden. Instinktives Verhalten kann als komplexes, artspezifisch-voraussagbares Verhalten definiert werden: es ist höheres Verhalten, weil es komplexer ist als reflektorisches Verhalten. Für sein Auftreten bedarf es nicht besonderer Bedingungen des Lernens; es kann einfach aus dem Wissen, daß man es mit einer bestimmten Art in ihrer gewohnten Umwelt zu tun hat, vorausgesagt werden.
Im Prinzip ist die Unterscheidung von reflektorischem Verhalten (das natürlich auch artspezifisch-voraussagbar ist) und instinktivem Verhalten klar. Die beiden Arten gehen jedoch ineinander über, und eine scharfe Trennung dürfte unmöglich sein. Allgemein läßt sich sagen: Reflexe treten immer in einer bestimmten Gruppe von Effektoren auf und werden durch die Reizung einer ebenso engumschriebenen Gruppe von Rezeptoren ausgelöst. Zum Beispiel: Licht fällt auf die Retina – die Pupille zieht sich zusammen. Eine schwache Säure im Mund führt zu Speichelausscheidung, Berühren der Hand eines Neugeborenen hat ein Schließen derselben zur Folge, das Berühren der Lippe Saugbewegungen usw. Der Pupillenreflex ist ohne die Retina unmöglich, der Greifreflex des Neugeborenen ohne die taktilen Rezeptoren in der Hand usw. Im Gegensatz dazu ist instinktives Verhalten nicht von einer bestimmten Gruppe von Rezeptoren abhängig, sondern bezieht einen großen Teil der Effektoren des ganzen Körpers und nicht nur einige Drüsen oder Muskeln ein.
An jedem instinktiven Verhalten sind natürlich auch gewisse reflektorische Reaktionen beteiligt. Diese Reflexe können dann auch durch den Verlust

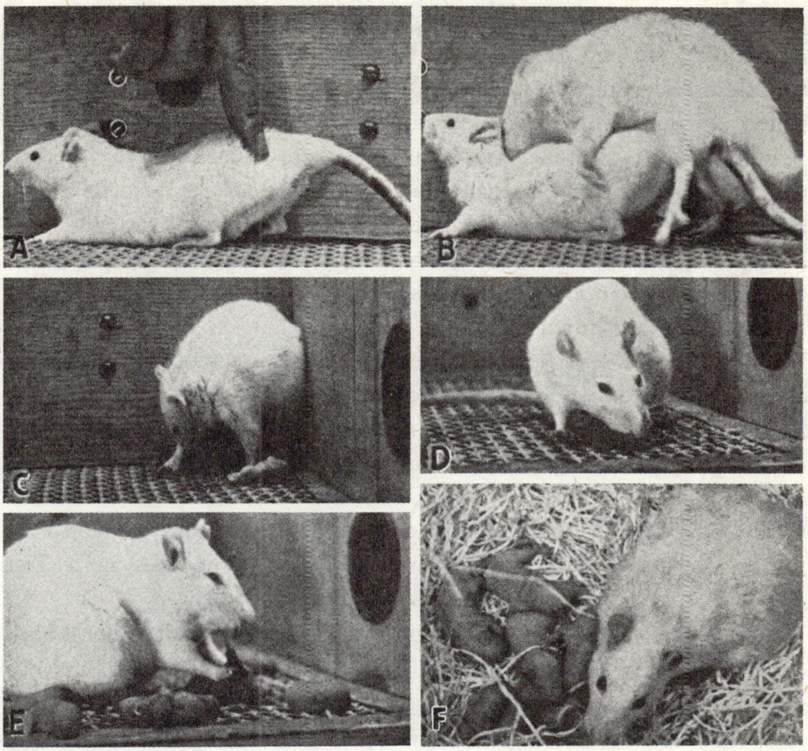

Abbildung 45. Instinktives Verhalten der weiblichen Ratte. A, taktile Stimulation veranlaßt die Ratte, die für die Begattung bereite Stellung einzunehmen. B, Begattung durch das Männchen. C, Geburt der Jungen. D, Reinigung der Jungen. E, Auffressen der Plazenta (bevor die Plazenta aufgefressen ist, schenkt die Mutter den Jungen kaum Beachtung). F, die Mutter mit den Jungen im Nest. Wäre es kalt, wären Mutter und Jungtiere mit dem Material, aus dem das Nest besteht, bedeckt. (Die Bilder sind von Dr. Edmond J. Farris und William Sykes in den Labors des Wistar Institutes gemacht worden. Aus Farris, E. J. und Griffith, I. Q., in: The Rat in Laboratory Investigation, J. B. Lippincott Company, 1942).

gewisser Sinnesorgane oder Muskelgruppen ausgeschaltet werden. Für das instinktive Verhalten ist es jedoch charakteristisch, daß trotz solcher Teilverluste das Gesamtmuster des Verhaltens noch erkennbar bleibt, das Verhalten also nicht völlig von den einzelnen Organreflexen abhängt. Zum Beispiel wird das Brutpflegeverhalten einer Ratte weder durch den Verlust des Sehens, des Geruchs noch der taktilen Sensibilität entscheidend beeinträchtigt. Der Verlust von zweien dieser Sinne beeinträchtigt das Verhalten hingegen schon merklich. Damit wird aber deutlich demonstriert, daß keiner dieser Sinne einzeln wichtig ist, sondern daß sie alle zu einem Gesamtverhalten des Organismus beitragen.

Beim instinktiven sexuellen Verhalten der männlichen Ratte finden wir ein ähnliches Bild. Sogar bei Tieren, deren Genitalien entfernt sind, kann Paarungsverhalten beobachtet werden, das bis zu dem Punkt abläuft, an dem Begattung und Ejakulation erfolgen sollten. Hier fehlt ein wichtiger Reflex; trotzdem ist das instinktive Verhalten erkennbar und, soweit es mechanisch möglich ist, auch vollkommen. Reflektorisches Verhalten ist primär ein lokaler Prozeß; instinktives Verhalten bezieht das ganze Tier ein.

Die Besonderheit des instinktiven Verhaltens ist, daß es weder gelernt noch durch Übung erworben werden muß. Eine weibliche Ratte wird in vollständiger Isolation aufgezogen, hat niemals die Gelegenheit gehabt, eine andere Ratte bei der Pflege ihrer Jungen zu beobachten. Wenn sie geschlechtsreif geworden ist, wird sie begattet und in einen Käfig gesetzt, in dem sich etwas Papier befindet. Ungefähr einen Tag vor der Geburt sammelt sie das Papier und baut damit ein primitives Nest. Sind die Jungen geboren, reinigt sie diese, setzt sie ins Nest und steigt so über sie, daß ihnen das Saugen möglich ist. Ohne nun auf Einzelheiten einzugehen, können wir feststellen: Ohne die geringste Möglichkeit zur Übung oder zum Lernen gehabt zu haben, leistet die Ratte eine komplizierte Aufgabe völlig angemessen. Man könnte jetzt unzählige ähnliche Beispiele aufzählen: die Spinne, die ihr Netz webt; das komplexe Werbe- und Paarungsverhalten vieler Vögel; die Wanderungen der Fische über große Entfernungen, um in einem bestimmten Fluß zu laichen; das komplizierte Nestbau- und Kampfverhalten vieler anderer Arten.

Je weiter wir die Stufenleiter im Tierreich hinunterkommen, desto starrer und variationsärmer werden die vorhersagbaren Muster des Verhaltens.

Aber offensichtlich finden wir auch bei den höheren Tieren, den Menschen eingeschlossen, artspezifisch voraussagbares Verhalten. Ist auch das instinktives Verhalten? Für den Menschen wird meist die Antwort „nein“ gegeben, und zwar deshalb, weil man sagt, an jedem menschlichen Verhalten sei auch Lernen beteiligt, und Lernen ist mit instinktivem Verhalten unvereinbar. Wie wir später noch sehen werden, sind die Zusammenhänge etwas komplizierter, sie können nicht auf diese einfache Formel gebracht werden. Eine Handlung kann insofern nicht gelernt sein, als sie nicht in besonderer Weise geübt wurde; andererseits kann sie gänzlich davon abhängig sein, daß irgendein anderes Lernen früher stattgefunden hat. Wir betrachten hier den Ausdruck „instinktives Verhalten“ nur als sehr grobe Bezeichnung. Während der langen Geschichte seiner Anwendung hat man diesem Begriff nämlich so viele Nebenbedeutungen beigelegt, daß ihm damit jede Präzision genommen wurde. Wegen dieser Nebenbedeutungen ist auch eine klare Antwort auf die Frage, ob der Mensch Instinkte besitze, unmöglich. Eine dieser Nebenbedeutungen besagt zum Beispiel, daß der Instinkt so etwas wie ein Ersatz für Intelligenz und Lernen sei. Der Mensch zeigt nun mehrere Formen artspezifischen Verhaltens, das außerdem noch ziemlich komplex ist – mit einem Wort: das vollkommen unserer Definition entspricht. Offensichtlich haben aber an diesem Verhalten auch Intelligenz und Lernen teil, also, müßte man folgern, ist es kein instinktives Verhalten. Es wird daraus klar, daß wir, wenn wir menschliches Verhalten besprechen – und immer dann, wenn es darum geht, wirklich genau zu sein – andere Begriffe verwenden müssen.

Zwei Arten von Verhalten: gelerntes und ererbtes Verhalten

Ein großer Teil der Schwierigkeiten, die uns dieser Fragenkomplex bereitet, hat seine Ursache darin, daß man sich angewöhnt hat, vom Verhalten so zu reden, als gäbe es zwei Arten von Verhalten, gelerntes und ungelerntes. Dem liegt die Idee zugrunde, gelerntes Verhalten sei unabhängig von Vererbung, und ererbtes, also angeborenes, unabhängig von Lernen. Betrachten wir nun diesen Fall: Weder Schimpansen- noch Menschenkinder müssen lernen, wie man einen Wutanfall bekommt. Weiter ist dieses Verhalten komplex und von so charakteristischer Art, daß es von jedem Beobachter leicht identifiziert werden kann. Das Baby braucht den Wutanfall nicht zu lernen (braucht auch nicht gesehen zu haben, wie es andere machen) und schafft doch auf Anhieb eine „perfekte Leistung". Dieses Verhalten ist nicht gelernt, aber nicht unabhängig von Lernen, denn bevor das Baby fähig ist, Wutanfälle zu bekommen, muß es gelernt haben, etwas zu verlangen, das außerhalb seiner Reichweite ist und ihm vorenthalten wird. Der Wutanfall selbst wurde also nicht gelernt, doch sein Auftreten hängt davon ab, daß anderes Lernen vorher stattgefunden hat.

Ein anderes Beispiel ist die Furcht vor Fremden, die erst dann auftreten kann, wenn das Kind gelernt hat, die Mitglieder seiner eigenen Familie zu erkennen. Für das Eintreten dieses Verhaltens ist es nicht notwendig, daß das Kind schon vorher einem Fremden ausgesetzt war. Wieder ein anderes Beispiel: die experimentellen Neurosen der Pawlowschen Hunde (siehe S. 28). Der „Nervenzusammenbruch" des Hundes wurde nicht gelernt, doch sein Auftreten war davon abhängig, daß das Tier vorher in einem Konditionierungsprozeß gelernt hatte, zwischen Kreisen und Ovalen zu unterscheiden.

Es gibt noch viele andere Situationen, für die ähnliche Beziehungen gelten. Müssen wir daraus folgern, daß es drei Arten von Verhalten gibt: 1. gelerntes, 2. ungelerntes, aber von früherem Lernen abhängiges und 3. ungelerntes, das durch Vererbung allein bedingt ist? Anstatt sich mit solchen Überlegungen zu quälen, wäre es wahrscheinlich günstiger, sich zu fragen, ob eine solche Einteilung überhaupt gerechtfertigt ist. Wir wollen nun zwei andere Gruppen relevanter Fakten betrachten; die eine betrifft Reifung und die andere primäres Lernen. Dadurch werden wir einen neuen Zugang zum Problem der Beziehung von Anlage und Vererbung finden.

Reifung

Offensichtlich sind viele Veränderungen des Verhaltens, die bald nach der Geburt auftreten, auf physisches Wachstum des Kindes, ganz besonders natürlich auf die Zunahme der Stärke der Muskulatur zurückzuführen. Nicht ganz so offensichtlich ist es, daß auch das Nervensystem wächst und Lernen nicht die alleinige Erklärung für alle Veränderungen ist, die man beobachten kann. Das menschliche Gehirn hat bei der Geburt alle Neuren, die es jemals haben wird, doch viele der Verbindungsfasern sind noch unreif. Lernprozesse können aber nicht eher synaptische Verbindungen stärken, bis diese tatsächlich bestehen. Lernen kann also nicht stattfinden, solange die physische Reife nicht die entsprechende Stufe erreicht hat.

Wir sind zum Beispiel der Meinung, ein Kind lerne dann gehen, wenn seine Muskeln und Knochen stark genug sind, es zu tragen. Daß aber während dieser Zeit des Gehenlernens – einer Zeit der Übung – auch eine ge-

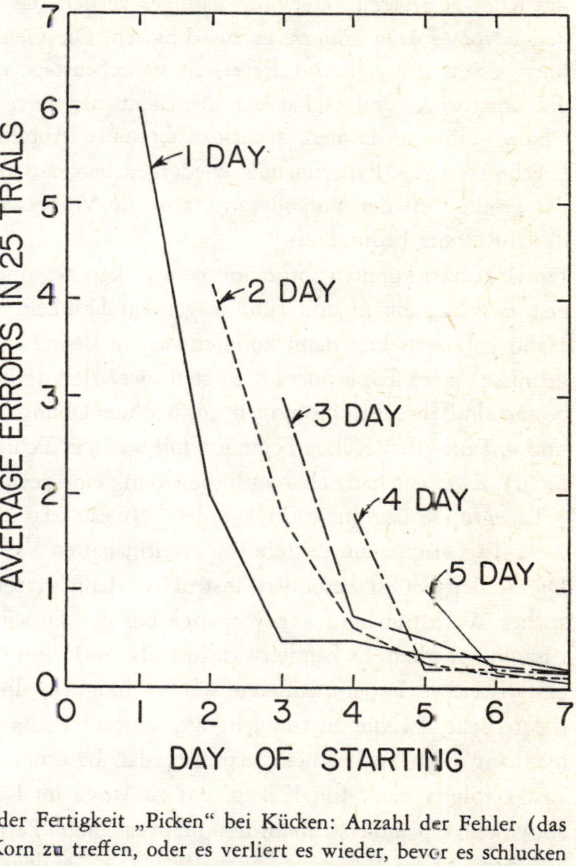

Abildung 46. Reifung der Fertigkeit „Picken" bei Kücken: Anzahl der Fehler (das Kücken pickt, ohne ein Korn zu treffen, oder es verliert es wieder, bevor es schlucken kann), die von Kücken gemacht werden, denen in verschiedenen Zeitabständen nach dem Schlüpfen erlaubt wurde, mit der Übung des Pickens zu beginnen. (Nach W. W. Cruze, J., Comp. Psychol. 1935)

wisse Stufe im Wachstum des Nervensystems erreicht wird, das vergessen wir nur zu häufig. Ist diese Stufe einmal erreicht, so wird „Gehen" nach einer ziemlich kurzen Periode der Übung gelernt.
Ein anderes, sehr instruktives Beispiel ist das Freßverhalten junger Küken. Bald nachdem ein Küken ausgeschlüpft ist, beginnt es, auf kleine Gegenstände in seiner Umgebung zu picken. Manchmal wird es ihm sogar gelingen, ein Korn zu erwischen, es im Schnabel zu halten und zu verschlukken. Fehler sind zu Anfang häufig. Entweder gelingt es ihm erst gar nicht, das Korn zu treffen, oder noch häufiger verliert das Küken das Korn wieder, bevor es dazu kommt, es zu schlucken. Die Genauigkeit dieser Handlung bessert sich während der ersten 10 Lebenstage zusehends. Das Küken übt unentwegt, und es hat den Anschein, als seien seine Fortschritte auf Übung, also auf Lernen, zurückzuführen. In Abbildung 46 sind nun die Ergebnisse eines Experimentes wiedergegeben, aus denen hervorgeht, daß der größte Teil der Veränderung, also die Verbesserung der Pickleistung, durch Reifung bedingt ist.
Einige Küken konnten sofort mit dem Picken beginnen, andere wurden zuerst zwischen einem und fünf Tagen im Dunkeln gehalten und aus der Hand gefüttert. Erst dann konnten sie mit dem Picken beginnen. Die Ergebnisse dieses Experimentes zeigten zweierlei: je älter die Küken, desto besser sind ihre Pickleistungen, auch ohne Übung. (Die Gruppen der 3 und 4 Tage alten Küken beginnen mit weniger Fehlern als die der 2 Tage alten). Zweitens hatte aber auch die Übung eine gewisse Wirkung; denn die 3-Tagegruppe beginnt nicht auf dem Niveau, das die 1-Tagegruppe und die 2-Tagegruppe am dritten Tag erreicht hatten.
Dieses Beispiel ist besonders instruktiv, denn es zeigt deutlich, wie physisches Wachstum und Lernvorgänge bei der Entwicklung des Verhaltens zusammenwirken. Es handelt sich hier also nicht um Gegensätze. Nur durch einfallsreiches Experimentieren war es möglich, die beiden Aspekte für theoretische Zwecke zu trennen. Ein anderer Punkt ist in diesem Zusammenhang noch zu beachten, nämlich, daß bestimmtes Lernen zur rechten Zeit erfolgen muß. Ein Küken, das zu lange im Dunkeln gelassen wird, entwickelt ein äußerst abnormes Freßverhalten. Lernen ist aber nicht für alle Aspekte des Verhaltens wesentlich: Die Tendenz, nach kleinen Gegenständen zu picken, findet sich schon beim eben erst ausgeschlüpften Küken. Weiter wurde auch noch berichtet, daß Küken keinerlei früherer Erfahrung

bedürfen, um eher nach kleinen runden als nach kleinen eckigen Gegenständen zu picken.

Dieses anfängliche Picken könnte als reflexiv klassifiziert werden. Reflexbahnen sind im allgemeinen durch Vererbung und Wachstumsprozesse bedingt; einige funktionieren schon von Geburt an, wie zum Beispiel bei den Küken die Tendenz zu picken oder der Saugreflex des neugeborenen Säugetieres. Bei anderen Reflexen scheint es hingegen so zu sein, daß sie erst dann funktionieren, wenn die Nervenfasern und -bahnen, die daran beteiligt sind, miteinander Verbindung aufgenommen haben. Wird die Fußsohle des Neugeborenen leicht gestreichelt, so spreizt es die Zehen nach oben und außen (Babinski-Reflex). Bei älteren Kindern und Erwachsenen werden die Zehen auf den gleichen Reiz hin nach unten gebogen. (Tritt der Babinski-Reflex bei Erwachsenen auf, so weist das auf eine Schädigung der Pyramidenbahn hin.)

Eine andere klassische Demonstration für die Reifung von Reflexen finden wir in der Entwicklung des Salamanders. Die Salamanderlarve wird, noch bevor sie irgendwelche Schwimmbewegungen gemacht hat, in eine anästhesierende Lösung gegeben. Dadurch wird verhindert, daß sie während der Zeit, in der die anderen Tiere derselben Brut anscheinend schwimmen „lernen", irgendwelche Schwimmbewegungen ausführt. Wenn sie später wieder in gewöhnliches Wasser gegeben wird, zeigt sie, sobald die Wirkung des Betäubungsmittels aufhört, Schwimmbewegungen wie ihre normal aufgezogenen Geschwister. Daraus folgt: das Schwimmen der normalen Tiere ist ein Ergebnis der physischen Reifung, an der Übung praktisch keinen Anteil hat.

Reifung spielt auch bei der Entwicklung des Verhaltens der Primaten eine große Rolle. Ein Beispiel dafür ist die sexuelle Entwicklung, die vom Wachstum bestimmter Drüsen abhängt; ein anderes die schon erwähnte Furcht vor Fremden, die kleine Kinder zeigen. Charakteristischerweise tritt sie bei Schimpansen nicht vor einem Alter von 4 Monaten und beim Menschen nicht vor einem von 6 Monaten auf. Wieder ein anderes Beispiel ist die Furcht vor Wesen, die sich in der Dunkelheit verbergen könnten; im Menschenkind tritt sie selten vor einem Alter von drei Jahren auf, dann aber ziemlich häufig. Bei all diesen Beispielen haben wir es offenbar nicht nur mit Wachstum im engeren Sinn von Größerwerden zu tun, sondern allgemeiner mit Reifung; (wir werden später noch zwischen physischer und psychischer Reifung unterscheiden). Auch die Entwicklung des Nervensystems scheint ein wesentlicher Faktor für die Verzögerung im Auftreten dieser Phänomene zu sein.

Die Wirkungen der frühen Erfahrung

Daß während der Reifung auch Lernen einsetzt, ist offensichtlich. Das experimentelle Problem besteht darin zu zeigen, daß Verhalten nicht allein durch Lernen bedingt ist. Wir wenden uns jetzt einer anderen Komplikation zu – Beispielen nämlich, bei denen das Problem gerade umgekehrt liegt. Wir wollen jetzt aufzuzeigen versuchen, daß auch bei solchem Verhalten, bei dem man das nicht von vornherein annehmen könnte, Lernen vor sich geht. Ein Säugling scheint nichts anderes zu tun als zu essen, zu defäkieren, zu schlafen und zu wachsen. Er vegetiert von Fütterung zu Fütterung, vollführt manchmal zufällig einige Bewegungen mit seinen Gliedmaßen und gibt Zufallslaute von sich. Auf alle Fälle lernt er nichts, was für sein späteres Leben von Bedeutung sein könnte. Erst in allerletzter Zeit wurde entdeckt, wie ausschlaggebend das Lernen während dieser Periode für die seelische Entwicklung des Kindes ist; es wurden die Wirkungen der frühen Erfahrung, des *primären Lernens* erforscht.

Technisch könnnen wir Erfahrung als das Muster, nach dem die Stimulation der Sinnesorgane erfolgt, definieren: Es ist die Kombination und Abfolge der Reize, die sich auf den Organismus auswirken, und zwar unabhängig davon, ob sie von bewußten Erlebnissen begleitet werden oder nicht. In diesem Sinn können wir dann sehr wohl von der Erfahrung des Goldfisches oder des Neugeborenen reden, ohne zu implizieren, daß der Organismus Prozesse aufweist, die komplex genug sind, um mit Ausdrücken wie „Bewußtsein" oder „Erlebnis" bezeichnet zu werden.

Sogar schon vor der Geburt ist das Säugetier komplexer taktiler Stimulation ausgesetzt; dem Druck, der von der Wand des Uterus ausgeübt wird und den Berührungen der Teile des fötalen Körpers miteinander. Von der Geburt an nimmt die Vielfalt und Menge der Reize in unerhörtem Maße zu. Auch das menschliche Kind, das in seinem Gitterbett in einem ruhigen Zimmer liegt, ist einem dauernden Strom wechselnder Stimulation ausgesetzt. Die Bewegungen seiner Augen und Gliedmaßen bringen ihm neue visuelle und taktile Reize, und die Laute, die es von sich gibt, bewirken akustische Stimulation. Da es aber scheint, als seien Babys von all dem unberührt, wurde denn auch lange Zeit angenommen, die ersten Lebensmonate seien ausschließlich eine Zeit des körperlichen Wachstums, während der alle Umwelteinflüsse abgesehen von Nahrung und Temperatur unwichtig sind.

Wir wissen heute, daß das ein falsches Bild war. Die sensible Stimulation in der frühen Umwelt ist für die Erhaltung gewisser nervöser Strukturen ebenso notwendig wie dafür, daß es überhaupt zu Lernen kommen kann, das für die Entwicklung normalen Verhaltens wesentlich ist.

Wird ein Schimpanse bis zu einem Alter von 16 Monaten in Dunkelheit aufgezogen, so führt das zum Verlust einer großen Anzahl von Nervenzellen in der Retina (Nervenzellen, deren Axone die Retina mit dem Rest des Nervensystems verbinden). Zu einem Verlust an Nervenzellen kommt es auch, wenn ein Tier bis zum 9. Lebensmonat unter normalen Lebensbedingungen aufgezogen wird und dann 16 Monate lang in Dunkelheit gehalten wird. Daraus muß geschlossen werden: Für die Erhaltung dieser Nervenzellen ist eine normale Sinnesumwelt nötig. Wird ein Tier bei gleichmäßigem diffusen Licht aufgezogen – im Experiment wird das dadurch erreicht, daß die Augen des Tieres mit einem Plastikschirm bedeckt werden, der wohl Licht in normaler Intensität durchläßt, jedoch keinerlei Konturen zu erkennen erlaubt – dann scheint der visuelle Apparat nicht geschädigt zu werden; jedenfalls wurden unter diesen Bedingungen bis jetzt noch keine Verluste von Nervenzellen beobachtet. Es hätte aber trotzdem zu Schäden im visuellen Apparat kommen können, z. B. wurden an Katzen, die in Dunkelheit aufgezogen wurden, keine Verluste an Nervenzellen gefunden. Die folgenden Experimente weisen aber daraufhin, daß es im visuellen Apparat trotzdem zu Schaden gekommen ist.

Einige Nervenzellen im visuellen Cortex sind so mit der Retina verbunden, daß sie nur auf Linien und Kanten einer bestimmten Neigung reagieren. Eine Linie mit dieser Neigung erregt z. B. eine bestimmte Gruppe von Nervenzellen im Cortex und Linien mit der Neigung oder andere und das, obwohl sie auf das gleiche Gebiet der Retina treffen. Unter normalen Umständen kann dieses Phänomen sowohl bei neugeborenen als auch bei erwachsenen Tieren beobachtet werden. Werden bei einer neugeborenen

Katze zwei Monate lang die Augen zugeklebt (oder mit einem lichtundurchlässigen Schirm bedeckt), so ist die Retina nicht mehr in der Lage, diese spezialisierten Zellen im Cortex zu erregen. Angeborene Verbindungen – die schon im Neugeborenen bestehen – geraten durch Nichtgebrauch in Verlust. (D. H. Hubel, T. N. Wiesel)

Frühes Lernen

Sensible Stimulation, der das junge Tier ausgesetzt ist, bedingt das Verhalten des erwachsenen Tieres. Das gilt für Insekten, Fische, Vögel und Säugetiere. Ameisen erkennen z. B. die Mitglieder ihrer eigenen Kolonie am Geruch und greifen alle an, die anders riechen, sogar Mitglieder ihrer eigenen Kolonie, wenn sie mit einem fremden Geruch behaftet sind. Dieses Verhalten ist durch frühes Lernen bedingt. Verschiedene Ameisenarten, die sich normalerweise bekämpfen, leben friedlich miteinander, wenn sie während der ersten zwölf Stunden nach dem Ausschlüpfen zusammengebracht werden. Das Sexualverhalten vieler Fische kann dadurch verändert werden, daß sie in Isolation aufgezogen werden. Die Männchen versuchen dann z. B., sich mit Männchen und Weibchen zu paaren. Das Phänomen der Prägung wurde bei vielen Vogelarten beobachtet. Die jungen Vögel formen dauerhafte soziale Bindungen zu Mitgliedern der Art, die sie zuerst zu Gesicht bekommen; das sind natürlich meistens Artgenossen, nämlich ihre Eltern. Werden Säugetiere unter abnormen Bedingungen aufgezogen, so treten massive Verhaltensänderungen auf, die auf das Fehlen normaler früher Erfahrung zurückgeführt werden können. Es wurden Veränderungen des Sozialverhaltens, der somästhetischen Wahrnehmung, der Intelligenz und des Lernverhaltens beschrieben. Auf die Wirkung verschiedener Umwelten auf die visuelle und akustische Wahrnehmung des heranwachsenden Kindes wurde schon hingewiesen. Auswirkungen der frühen Erfahrung auf die Entwicklung der Intelligenz von Tieren und Menschen werden später besprochen. (Siehe Seite 194 ff.)

In der ersten Ausgabe dieses Buches wurde angenommen, die Bedeutung des frühen Lernens könne auch durch Dunkelexperimente bewiesen werden (Aufziehen von Tieren in Dunkelheit oder bei diffusem Licht). Meine Beweisführung stützte sich dabei damals unter anderem auf Wahrnehmungsschwierigkeiten, die bei blindgeborenen Menschen beobachtet wurden. Sie bekamen ihre Sehfähigkeit durch chirur-

gische Eingriffe erst in einem Alter, in dem sie über ihre Erfahrungen beim „Sehenlernen" berichten konnten. Wegen der oben erwähnten Experimente an jungen Katzen ist diese Beweisführung heute jedoch verdächtig. Im Falle der angeborenen Blindheit kommt es möglicherweise zu größeren organischen Schäden, als man früher hätte annehmen können. Diese Schäden könnten die Ursache für viele der Schwierigkeiten sein, die diese Patienten erleben, wenn sie lernen, visuell wahrzunehmen.
Mit dem Hinweis auf strukturelle Schäden können jedoch nicht alle Schwierigkeiten erklärt werden. Z. B. entwickelt sich die Gestaltwahrnehmung nur langsam, und zwar auch dann noch, wenn es klar ist, daß die Patienten die einzelnen Teile der Gestalt (z. B. Linien, Kanten und Ecken) schon sehen und erkennen können. Nervenzellen im Gehirn regenerieren sich nicht und der Umstand, daß die Patienten schließlich doch in der Lage sind, Gestalten wahrzunehmen, weist darauf hin, daß die notwendigen Nervenzellen auch kurz nach der Operation vorhanden waren. In ähnlicher Weise können Schimpansen, die in Dunkelheit aufgewachsen sind, sehen lernen, wenn auch ihre Gesichtswahrnehmung immer etwas eingeschränkt bleibt. Wie die folgenden Phänomene allein durch strukturelle Schäden erklärt werden könnten, ist ebenfalls schwer einzusehen: Wenn das Tier zuerst aus der Dunkelheit herauskommt, hat es keine visuelle Wahrnehmung, aber visuelle Reflexe (Pupillenreflex); Tiere, die in Dunkelheit aufgezogen wurden, und Tiere, die bei diffusem Licht aufwuchsen, unterscheiden sich in dieser Hinsicht nicht voneinander und auch nicht darin, wie sich ihre Gestaltwahrnehmung entwickelt. Offensichtlich trägt die frühe Erfahrung nicht nur zur Erhaltung der nervösen Strukturen bei, sondern bewirkt auch Lernen, das für die normale Entwicklung der visuellen Wahrnehmung notwendig ist.

Prägung bei Vögeln

Wenn ein Vogel ausschlüpft, ist der erste sich bewegende Gegenstand, den er normalerweise sieht, einer seiner Eltern. Diese Begegnung, die meist während der ersten 24 Stunden stattfindet, hat für den jungen Vogel eine nachhaltige Wirkung. Bei vielen Vogelarten ist sie eine wichtige Determinante des Verhaltens des erwachsenen Tieres. Das wurde bisher hauptsächlich für Vogelarten nachgewiesen, bei denen die Jungen kurz nach dem Ausschlüpfen laufen und daher dem erwachsenen Vogel folgen können. Frühes lernen bedingt also zu einem gewissen Grad artspezifisches Verhalten. Begegnet der junge Vogel als erstem nicht einem Artgenossen, sondern irgendeinem anderen Wesen, so reagiert er auf dieses, wie er normalerweise auf einen Artgenossen reagieren würde. Das kann bei verschiedenen Vogelarten in unterschiedlichem Grad geschehen. Graugänse sind ein gutes Beispiel. Werden sie in einem Brutkasten ausgebrütet und dann ausschließlich von Menschen gepflegt, so richten sie als erwachsene Vögel all ihr soziales Verhalten auf den Menschen. Gänseriche umwerben z. B. Menschen statt Gänse. Unter normalen Umständen richtet sich dieses Lernen auf Artgenossen und führt dann zu einem normalen Sozialverhalten.

Abbildung 47. Das Gerät, das zum Studium von Prägungsvorgängen benutzt wird. Die große Vogelattrappe wird vom Versuchsleiter auf einer Kreisbahn bewegt; das Küken folgt und wird dadurch geprägt. (Aus E. H. Horn, Science, 1959)

Prägung wurde ausführlich im Labor untersucht. In Abb. 47 ist ein solches Experiment dargestellt. Einer jungen Ente wird ein Holzmodell gezeigt, das sich auf einer kreisförmigen Bahn bewegt. Die Ente folgt dem Modell und wird dadurch geprägt. Diese Experimente zeigen unter anderem, daß es eine kritische Periode für die Prägung gibt. Bei vielen Arten liegt sie zwischen der 12. und der 24. Stunde nach der Geburt. Prägung unterscheidet sich noch in weiteren Punkten von anderen Formen des Lernens. Primäre Verstärkung ist dafür nicht notwendig (vom Modell bekommt die Ente weder Futter noch wird sie von ihm warm gehalten). Es scheint aber not-

wendig zu sein, daß sich der junge Vogel anstrengt, wenn er dem Modell nachläuft. Visuelle Stimulation allein (obwohl sie natürlich wichtig ist), reicht nicht aus, damit der Vogel zwischen dem Gegenstand, auf den er geprägt wurde, und anderen Gegenständen unterscheiden kann.
Küken wurden dadurch geprägt, daß man sie durch einen langen Gang auf einen bewegungslosen Gegenstand zulaufen ließ, der in der Nähe eines flackernden Lichtes stand.

Frühes Lernen bei Säugetieren

In ihrer deutlichsten und auffälligsten Form kann Prägung bei Vögeln beobachtet werden (doch auch hier gibt es große Unterschiede zwischen den Arten). Es könnte aber sein, daß es so etwas Ähnliches wie Prägung auch bei Säugetieren gibt, obwohl die Lernzeit möglicherweise viel länger ist. Es wird oft berichtet, daß Meerschweinchen, Schafe, Ziegen und Hirsche, die von Menschen aufgezogen wurden, nur auf Menschen und nicht auf Artgenossen reagieren. Der Herdeninstinkt von Schafen kann ganz beträchtlich verändert werden, wenn ein einzelnes Tier von Menschen aufgezogen wird. Bringt man es dann später wieder mit seinen Artgenossen zusammen, so folgt es eher Menschen als der Herde, und wird es mit anderen Schafen auf die Weide getrieben, so wird man es immer allein abseits der Herde grasen sehen. Das Verhalten von Hunden, die den Fuß oder das Bein eines Menschen begatten wollen, könnte möglicherweise ähnlich verstanden werden. Schimpansen, die von einem Wärter aufgezogen worden sind, unterscheiden sich in ihrer Vorliebe für menschliche Gesellschaft von Tieren, die von ihrer eigenen Mutter betreut wurden. Von Wärtern aufgezogene Schimpansenweibchen reagieren oft kühler als die anderen auf die sexuellen Ansprüche der Männchen. Diese Beobachtungen legen nahe, daß auch bei Säugetieren frühe Erfahrungen Auswirkungen auf das Sozialverhalten haben, obwohl sie natürlich noch lange nicht so dramatisch sind wie die Prägung bei Vögeln.
Die naturalistischen Beobachtungen über das frühe Lernen von Säugetieren, die oben beschrieben wurden, müssen von experimentellen Untersuchungen unterschieden werden. Dazu gehören die Arbeiten an Schimpansen, die in Dunkelheit aufgezogen wurden (siehe Seite 177) und eine Anzahl von

Untersuchungen über die Entwicklung des Lernens und Problemlösens, die später unter der Überschrift „Entwicklung der Intelligenz" (siehe Seite 194) beschrieben werden.

Jetzt wenden wir uns den drastischen Veränderungen zu, die an in Isolation aufgezogenen Hunden beobachtet wurden. Es kam zu Veränderungen im Sozialverhalten, in der Reaktion auf schmerzvolle Reize und ganz allgemein zu so extremen Verhaltensänderungen, daß man sie nur als Persönlichkeitsveränderungen beschreiben kann.

Schottische Terrier wurden von einem frühen Alter an in teilweiser Isolation aufgezogen. Sie konnten andere Hunde und den Wärter riechen und hören, hatten aber sonst keinen sozialen Kontakt.

Die Versuchstiere waren in kleinen Einzelkäfigen untergebracht, in denen sie gerade stehen und sich umdrehen konnten. Daß sie gesunde und schöne Tiere waren, wurde durch Preise, die sie bei Hundeausstellungen gewannen, bestätigt. Es gab auch kein Anzeichen dafür, daß sie sich unglücklich fühlten. Hunde, die normal aufwachsen und dann in einen so kleinen Käfig gesperrt werden, sind natürlich sehr unglücklich. Die Versuchstiere kannten kein anderes Dasein. Als sie im Alter von 9 oder 12 Monaten aus diesen Einzelkäfigen herauskamen, zeigte sich, daß das Sozialverhalten dieser Tiere so anormal war, daß es kaum beschrieben werden kann. Einmal war es nahezu unmöglich, diese Tiere abzurichten (die Preise bekamen sie nur für ihre Schönheit, Gehorsamkeitsprüfungen hätten sie nie bestanden). Aber noch wichtiger: anderen Hunden gegenüber verhielten sie sich äußerst ungewöhnlich. Sie ließen sich von ihnen dominieren, ja sogar ihr Futter stehlen. (Terrier die normal aufgewachsen sind, würden das nie erlauben). Auf bekannte und unbekannte Leute reagierten sie mit einer Mischung von Annäherungs- und Vermeideverhalten – also mit unklaren, unorganisierten emotionalen Reaktionen – ein Verhalten, das normal aufgezogene Hunde nie zeigen. Im Laufe der Zeit verminderten sie die Verhaltenseigenheiten etwas, aber die Persönlichkeit dieser Hunde hätte nie als normal bezeichnet werden können.

Ihre Reaktion auf Reize, die bei normalen Tieren Schmerz verursachen, war genauso ungewöhnlich. Auf einen solchen Reiz reagierten sie erst einmal reflexiv wie normale Hunde, z. B. durch Zurückziehen der Pfote. Das Erstaunliche aber war, daß sie nicht versuchten, eine Wiederholung dieser Stimulation zu vermeiden, es schien so, als würden ihnen diese Reize nichts

Abbildung 48. Schottischer Terrier, einer normal, der andere unter Einschränkungen aufgewachsen. Besucher wurden manchmal aufgefordert zu sagen, welcher der Hunde, die in einem Käfig waren, in welche Gruppe gehörte; sie urteilten meistens falsch. Der normale Hund, links, wird durch das Photographieren ziemlich gelangweilt; der in der Isolation aufgewachsene Hund „hatte nicht genug Verstand, um sich zu langweilen", so kommentiert der Pfleger, d. h. Langeweile ist eine Funktion der intellektuellen Kapazität.

ausmachen. Als eine brennende Zigarre zufällig auf den Boden fiel, roch einer dieser Hunde an ihr, verbrannte sich die Nase, zog sich zurück, steckte dann aber seine Nase noch zweimal in die glühende Asche. Ein Experimentator steckte eine Nadel wiederholt in die Haut eines Hundes. Der Hund jammerte zwar jedes Mal, wenn das geschah, machte aber keinen Versuch, entweder davonzulaufen oder die Nadel selber herauszuziehen. Das wäre leicht möglich gewesen, weil sie mit einem hölzernen Griff versehen war. Ähnliche Ergebnisse brachten auch Experimente an Schimpansen, die unter Bedingungen „beschränkter taktiler Erfahrung" aufgezogen wurden. Vorder- und Hinterpfoten dieser Tiere wurden mit Papphüllen bedeckt, die so an Ellenbogen und Knien angebracht waren, daß sie eine freie Bewegung der Gelenke erlaubten. – Die Erforschung der Umwelt oder Selbststimulation wurde jedoch unterbunden.

Abbildung 49. Rob im Alter von 30 Monaten. Er wurde unter Bedingungen „beschränkter taktiler Erfahrung" aufgezogen. Die Zylinder erlauben eine ziemlich freie Bewegung der Gelenke, doch beschränken sie die taktile Erfahrung des Tieres außerordentlich. Beachte die abnorme Sitzhaltung des Tieres (Vergleiche mit Abbildung 47) (Courtesy of H. W. Nissen, from Nissen, Chow and Semmes, Amer. J. Psychol. vol. 64, 1951.)

Das erste, was einem an diesen Tieren auffällt, ist die ungewöhnliche Sitzhaltung (Vergleiche Abbildung 49 und Abbildung 49a). Der wichtigste Unterschied besteht jedoch auf dem Gebiet der somatischen Sensibilität. Als die Versuchstiere ein Alter von 30 Monaten erreicht hatten (das entspricht

Abbildung 49a. Jed, ein normal aufgezogener Schimpanse im 4. Lebensmonat. Es ist das Alter, in dem die „Furcht vor Fremden" auftritt. Die Haltung der Füße ist normal für ein sitzendes Tier. Eine abnorme Haltung der Füße kann man in Abbildung 48 sehen. (Abgedruckt mit Genehmigung von H. W. Nissen und R. K. Helmle, The Yerkes Laboratories of Primate Biology.)

beim Menschen ungefähr einem Alter von 3 1/2 Jahren), wurden die Papphülsen entfernt und die somatische Sensibilität mit der normaler Tiere verglichen. In der Testsituation konnten die Tiere ihre Vorderpfoten nicht sehen. Die Belohnung, Futter, wurde für die linke oder für die rechte Vorderpfote dargeboten. Wurde das Futter nun links dargeboten, wurde die linke Vorderpfote berührt, wurde es rechts dargeboten, die rechte. Ein normales Tier benötigt ungefähr 200 Versuche, bis es fehlerlos reagiert, das unter den besonderen Bedingungen aufgezogene ca. 2000.

Versuchstiere und normale Tiere unterscheiden sich auch in ihrer Reaktion auf schmerzvolle Reize. Wird ein normales Tier an irgendeiner Stelle in die Haut gekniffen, so wird es sofort dorthin greifen und dem Kneifen ein Ende bereiten, nicht so dieses Versuchstier. Es macht unsichere und ungenaue Bewegungen; es muß anscheinend suchen, bevor es die richtige Stelle findet. Dabei konnte eine weitere, äußerst interessante Beobachtung gemacht werden. Um sicherzugehen, daß sich die Tiere auch bemühen, die Stelle, an der sie gereizt werden, so rasch wie möglich zu finden, werden sie mit einer Nadel gestochen. Jedes normale Tier reagiert wild auf einen solchen Nadelstich und unternimmt alles, um den schmerzbereitenden Gegenstand loszuwerden. Das Versuchstier hingegen ließ nicht erkennen, ob es den Nadelstich als schmerzhaft oder auch nur als störend empfand; es benahm sich vielmehr so, als handle es sich dabei eher um eine angenehme als eine unangenehme Situation.

Es ist offensichtlich, daß das Verhalten der erwachsenen Tiere – Vögel und Säugetiere – wesentlich von Erfahrungen abhängt, denen sie während der Kindheit ausgesetzt waren. Eine Anzahl von Untersuchungen weist darauf hin, daß diese Aussagen nicht – oder besser nur selten – für reflexives Verhalten gelten. Die Entwicklung normaler Motivation, Wahrnehmung und – wie wir später noch sehen werden – Intelligenz hängt immer auch davon ab, daß das Tier normalen frühen Erfahrungen ausgesetzt war.

Das eben Gesagte klingt nahezu wie eine Verneinung der Rolle der Vererbung. Höheres und reflexives Verhalten sind eine Funktion der Vererbung. Höheres Verhalten ist ebenso eine Funktion des frühen Lernens wie der Wachstumsprozesse, die uns Augen, Ohren, Rezeptoren in der Haut und ein Nervensystem geben – Strukturen, in denen Lernen stattfinden kann. Statt der Frage, ob eine Handlung auf Vererbung oder auf Lernen zurückzuführen sei, sollten wir uns fragen, wie die beiden Faktoren zusammengearbeitet haben, um zu einem solchen Ergebnis zu kommen.

Es sollte vermerkt werden, Vererbung allein kann kein Verhalten bedingen; das befruchtete Ei braucht für sein Wachstum die nährende, ihm förderliche Umgebung, bevor irgendein Verhalten möglich ist. In gleicher Weise kann Lernen allein kein Verhalten hervorrufen, es bedarf der Vererbung und der pränatalen (vorgeburtlichen) Umgebung, durch die die Strukturen produziert werden, in denen Lernen stattfindet. Es wirken also Vererbung *und* Lernen zusammen. Außerdem ist es wahrscheinlich so, daß Vererbung bestimmtes Lernen fördert, manches unumgänglich macht, anderes hingegen erschwert oder sogar unmöglich macht. Insofern könnte man also sagen, daß die Vererbung das Lernen steuert. Zum Beispiel einige Verhaltensweisen bei Insekten, von denen man annimmt, sie seien nicht gelernt, können das Ergebnis sehr raschen Lernens sein, das die sensorischen und nervösen Strukturen des Insekts unumgänglich machen.

Auch bei höheren Tieren gibt es Lernen, das unter normalen Umständen unumgänglich ist. Wenn wir uns aber vorstellen, welch große Massen von Zellgewebe daran beteiligt sind, und wir weiter annehmen, wie wir es in den vorangegangenen Kapiteln ausgeführt haben, daß die Zellgruppierungen entwickelt sein müssen, bevor eine wirksame Leitung stattfinden kann, so können wir uns vorstellen, wie langsam das erste Lernen vorangehen wird. Theoretisch können wir also die Funktion der frühen Erfahrung als ein Aufbauen der Vermittlungsprozesse betrachten. Sind sie einmal eingerichtet, dann ist das rasche Lernen möglich, zu dem erwachsene Säugetiere befähigt sind.

Faktoren, die zur Entwicklung beitragen

Lange Erfahrung hat gezeigt, daß es schwierig ist, bei der Argumentation über das Problem Vererbung – Umwelt, Reifung – Lernen logisch zu bleiben und nicht einen wesentlichen Faktor zu vergessen. In Tabelle 1 finden Sie nun eine Klassifizierung der Faktoren, die zur Entwicklung beitragen.

Wahrscheinlich machen wir uns mit dieser Tabelle wieder einer Simplifikation schuldig, doch glauben wir, die Tabelle hilft uns, wenigstens die allerschlimmsten Simplikationen, wie man sie in der Literatur findet (und zwar nicht nur in der psychologischen, sondern auch in der zoologischen, ge-

Tabelle 1. Klassifizierung der Faktoren, die zur Entwicklung des Verhaltens beitragen.

Nr.	Art des Einflusses	Ursachen, Arten der Aktion usw.
I	genetisch	physiologische Eigenschaften des befruchteten Eies
II	chemisch, vorgeburtlich	nährende und toxische Einflüsse der uterinen Umgebung
III	chemisch, nachgeburtlich	nährende und toxische Einflüsse wie Futter, Wasser, Sauerstoff, Drogen usw.
IV	sensorisch, konstant	Vor- und nachgeburtliche Erfahrungen, die normalerweise für jedes Mitglied einer Art unumgänglich sind.
V	sensorisch, variabel	Erfahrungen die von einem Mitglied einer Art zu einem anderen variieren.
VI	traumatisch	Physische Einwirkungen, die dazu tendieren, Zellen zu zerstören: es handelt sich hier um eine „abnorme" Klasse von Ereignissen, denen viele Tiere wahrscheinlich nie ausgesetzt sind. Darin unterscheidet sich dieser Faktor wesentlich von den Faktoren I bis V.

netischen und medizinischen Literatur, eben überall dort, wo die Bedingungen physischen Wachstums und der Reifung des Verhaltens angeschnitten werden), zu vermeiden. Wir verfolgen mit dieser Tabelle nur die Absicht, uns mit einem Arbeitsschema, einer Arbeitshypothese, auszurüsten. Vor allem soll uns die Tabelle immer daran erinnern, daß es nicht nur zwei Faktoren sind, welche die Entwicklung bedingen, und uns dadurch dazu anhalten, uns etwas klarer auszudrücken. Diese Liste stellt wirklich nur eine Gedächtnisstütze dar und keinesfalls eine vollständige Analyse. Nimmt man sie zu genau, so bemerkt man rasch ihre Unzulänglichkeit. Der Faktor I ist zum Beispiel als „genetischer" klassifiziert und so beschrieben, als bestünde das Ei lediglich aus Erbstrukturen. Tatsächlich bestehen aber die meisten Eier aus Erbstruktur und nährender Substanz (jedenfalls trifft das auf Vogeleier zu). Demnach würde sich Faktor I, so wie er hier definiert ist, mit Faktor II überschneiden. Ähnliches trifft auch für das Ovum des Säugetieres zu. Faktor II sollte auch noch die Temperatur als physikalische Bedingung und noch vieles mehr einschließen.

Betrachten wir diese Tabelle als eine Arbeitshilfe und Denkstütze, so wird sie uns helfen, einige der üblichen Fehler zu vermeiden. In der Diskussion über Instinkte taucht zum Beispiel immer wieder folgende Argumentation auf: Ein bestimmtes Verhalten bedarf für sein Auftreten keiner spezifischen Erfahrung – d. h. es hängt weder von Übung ab, noch hat es etwas mit Nachahmung zu tun – und ist daher ausschließlich durch Vererbung bedingt. Wir können diese Feststellung nun an Hand der Tabelle neu formulieren: Weil der Faktor V an diesem Verhalten nicht beteiligt ist, wird es ausschließlich von Faktor I verursacht. Die Faktoren II, III und IV (nehmen wir an, VI sei nicht daran beteiligt) werden vernachlässigt. Die Rolle der Umwelt, die nährt und für dauernde wechselnde Stimulation sorgt, wurde vollkommen übersehen; dabei gibt es genügend Hinweise darauf, daß sie nicht übersehen werden darf.

Dieses Schema, das wir in Tabelle 1 dargestellt haben, wird uns vielleicht auch noch helfen, nicht zu vergessen: Es gibt kein Verhalten, das nur von einem Faktor allein bedingt ist. Kein „gelerntes“ Verhalten kann ohne die Faktoren I bis III zustande kommen, die gemeinsam das Bestehen der Sinnesorgane und des Nervensystems erst ermöglichen. Aber auch kein angeborenes Verhalten kann allein auf Faktor I zurückgeführt werden.

Faktor I ist offensichtlich die Variable Vererbung, und die Faktoren II bis VI repräsentieren die Umwelt. Die Faktoren II und III beziehen sich im Prinzip auf dasselbe, doch wird der von II vertretene Aspekt häufig vergessen, zumal II experimentell bedeutend schwieriger zu kontrollieren ist. Aus diesen Gründen wurde II als selbständiger Faktor in die Tabelle eingeführt. In ähnlicher Weise repräsentieren die Faktoren IV und V ein Prinzip. Dabei kann IV v. a. als die Ursache des frühen Lernens und V als die des späteren Lernens verstanden werden. Bei höheren Tieren sehen die beiden dann aber auch wirklich ziemlich verschieden aus. Faktor IV ist wiederum schwieriger unter die Kontrolle des Experiments zu bekommen und wird sehr leicht übersehen. Daher wurden auch die beiden Gesichtspunkte in unserer Tabelle als zwei verschiedene Faktoren klassifiziert.

Die Faktoren I bis III und VI schließen die konstitutionellen Variablen und IV und V die erfahrungsbedingten Variablen des Verhaltens ein. Wenn wir von Reifung sprechen, beziehen wir uns auf eine von zwei Gegebenheiten: entweder auf den Einfluß der Faktoren I bis III – das wäre dann die physische Reifung – oder auf den der Faktoren IV bis VI, also die psychische Reifung. Es wird dem Leser auffallen, daß diese beiden Aspekte in der Fachliteratur häufig nicht klar unterschieden werden. Nehmen wir folgendes

Experiment an; wir haben eine Gruppe von 12 Monate alten Kindern und eine von 15 Monate alten.

Wir richten es dabei so ein, daß den Kindern der einen Gruppe vor dem 12. Lebensmonat keinerlei Gelegenheit zur Übung – d. h. sich aufzurichten – gegeben wird und beobachten dann, wie lange es dauert, bis diese Kinder gehen lernen. Nehmen wir nun an, nach drei Tagen könnten 10 % der Kinder gehen. Der anderen Gruppe erlauben wir keine Gehübungen vor dem 15. Monat, doch dann können nach drei Tagen schon 75 % dieser Kinder gehen. Wie sollen wir nun dieses Ergebnis interpretieren? Wohl dahingehend, daß der Unterschied zwischen den beiden Gruppen auf Reifung zurückzuführen ist, die sich zwischen dem 12. und 15. Monat vollzogen hat. Um welche Reifung handelt es sich aber? Ausschließlich um physische, also die Wirkungen der Faktoren I bis III? Wir wissen, daß während dieser Periode auch solches motorische Lernen geschieht, das wir in diesem Experiment nicht kontrollieren konnten. Die Kinder konnten zwar nicht aufstehen, aber doch ihre Glieder bewegen und so über deren Lage in Beziehung zum Körper und über die taktile Umwelt Erfahrung sammeln. Zweifellos kommt es zwischen dem 12. und 15. Monat zu weiterer physischer Reifung. Worauf es uns hier ankommt, ist dieses: Durch ein solches Experiment wird nicht bewiesen, daß die größere Bereitschaft zum Gehen der 15 Monate alten Kinder im Vergleich zu den 12 Monate alten durch physische Reifung allein bedingt ist. Wir können die Veränderung auch nicht auf ein spezielles „Gehenlernen“ zurückführen. Was wir vor uns haben, ist psychische Reifung – abgesehen vom „ad hoc“-Lernen des Faktors V – eine Wirkung der Faktoren I bis IV.

Faktor IV und Instinkt

Aus all dem muß geschlossen werden: Abgesehen von unkonditionierten Reflexen hängt alles höhere Verhalten vom Lernen ab. Damit soll aber nicht gesagt werden: Höheres Verhalten ist immer im üblichen Sinne des Wortes gelernt. Im Gegenteil, höheres Verhalten ist oft nicht gelernt, hängt jedoch vom Lernen ab, das durch die Art der Stimulation bewirkt wird, die unter Faktor IV zusammengefaßt ist. Der erste Wutanfall, die Furcht vor Fremden (die beim Menschen im Alter von 6 Monaten und beim Schimpansen im Alter von 4 Monaten auftritt), die Konstruktion eines neuen

Satzes usw., alle diese Verhaltensweisen sind nicht gelernt. Sie können aber nur dann auftreten, wenn Lernen stattgefunden hat, und dazu kommt es, wenn der Organismus der normalerweise in seiner Umwelt wirksamen Stimulation ausgesetzt ist.

Alles, was wir bisher in diesem Zusammenhang erwähnten, weist darauf hin, daß es falsch ist, vom instinktiven Verhalten so zu reden, als wäre es von allem gelernten Verhalten vollkommen unabhängig – eine völlig selbständige Klasse des Verhaltens. Viel besser könnte man diese scheinbar gegensätzlichen Verhaltensweisen als zwei Schattierungen ansehen, die ineinander übergehen und zwischen denen es keine klare Trennungslinie gibt. Was nun den Ausdruck Instinkt anbelangt, so müßte er sich auf die Vorgänge innerhalb des Nervensystems beziehen, die instinktives Verhalten bewirken. Dadurch wird ersichtlich, warum wir weiter oben ausführten, Instinkt sei ein irreführender Begriff: er würde nämlich voraussetzen, daß es im Gehirn einen eigenen Teil, ein eigenes Zentrum für instinktives Verhalten gebe, das von dem für das gelernte und womöglich auch für das intellektuelle Verhalten getrennt ist. Das stimmt aber nicht.

Außer den schon angeführten gibt es noch weitere Beweise dafür, daß man Instinkt, Lernen und Intelligenz nicht rigoros trennen kann. Zum Beispiel korreliert die Lernfähigkeit der männlichen Ratte, gemessen an den Leistungen beim Labyrinthtest, mit dem Niveau der sexuellen Aktivität. Bessere Lerner kopulieren häufiger und erfolgreicher als schlechte. Das sexuelle Verhalten weiblicher Ratten ist hauptsächlich reflexiv, und daher können wir hier die Beziehung zur Lernfähigkeit nicht nachweisen, doch das Pflegeverhalten korreliert mit der Lernfähigkeit. Die besseren Mütter sind auch die besseren Lerner. In gleicher Weise verursachen Operationen am Kortex, welche die Intelligenz und Lernfähigkeit der Ratte herabsetzen, auch eine niedrigere Rate von Kopulationen und geringere Sorge des Weibchens für ihre Jungen.

Aus all dem geht deutlich hervor, daß es keinen Grund gibt anzunehmen, es gebe ein eigenes, von Lernen und Intelligenz unbeeinflußtes System der nervösen Kontrolle für das instinktive Verhalten. Der Instinkt muß definiert werden als das, was das instinktive Verhalten bedingt, und das sind ganz bestimmte artspezifische nervöse Bahnen. Wodurch sind diese Bahnen bedingt? Instinktives Verhalten hängt, wie wir schon oft gesagt haben, nicht von Übung (Nachahmung) ab, ist also nicht im üblichen

Sinn des Wortes gelernt. Wie wir jedoch weiter oben ausgeführt haben, wirkt Lernen im Sinne des Faktors IV daran in entscheidender Weise mit. Was wir daraus folgern, ist: beim Instinkt handelt es sich um eine nervöse Organisation von und über Reflexbahnen, die der ganzen Art gemein ist. Bedingt wird diese Organisation durch Vererbung und eine relativ einheitliche Umwelt. Das Lernen, das dazugehört, ist unumgänglich für alle Artgenossen (nur wenn die Umwelt eines Tieres wesentlich von der Norm abweicht, bewirkt das abnormes Verhalten). Wachstumsprozesse und frühe Erfahrung bedingen gemeinsam die nervösen Bahnen, was dazu führt, daß das Tier, wenn es sich zum ersten Mal einer bestimmten Situation gegenübersieht, in einer ganz bestimmten Weise reagiert. Die Prozesse, um die es sich hier handelt, sind sehr komplex, und wir haben eben erst begonnen, sie zu entschleiern. Grundsätzlich ist jedoch auch am Instinkt nichts mysteriöser als an allen anderen Aspekten des Verhaltens.

Etwas muß hier vielleicht noch klargestellt werden. Instinktives Verhalten kann kein vorheriges Wissen um die Ziele und Wirkungen dieses Verhaltens zur Voraussetzung haben – ein Wissen, das möglicherweise von den Ahnen ererbt ist. Die trächtige Ratte, die ein Nest baut, tut das nicht, weil sie weiß, daß die Jungen Schutz brauchen, wenn sie auf die Welt kommen, sondern – wollen wir schon anthropomorphisieren – weil ihr danach „zumute" ist. Der Hauptgrund für das menschliche Sexualverhalten ist auch nicht der, diese geplagte Welt mit einer weiteren Generation von Plagegeistern zu versorgen, sondern vielmehr finden die Menschen „Sex-Verhalten" lustvoll.

Wir haben schon früher darauf aufmerksam gemacht, daß der Begriff „instinktives Verhalten" wegen all der Nebenbedeutungen, die in ihn hineingehört werden, auf menschliches Verhalten nicht anzuwenden ist. Ja, manche Psychologen scheinen es sogar für eine Frage des Glaubens und der guten Sitte zu halten, daß der Mensch sich nicht instinktiv verhält. Wie Instinkt definiert wird, ist ihnen vollkommen gleichgültig. Trotz aller Schwierigkeiten, die sich der Verwendung des Begriffes entgegenstellen, dürfen wir aber nicht übersehen, in wie vielen Hinsichten das menschliche Verhalten artspezifisch und voraussagbar ist.

Wie sich gezeigt hat, ist Instinkt ein unzulänglicher Begriff; denn er bringt kaum Klarheit in unsere theoretischen Überlegungen. Müssen wir ihn also aus all den angeführten Gründen ausscheiden, so dürfen wir doch die Problematik des Verhaltens nicht vergessen, auf das er sich bezieht. Überall in der Welt hören die Menschen gerne ihre eigene Stimme, singen gerne und hören gern Gesang, erzählen Geschichten, einfach um ihrer selbst willen (manche davon sind sogar wahr) und reden, wenn auch gar keine besondere Notwendigkeit dazu besteht. Überall in der Welt verwenden die Menschen Geräte, organisieren sie soziale Gruppen und vermeiden dunkle und fremde Orte; und überall in der Welt, sagt man, haben die Menschen Schnurspiele, ähnlich dem österreichischen „Schnur-Abnehmen". Sie entwickeln Tabus über Blutschande, über gewisse Speisen, den Glauben an gute und böse Geister; sie zeigen die Tendenz, den Körper in bestimmter Weise zu dekorieren und bestrafen, der es in anderer Weise tut. All dies ist einzeln Gegenstand eines bestimmten Lernens, findet sich aber in der einen oder anderen Form in jeder Gesellschaft, die wir bis heute kennengelernt haben. In den Einzelheiten sind diese Verhaltensweisen nicht artspezifisch voraussagbar, in einem weiteren Sinn verstanden aber sogar ziemlich genau. Die Tatsache, daß die Art, wie das Haar getragen wird, von Kultur zu Kultur anders ist, ja in manchen Kulturen die Haartracht von Jahr zu Jahr wechselt, ändert nichts an der Tatsache, daß jede Kultur zu jeder Zeit Vorschriften für die Haartracht hatte bzw. hat und dies eine große Rolle für die Beziehung des Menschen zu seinen Mitmenschen spielt. Den Inhalt eines Märchens einer Kultur, mit der wir das erste Mal in Berührung kommen, können wir nicht voraussagen, doch wir können mit Sicherheit voraussagen, daß wir auch dort Märchen finden werden, die gelernt sind – Märchen, die von Generation zu Generation weitergegeben werden.

Geblendet durch den falschen Gegensatz Instinkt-Lernen, wurden wir davon abgehalten, die gemeinsamen Züge des menschlichen Verhaltens zu erkennen und zu sehen, daß diese Gemeinsamkeiten – ebenso wie im Verhalten des Stichlings und der Erdwespe – davon abhängen, (a) wie wir gebaut sind und (b) von der allgemeinen Beschaffenheit der menschlichen Umwelt.

Die Entwicklung der Intelligenz

Die klassische Ansicht in dieser Frage ist: die Intelligenz wird hauptsächlich durch Vererbung bedingt und ist, wie man zu sagen pflegt, eine reine Sache der Anlage. Diese Ansicht wird auch durch Experimente wie zum Beispiel das folgende gestützt:

Man testet die Lernfähigkeit einer großen Anzahl von Ratten und kreuzt dann die intelligentesten Männchen mit den intelligentesten Weibchen und die dümmsten Männchen mit den dümmsten Weibchen. Die Jungen werden wieder getestet, und es werden wieder die intelligentesten mit den intelligentesten und die dümmsten mit den dümmsten gekreuzt. Nach dieser Methode wird weitergezüchtet, bis man bei der 7. Generation soweit ist, daß alle Ratten der intelligenten Gruppe bessere Werte haben, also intelligenter sind als die Tiere in der Gruppe der Dummen.

Dieses Experiment beweist also eindeutig: Intelligenz ist anlagebedingt und praktisch unabhängig von der Umwelt. Das Pech ist jetzt nur, daß es auch Experimente gibt, die genau das Gegenteil zu beweisen scheinen. In dem folgenden Experiment hat der Experimentator zum Beispiel den Faktor „Vererbung“ in seinen Gruppen von jungen Ratten mit Hilfe der „Split-Litter“-Methode (Methode der geteilten Würfe) ausgeglichen. Wenn dem Experimentator, wie in diesem Falle, mehrere Würfe von Jungtieren zur Verfügung stehen, so teilt er jeden Wurf in zwei gleichgroße Gruppen. Das aufschlußreiche Experiment wurde folgendermaßen durchgeführt: Die eine Gruppe wurde in einer äußerst beschränkten Umwelt aufgezogen. Jedes Tier wurde in einen Einzelkäfig gesperrt, aus dem es nicht herausschauen konnte, in dem es aber auch keinen Gegenstand gab, der ihm Gelegenheit zum Problemlösen gegeben hätte. Die andere Gruppe wurde in einem großen Käfig aufgezogen, der wie ein Rattenvergnügungspark eingerichtet war. Es gab darin die verschiedensten Gegenstände, Spielsachen, Gänge mit Hindernissen usw. Als die Tiere erwachsen waren, wurden beide Gruppen getestet, und diejenigen, die im „Rattenvergnügungspark“ aufgezogen worden waren, zeigten eine dauernde Überlegenheit. Ähnliche Ergebnisse erbrachten Experimente mit Hunden. Hunde, die in extremer Isolation aufgezogen werden, sind ihren Artgenossen in bezug auf Lernen und Problemlösen weit unterlegen.

Dabei muß hier ausdrücklich betont werden, daß diese Minderwertigkeit nicht auf irgendwelche körperlichen Mängel zurückgeführt werden kann;

denn diese Tiere sind ebenso gesund, kräftig und lebhaft wie die normal aufgezogenen. Folglich beweisen diese Experimente: Intelligenz ist eine Sache der Umwelt und vollkommen unabhängig von Vererbung.

Die Frage ist nun: Berechtigen uns diese Ergebnisse wirklich zu den Folgerungen, die wir gezogen haben? Betrachten wir nochmals die beiden Experimente etwas genauer. In dem einen, dem Züchtungsexperiment, wurde dadurch, daß wir alle Tiere in kleine gleichartige Käfige sperrten, der Faktor Umwelt ausgeglichen und konnte daher unsere Ergebnisse nicht beeinflussen. Im zweiten Experiment wurde durch die besondere Methode der Auswahl der Tiere der Faktor Vererbung ausgeglichen, wodurch wiederum dessen Einfluß auf die Ergebnisse des Experiments ausgeschaltet wurde. Die beiden Ergebnisse widersprechen einander daher gar nicht; sowohl die Einflüsse der Umwelt als auch die der Vererbung sind wichtig. Wird einer von ihnen konstant niedergehalten, so wirkt er sich nicht auf die Ergebnisse des Experiments aus und wird dann auch leicht vergessen. Tatsächlich aber darf keiner der beiden Einflüsse vergessen werden.

Diese letzte Feststellung im Gedächtnis behaltend, können wir uns nun daranwagen, die Ergebnisse verwandter Untersuchungen über die menschliche Intelligenz zu besprechen. Eineiige Zwillinge haben bekanntlich die gleichen Erbanlagen. Werden sie in verschiedenen Umgebungen aufgezogen, so sollte es uns möglich sein festzustellen, zu welcher Veränderung der Intelligenz die Umwelt beitragen kann. Des besonderen Ansatzpunktes wegen kann man sich leicht vorstellen, wie sehr sich Psychologen für eineiige Zwillinge interessieren, die von verschiedenen Eltern adoptiert wurden. Dabei wurde nun gefunden, daß die Intelligenzquotienten (siehe Kap. 12) solcher Zwillingsgeschwister, die in verschiedenen Familien aufwuchsen, oftmals einander ziemlich ähnlich sind. Dieses Ergebnis bildet eines der Hauptargumente dafür, daß die Intelligenz des Menschen erbbedingt und nur wenig von der Umwelt beeinflußt ist.

Nehmen wir diese sogenannten Beweise für die ausschließliche Erbbedingtheit der Intelligenz unter näheren Augenschein, so werden wir finden, daß diese Kinderpaare meist in ähnlichen Umwelten aufwuchsen. Werden Zwillinge Waisen, so gibt es zwei Möglichkeiten für ihre Unterbringung: Entweder werden die Kinder von Nachbarn oder Verwandten aufgenommen – und das bedeutet, daß Sie in Familien kommen, die einander in bezug auf die wirtschaftlichen Verhältnisse, auf den Bildungsstand usw. ähnlich sind –

oder sie kommen unter die Obhut der Fürsorge oder irgendeiner anderen Wohlfahrtsorganisation. Da Fürsorger ausgeprägte Vorstellungen davon haben, wie eine Familie beschaffen sein muß, der man ein Adoptivkind überlassen kann, besteht auch wenig Aussicht dafür, daß die beiden Geschwister in sehr unterschiedlichen Familien untergebracht werden. Die Unterschiede der Umwelt werden bei dieser Art von „Experimenten" auf einem Minimum gehalten, und es kann wirklich niemanden verwundern, wenn dann bei eineiigen Zwillingen ähnliche IQs gefunden werden. Die Tatsache, daß die IQs eineiiger Zwillinge ähnlicher sind als die zweieiiger, ist schon ein weitaus stärkeres Argument dafür, daß die Anlage wichtig ist. Es ist jedoch, ebenso wie das Rattenzüchtungsexperiment, noch lange kein Beweis dafür, daß die Anlage die allein ausschlaggebende Variable ist. Um einen solchen Beweis zu erbringen, müßte das eine Kind eines eineiigen Zwillingspaares in der schlechtestmöglichen und das andere in der bestmöglichen Umgebung aufgezogen werden. Unterscheiden sich dann die IQs dieser beiden nicht wesentlich, so wäre wirklich der Beweis für die alleinige Bedeutung der Vererbung erbracht. Solange dieses Experiment nicht durchgeführt wird – und es wird kaum jemals durchgeführt werden – müssen wir uns mit den Forschungsergebnissen zufriedengeben, die alle darauf hinweisen, daß ein solches Resultat äußerst unwahrscheinlich ist.

Es gibt nun Autoren, die anerkennen, daß sowohl Umwelt als auch Anlage die Intelligenz bedingen, dann aber zu Erklärungen wie der folgenden übergehen: 80 % der Intelligenz seien auf Anlage und 20 % auf die Umwelt zurückzuführen. Eine Behauptung wie diese ist barer Unsinn. Analysiert man sie auf ihren tatsächlichen Gehalt hin, so findet man, was sie besagt: ein Mensch hat 80 % seiner Fähigkeit, Probleme zu lösen auch dann, wenn er nie eine Sprache erlernt und nie einen anderen Menschen gesehen hat; und 20 % seiner Intelligenz können in irgendeiner mysteriösen Weise allein, unabhängig von jeder Erbanlage funktionieren. Daß das tatsächlich nicht stimmt, wissen wir; vielmehr müssen wir im Gegensatz dazu feststellen, daß beide Variablen von 100 prozentiger Wichtigkeit sind. Die Beziehung, in der sie zueinander stehen, ist keine additive, sondern eine multiplikative. Die Frage, wie groß der Beitrag der Vererbung zur Intelligenz sei, ist ebenso unsinnig wie die Frage nach dem Beitrag der Breite zur Fläche eines Feldes. Vernünftig ist es hingegen zu fragen: in welchem Ausmaß wird die Variation der Intelligenz durch die Variation der Anlage oder die der Umwelt bedingt?

Es ist das – und das muß erkannt werden – eine von Grund aus andere Frage, und die Anwort, die darauf gegeben wird, kann nicht verallgemeinert werden. In einer kulturell sehr homogenen Gemeinschaft könnte praktisch die gesamte Variation der Intelligenz auf die Variation der Anlage, also der Vererbung, zurückgeführt werden. Zu einer solchen Folgerung wäre man aber nur dann berechtigt, wenn sich die Variation der Umwelt tatsächlich auf einem Minimum hielte. Wieder und wieder wurde auch gefunden, daß sich kulturelle Unterschiede sehr deutlich auf die in Intelligenztests gewonnenen Werte auswirken. Zum Beispiel zeigen Kinder, die auf englischen Kanalschiffen aufwachsen und denen daher viele der Erfahrungen normaler Kinder fehlen, mit zunehmendem Alter einen deutlichen Abfall der Intelligenz: IQ 90 in einem Alter von 6 Jahren, 77 mit 7 1/2 Jahren, 60 mit 12. Ein IQ von unter 70 wird gewöhnlich als Indikator für Schwachsinn betrachtet, während ein IQ von 90 durchaus im Bereich des Normalen liegt. Ähnliches wurde an Kindern, die in isolierten Bergdörfern der USA aufwuchsen, gefunden. (IQ 84 mit 7 Jahren, IQ 60 mit 15 Jahren). Die höheren IQs während der jüngeren Jahre zeigen an, daß die niedrigen IQs im höheren Alter nicht auf Unterbegabung zurückzuführen sind. Vielmehr scheint die Erklärung darin zu liegen, daß die soziale und kulturelle Umwelt zwar ausreichende Stimulation liefert, um eine normale Entwicklung bis zum 5. Lebensjahr zu garantieren, jedoch dann in zunehmendem Maße inadäquat wird.

All das heißt nun nicht, die Erbanlagen eines Kindes seien unwichtig. Intelligenz ist ein gemeinsames Produkt von Anlage, Reifung und sozialer Umwelt. Wird die Bedeutung eines dieser Faktoren besonders hervorgehoben, so wird dadurch die Bedeutung der anderen keineswegs vermindert.

Vererbung von Geisteskrankheiten

Ein typisches Beispiel für die Verwirrung, durch welche die Diskussion Anlage – Umwelt gekennzeichnet ist, ist der Problemkreis der Geisteskrankheiten. Da die Probleme hier so ernst und dringend sind, ist es verständlich, daß sie nicht mit Ruhe und Gelassenheit behandelt werden. Es ist aber trotzdem notwendig, auch hier so weit wie möglich Klarheit zu schaffen.

Oft wird an dieses Problem so herangegangen, als handle es sich um ein entweder-oder: Entweder sind Geisteskrankheiten durch Vererbung bedingt oder sie sind die Folge schlechter oder abwegiger Erfahrungen, also das Ergebnis eines Lernprozesses. Diese Art der Fragestellung ist falsch und führt auch nicht zu neuen Einsichten. Wird die entweder-oder-Fragestellung im Sinne von Tabelle 1 formuliert, so heißt sie: Geisteskrankheiten werden entweder durch Faktor I oder durch Faktor V verursacht. Es ist nun klar, daß diese Art der Fragestellung sinnlos ist, und zwar nicht nur, weil die Faktoren II, III und IV ausgelassen sind, sondern auch, weil ein Zusammenwirken der einzelnen Faktoren nicht einmal in Betracht gezogen wird. Eine bestimmte Erbanlage könnte z. B. unter bestimmten Umweltbedingungen für Geisteskrankheiten prädisponieren, unter anderen Umständen jedoch zu einem gut angepaßten, stabilen Menschen führen. Umgekehrt können gegebene Umweltbedingungen Menschen mit bestimmten Erbanlagen dazu verhelfen, sich normal zu entwickeln, bei anderen Menschen mit anderen Erbanlagen aber psychische Fehlentwicklungen bewirken.

Die Einstellung zu diesem Fragenkomplex ist heute stark von den Arbeiten von Kallman über die Häufigkeit des Auftretens von Schizophrenie bei Verwandten beeinflußt. Sein hauptsächliches Ergebnis war: Je näher die Verwandtschaftsbeziehungen, desto wahrscheinlicher ist es, daß auch die Verwandten eines Schizophrenen an Schizophrenie leiden. 13 % der Geschwister (Zwillinge ausgeschlossen) von Schizophrenen leiden an dieser Krankheit. Für zweieiige Zwillinge sind die Zahlen ungefähr gleich, aber bei eineiigen Zwillingen steigen die Zahlen zu 91 bis 92 %. Eineiige Zwillinge haben natürlich die gleiche Erbanlage, die Erbanlagen zweieiiger Zwillinge sind einander nicht ähnlicher als die von Geschwistern im allgemeinen.

Daraus schloß nun eine Anzahl von Leuten: Geisteskrankheiten sind allein durch Vererbung bedingt. Roth wies aber an Hand von anderen Daten, die auch von Kallman gesammelt wurden, darauf hin, daß diese Interpretation nicht ganz stimmen kann. Bei der Tuberkulose, einer Krankheit, von der niemand behaupten wird, sie sei unabhängig von Umwelteinflüssen, findet man eine ähnliche Verteilung wie bei der Schizophrenie. Die Umwelteinflüsse aber sind hier eindeutig die Tuberkulosebazillen, mit denen man infiziert sein muß, bevor man an Tuberkulose erkranken kann. Das bedeutet aber, daß die Interpretation, Schizophrenie sei allein durch Vererbung bedingt, unhaltbar ist. Richtiger ist es wahrscheinlich zu sagen, daß die Anfälligkeit für Schizophrenie vererbt wird.

Tabelle 2. Fälle von Tuberkulose und Schizophrenie bei Verwandten von Patienten, die bereits erkrankt sind (in v. H.) Nach Roth, aus Kallman.

Verwandschaftsgrad	Häufigkeit der Tbc bei Verwandten	Häufigkeit der Schizophrenie bei Verwandten
Halbbrüder oder Halbschwestern	11,9	7,3
Geschwister	25,5	12,9
Zweieiige Zwillinge	25,6	12,5
Eineiige Zwillinge	87,3	91,5

Tabelle 2 weist auf ähnliche Zusammenhänge hin wie Abbildung 56. Dort wurde gezeigt, daß die Vervollkommnung des Pickens das gemeinsame Ergebnis von physischer Reifung und Erfahrung oder Lernen ist. Aus Tabelle 2 geht hervor, daß Erbanlage und Umwelt auch bei Krankheiten zusammenwirken können. Die Erbanlagen bedingen zu einem großen Teil, ob jemand, der Tuberkulosebazillen ausgesetzt ist, auch tatsächlich daran erkranken wird. Anders kann kaum der große Unterschied in der Anfälligkeit zwischen zweieiigen (26 %) und eineiigen Zwillingen (87 %) erklärt werden. Man könnte natürlich sagen, Zwillinge wachsen miteinander auf und sind den gleichen Umwelteinflüssen ausgesetzt und haben daher auch die gleiche Chance, angesteckt zu werden, aber das trifft genauso für zweieiige Zwillinge zu wie für eineiige. Der Unterschied kann nur dadurch erklärt werden, daß eineiige Zwillinge die gleiche Anfälligkeit für eine Krankheit haben.

Was sagen uns die Zahlen für Schizophrenie? Der Unterschied zwischen 92 % für eineiige Zwillinge und 13 % für zweieiige kann nur als Anzeichen dafür verstanden werden, daß es so etwas wie eine genetisch bedingte Anfälligkeit für Schizophrenie gibt. Umwelteinflüsse werden, wenn man diese Feststellung macht, nicht vergessen. Ebenso wie es zu einem Ausbruch von Tuberkulose nur dann kommen kann, wenn der anfällige Organismus gewissen Umwelteinflüssen, in diesem Fall Tuberkulosebazillen, ausgesetzt ist, so tragen auch Umwelteinflüsse zur Schizophrenie bei; hier könnten z. B. soziale Faktoren von Bedeutung sein.

Es gibt Fälle, die eine solche Hypothese bestätigen würden. Z. B. wurde von einem Zwillingspaar berichtet, das eine sehr schwere Kindheit durchmachte. Eine der Zwillinge wurde im Anschluß an eine unglückliche Liebesaffäre schizophren (von der sie sich aber wieder erholte), wogegen die andere gesund blieb. Psychische Faktoren, die zur Schizophrenie beitragen, sind normalerweise nicht eindeutig feststellbar und sind wahrscheinlich meist von längerer Dauer. Da meist die Zwillinge den gleichen seelischen und sozialen Spannungen ausgesetzt sind, tragen Umwelteinflüsse auch dazu bei, daß beide an Schizophrenie leiden.

Zusammenfassung

Die Entwicklung des Verhaltens hängt von einer Vielzahl von Einflüssen ab. Wir haben sie für unsere Zwecke in den Faktoren I bis VI klassifiziert. Vererbung (Faktor I) kann selbständig kein Verhalten hervorrufen, noch kann es das Lernen allein. Erfahrung (Faktor IV und V) trägt nicht zur Funktion der unbedingten Reflexe bei. Doch alles andere Verhalten, einschließlich des instinktiven Verhaltens der Säugetiere und vieler anderer Tiere, ist durch generalisierte frühe Erfahrung mitbedingt.

Der Ausdruck Reifung wird in zweifacher Form gebraucht: Physische Reifung (bedingt durch die Faktoren I bis III) und psychische Reifung (Faktoren I bis IV, einschließlich der nichtspezifischen Erfahrung).

Der Begriff Instinkt ist deshalb nicht befriedigend, weil heute darunter u. a. eine besondere Kraft des Verhaltens verstanden wird, die im Gegensatz zu (oder an Stelle von) Intelligenz und Lernen gesehen wird. Der Ausdruck „instinktives Verhalten“ ist schon weniger irreführend. Voraussetzung für seine Verwendung ist allerdings, daß er nicht so aufgefaßt wird, als würde dadurch die Wirkung des Lernens ausgeschaltet. Instinktives Verhalten kann einfach dadurch, daß man eine bestimmte Art kennt, vorausgesagt werden. Es ist unabhängig von irgendeiner besonderen Erfahrung, doch nicht von der frühen Erfahrung, der alle Artgenossen unter normalen Umständen ausgesetzt sind. Instinktives Verhalten von Vögeln und Säugetieren kann nicht reflexivem Verhalten gleichgesetzt werden. Bei diesem handelt es sich um stereotype lokale Reaktionen auf einen ganz bestimmten Reiz. Instinktives Verhalten ist dagegen unabhängig von bestimmten Sinnesorganen, es ist meist eine Gesamtleistung des Tieres (und schließt frühe Erfahrung ein). Das Niveau der Intelligenz, das ein Wesen erreicht, ist sowohl auf die Anlage als auch auf die Umwelt zurückzuführen, aber nicht teilweise auf die Anlage und teilweise auf die Umwelt. Beide Faktoren sind in gleicher

Weise notwendig. Vererbung kann nur dann Intelligenz bedingen, wenn sie mit der nährenden und erhaltenden Umwelt, sowohl der vorgeburtlichen als auch der nachgeburtlichen, zusammenarbeitet. Schließlich muß darauf hingewiesen werden, daß es viele Beweise für die Bedeutung der generalisierten Erfahrung, die Wirkung der sinnenhaften Umwelt, für die normale intellektuelle Entwicklung gibt.

7. Lernen und Gedächtnis

Bis zu diesem Punkte lag die Betonung in unseren Diskussionen vor allem auf den allgemeineren Begriffen und Methoden, die zur Analyse des Verhaltens eingesetzt werden. Anstatt das Verhalten von einem bestimmten theoretischen Standpunkt aus zu betrachten, werden wir versuchen, uns einen Überblick zu verschaffen. Es darf nämlich auf gar keinen Fall vergessen werden, daß wir immer noch weit davon entfernt sind, Verhalten wirklich zu verstehen. Wir erkennen, daß wir nicht nur Schwierigkeiten haben, das Verhalten des Menschen zu verstehen, sondern auch in unserem Bemühen, das Verhalten niederer Tiere zu verstehen, noch keine großen Fortschritte gemacht haben. Wir müssen nun das ganze Bild des Verhaltens in Betracht ziehen und untersuchen, inwieweit unser begriffliches Rüstzeug für dieses Unternehmen ausreicht.

Wir beginnen bei den Problemen des Gedächtnisses und des Lernens, also bei der Weise, wie Verhalten durch Erfahrung im weitesten Sinne des Wortes verändert wird sowie der Dauerhaftigkeit dieser Veränderungen. Im wesentlichen ist es die Frage: Unter welchen Umständen treten Veränderungen des Verhaltens auf und unter welchen verschwinden sie wieder?

Unter Lernen fallen anscheinend Ereignisse, die unter sehr verschiedenen Bedingungen zustande kommen. Eine Hausfrau lernt zum Beispiel, wie man mit einem Dosenöffner umgeht, indem sie entweder die Instruktion liest oder ganz einfach dadurch, daß sie an einer Sardinendose herumprobiert. Bei der einen der beiden Methoden hat es sich hauptsächlich um ein Üben der zu erlernenden Fertigkeit gehandelt, bei der anderen nicht. Was haben die beiden Methoden gemeinsam, oder was haben sie mit dem Lernen, in geräuschvoller Umgebung zu schlafen, gemein? Hier handelt es sich nun darum, zu lernen, auf einen Reiz nicht zu reagieren. Dann gibt es das „Sehenlernen“ von Patienten, die mit grauem Star geboren wurden. Handelt es sich nun, wie wir annehmen, in all diesen Fällen grundsätzlich um den gleichen Prozeß, so muß es aber noch mehrere komplizierende Faktoren geben, die die Ursache für so verschiedene Endergebnisse sind.

Wir haben es also bei dem Ausdruck „Lernen“ wieder einmal mit einem jener Wörter zu tun, die so lange recht brauchbar sind, als man sich nur ganz allgemein ausdrücken will, die jedoch immer einer näheren Bestimmung bedürfen, wenn eine präzisere Aussage gemacht werden soll. Anstatt nur ganz allgemein vom Lernen zu reden, ist es jetzt notwendig, zwischen Konditionierung und Lernen am Erfolg zu unterscheiden, zwischen Lernen durch Wahrnehmung und motorischem Lernen oder zwischen mechanischem Lernen und Lernen durch Einsicht.

In einer ähnlichen Situation befinden wir uns mit dem Begriff „Gedächtnis“; er ist allgemein und umfassend, aber zugleich auch ziemlich ungenau. Ganz allgemein wird darunter die Fähigkeit verstanden, frühere Erfahrungen zu behalten. Die Komplikationen, denen wir uns gegenübersehen, werden im folgenden Beispiel deutlich. Bei manchen Gehirnverletzungen kommt es zu dem, was man als Verlust des „Kurzzeitgedächtnisses“ bezeichnet. Dieser Zustand ist dadurch gekennzeichnet, daß es dem Patienten nicht möglich ist, neue Verbindungen aufzubauen; er kann sich nicht merken, was eben geschieht. Die Erinnerung an länger zurückliegende Ereignisse ist jedoch nicht beeinträchtigt. Allein aus der großen Zahl der Ausdrücke, mit denen wir in dieser kurzen Beschreibung „Gedächtniserscheinungen“ charakterisieren, wird die hier herrschende Verwirrung der Begriffe deutlich.

Wie wir später noch sehen werden, gibt es verschiedene Methoden, das Behalten von früher Gelerntem zu messen. Jede dieser Methoden aber setzt eigentlich eine andere Vorstellung vom Gedächtnis voraus. Bei der einen Methode wiederholt die Versuchsperson zum Beispiel alles, was sie sich gemerkt hat; kann sie nichts wiederholen, bekommt sie den Wert O. Doch Messungen, sowohl mit der *Ersparnismethode* als auch mit der *Methode des richtigen Wiedererkennens,* würden zu anderen, höheren Werten führen. Das heißt also, manchmal meinen wir, wenn wir Gedächtnis sagen, das, woran sich jemand tatsächlich erinnern kann, und dann wieder bleibende Erinnerungsspuren, die fortdauernde Wirkung von etwas früher Gelerntem, und zwar unabhängig davon, ob sich die Versuchsperson daran erinnert oder nicht.

Das Problem des Gedächtnisses ist sicherlich ein integraler Teil des Problems des Lernens. Man möge sich nur fragen, wieviel „Lernen“ könnte zustande kommen, wenn jemand im Augenblick des Lernens das zu Lernende auch schon wieder vergäße. Gäbe es kein Behalten, wie könnten wir die Ergebnisse des Gelernten überhaupt feststellen? Hätte es dann überhaupt Sinn, von Lernen zu reden? Wir können jetzt in unseren Folgerungen schon so weit gehen, daß wir sagen: Lernen setzt ein Kurzzeitgedächtnis voraus, und die zwei Begriffe Lernen und Gedächtnis beziehen sich nicht auf Verschiedenes, sondern nur auf zwei verschiedene Aspekte desselben Phänomens.

Das Phänomen des Konditionierens

In der Vergangenheit haben einige Forscher den konditionierten Reflex (CR) als die einfachste und elementarste Form des Lernens betrachtet, aus der sich alle übrigen ableiten lassen. Obwohl Konditionieren, wenn man es mit Reihenlernen und dem Aneignen bestimmter motorischer Fähigkeiten vergleicht, sicherlich eine ziemlich primitive Form des Lernens ist, so ist die Ansicht, daß sich daraus alles weitere Lernen ableiten lasse, doch wohl eine zu große Vereinfachung. Da aber hier viele Faktoren, die sich auf das Lernen auswirken, gut kontrolliert werden können, haben wir aus der Untersuchung des konditionierten Reflexes viel über den Lernprozeß gelernt. Pawlow, der diese Methode entwickelte, konzentrierte sich in seiner Arbeit ausschließlich auf eine einzige Reaktion, nämlich auf die Sekretion der Speicheldrüse. Tatsächlich kann aber jeder einfache Reiz zu jeder einfachen Reaktion konditioniert werden. Ausführlich wurde bereits die Speichelreaktion auf Futter und die Vermeidereaktion auf einen elektrischen Schock beschrieben. Allgemein ausgedrückt, passiert beim Konditionieren folgendes: Ein unkonditionierter Reiz (UCS) löst eine unkonditionierte Reaktion (UCR) aus. Dem UCS muß der neutrale Reiz, der der konditionale Stimulus werden soll, vorausgehen. Mit der Pawlowschen Methode waren ungefähr 40 Wiederholungen nötig, um einen zuverlässigen CR in Hunden aufzubauen. Die Anzahl der Versuchswiederholungen, die zur Einrichtung eines zuverlässigen CR nötig ist, variiert mit der Art der Tiere, an denen die Experimente vorgenommen werden, aber natürlich auch mit der Art der Reize und Reaktionen, um die es geht. Ein Schimpanse, der einmal mit einer Nadel gestochen wurde, wird schon nach einer einzigen Erfahrung eine sichere Vermeidereaktion zeigen. Andererseits können Hunderte, ja

Tausende von Wiederholungen nötig sein, wenn der Reiz gerade noch eben überschwellig ist und nur eine sehr schwache Reaktion des autonomen Nervensystems auslöst.

Es ist auch möglich, eine konditionierte Hemmung aufzubauen. Bei der Pawlowschen Prozedur wurde ein kurzer Ton (120 Schwingungen pro Sekunde) als positiver CS zur Auslösung einer Speichelsekretion eingeführt. Jedesmal, wenn dieser Ton zu hören war, wurde Futter gereicht. Später wurde auch noch ein Ton von 60/sek angeschlagen, doch im Anschluß daran kein Futter gegeben. Anfangs löste auch dieser Ton eine Speichelsekretion aus. Wir haben es hier mit dem Phänomen der Generalisation (Verallgemeinerung) zu tun, von der wir schon berichteten (Seite 44 ff.). Nach einigen weiteren Versuchen löste der nichtbelohnte Ton (60/sek) keine Speichelsekretion mehr aus. Das, was während dieser weiteren Wiederholungen stattfand, könnten wir als ein „Lernen, nicht zu reagieren" beschreiben. Dabei handelt es sich nicht einfach um einen negativen Prozeß, um das Fehlen einer Reaktion, sondern um aktive Hemmung. Deutlich wird das vor allem daraus: Wird auf den Ton 60 sofort der Ton 120 dargeboten, so erfolgt auch auf diesen keine Reaktion. Der Prozeß, der die Speichelsekretion bei Ton 60 hemmt, dauert also für einige Zeit an, innerhalb derer auch keine Reaktion auf Ton 120 erfolgen kann. Nun kann aber auch der Hemmungsprozeß selbst gestört werden. Wird unmittelbar nach Ton 60 ein ungewöhnlicher Ton dargeboten, so wird der Hund zum darauf folgenden Ton 120 wieder Speichel ausscheiden.

Andere Phänomene, die von einiger Bedeutung sind, betreffen CR höherer Ordnung. Angenommen, ein CR (Speichelsekretion) wird zu einem Lichtsignal aufgebaut, dem immer Futter folgt. Wird nun dieses Lichtsignal gleichzeitig mit einem Ton dargeboten, jedoch danach kein Futter gegeben, so wird das Tier nach fünf solchen Kombinationen auch schon allein auf den Ton hin Speichel ausscheiden. Da diesem Ton nie Futter folgte, ist er eine CR (konditionierte Reaktion) zweiter Ordnung. Manchmal kann sogar eine CR dritter Ordnung erreicht werden.

Ergebnisse von der Art, wie wir sie eben beschrieben haben, wurden theoretisch so weit als möglich ausgeschlachtet, um auch andere Formen von Lernen, die mit Konditionieren nicht in direkter Beziehung stehen, von diesem Gesichtspunkt aus erklären zu können. Einem Schimpansen kann beigebracht werden, für Spielmünzen anstatt direkt für Futter zu arbeiten.

Um das zu erreichen, muß man im Käfig einen Automaten aufstellen, an dem der Affe die Münzen für Trauben oder Bananen eintauschen kann. Äußerst interessant ist bei diesem Experiment, daß der Schimpanse gar nicht immer mit jeder Münze, die er verdient hat, zum Automaten läuft, um sich

Abbildung 50. Hier wird Kambi gezeigt, wie er gerade eine Spielmarke in den Automaten einwirft, um Futter zu erwerben. (Courtesy of Yerkes, Laboratories of Primate Biology and H. W. Nissen.)

die Belohnung zu holen, sondern manchmal mehrere Münzen zusammenspart. Dieses Verhalten sieht dem menschlichen, Geld einfach um seiner selbst willen anzusammeln, ziemlich ähnlich. Man kann dieses menschliche Verhalten dann folgendermaßen interpretieren: die Reaktion Geldsammeln ist eine CR zweiter Ordnung. Eine Schwierigkeit für diese Art der Erklärung liegt jedoch darin, daß die CR zweiter Ordnung, die man im Labor beobachten kann, ziemlich schwach und nicht sehr dauerhaft sind. Im Gegensatz dazu ist die Tendenz, Geld anzusammeln – auch bei Menschen, die schon genug haben, um damit leicht bis zu ihrem Lebensende auszukommen – noch sehr stark und dauerhaft. Auch scheinen diese Reaktionen beim Menschen nicht dem Mechanismus der Extinktion zu folgen.

Nachdem das Wort „Extinktion" nun gefallen ist, wollen wir darauf noch etwas näher eingehen. Es handelt sich dabei um eine Form des Vergessens. Gewisse Besonderheiten dieses Prozesses weisen aber darauf hin, daß es nicht einfach eine Schwächung und schließlich ein Verlust der durch Konditionieren aufgebauten Verbindungen ist. Nachdem wir eine CR (Speichelausscheiden) zu einer Reizung der Haut an einer bestimmten Stelle des Rückens aufgebaut haben, geben wir in kurzer Aufeinanderfolge mehrere CS. Die Menge des ausgeschiedenen Speichels nimmt von Wiederholung zu Wiederholung ab, bis zum Beispiel bei der achten Wiederholung gar kein Speichel mehr ausgeschieden wird. Hat das Tier nun vergessen? Das ist die berechtigte Frage, die wir stellen müssen. Nein, nicht alles, denn wenn wir es am nächsten Tag wieder testen, so erfolgt die CR wieder in ihrer alten Stärke. Wir nennen dieses Phänomen zeitweilige Extinktion. Sie wurde durch gehäufte Versuche erreicht. Werden zwischen die einzelnen Versuchswiederholungen etwas längere Zeitintervalle eingelegt, so kommt es zu einer dauernden Extinktion. Das heißt, wenn wir nun das Tier an einem anderen Tag wieder in den Versuchsstand bringen, erfolgt keine CR. Aber auch hier ist es nicht einfach ein Erlöschen, ein Abbau der Verbindungen, der seine Ursache darin hat, daß CS und UCS nicht mehr gemeinsam vorkommen. Findet nämlich keine besondere Extinktion statt, sondern wird das Tier nur keinem CS mehr ausgesetzt, so kann die CR noch nach ziemlich langer Zeit, nach Monaten, ja sogar nach Jahren wieder ausgelöst werden. Extinktion ist demnach ein Vergessen, bei dem ein aktiver Lernprozeß mitwirkt; man könnte sagen, das Tier lernt, nicht mehr in der gleichen Weise wie früher zu reagieren. Wir haben es hier mit dem zu tun, was man eine retroaktive (rückwirkende) Hemmung nennt – oder anders ausgedrückt: Neues Lernen stört früher stattgefundenes Lernen.

Theoretische Implikationen: Unser erster Versuch, das Phänomen des Konditionierens theoretisch zu klären, war, die CR einfach als direkte Verbindung von den Rezeptoren zu den Effektoren zu betrachten. Gleichen sie darin auch den UCR, so unterscheiden sie sich von diesen jedoch darin, daß sie durch Erfahrung erworben und nicht angeboren sind. Mag diese Erklärung auch für manche CR einleuchtend sein, so trifft sie auf andere, zum Beispiel verzögerte CR, nicht zu. Nach dem heutigen Stande unseres Wissens würden wir weit eher annehmen, daß hier Vermittlungsprozesse und nicht direkte Verbindungen von den Rezeptoren zu den Effektoren beteiligt sind.

Wollen wir uns an diese einfache Theorie halten und die CR auf direkte Verbindungen von den Rezeptoren zu den Effektoren zurückführen, so stoßen wir noch auf weitere Schwierigkeiten. In ihrer einfachsten Form würde diese Theorie besagen: Immer dann, wenn einem Reiz eine unkonditionierte Reaktion folgt, werden Verbindungen zwischen dem erregenden Rezeptor und den Effektoren, die unmittelbar danach aktiv waren, aufgebaut. (Abbildungen 13, 14 und 26 stellen das in grober Form dar.) Implizite wird dadurch behauptet, sowohl auf den CS als auch auf den UCS werde in gleicher Weise reagiert. Anders ausgedrückt: ein neuer Reiz wird mit der alten Reaktion verbunden. Im allgemeinen sind nun CS und UCS keineswegs identisch, doch haben sie gewisse gemeinsame Komponenten. Manche dieser Komponenten sind etwas abgeändert, und wiederum andere können bei der CR auch völlig fehlen. Pawlow hat sich in seiner Analyse der konditionierten Reaktionen ausschließlich mit der Speichelsekretion befaßt. Sie ist wahrscheinlich auch bei CR und UCR die gleiche. Betrachten wir hingegen das ganze Verhaltensmuster, so fallen uns auch hier erhebliche Unterschiede auf. Der CS veranlaßt den Hund zum Beispiel nicht, auch nicht einmal andeutungsweise, nach dem Futter zu langen, noch löst er Kau- und Schluckbewegungen aus. Diese Komponenten der UCR fehlen in der CR vollkommen. Sie treten nur dann auf, wenn wirklich Futter dargeboten wird. Wäre Konditionieren nur ein Ersetzen durch einen neuen Reiz unter Beibehaltung der früheren Reaktion, so müßte der CS auch Schlucken, Kauen usw. auslösen.

Konditioniert man eine Ratte darauf, von einem Gitter wegzuspringen, um einen elektrischen Schock zu vermeiden, so schließt die ursprüngliche UCR (die Reaktion auf den Schock, die noch nicht durch Lernen verändert wurde) Beißen der Eisenstäbe, durch die sie elektrisiert wird, ein; ebenso Quietschen, Erstarren und andere unwirksame Methoden und schließlich Flucht. Wurde endlich eine sichere Vermeidereaktion aufgebaut, so hat sich die Gestalt der motorischen Abläufe bedeutend verändert; bei der Darbietung des CS springt das Tier sofort vom Gitter weg. Das tatsächliche Verhaltensmuster kann bei jedem Tier wieder anders sein. Alle Tiere werden jedoch eine stereotype Reaktion entwickeln, die man (1) berechtigt als CR bezeichnen kann, die aber (2) keinesfalls ein einfaches Beibehalten der UCR ist. Statt dessen unterscheidet sich meistens die Gesamtgestalt der Reaktion ganz wesentlich davon.

Kann nun auch die Veränderung des Verhaltens, die hier stattgefunden hat, als ein Wegfallen einiger Komponenten der ursprünglichen unkonditionierten Reaktion betrachtet werden, so ist die Frage immer noch offen, warum diese Komponenten ausfallen. Das ist genau der springende Punkt, bei dem wir hängen bleiben, wenn wir uns mit den theoretischen Problemen des Lernens befassen.

Kontiguität, Wiederholung und Verstärkung

Nach der Ansicht, die wir bisher diskutierten, ist zur Bildung einer CR lediglich erforderlich, daß dem CS wiederholt die Kombination UCS-UCR folgt. In dieser Feststellung wird die Gültigkeit zweier wichtiger Prinzipien des Lernens, nämlich der Kontiguität und der Häufigkeit, vorausgesetzt; Kontiguität meint die Tatsache, daß zwei Ereignisse (akustischer Reiz und Speichelsekretion) nur dann assoziiert werden, wenn sie in enger zeitlicher Nachbarschaft auftreten. Das Prinzip der Häufigkeit bezieht sich auf den offensichtlichen Umstand, daß Lernen auf dem wiederholten Auftreten bestimmter Reizbedingungen beruht. (Daß Lernen schon nach einem einzigen Versuch gelingt, ist eine sehr seltene Sache; aber auch in diesem Fall besteht noch die Wahrscheinlichkeit, daß dieser einzige Versuch mehrere Reize einbezieht, oder daß wir es mit einer Übertragung von früher Gelerntem zu tun haben.)

Nun müssen wir uns allerdings dem dritten Prinzip, dem der Verstärkung, zuwenden. Kontiguität und Häufigkeit sind nur notwendige, doch nicht ausreichende Bedingungen für das Lernen. Wie wir gesehen haben, kann eine Reaktion erlöschen, obwohl sie häufig in enger zeitlicher Nachbarschaft mit dem konditionalen Stimulus erfolgt. Worauf kommt es also an, welcher Faktor bedingt, ob eine Verstärkung stattfindet oder nicht?

Das Problem, dem wir uns hier gegenübersehen, wird am Serienlernen, zum Beispiel am Labyrinth, ziemlich deutlich. Wenn die Ratte im Labyrinth (Abbildung 51) vom Startkäfig bis zum Futter läuft, kommt sie an drei Punkten vorbei, an denen sie Entscheidungen zu treffen hat.

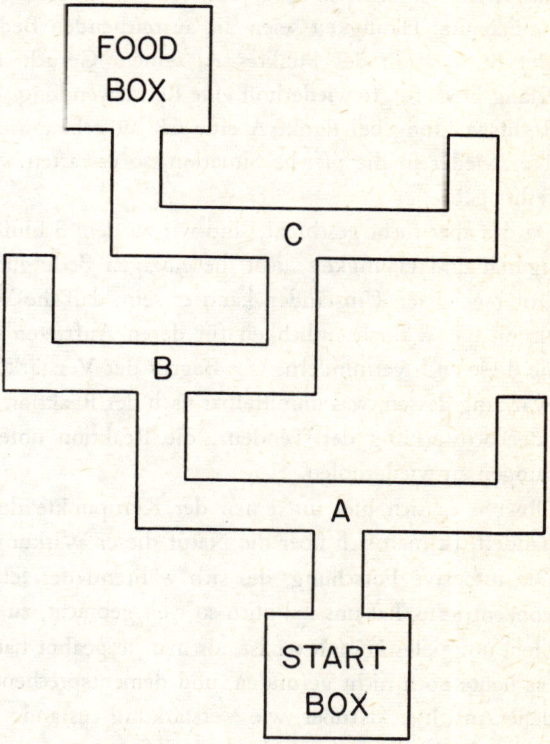

Abbildung 51. Der Plan eines einfachen Labyrinths für Ratten. Die Ecken geben dem Tier, bevor es tatsächlich in diesen Gang hineingelaufen ist, keine Möglichkeit zu erkennen, ob es sich um einen blinden Gang handelt oder nicht. A B, C sind Wahlpunkte.

An jedem dieser Entscheidungspunkte ist das Tier einer komplexen visuellen, taktilen und Geruchsstimulation ausgesetzt, die einen Hinweis dafür gibt, ob es sich nach rechts oder links wenden soll. Bei Punkt A läuft unsere Ratte zum Beispiel nach rechts bis an das Ende des blinden Ganges, muß dann dort umkehren und zurück nach A laufen; dann erst kann sie weiter nach B. Dieser Vorgang wiederholt sich, sagen wir, während der ersten vier Versuche. Nun stellt sich natürlich für uns die Frage: Was wird dadurch gelernt? Praktisch wissen wir, die Ratte wird aufhören, in den blinden Gang zu laufen und ihren Weg direkt nach B finden. Theoretisch sollte das allerdings nicht so sein, jedenfalls nicht, solange wir annehmen, Kontiguität und Häufigkeit seien die ausreichenden Bedingungen des Lernens. Der Stimulation des Punktes A, seinem Geruch, seiner Ansicht, seinem Klang usw., folgte wiederholt eine Rechtswendung. Folglich müßte für eine Rechtswendung bei Punkt A eine CR aufgebaut worden sein. Kommt das Tier wieder in die gleiche Situation, so erwarten wir, daß es wieder nach rechts geht.

Da das aber nicht geschieht, sind wir zu dem Schluß gezwungen, daß Kontiguität und Häufigkeit nicht die einzigen Bedingungen des Lernens sind. Unter gewissen Umständen kann es sein, daß die Wiederholung einer Reaktion die Wahrscheinlichkeit für deren Auftreten stärkt, doch u. U. kann sie diese auch vermindern. Der Begriff der Verstärkung bezieht sich auf die Wirkung dessen, was unmittelbar nach der Reaktion geschieht, die Stärkung oder Schwächung der Tendenz, die Reaktion unter den gleichen Bedingungen zu wiederholen.

Obwohl es sich hier um einen der Kernpunkte der Theorie des Lernens handelt, ist man sich über die Natur dieser Wirkung keinesfalls im klaren. Die intensive Forschung, die sich während der letzten Jahrzehnte darauf konzentrierte, hat uns lediglich so weit gebracht, zu erkennen, daß das Problem um vieles komplexer ist, als man je geahnt hatte. Eine Lösung wurde bis heute noch nicht gefunden, und dementsprechend gibt es auch verschiedene Ansichten darüber, wie Verstärkung zustande kommt.

Diese Ansichten lassen sich zu drei Gruppen zusammenfassen: (1) Verstärkung findet statt, weil die Reaktion das Tier von der Stimulation, vom Reiz, wegbringt. Die entscheidende S-R Verbindung wird also deshalb verstärkt, weil keine andere Verbindung mit demselben Stimulus gebildet werden kann, die mit der ersten in Wettstreit treten oder sie schwächen könnte.

(2) Verstärkung ist eine besondere Wirkung der Bedürfnisbefriedigung, und (3) Verstärkung hängt von irgendeiner Art von Wechselwirkung zwischen sensiblem Input und Vermittlungsprozeß ab.

1. Illustration zur ersten dieser drei Erklärungen: Im Labyrinth, das in Abbildung 51 dargestellt ist, erreicht die Ratte den Punkt A und wendet sich nach rechts. Dadurch wird die Tendenz begünstigt, das nächste Mal wieder bei der Erreichung des Punktes A mit einer Rechtswendung zu reagieren. Die Rechtswendung hat unsere Ratte nun allerdings in einen blinden Gang geführt und sie in der weiteren Folge gezwungen, nach A zurückzukehren. Jetzt kann sich die Ratte bei A nicht nach rechts wenden, und was immer sie tut, eine neue S-R Verbindung wird aufgebaut. Diese tendiert dazu, eine andere Reaktion auf die Hinweise des Punktes A zu produzieren. Diese neue Verbindung könnte die vorhergehende vollkommen aufheben oder sie auch nur schwächen. Das ist nun nicht mehr so wichtig; auf jeden Fall führt eine Rechtswendung schließlich zu einer Schwächung der Tendenz „Rechtswendung". Wendet sich das Tier allerdings bei A nach links, so kann es nach B weiterlaufen und sieht A während dieses Versuches nicht wieder. In diesem Fall wird keine neue Reaktion auf den Reiz aufgebaut und die Tendenz zur Linkswendung bleibt ungestört.

2. Die zweite Gruppe setzt die Verstärkung zum Effekt-Gesetz in Beziehung. Dieses wurde ursprünglich von Thorndike, einem der Pioniere der Tieruntersuchungen, formuliert. (Eine moderne Version der Theorie werden wir später noch kennenlernen.) Das Gesetz besagt, eine S-R Verbindung wird dann verstärkt, wenn der Reaktion auf den Reiz ein Zustand folgt, der dem Tier angenehm ist. Ist das Ergebnis jedoch ein dem Tier unangenehmer Zustand, so wird die S-R Verbindung geschwächt werden. Wendet sich nun die Ratte im Labyrinth nach rechts, so führt das zu einem unangenehmen Zustand (wenn sie am blinden Ende des Ganges ankommt), und die Stärke der Tendenz zur Rechtswendung wird im folgenden Versuch geschwächt sein. Die Tendenz, sich bei A nach links zu wenden, wird natürlich nicht geschwächt; hier erreicht die Ratte endlich das Futter und wird in einen zufriedenen Zustand versetzt. Dadurch wird die Tendenz verstärkt, die Reaktionen, die dem angenehmen Zustand vorangingen, zu wiederholen. Es handelt sich hier um einen streng mechanischen Vorgang; darauf muß ausdrücklich verwiesen werden. Wendet sich das Tier bei C nach rechts, geht es in den blinden Gang, dreht es dann um und erreicht es das Futter, so wird die ganze Serie von Handlungen verstärkt. Da es aber das Futter früher erreicht, wenn es sich bei C nach links wendet, wird die Linkswendung in einem größeren Maße verstärkt werden als die Rechtswendung.

3. Wird eine hungrige Ratte einige Male in ein Labyrinth gegeben und ist sie darin umhergewandert, bis sie das Futter fand, so werden sich in ihr verschiedene Erwartungen aufbauen. Die einzelnen Reizkombinationen werden Vermittlungsprozesse anregen; die Vermittlungsprozesse werden miteinander assoziiert oder verbunden, so daß schließlich einer den anderen auslösen kann. Das Tier hat dann wiederholt die Erfahrung gemacht, daß auf A, B und C, in dieser Ordnung erlebt, Futter folgt. Wurden die korrespondierenden Vermittlungsprozesse miteinander verbunden, so wird

die Erfahrung A die Erwartung B hervorrufen. (Vermittlungsprozeß A erregt Vermittlungsprozeß B, bevor B noch tatsächlich erfahren wurde.) Wendet sich das Tier bei A nach links, so wird B tatsächlich gesehen und gerochen, was zu einer weiteren Verstärkung dieser zwei Gruppen von Vermittlungsprozessen führt. (Die Erwartung wird bestätigt.) Zu gleicher Zeit wird auch die Verbindung zwischen dem motorischen Vorgang der Linkswendung und dem gleichzeitig ablaufenden Vermittlungsprozeß gestärkt. Wendet sich das Tier bei A nach rechts, so wird die Erwartung, B zu sehen, nicht erfüllt, und dadurch wird auch die Verbindung der Vermittlungsprozesse — die Erwartung — mit dem motorischen Prozeß der Rechtswendung nicht verstärkt werden.

Man könnte sich vorstellen, daß eine der drei Ansichten richtig ist, und daß die beiden anderen falsch sind. Bedeutend wahrscheinlicher ist es allerdings, daß eine Kombination aller drei uns auf die Spur der richtigen Antwort bringt. Eine Kombination des Effekt-Gesetzes mit einer Theorie der Vermittlungsprozesse ist heute so ziemlich allgemein anerkannt. Über die Details der „Kombination" besteht allerdings noch wenig Übereinstimmung. Manche Forscher betonen in ihrer Theorie mehr das Effektgesetz, andere wiederum legen größeren Nachdruck auf die Vermittlungsprozesse.

Nun noch einige weitere Bemerkungen zum Effektgesetz. Es wurde in verschiedener Weise modifiziert, doch der Hauptgedanke ist der folgende: Als erstes wird einmal angenommen, der Motor jeglichen Verhaltens seien Triebe: Hungertrieb, Sexualtrieb, der Trieb, schmerzhaften Situationen zu entfliehen usw. (Kap. 8). Weiter wird angenommen, die Wirkung, also der Effekt, auf den sich das Effektgesetz bezieht, sei eine Triebreduktion, eine Bedürfnisbefriedigung. Die Reaktion, der eine Triebverminderung, eine Bedürfnisbefriedigung folgt, tendiert dazu, wiederholt zu werden. Der hungrige Hund lernt, um Futter zu betteln, weil er immer, nachdem er sich auf die Hinterfüße gesetzt hatte, Futter bekam. Das Futter vermindert den Hunger; diese Triebverminderung stärkt ihrerseits die Tendenz, die unmittelbar vorhergehende Reaktion, also das Betteln um Futter, zu wiederholen. Wird gestraft statt belohnt, so ist es nach diesem Theorem nicht der Schmerz, sondern die Befreiung vom Schmerz, die das Verhalten verstärkt. Also auch in diesem Fall ist es die Triebverminderung, die verstärkt; sie findet in dem Augenblick statt, in dem die Befreiung vom Schmerz gelingt.

Verstärkung von der Art, wie wir sie bisher besprochen haben, ist primäre Verstärkung. Das Prinzip, das hier wirksam zu sein scheint, läßt sich aber noch so weit ausdehnen, um auch sekundäre Verstärkung einzuschließen. Es handelt sich dabei um das Auftreten von Stimulationen, die früher mit einer primären Verstärkung verbunden waren. (Vergleiche Konditionieren 2. Ordnung Seite 208.) Eine Ratte, die früher in einem weißen Käfig Futter fand, wird auch künftig, wenn sie vor die Wahl gestellt wird, eher in einen weißen als in einen schwarzen Käfig gehen. Der Gedanke liegt nahe, unter diesem Gesichtspunkt auch manches anomale Verhalten des Menschen zu sehen. Wenn ein Mensch, anstatt das Angenehme zu suchen, sich Mühen und unangenehmen Situationen aussetzt, so mag sehr wohl sekundäre Verstärkung wie Ruhm, Lob oder der Gewinn von Geld mitbeteiligt sein. Ist das auch, wie wir in Kapitel 8 noch sehen werden, nicht die volle Erklärung, so scheint damit doch ein wesentlicher Punkt angeschnitten worden zu sein.

Kehren wir aber nun zu unserer Ratte im Labyrinth (Abbildung 51) zurück. Die Ratte ist hungrig, und bei ihrer ersten Wanderung irrt sie so lange im Labyrinth umher, bis sie endlich den Futternapf gefunden hat. Das nun folgende Fressen ist Triebverminderung. Die Triebreduktion wird mit dem Zielkäfig, also dem Ort, an dem sie Futter gefunden hat, und mit dessen näherer Umgebung assoziiert werden (besonders nach wiederholten Versuchen). Der Zielkäfig und seine nähere Umgebung werden dann für die Ratte die Eigenschaften einer sekundären Verstärkung annehmen (die primäre Verstärkung war das Fressen, das der Ratte im Zielkäfig möglich war). In einem Versuch erreicht die Ratte C und wendet sich nach links. Weil dieser Weg direkt zum Futter führt, findet sofort Triebverminderung statt. Beim nächsten Versuch wendet sie sich bei C nach rechts, kommt in den blinden Gang und muß umkehren und zurückgehen, bevor sie das Futter erreicht. Die Triebreduktion ist verzögert. Daraus folgt: die Linkswendung wird in höherem Maße verstärkt werden als die Rechtswendung. Nach wiederholten Versuchen wird das Gewohnheitspotential, die Stärke der Tendenz für das Auftreten einer bestimmten Reaktion, so weit aufgeladen sein, daß Zufallsschwankungen des Verhaltens, die auf irgendwelche störenden Einflüsse zurückzuführen sind, praktisch keine Rolle mehr spielen. Die Ratte wird sich bei C immer nach links wenden.

Lassen Sie uns noch Vermittlungsprozesse einschließen. Wir können erwarten, daß die zentralen Vorgänge, die durch die Stimulation von Punkt C erregt wurden, noch aktiv sind, wenn die Ratte das Futter tatsächlich findet. Daher werden diese Aktivitäten mit der Triebverminderung assoziiert, und

C wird (ähnlich dem Zielkäfig) die Eigenschaften einer sekundären Verstärkung annehmen. Auf diese Weise könnte die Ratte den ganzen Weg lernen: sie könnte auf die gleiche Weise, wie sie bei C nach links zu gehen lernte, bei B jetzt nach rechts gehen lernen, und es ist vorstellbar, daß dieser Prozeß auch noch A einschließt.

Wir wissen auch, daß das noch nicht die ganze Geschichte ist; denn Ratten, die kein Futter im Zielkäfig finden und nur so im Labyrinth umherlaufen, lernen auch eine Menge über das Labyrinth. Zutage tritt das dann, wenn diese Ratten später in den Startkäfig gegeben werden und Futter im Zielkäfig finden. Sie lernen den Weg vom Start zum Ziel (Futter) bedeutend schneller als Tiere ohne diese „Labyrintherfahrung". Eine der Erklärungen, die dafür gegeben wurde, ist diese: der Ratte sei es unangenehm, ans Ende eines blinden Ganges zu kommen und sich dort auf engem Raum umdrehen zu müssen. Das würde natürlich voraussetzen, daß am Lernen der hungrigen Ratte nicht nur ein Trieb beteiligt ist. Zur Reduktion des Hungertriebes käme noch das Vermeiden der Unbequemlichkeit.

Eine andere mögliche Erklärung dafür wäre, daß wir es mit so etwas Ähnlichem wie einem „Kurzschließen" in einer Serie von Vermittlungsprozessen zu tun haben. Die Ratte, die sich bei B nach links wendet, kommt in einen blinden Gang, muß umkehren und nach B zurück, bevor sie nach C weiterlaufen kann. Wiederholt sich das mehrere Male, so wird dadurch ein Vermittlungsprozeß – (B)-(Ende des blinden Ganges)-(B)-(offener Gang) – eingerichtet. Bei einem nächsten Versuch beginnt das Tier, sich bei B nach links in den blinden Gang zu wenden. Die Serie der zugehörigen Vermittlungsprozesse läuft aber rascher ab als die tatsächliche Bewegung des Tieres. Während sich das Tier nach links wendet, finden die Vermittlungsprozesse statt, die mit der Wahrnehmung des blinden Endes des Ganges korrespondieren. Mit diesen ist die Bewegung des Umdrehens assoziiert. Der Beobachter sieht, die Ratte geht zunächst in den blinden Gang hinein, wendet jedoch bald und läuft nach C weiter. In einem späteren Versuch ist das „Kurzschließen" noch weiter entwickelt; das Tier wendet sich bei B nicht einmal nach links, sondern läuft direkt nach C weiter.

Damit haben wir einige der wichtigsten Richtungen vorgeführt, in denen die Psychologen heute bei dem Versuch, dieses Problem zu meistern, denken. Da das Problem heute noch ungelöst ist, wissen wir nicht, ob die Lösung in einer dieser Richtungen liegt, oder ob neue theoretische Begriffe entwickelt werden müssen, ehe zu einer Lösung fortgeschritten werden kann.

Triebreduktion: eine mögliche Hypothese

Sowohl aus unserer Alltagserfahrung als auch aus Laboratoriumsversuchen wissen wir: die Befriedigung körperlicher Bedürfnisse, also Triebreduktion, wirkt oftmals ausschlaggebend mit zu entscheiden, was gelernt und was verlernt wird. In einigen Situationen ist das jedenfalls der entscheidende Faktor. Fragen wir aber, weshalb das physiologisch so sein sollte, so ist die Antwort darauf alles andere als eindeutig. Wir werden nun im folgenden die einzige Antwort, die darauf gegeben wurde, vortragen. Dabei müssen wir ausdrücklich betonen, es handelt sich hierbei um eine Hypothese, die jedoch, sollte sie verifiziert werden, einige interessante Implikationen für das Verständis des Verhaltens vermittelt.

Wenn wir annehmen, Trieb ist gleich Antrieb im Sinne von allgemeiner Erregung oder dem Grad der Wachheit des Organismus (auf diese Hypothese werden wir in Kapitel 8 näher eingehen), so wird dadurch die Beziehung Trieb-Lernen einsehbar. Wie wir schon erfahren haben, kann es im Kortex ohne den dauernden Erregungsstrom aus den subkortikalen Zentren keine Impulsübertragungen an den Synapsen geben. Findet aber keine Impulsübertragung an den Synapsen statt, so kann auch kein Lernen zustande kommen. Daraus würde dann weiter folgen, daß Lernen und Trieb in enger Beziehung zueinander stehen; ohne Trieb kein Lernen! Betrachten wir diese Hypothese allerdings etwas näher, so fällt auf, daß Triebreduktion nicht notwendigerweise das Entscheidende ist. Bei einem niedrigen Triebniveau könnte im Gegenteil ein Stärkerwerden des Triebes als Verstärkung wirken. In gewissen mittleren Bereichen ist eine Veränderung der Triebstärke womöglich überhaupt nicht von Bedeutung.

Ein sehr hohes Triebniveau wäre im Einklang mit unserer Hypothese als ein besonders heftiger Erregungsstrom von subkortikalen Zentren zu den kortikalen zu verstehen. Besser könnte dieser Zustand vielleicht noch als Impulsbombardement der kortikalen Synapsen durch das Antriebsystem beschrieben werden. Möglicherweise ist das der Zustand, der durch einen starken elektrischen Schock, den das Versuchstier erleidet, hervorgerufen wird. Es besteht dann die Tendenz, alle kortikalen Leitungen zu aktivieren, einschließlich derjenigen, die einander hemmen bzw. gegenläufiges Verhalten hervorrufen (Vorwärts- und Rückwärtsgehen, Schreien und Luftanhalten zu gleicher Zeit usw.). Die Wirkung des Schocks wäre demnach ein Auflösen der Phasensequenzen (Phasensequenz = geordnete Aufeinanderfolge der Vermittlungsprozesse), und dadurch würde jedes wirksame Verhalten unmöglich. Ein sensorisches Ereignis, das diese wilde Aktivität auslöst, wird dazu tendieren, mit allen, jetzt nur nach dem Zufall feuernden Leitungen Verbindungen aufzunehmen. Es wird zu dieser wilden unkoordinierten Aktivität konditioniert werden. Unter diesen Umständen kann nun jeweils eine von zwei möglichen Folgen eintreten.

1. Als Ergebnis der Unterbrechung aller Phasensequenzen fällt jedes koordinierte motorische Verhalten aus, das das Tier von dem Gitter, von dem es den Schock erhält, wegbringen könnte. Die einzige Wirkung des Lernens ist eine weitere Steigerung der Inkoordination des Verhaltens, die dann schließlich zur Erstarrung (starr vor Schreck) statt zur Flucht führt. Auf diese Weise könnte man sich auch das Verhalten der Ratten erklären, die in einem Abteil eines zweiteiligen Käfigs einen elektrischen Schlag bekommen und es nicht lernen, in das andere Abteil zu entfliehen. Unter diesem Gesichtspunkt betrachtet, wird es auch klar, weshalb Hunde, die in kleinen Käfigen in Isolation aufgezogen werden, angepaßte Verhaltensweisen um so vieles schlechter lernen als normal aufgezogene. Diese Art der Aufzucht unter extremer Beschränkung hemmt den Aufbau von Phasensequenzen, die die Bewegung von einem Ort zum anderen ermöglichen. Die Wahrscheinlichkeit, in Situationen, die extreme Ansprüche stellen, zu erstarren, ist bei diesen Tieren erheblich größer.

2. Die zweite Möglichkeit wäre nun, daß die kortikale Koordination nicht vollständig gestört ist und eine „Bewegungs-Phasensequenz" ablaufen kann. In diesem Augenblick erfolgt eine Abnahme des Erregungsstromes und somit der Störung der kortikalen Aktivität. Diese Phasensequenz schafft demnach Bedingungen, die ihre Fortsetzung wahrscheinlicher werden lassen. Die sensorischen Reize, die dem Schock vorausgehen und ihn begleiten, werden sowohl mit der unkoordinierten Bewegung als auch mit der Fluchtbewegung konditioniert werden. Das letztere wäre auch das einzige koordinierte Verhalten, das diese Stimuli hervorrufen. Läuft dieses Verhalten schon ab, bevor der Schock gegeben wurde, so sagen wir, das Tier hat ge-

lernt, den Schmerz zu vermeiden. Gleichzeitig tritt aber auch eine gelernte emotionelle Reaktion auf, die sich in der unkoordinierten Aktivität und dem hohen Grad der Erregung manifestiert.

Das wären also Bedingungen, kann man erklären, wie Triebreduktion eine Verhaltensweise stärkt und eine andere auslöscht. Dabei ist zu beachten, daß diese Erklärung nur dann gilt, wenn das Triebniveau hoch genug ist, um eine gewisse kortikale Disorganisation hervorzurufen.

Nehmen wir nun an, wir haben es mit einem Versuchsobjekt mit niedrigem Triebniveau zu tun. Es stehen ihm zwei Handlungsmöglichkeiten offen. Eine (A) hat keine Zunahme der allgemeinen Erregung, keine Erhöhung des Triebniveaus zur Folge; die zweite (B) wirkt sich jedoch als Steigerung des Triebes aus. Läuft nun eine Phasensequenz ab, die Verhalten A hervorruft, so findet das zu einem Zeitpunkt statt, in dem die kortikale Reizübermittlung unsicher und unzuverlässig ist. (Der Impulsstrom vom Antriebssystem ist zu schwach, um wirksam zu sein.) Diese Situation wird auch durch Verhalten A in dieser Hinsicht nicht geändert. Folglich besteht nur geringe Wahrscheinlichkeit für das Fortdauern dieser Phasensequenz. Eine völlig veränderte Situation finden wir vor, wenn die Phasensequenz abläuft, die Verhalten B produziert. Mit dem Einsetzen des Verhaltens B tritt sofort eine Zunahme des Erregungsstromes nach dem Kortex ein. Dadurch wiederum wird die Wahrscheinlichkeit der Impulsübertragungen an den Synapsen, die für die Erhaltung der Phasensequenz notwendig sind, erhöht. Weiter wird dadurch Lernen gefördert, das seinerseits wiederum die Phasensequenz stärkt. Zusammenfassend kann man sagen: Die Wahrscheinlichkeit, daß diese Phasensequenz wieder auftritt, wenn das Tier in die gleiche Situation kommt, ist erhöht.

Unsere Hypothese besagt also: Verhalten, das zu einer Erhöhung der Triebstärke von einem niedrigen Niveau auf ein mittleres führt, wird gelernt – ebenso Verhalten, das zu einer Senkung der Triebstärke von einem hohen auf ein mittleres Niveau führt. Bei einer mittleren Triebstärke hingegen, die gerade hoch genug ist, um eine erfolgreiche kortikale Impulsübertragung zu garantieren, jedoch nicht so hoch, um koordiniertes Verhalten zu stören, wird eine Veränderung der Triebstärke für den Lernprozeß nicht wesentlich sein. In einem ausreichend genährten, wachen Subjekt – das war etwa mit unseren Ausführungen gemeint – braucht keine Veränderung der Triebstärke einzutreten, damit Lernen stattfinden kann. Im folgenden Kapitel werden wir feststellen, daß diese spekulativen Überlegungen uns zu einem weiteren Verständnis der Motivationsprobleme verholfen haben. Wir werden die Tendenz höherer Tiere, bestimmte Arten von Stimulation gleichzeitig zu suchen und zu vermeiden, eher verstehen.

So überzeugend unsere Erklärungen zunächst auch erscheinen mögen, so muß doch immer im Auge behalten werden, daß sich die psychologische Wissenschaft in einem raschen Fortschritt befindet und unsere gegenwärtigen theoretischen Überlegungen, die ohnehin nicht ganz zufriedenstellend sind, jederzeit einer drastischen Revision unterworfen werden können. Zwei der allerneuesten Entwicklungen auf diesem Gebiete, die noch nicht fest in den Rahmen der allgemeinen Theorie eingebaut werden konnten, sollen jetzt noch erwähnt werden.

Die eine betrifft das, was man „Gewöhnung", „Habituation" oder „negative Anpassung" nennt. Es handelt sich dabei darum, daß ein Subjekt aufhört, auf ihm bekannte Stimulationen zu reagieren. Das Subjekt beachtet einen gewissen Reiz nicht mehr, wenn es wach ist, und es erwacht davon nicht, wenn es schläft. Teilweise findet dieses Lernen „nicht zu reagieren" im Antriebsystem selbst statt. Wie und wo das geschieht, ist im Detail nicht bekannt. Wenn die Antwort einmal gefunden sein wird, kann sie uns möglicherweise zu gewissen Änderungen unserer Ideen über gelernte Reaktionen zwingen. Es wäre zum Beispiel vorstellbar, daß positives Lernen (der Aufbau neuer Reaktionsmuster) ebenso von der Ausschaltung falscher Bewegungen und Reaktionen abhinge wie von der Einrichtung neuer Verbindungen im ZNS. Wenn man Schreibmaschine schreiben lernt, so bemüht man sich beim Lernen vor allem, die falschen Tasten nicht anzuschlagen. Auf einer späteren Stufe dieses Lernprozesses ist es fast das ausschließliche Problem. Das Ausschalten falscher Reaktionen steht möglicherweise zur Habituation nicht in Beziehung. Doch sind Parallelen vorhanden, die eine gewisse Bedeutung haben könnten.

Die zweite nahezu aufregende Entdeckung, auf die wir noch hinweisen möchten, ist die, daß es im Gehirn anscheinend so etwas wie „Lustzentren" gibt, deren Aktivität eine Verstärkung des Lernens hervorruft. Eine dieser Regionen ist bei der Ratte das „Septum", welches unmittelbar oberhalb des Hypothalamus liegt. Unter Narkose wird in das Septum eine Elektrode eingeführt, die mit einem am Schädel angebrachten Plastikblock verbunden ist. Wenn die Ratte aus der Narkose aufwacht, hat sie möglicherweise Kopfschmerzen, läßt jedoch nicht erkennen, daß sie sich in einem stärkeren Maße unbehaglich fühlt; sie beachtet auch die Stelle nicht, wo der Kunststoffblock aus dem Schädel herausragt. Wenn die Wunde nach einigen Tagen verheilt ist, werden an die Elektroden leicht biegsame Drähte angeschlossen, und nun kann das Gehirn stimuliert werden, während sich das Tier frei bewegt.

Wird das getan, so benimmt sich das Tier gerade so, als bereitete ihm diese Stimulation so etwas wie das, was wir Menschen Lust nennen. Erfolgt die Stimulation gerade in dem Augenblick, in dem das Tier den Kopf nach rechts wendet, so wird es ihn auch weiterhin nach rechts halten. Wird die Ratte an einer bestimmten Stelle des Käfigs stimuliert, so wird sie immer

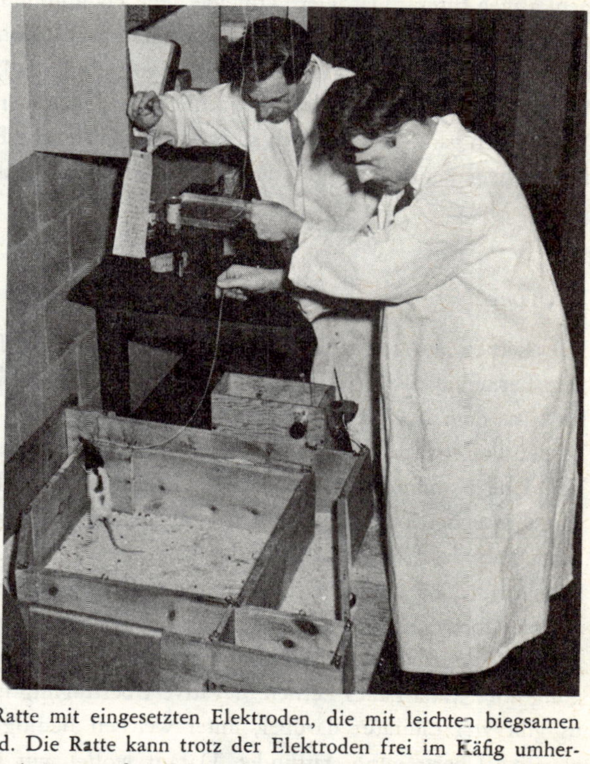

Abbildung 52. Eine Ratte mit eingesetzten Elektroden, die mit leichten biegsamen Drähten verbunden sind. Die Ratte kann trotz der Elektroden frei im Käfig umherlaufen. Wenn der Experimentator das Gehirn der Ratte in einer bestimmten Ecke des Käfigs stimuliert, so läuft das Tier immer wieder dorthin — in ähnlicher Weise, wie das hungrige Tier zum Futterplatz läuft.

wieder dorthin zurückkehren, wenn sie an einen anderen Ort des Käfigs gebracht wird. In einem „Skinner Problemkäfig", bei dem die Taste mit einem Schalter so verbunden ist, daß jedes Pressen der Taste eine kurze Stimulation bewirkt, wird die Ratte die Taste in rascher Aufeinanderfolge drücken (bis 2000, ja sogar 3000 Mal in der Stunde). Es ist heute noch zu früh, um zu entscheiden, ob die Wirkung der Stimulation wirklich als Lust bezeichnet werden darf (es gibt menschliche Handlungen, die oftmals wiederholt werden, ohne gerade angenehm zu sein). Sicherlich haben wir es hier aber mit Verstärkung im Sinne unserer Definition zu tun. Das Tier wiederholt jede Handlung, der eine Stimulation folgt.

Die Stimulation bestimmter anderer Regionen des Gehirns hat einen gegenteiligen Effekt. Das Tier vermeidet jede Handlung, der eine Stimulation folgt und unternimmt alles, um die Stimulationen von seiten des Experimentators zu beenden. Man könnte sich vorstellen, daß in diesem Fall eine Schmerzleitung gereizt wird. Tatsächlich verstehen wir heute keine dieser Wirkungen ganz. Es ist jedoch zu erwarten, daß solche Experimente schließlich zu bedeutenden Veränderungen der Lerntheorie führen werden.

Zusammenhang von primärem Lernen und Übertragung (transfer)

Das Lernen des reifen Tieres basiert weitgehend auf primärem Lernen, dem Lernen also, das während der frühen Wachstumsperiode stattgefunden hat. Das damals Gelernte wird erweitert, abgewandelt oder gehemmt. Das Lernen des erwachsenen Tieres (ebenso des Menschen) ist zu einem großen Teil eine Kombination von früher Gelerntem und neuen Mustern. Was vom Erwachsenen gelernt werden kann, hängt daher weitgehend von dem Lernen ab, das früher stattgefunden hat.

Der Ausdruck „Transfer of Training", Übungsübertragung, bezieht sich auf die Übertragung früher gemachter Erfahrung auf neue Situationen. Wir unterscheiden dabei positive und negative Übertragung. Positive Übertragung unterstützt neues Lernen, negative Übertragung hemmt neues Lernen. Es gibt viel Literatur darüber, unter welchen Bedingungen positive bzw. negative Übertragung stattfindet. Darauf wollen wir jetzt allerdings nicht eingehen. Theoretisch erwarten wir, daß positive Übertragung dann stattfindet, wenn Reiz und Reaktion den Bedingungen der ursprünglichen

Situation – von der her die Übertragung erfolgt – ähnlich sind. Eine negative Übertragung dürfte hingegen dann eintreten, wenn zu einem alten, also bekannten Reiz, eine neue Reaktion aufgebaut werden soll. Die alten S-R Verbindungen würden dann mit den neuen in Konflikt geraten. In der Praxis ist es allerdings ziemlich schwierig zu entscheiden, was ein alter und was ein neuer Reiz ist (besonders, wenn man all das Lernen, das vom Subjekt schon geleistet wurde, zu berücksichtigen sucht), und unsere Vorhersagen, ob positive oder negative Übertragung erfolgen wird, gehen daher oft fehl.

Die Übertragung von primärem Lernen ist jedoch von größter Bedeutung. Wir brauchen uns nur ins Gedächtnis zu rufen, was schon früher ausgeführt wurde. Wenn Blindgeborene zu sehen beginnen, sind sie auch zu einfachem visuellen Lernen, wie wir es vom Normalsichtigen her kennen, nicht in der Lage. Erst nach langer Übungszeit erreicht die Fähigkeit, etwas Gesehenes wiederzuerkennen, annähernd das Niveau des Normalen. Der Hautsinn des Schimpansen ist durch das Fehlen der üblichen taktilen Stimulation während der Kindheit stark beeinträchtigt. Ratten und Hunde, die während der Wachstumsperiode keine Erfahrungen in einer komplexen Umwelt sammeln konnten, stehen ihren Artgenossen im Labyrinthlernen weit nach. Das Lernen, das während der Kindheit stattfindet, ist die Vorbedingung für die bekannte Lernfähigkeit des Erwachsenen. Das Lernen besteht demnach zu einem großen Teil aus der Übertragung dessen, was während der frühen Kindheit gelernt wurde.

Wenn dem aber so ist, so müssen wir sagen: beim Lernen des Erwachsenen handelt es sich nicht hauptsächlich um ein Aneignen gänzlich neuer Verbindungen im Gehirn (weder vom sensiblen zum motorischen System, noch um die Entwicklung völlig neuer Zellgruppierungen), sondern zum größten Teil um eine neue Kombination von Verbindungen, die schon früher eingerichtet wurden.

Schöne Beweise dafür finden sich auch in der Struktur der Sprache. Der Mensch lernt charakteristischerweise über neue Phänomene oder solche, die schwieriger zu erfassen sind, in Begriffen zu denken, die sich auf ihm schon bekannte Phänomene beziehen. Der Mensch spricht in Analogien und Bildern. Wir reden zum Beispiel von Jahreskreisen, weichen Herzen, einem eisernen Willen, sagen standhaft wie eine Eiche, baumlang usw.

Dafür gibt es unendlich viele Beispiele in der Alltagssprache, doch auch in der wissenschaftlichen Sprache finden wir sie: Schallwellen, Schallmauer, optischer Thalamus, elektrischer Widerstand usw. Es kann mit gutem Grunde angenommen werden, daß es oftmals leichter ist, die neue Verwendung eines alten Begriffes zu erlernen als die Bedeutung eines neuen. Die bildliche Sprache ist uns eine Gedächtnisstütze. Das heißt also wiederum nichts anderes, als daß der Lernprozeß selbst in freier Weise früher Gelerntes nutzbar macht; die Rate, mit der das Lernen des erwachsenen Organismus erfolgt, hängt von der Übertragung von früher Gelerntem ab.

Man darf nun allerdings nicht annehmen, es gäbe nur Übertragung des während der Kindheit Gelernten. Ein erwachsener Affe kann neue Lerneinstellungen (Lernen, wie man lernt) erwerben, wenn ihm eine größere Anzahl von Problemen der gleichen Art dargeboten wird. Irgend etwas

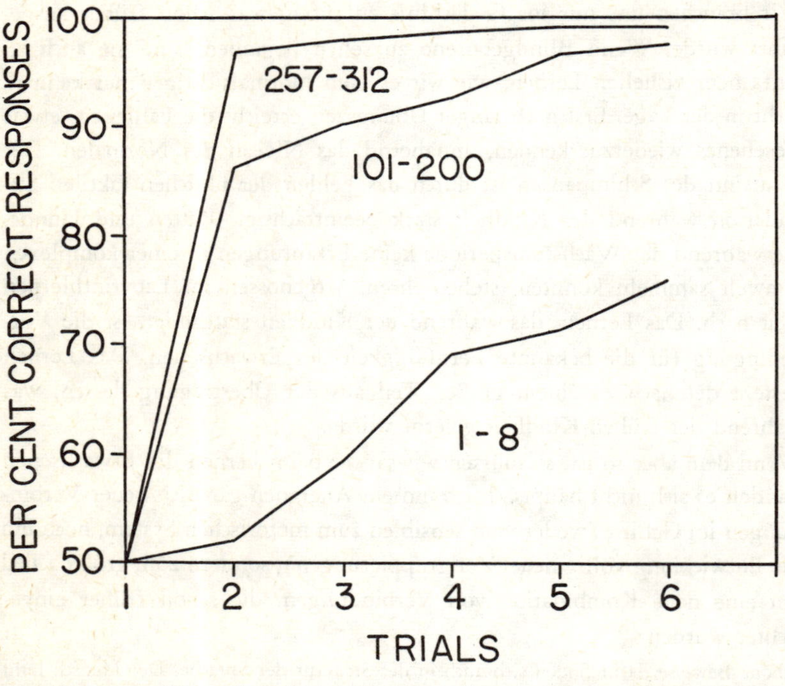

Abbildung 53. Hier soll die Entwicklung von „Lerneinstellungen"demonstriert werden. Es sind hier die Lernkurven für die ersten 8, die zweiten 100 und die letzten 55 Versuche zu sehen. Die Daten stammen von den ersten sechs Versuchen an jedem Problem. Da der Affe beim ersten Versuch keinen Hinweis für die Richtigkeit seiner Reaktion hatte, entsprechen die Lösungen dem Zufall (50 Prozent). Der Punkt, der beachtet werden muß, ist die Verbesserung der Leistung beim zweiten Versuch (Nach Harlow, 1951.)

geschieht bei der Lösung des ersten Problems einer solchen Serie (was es ist, darüber ist man sich nicht recht im klaren), das sich auf die späteren auswirkt und dann ein viel rascheres Lernen ermöglicht.

Die Ergebnisse eines solchen Experimentes sind in Abbildung 53 wiedergegeben.

Dem Affen werden zwei Reizgegenstände dargeboten, und die Wahl des einen wird mit Futter belohnt. Im ersten Versuch werden keine Hinweise darauf gegeben, welcher der richtige ist. Deshalb wurde diese Wahl weder als richtig noch als falsch bewertet. Dieser Versuch zeigt jedoch an, welches der richtige Reizgegenstand ist, und im zweiten Versuch müssen daher keine Fehler mehr gemacht werden. Der zweite Versuch ist also der entscheidende. In der ersten Serie von Problemen waren die Lösungen kaum besser, als man es nach dem Zufall erwarten kann. Nachdem ein Tier schon zwischen 80 und 100 solcher Probleme gelöst hatte, schaffte es im zweiten Versuch in über 80 % der Fälle die richtige Lösung. Manche Affen lösten, nachdem sie an jedem Problem zuerst einen blinden Versuch durchgeführt hatten, in direkter Aufeinanderfolge 20 bis 30 Probleme fehlerfrei.

Die Entwicklung solcher Lerneinstellungen – oder besser „Lernsätze" – scheint einer der wesentlichen Züge des Bildungsprozesses zu sein. Das meiste, was wir in der Schule lernten, haben wir nach einigen Jahren schon vergessen; und doch wissen wir immer noch, wie man solches Material, solche Probleme anpackt. Was wir also vor allem behalten haben sind „Lerneinstellungen" oder „Lernsätze". In der Sprache des Alltags könnte man sagen, wir hätten gelernt und behalten, wie man lernt.

Wir haben heute noch keine ausreichende Erklärung dafür, wie diese Lernsätze bzw. Lerneinstellungen funktionieren. Das einzige, was wir vielleicht sagen können, ist, daß unsere Aufmerksamkeit auf die wesentlichen Stimuli gerichtet wird und daß die Reaktionen auf andere Stimuli im Verlaufe der Übung ausgelöscht werden.

Nun gibt es noch eine weitere Möglichkeit dafür, wie frühere Erfahrung an einem bestimmten Material weiteres Lernen daran fördern kann. Das geschieht dann, wenn die Stimuli dem Subjekt nicht sehr gut bekannt sind, sondern es erst nach mehrfacher Darbietung werden. Dann erst werden genaue Reaktionen darauf und erfolgreicheres Lernen möglich.

Wie wir bereits gesehen haben, ist eine der Wirkungen des primären Lernens, daß das Subjekt in die Lage versetzt wird, verschiedene Gegenstände in seiner Umgebung wahrzunehmen. Dieser Vorgang ist nun nicht allein auf die Kindheit beschränkt. Lehrt man erwachsene Ratten, in einer Situation selektiv auf verschiedene Aspekte eines Reizgegenstandes zu reagieren, so befähigt das die Tiere, in einer anderen Situation an den gleichen Reizen besser und rascher zu lernen, möglicherweise auch dann, wenn es andere Reaktionen sind, die ausgelöst werden sollen. Zeigt man einem Menschen wiederholt sinnlose Kritzeleien und lenkt seine Aufmerksamkeit darauf, so führt das dazu, daß er eine bessere Unterscheidungsfähigkeit für solche Kritzeleien entwickelt. Bei Schwellenwertbestimmungen reagiert die Versuchsperson um so besser, je mehr Versuchen sie ausgesetzt wird. Sie entwickelt eine feinere Unterscheidungsfähigkeit, auch wenn sie für die Reaktion nicht belohnt wird, ja ihr nicht einmal gesagt wird, sie habe eine richtige Antwort gegeben.

Teilweise könnte die Wirkung des Bekanntwerdens mit dem Material so verstanden werden, daß es sich dabei um eine Entwicklung von Zellgruppierungen handelt, wodurch eine immer genauere Unterscheidung der im Kortex ankommenden Mitteilungen möglich wird. Erklärt nun unsere Hypothese auch nicht alle Wirkungen, so ist doch das Phänomen, um das es hier geht, für die Untersuchung des Lernens von außerordentlicher Bedeutung.

Vergessen und Verzerrung der Erinnerung

Wir können drei Arten von Vergessen unterscheiden: 1. Ein einfacher Verlust des Gelernten dadurch, daß es nicht mehr gebraucht wird. 2. zeitliche Extinktion (darauf wurde anfangs in diesem Kapitel eingegangen) und 3. rückläufige (retroaktive) Hemmung. Wir werden nun auf jede dieser drei Formen etwas näher eingehen.

1. Die erste Art des Vergessens, die durch einfachen Nichtgebrauch des Gelernten zustande kommt, ist das, was man sich üblicherweise unter Vergessen vorstellt. Man sagt, ich habe das und das vergessen, weil ich mich damit nicht mehr beschäftigt habe; und es scheint nur natürlich zu sein, daß eine Erfahrung, die sich nicht wiederholt, vergessen wird. Wie wir in Kürze etwas ausführlicher hören werden, kann jedoch auch noch etwas anderes passieren, nämlich eine Unterdrückung und Verzerrung der älteren Erfah-

rung durch eine neuere, und das ist es, worauf sich der Ausdruck retroaktive Hemmung bezieht. Die experimentelle Forschung hat sich nun hauptsächlich mit dieser Art des Vergessens befaßt.

Es gibt aber auch Beweise dafür, daß nicht nur retroaktive Hemmung zum Vergessen führt, sondern auch einfacher Nichtgebrauch. Ein Kind, das ungefähr im zweiten Lebensjahr erblindet, verliert alles, was auf Wirkungen des visuellen Lernens zurückgehen könnte. Als Erwachsener ist es von einem Blindgeborenen nicht mehr zu unterscheiden. (Wie wir im 2. Kapitel gesehen haben, unterscheidet sich die Raumwahrnehmung und die taktile Wahrnehmung eines Blindgeborenen wesentlich von der eines Menschen, der erst im späteren Leben erblindet.) Diese klinischen Beobachtungen wurden durch Experimente an Schimpansen bestätigt. Ein Tier wurde bis zum 7. Lebensmonat normal und vom 7. bis 24. in vollkommener Dunkelheit aufgezogen. Im Alter von 7 Monaten (das entspricht beim Menschen ungefähr einem Alter von 10 bis 11 Monaten) machte das Tier bereits wirksamen Gebrauch vom Sehen. Als der Schimpanse jedoch 17 Monate später aus der Dunkelkammer herauskam, hatte er alles, was auf ein früheres visuelles Lernen hätte hinweisen können, verloren. Er reagierte auf visuelle Reize ebensowenig wie ein Tier, das von Anfang an in Dunkelheit aufgezogen wurde.

Dieser Verlust kann nun nicht ausschließlich auf retroaktive Hemmung zurückgeführt werden. Von retroaktiver Hemmung wird man vielleicht dann reden können, wenn eine alte Reaktion auf einen Reiz durch eine neue ersetzt wird, oder wenn ein neuer Reiz mit einer alten Reiz-Reaktion-Verbindung in Konflikt gerät oder sie unterdrückt. Dieser Mechanismus könnte zum Beispiel immer dann für das Vergessen der visuellen Stimuli verantwortlich sein, wenn neue Reaktionen auf akustische und taktile Reize gelernt werden (in der Dunkelkammer), die dann verhindern, daß eine früher gelernte visuelle Reaktion ausgelöst wird. Mag das nun auch tatsächlich ein wichtiger Aspekt des Vergessens in dieser Situation sein, so kann damit doch nicht das Verschwinden aller Reaktionen (Reflexe ausgenommen) auf visuelle Stimulation erklärt werden. Der Schimpanse reagierte nämlich in keiner Weise auf visuelle Stimulation.

Sehr frühes visuelles Lernen kann demnach durch Nichtgebrauch vergessen werden. Aus klinischen Berichten wissen wir weiter: Hat ein Kind lange genug gesehen, sagen wir bis zum 4. oder 5. Lebensjahr, so verschwinden die Wirkungen des visuellen Lernens nicht. Nichtgebrauch führt in diesem Fall nicht zum Vergessen; diese Leute werden nie so reagieren wie Blindgeborene.

Kurz zur Erklärung dieser Fakten, die sonst gar zu rätselhaft erscheinen mögen: Bei den synaptischen Veränderungen, die man sich als Grundlage des Lernens vorstellt, könnte es sich zum Beispiel um flüssige, amöboide Auswüchse aus der Zellwand handeln, die engeren Kontakt mit einer anderen Zelle schließen. Das wachsende Neuron verhält sich sicherlich so und sendet wie eine Amöbe Pseudofüßchen aus. Hängt Lernen nun auch von solchem Vorstrecken der Pseudofüßchen ab, so wäre es denkbar, daß sich die Zellwände bei Nichtgebrauch wieder zurückziehen, wodurch die Verbindungen wieder unterbrochen werden und Vergessen eintritt. Wenn diese Verbindungen über lange Zeit hin bestanden haben, wäre es weiter möglich, daß eine neuerliche Änderung eintritt, die ein Zurückziehen unmöglich macht (in ähnlicher Weise wie Kalkbildung die Knochen des Kindes fester macht). In diesem Falle hätten wir dauerhaftes Lernen vor uns. Aber das sind zur Zeit natürlich noch reine Spekulationen.

2. Die zweite Art des Vergessens – tatsächlich handelt es sich dabei überhaupt nicht um Vergessen – ist Extinktion durch massierte Versuche. Schon aus Pawlows Arbeit wissen wir: wird der CS in rascher Aufeinanderfolge ohne den dazugehörigen UCS dargeboten, so tritt in irgendeiner Form, die wir nicht verstehen, Hemmung der CR auf. Dabei werden die CR-Verbindungen sonst nicht beeinträchtigt; denn wird das Tier am nächsten Tag ins Labor zurückgebracht – die Hemmung ist dann anscheinend abgeklungen – dann löst der CS wieder die CR aus.

Zu einem ganz anderen Erfolg führt eine Extinktion, bei der zwischen die einzelnen Versuche etwas größere Zeitintervalle eingeschoben werden. Hier kommt es zu keiner spontanen Erholung der CR. Entweder wurden nun hier die Verbindungen geschwächt oder vollkommen abgebaut. Wahrscheinlich aber haben wir es mit der dritten Form des Vergessens zu tun, der wir uns jetzt zuwenden wollen.

3. Bei der dritten Form, der retroaktiven Hemmung, handelt es sich um eine Auswirkung nachfolgender Erfahrung auf das Behalten dessen, was bereits vorher gelernt wurde. Am stärksten ist die retroaktive Hemmung, wenn in die nachfolgende Erfahrung ähnliches Material wie in das ursprüngliche Lernen einbezogen ist; am schwächsten, wenn das Subjekt danach so wenig Erfahrung wie möglich macht, nämlich wenn es schläft. Abbildung 54 zeigt eine Vergessenskurve (oder Behaltenskurve).

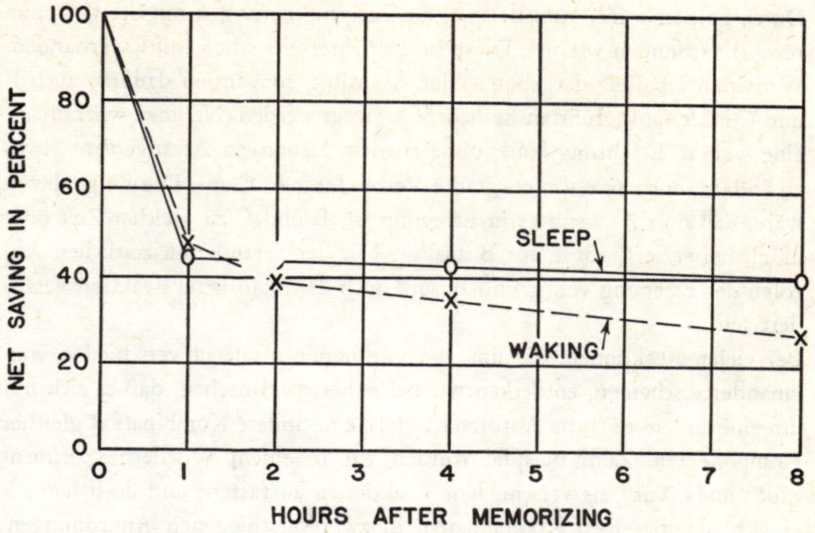

Abbildung 54. Retroaktive Hemmung wird hier am Unterschied im „Behalten" zwischen Versuchspersonen, die die Zeit zwischen „Lernen" und „Testen" verschliefen, und solchen, die während dieser Zeit ihrer normalen Beschäftigung nachgingen, gezeigt.

Zwei Gruppen von Versuchspersonen wurden nach der Ersparnismethode 1, 2, 3, 4 und 8 Stunden nach dem „Lernen" getestet. Die Versuchspersonen der einen Gruppe gingen während dieser Zeit ihrer gewohnten Beschäftigung nach, die der anderen schliefen in der Zwischenzeit. Die Unterschiede weisen, wie aus der Kurve hervorgeht, beständig auf ein besseres Behalten unter der Bedingung „Schlaf" hin. Bei 8 Stunden sind die Unterschiede statistisch signifikant.

Ergebnisse von der Art können wiederholt gefunden werden, ob es sich nun um Versuche an Menschen oder an Küchenschaben handelt. Es kann kein Zweifel darüber bestehen, daß vieles Vergessen von dieser Art ist. Theoretisch betrachtet, könnte das Hinzukommen neuer nervöser Verbindungen zu den bereits bestehenden die Verbindungen zwischen den Zellgruppierungen ändern. In der weiteren Folge könnte dadurch die Natur einer Reaktion völlig verändert werden, und zwar auch dann, wenn die ursprünglichen synaptischen Verbindungen noch da sind.

Durch Lernen würde zum Beispiel die Zellgruppierung A mit der Gruppierung B verbunden werden. Diese ist aber ihrerseits schon mit C verbunden. Wird nun ein Reiz dargeboten, der A auslöst, so würden dadurch auch B und C in der aufgeführten Reihenfolge erregt werden. Nehmen wir nun an, eine weitere Erfahrung baue, ohne an dem bisherigen Arrangement etwas zu ändern, noch eine weitere starke Verbindung A–C auf. Die Folge davon wäre, daß nun A, wenn es in Erregung ist, B und C zu gleicher Zeit oder möglicherweise C sogar vor B auslöst. Mit der veränderten zeitlichen Abfolge der Erregung von C und B wird auch die motorische Reaktion verändert sein.

Bei vielen Reaktionen, die uns von vornherein als recht verschieden voneinander erscheinen, entdecken wir bei näherem Hinsehen, daß es sich nur um eine andere zeitliche Abfolge handelt, eine andere Kombination gleicher Komponenten. Zum Beispiel würden wir in einem Wortlernexperiment „rot" und „Tor" als verschiedene Reaktionen auffassen; und doch handelt es sich um dieselben Komponenten in zwei verschiedenen Anordnungen. Haben wir es mit einer komplexeren Reaktion zu tun, so könnte das Hinzukommen einer neuen Komponente oder das Rearrangement der schon vorhandenen zu einer völlig neuen Reaktion führen. Dabei müßte daran weder eine Hemmung noch Schwächung alter Verbindungen mitwirken; die Stärkung einiger synaptischer Verbindungen und das mögliche Hinzukommen neuer würde ausreichen. Nehmen wir aber an, daß einiges von dem, was neu hinzukommt, auch hemmt, so wird es einsichtig, daß retroaktive Hemmung zu einer Art von Vergessen führen kann, das sich ganz wesentlich von einem Vergessen unterscheidet, das auf Schwächung alter Verbindungen durch Nichtgebrauch beruht.

Diese Überlegungen bringen uns auf zwei interessante Punkte. Der eine betrifft die Erinnerung im hohen Alter und der andere die Erinnerungsverzerrungen, wie wir sie auch bei Erwachsenen finden, die aber besonders bei Kindern und Jugendlichen häufig sind.

1. Zur Erinnerung im hohen Alter: Nehmen wir an, bestimmte Kombinationen von Vermittlungsprozessen, die schon im Kindesalter und im frühen Erwachsenenalter fest eingerichtet sind, werden durch späteres Lernen überlagert. Dieses Überlagern würde zu einem Vergessen von Kindheitserinnerungen nach dem Mechanismus der retroaktiven Hemmung führen. Diese Kindheitserinnerungen könnten vielleicht durch passende Stimulation wie-

der, wie man sagt, ins Gedächtnis zurückgerufen werden, meistens tauchen sie jedoch nicht auf. Nehmen wir nun weiter an, daß viele der während der Kindheit eingerichteten Verbindungen dauerhafter sind als die später aufgebauten, dann leuchtet es ein, daß mit fortschreitendem Alter (auch die Degeneration der Gehirnzellen schreitet fort) das während der mittleren Jahre Gelernte – also die retroaktiven Hemmungen – sich zurückbildet, seine Wirkung verliert und ein alter Mensch sich dann plötzlich an Dinge erinnert, an die er schon lange nicht mehr gedacht hat.

2. Erinnerungsverzerrung: In der vorgeschlagenen theoretischen Erklärung der retroaktiven Hemmung wurde implizite ausgesagt: Jedes Hinzukommen oder Wegfallen eines Elementes könnte ein gelerntes Reaktionsmuster bis zur Unkenntlichkeit verändern.

Es ist aber auch offensichtlich, daß die Genauigkeit der Erinnerung an ein komplexes Ereignis ganz wesentlich davon abhängt, ob die Dinge in der richtigen zeitlichen Reihenfolge behalten werden. Ein ganz einfaches Beispiel zur Erläuterung: Susi wirft einen Stein nach Willi, und darauf wird Susi von Willi verhauen. Für Willi würde es ganz andere sozialen Folgen haben, wenn seinen Eltern berichtet würde, er hätte den ersten Stein geworfen. Die Erinnerungsmechanismen sind aber von der Art, daß eine Änderung der Reihenfolge sehr leicht eintreten kann. Die Gedankensequenz A-B-C könnte sich ganz leicht lediglich durch eine Verstärkung der Verbindung A-C in eine solche von A-C-B verwandeln. Obwohl nichts darin fehlte, würde doch durch die Umgruppierung das Ganze verzerrt erscheinen.

Weiter muß ausdrücklich vermerkt werden: Beim Erinnern handelt es sich nicht um ein Wiederaufleben der sensorischen Prozesse, sondern um Denkprozesse, die von diesen ausgelöst wurden. Folglich kann ein wesentlicher Aspekt eines Ereignisses, der nicht beachtet wurde, auch mit noch so großer Mühe nicht ins Gedächtnis zurückgerufen werden. Wenn jemandem die Erinnerung an irgendein Ereignis nicht sinnvoll erscheint, so kann es sehr leicht geschehen, daß er sie ausbessert, sie so ergänzt, daß sich schließlich ein vernünftiges Bild des gesamten Vorfalls ergibt. Dabei muß dieses Ausbessern des Erinnerungsbildes gar nicht bewußt vorgenommen werden. Jemand braucht sich zum Beispiel gar nicht darüber im klaren zu sein, daß er einen Vorfall in seiner Erzählung vollkommen verändert.

Laboratoriumsuntersuchungen über Probleme des Lernens verfolgten bisher vor allem zwei Richtungen. Einmal bemühte man sich, einfache Lernsituationen einzurichten, um daran das Wesentliche des Lernprozesses zu studieren. Hier geht es um grundlegende Fragen wie: Was ist Lernen, was ist Verstärkung? Bei dieser Arbeitsrichtung – wir haben sie auf den vorangegangenen Seiten besprochen – wird mehr und mehr das Tierexperiment eingesetzt. Bisher konnten jedoch, wie wir gesehen haben, noch keine eindeutigen Antworten gefunden werden.

Die andere Richtung ist im wesentlichen empirisch. Hier geht es – im Hinblick auf den Bildungsprozeß – um komplexes menschliches Lernen. Aber auch da ist es immer noch schwierig, zu allgemeingültigen Resultaten zu kommen.

Zum Beispiel beschäftigte man sich schon lange und intensiv mit der Frage, ob Kinder besser lernen, wenn sie für gute Leistungen gelobt oder für schlechte getadelt werden. Nun kann sicherlich auf diese Frage nicht nur eine einzige Antwort gegeben werden. Eine Vielzahl von Umständen spricht hier mit: Alter des Kindes, Einstellung des Kindes zum Lehrer, die gesamte Unterrichtssituation usw. Man könnte zum Beispiel erwarten, daß bei einem Fünfzehnjährigen, der eine komplizierte Fertigkeit erlernt, Belohnung bzw. Lob erfolgreicher ist. Andererseits ist es ziemlich unwahrscheinlich, daß man mit Lob einem Fünfjährigen das Einschlagen von Fensterscheiben abgewöhnen wird. In mancher Situation kann ein Tadel einen Heranwachsenden nur irritieren, ja unter gewissen Umständen sein Verhalten sogar verschlechtern. In einer anderen Lage hingegen könnten dieselben Worte eine starke Wirkung hinterlassen und zu einer plötzlichen positiven Veränderung des Verhaltens führen.

Ein anderes Problem, auf das es ebenfalls keine eindeutige Antwort gibt bzw. geben kann, ist: Ganzlernmethode versus Teillernmethode. Wenn ein Schüler ein Gedicht lernen muß, so scheint es ihm vorerst einmal ganz natürlich, Vers für Vers zu lernen. Es war nun eine sehr wertvolle Entdekkung, daß das Lernen manchmal schneller geht, wenn sich der Student das ganze Gedicht auf einmal vornimmt. Das heißt aber wiederum noch lange nicht, die Ganzlernmethode sei in allen Fällen die überlegene, denn es werden Bedingungen wie zum Beispiel der Umfang des Lernstoffes und die

Reife des Lerners zu berücksichtigen sein. Spätere Untersuchungen, in denen die Ganzlernmethode und die Teillernmethode verglichen wurden, ergaben, daß manchmal die eine, in anderen Fällen wieder die andere Methode günstiger ist.

Eigentlich war hier auch wieder einmal die Frage falsch gestellt, denn tatsächlich sollte sie lauten: Wie groß sollen die zu lernenden Einheiten sein? Möchte man einem vierjährigen Kind ein dreistrophiges Gedicht – jede Strophe vierzeilig – beibringen, so wird möglicherweise eine Strophe schon eine zu große Einheit sein. Soll hingegen ein Fünfzehnjähriger ein zwölfzeiliges Gedicht lernen, so wird er am besten das Ganze als eine Einheit auffassen. Muß aber ein Fünfzehnjähriger die Ballade „Die Glocke" auswendig lernen, dann wird er wahrscheinlich bessere Fortschritte machen, wenn er sich die ganze Ballade in Abschnitte unterteilt und jeden dieser Abschnitte als eine Einheit auffaßt.

Es wäre überhaupt günstiger, nicht von einer Ganzlernmethode zu reden, sondern von einer Methode der „großen Einheiten". Der Student muß sich darüber im klaren sein, daß es ziemlich unwirtschaftlich ist, in kleinen Einheiten zu lernen; doch durch Übung kann der Umfang der Einheiten, mit denen sich erfolgreich arbeiten läßt, vergrößert werden. Die wirkliche Schwierigkeit beim Lernen in großen Einheiten ist die Motivation. Sie wird nämlich dauernd dadurch beeinträchtigt, daß es längere Zeit dauern kann, bis sich ein sichtbarer Erfolg einstellt. Meist kommt er dann plötzlich; bis es aber soweit ist, muß man viel Geduld aufbringen. Das beste Lernergebnis wird häufig dann erreicht, wenn mit großen Einheiten begonnen wird und man sich dann auf die kleinen Einheiten, die einem Schwierigkeiten bereiten, konzentriert und den ganzen Prozeß mit einem Lernen der großen Einheiten abschließt.

Schließlich möchte natürlich noch jeder Student gern wissen, wie er es anstellen muß, um mit dem geringsten Zeitaufwand den größten Lernerfolg zu erreichen. Die Frage der Verteilung des Lernens läuft auf das bekannte Problem „massierte Übung" im Gegensatz zu „verteilter Übung" hinaus. Dabei ist mit massierter Übung gemeint, daß man stundenlang geduldig mit dem Stoff kämpft und ihn wieder und wieder repetiert. Mit verteilter Übung meinen wir, daß man nur eine kurze Zeit lernt und dann eine längere Pause einlegt. Die Antwort, die wir hier geben können, wird wieder so ähnlich ausfallen wie die bereits gegebene. Wie im einzelnen Fall am vorteilhaftesten gearbeitet wird, hängt vom Individuum, das lernt, und vom Stoff, den es zu lernen hat, ab. Diese Art der Antwort könnte nun von manch einem als ein reines Ausweichen verstanden werden. Sie sollte jedoch aufgefaßt werden als ein Vorschlag, mit sich selbst zu experimentieren, um herauszufinden, welches jeweils die wirtschaftlichste Art ist, einen bestimmten Stoff zu lernen. Da den Studenten häufig auch solche Sachen zu lernen aufgezwungen werden, für die sie sich gar nicht interessieren, tendieren viele dazu, die Arbeit anhäufen zu lassen, bis es einfach nicht mehr geht, um dann alles auf einmal aufzuarbeiten. Manchmal geht das erstaunlich gut, und es ist in manchen Fällen vielleicht die einzige Methode, mit der sie es überhaupt schaffen. Im allgemeinen ist es aber doch so, daß diese Methode bei größerer Anstrengung zu einem schlechteren Ergebnis führt. Verteiltes Lernen – jedesmal nur 10 Minuten, eine halbe Stunde oder eine Stunde – ist meistens bei weniger Kraftaufwand bedeutend ergiebiger.

Das wirkliche Problem bei all dem ist jedoch, wie schon erwähnt, die Motivation. Der Student, der beim Studieren Schwierigkeiten hat, sollte seine Arbeitsgewohnheiten als ein Verhaltensproblem betrachten, das gelöst werden kann. Er muß klären, unter welchen Umständen und bei Anwendung welcher Lernmethoden ihm die Arbeit am meisten Freude macht. Er darf sich dabei nicht etwa nonchalant um seine Einstellungen zum Studium herumdrücken, sondern er muß es sich eingestehen, wenn er faul ist und mit so wenig Anstrengung wie möglich durch das Studium hindurchkommen möchte. Denn auch bei durchschnittlicher Intelligenz wird er einsehen, daß es für ihn besser ist, wenn er sich so überlistet, daß ihm das, was er unbedingt tun muß, Freude bereitet.

Ein anderer Student ist vielleicht gar nicht faul, er arbeitet schwer und möchte so gut wie möglich abschneiden, hat aber nur die richtige Methode noch nicht gefunden. In jedem Semester, in jeder Schulklasse gibt es Leute, welche die für sie beste Methode noch nicht herausgefunden haben. Einer der häufigsten Fehler ist es, zu glauben, man studiere zum Beispiel ein Lehrbuch der Geschichte dadurch, daß man es passiv, vielleicht sogar mehrere Male, durchliest. Diese Leute werden dann nach einiger Zeit bemerken, wie ihre Aufmerksamkeit umherschweift. Es wird für sie immer mühsamer, die nächsten Seiten zu lesen; sie arbeiten schwer.

Man kann fast sagen: Leute, die studieren können und solche, die es nicht können, unterscheiden sich darin, daß die einen es verstehen, aktiv zu lesen, und die anderen verstehen's eben nicht. Sich einen kurzen Auszug zu machen oder ein Buch durchzujagen, um die wesentlichsten Punkte herauszufinden und sich erst dann auf die Einzelheiten zu konzentrieren, in jedem Kapitel nach Feststellungen zu suchen, denen man nicht zustimmt oder nach solchen, die man selber besser formulieren könnte, nach Beweisen zu fahnden, die die eigene Meinung stützen könnten: diese Art und Weise, ein Buch durchzuarbeiten, es zu analysieren, es zu kritisieren oder neu zu formulieren, unterscheidet sich ganz wesentlich von einem einfachen Durchlesen mit der Absicht, sich das Gelesene einzuprägen. All diese kleinen Hilfsmittel führen dazu, daß die Aufmerksamkeit wirklich auf den Stoff konzentriert bleibt; sie verhelfen so zu einem weitaus besseren Behalten und Verständnis des Ganzen.

Dieses hier ist, wie jedem klar sein dürfte, kein Buch darüber, wie man am besten studiert. Ein Student, der beim Studieren Schwierigkeiten hat, sollte sich an seinen Dozenten oder einen Experten auf diesem Gebiet wenden, der ihn beraten kann und ihm Bücher empfiehlt, die ihm weiterhelfen. Und außerdem sollte sich der Student eben selbst, wie bereits vorgeschlagen, als ein „Motivationsproblem" behandeln, und er wird finden, daß auch dieses Problem lösbar ist.

Zusammenfassung

Lernen kann auf den verschiedenen Stufen der Komplexität studiert werden. Da die grundlegenden Prinzipien noch immer unklar sind, konzentrieren sich die Psychologen heute eher auf theoretische Fragen als auf praktische Probleme, die den Studenten interessieren.

In diesem Kapitel kamen weitere Aspekte des Konditionierens, das schon in Kapitel 2 eingeführt wurde, zur Sprache: konditionierte Hemmung, CR höherer Ordnung und Extinktion. In diesem Zusammenhang wirft die Tatsache, daß die CR nicht mit der UCR identisch ist, die Frage der Verstärkung auf.

Die erste Bedingung dafür, daß ein Reiz (S) eine gelernte Reaktion (R) hervorruft, ist das wiederholte Auftreten von S und R in enger zeitlicher Nachbarschaft. R muß dabei S folgen. Damit sind jedoch noch nicht alle Bedingungen genannt, denn Wiederholung allein kann in manchen Fällen sogar zu einem Ausfall der Reaktion oder einiger ihrer Komponenten führen. Die Verstärkung, auf die es anzukommen scheint, folgt der Reaktion; sie bedingt, ob diese auch weiterhin eintreten wird oder nicht.

Die außerordentlich wichtige Frage, wie die Verstärkung arbeitet, ist noch immer ungelöst. Wir haben in diesem Zusammenhang verschiedene Theorien skizziert. Näher sind wir auf das ältere Effektgesetz und die neueren Vorstellungen von primärer Verstärkung durch Triebreduktion wie auch der sekundären Verstärkung eingegangen. Eine mögliche Hypothese über die Triebreduktion, die diese zum allgemeinen Antrieb in Beziehung setzt, schlägt vor, Triebreduktion führe nur dann zu einer Verstärkung, wenn ein sehr hohes „Triebniveau" vorliegt.

Ganz allgemein scheint richtig zu sein, daß Lernen eine Funktion des primären Lernens ist, wobei das zur Wirkung kommt, was wir „Übertragung von Übung" genannt haben. Die Übertragung kann positiv (das gegenwärtige Lernen fördernd) oder negativ (hemmend) sein. Lerneinstellungen oder Lernsätze sind eine besondere Form positiver Übertragung. Dieses „Lernen, wie man lernt", um das es sich hier handelt, scheint eines der wichtigsten Ergebnisse der formalen Bildung zu sein, die die Schulen vermitteln.

Weiter wurden drei Formen des Vergessens besprochen: Vergessen durch Nichtgebrauch, zeitweilige Extinktion und retroaktive Hemmung. Die Natur der zeitweiligen Extinktion verstehen wir nicht (es könnte sich dabei um eine konditionierte Hemmung handeln, wie Pawlow es postuliert). Dauernde Extinktion scheint aber eine Form der retroaktiven Hemmung zu sein. Es wurde eine Hypothese der retroaktiven Hemmung diskutiert, die auch zu einer Erklärung der erstaunlichen Aspekte der Erinnerung im hohen Alter und der Erinnerungsverzerrungen, wie sie ganz besonders häufig bei Kindern vorkommen, beitragen könnte.

Die praktischen Probleme, die in diesen Bereich fallen, drehen sich darum, wie man am besten lernen bzw. unterrichten kann. Lernen und Lehren sind durch viele Faktoren kompliziert. Es läuft dann letztlich darauf hinaus, daß jede praktische Situation, in der wir uns befinden, ein Ausnahmefall der uns bekannten Lernprinzipien ist. Lehren scheint vorläufig noch in hohem Maße eine Kunst zu bleiben; wir sind heute jedenfalls nicht in der Lage, jeden halbwegs intelligenten Menschen zu einem erstklassigen Lehrer auszubilden. Die Kunst des Lernens wird von einigen ohne große Mühe erworben, während wieder andere Hilfe benötigen. Diesen kann keine bestimmte, hundertprozentig richtige Regel gegeben werden. Jeder Student sollte sich als ein experimentelles Problem betrachten und dann herausfinden, welche Methode für ihn die beste ist.

8. Motivation: Triebe, Bedürfnisse und Gefühle

Unter die Überschrift Motivation fallen zwei ziemlich unterschiedliche Probleme: (1) Warum ist ein Tier eher aktiv als inaktiv? (2) Wie kommt es, daß eine Aktivität über eine andere dominiert, warum sucht ein Tier nach Futter und nicht nach Wasser, warum baut es an seinem Nest weiter, statt auf Futtersuche zu gehen?

Die Begriffe *Trieb* und *Bedürfnis* stehen in enger Beziehung zueinander. Ein Bedürfnis führt zu einem unstabilen Equilibrum in der Beziehung des Organismus zu seiner Umwelt. Das ist eine Bedingung, unter der ein Tier so lange mit einer Tätigkeit fortfahren muß, bis dieses Equilibrum wieder hergestellt ist. Trieb ist ein theoretischer Begriff, der den Mechanismus meint, der in Aktion gebracht wird, wenn ein Bedürfnis besteht. Biologisch primitive Bedürfnisse treten dann auf, wenn eine der Bedingungen für das Überleben des Individuums oder der Art nicht erfüllt ist. Dabei denken wir an Bedürfnisse, wie das nach Futter, Erhaltung der Körpertemperatur, Sauerstoff, Wasser, zu bestimmten Zeiten zu kopulieren, die Jungen zu pflegen, eine Verletzung des Körpers zu vermeiden usw. Biologisch primitive Bedürfnisse werden sie deshalb genannt, weil sie in der Phylogenese früher auftreten. In der Art, wie sie funktionieren, sind sie jedoch keinesfalls primitiv oder auch nur einfach. Das Bedürfnis nach Wasser und Luft ist ungefähr bei allen Säugetieren das gleiche. Der Trieb hingegen, der am Sexualbedürfnis beteiligt ist, hat sich gleichzeitig mit anderen Mechanismen des Verhaltens entwickelt. Das Sexualverhalten höherer Säugetiere ist komplexer als das niederer.

Gefühle sind schwierig zu definieren. Ja, es ist sogar schwierig, diesen Ausdruck als einen terminus technicus zu verwenden. Auf alle Fälle bezieht er sich auf Zustände wie Freude, Liebe, Stolz, Wut, Haß, Eifersucht, Trauer, Furcht usw. Es ist nahezu unmöglich, all diese Zustände mit einem einzigen Ausdruck zu charakterisieren. Nicht genug damit, daß unter diesen einen

Begriff eine solche Vielfalt von Zuständen fällt, können Gefühle sowohl das Verhalten organisieren (die Anpassung an die Umwelt verbessern) als es auch vollkommen durcheinanderbringen. Sie können als Antrieb wirken, können aber auch lähmen, können sehnlichst herbeigewünscht (der Organismus unternimmt alles, damit sie eintreten) oder nach Kräften vermieden werden. Das einzige, was alle diese Zustände gemeinsam haben, ist: die Motivation befindet sich in einer Art Ausnahmezustand. Das Subjekt ist hingerissen, außer sich, und es besteht eine ziemlich große Wahrscheinlichkeit, daß es sich ungewöhnlich verhalten wird.

Die Abweichung von normalem Verhalten kann verschiedene Formen annehmen. (1) Einmal kann es zur Fortdauer einer bestimmten Reaktionsweise des Individuums kommen, oder (2) es kann eine überhöhte Reaktionsbereitschaft, auch gegenüber trivialen Reizen, eintreten (man sagt dann, jemand sei nervös und reizbar); dann (3) gibt es ein Phänomen, das man als ein „Überschäumen" des Verhaltens bezeichnen könnte. Dabei treten inadäquate, unangepaßte und miteinander in Konflikt liegende Reaktionen anstelle der wirkungsvollen und adäquaten Reaktionen oder gemeinsam mit diesen auf: Weinen, Erröten, Zittern, Schwitzen, übertriebene autonome Reaktionen wie „Schreien vor Freude", Störung der Atmung und der Lautbildung, die sich als Lachen äußern, können beobachtet werden.

Wenn man all das in Betracht zieht, scheint es richtiger zu sein, den Begriff „Gefühle" der Alltagssprache zu überlassen und ihn nicht als einen wissenschaftlichen Begriff zu führen. Er scheint sich einfach darauf zu beziehen, daß im Subjekt etwas Außerordentliches vor sich geht. Er bezieht sich auf die Motivation in einer ganz allgemeinen Form, doch meint er nicht einen bestimmten Motivationsprozeß.

Motivation und Trieb

Wir können mit gutem Recht annehmen, daß das ursprüngliche Problem der Motivation für den primitiven Menschen war, wie es kommt, daß sich der Organismus im Gegensatz zu Steinen und Stöcken ohne die Mitwirkung einer von außen kommenden Kraft selbst bewegen kann? Da aber jede Bewegung eine Ursache hat, wurde irgendein Geist oder eine im Organismus wohnende Seele, die die Glieder bewegt, als Ursache angenommen. Ein derartiger Animismus ist aber keine zufriedenstellende Lösung, denn das Problem wird dadurch nur auf eine andere Ebene verschoben. Wer bewegt die Seele? Mit dem Fortschritt der Wissenschaft und der Zunahme der anatomischen und physiologischen Kenntnisse gingen mehr und mehr Forscher dazu über, sich Organismen in verschiedenen Analogien zu Maschinen vorzustellen. Besonders zwei Eigenschaften der Maschine haben unser Denken über dieses Problem besonders beeinflußt.

Erstens muß der Maschine durch einen von ihrer Steuerung unabhängigen Mechanismus Kraft zugeführt werden. Das kann entweder von außen oder durch eine in die Maschine eingebaute Kraftquelle geschehen. Zweitens wird die Wirkung der Maschine von außen kontrolliert. Entweder muß ein Knopf gedrückt werden, oder ein Lichtstrahl muß eine fotoelektrische Zelle treffen oder ein Hebel umgeschaltet oder sonst etwas unternommen werden, um die Maschine in Gang zu setzen, ihre Leistung zu bestimmen und sie wieder abzustellen. Wenn man unter diesem Gesichtspunkt ein Tier betrachtet, das einmal umhertollt und dann wieder ruhig liegt, so ist es nahezu unumgänglich, sich vorzustellen, daß es auch innerhalb des Nervensystems eine Art von Kraftsystem gibt, das von der Steuerung, den S-R-Verbindungen und den Vermittlungsprozessen unabhängig ist. Die Stimulation würde das „Knopfdrücken" sein, durch welches das Kraftsystem in Gang gebracht wird.

Diese Überlegungen haben uns auf den Begriff des Triebes gebracht. Auch damit sind jene Prozesse gemeint, die Kraft für die Bewegungen des Organismus bereitstellen, aber ähnlich dem Motor des Autos nicht bestimmen, welche Bewegung durchgeführt wird. Demnach kommt den Reizen der Umwelt eine zweifache Rolle zu. Die eine wollen wir „Antriebsfunktion" nennen. Sie führt ganz allgemein zu einer Aktivierung, besser noch, tendiert zu einer Aktivierung des Tieres. Die andere ist die „Hinweis-Funktion"; sie lenkt die Reaktionen. Durch sie wird bedingt, in welcher Form sich der Antrieb oder die Erregung auswirken wird – ob als Kampf, als Flucht, als Rechtswendung, als Linkswendung usw. Ja, sie kann sogar etwas bedingen, das sich am besten mit dem Durchtreten der Kupplung beim Autofahren vergleichen läßt. Trotz großer Kraft, großen Antriebes, um in unserer Sprache zu bleiben, kommt es zu keiner Bewegung. Die Katze, die regungslos auf ein Rotkehlchen lauert und wartet, bis es in ihrer Reichweite ist, ist ein gutes Beispiel dafür.

Derselbe Reiz kann sowohl Antriebsfunktion als auch Hinweisfunktion haben. Der Duft von Speisen kann sowohl den Hunger erregen (die Tendenz, das Futter zu suchen) als auch zum Futter hinführen. Ein Nadelstich löst die Bewegung der Hand aus, leitet sie aber zugleich weg von der Nadel. Häufig leisten jedoch verschiedene Reize verschiedene Funktionen. Die rhythmische Kontraktion des Magens kann Schmerzen auslösen – das ist dann Hunger. Die Magenkontraktionen können jedoch nicht dazu beitragen, daß dieser Hunger gestillt wird; Augen und Nase müssen das Tier zum Futter und den Menschen zum Kühlschrank führen. Große Hitze kann die Suche nach einem kühlen Ort einleiten; sie kann jedoch nicht dazu beitragen, daß er auch wirklich gefunden wird.

Diese Vorstellungen passen so gut auf eine große Anzahl von Verhaltensweisen, daß wir sie allein deshalb nicht verwerfen können. Doch bedarf es hier unbedingt noch einiger Klarstellungen. Die Analogie zwischen Tier und Maschine ist nur begrenzt. Das Tier ist nicht aus trägen, unselbständigen Teilen, sondern aus lebenden Zellen zusammengesetzt. Jede dieser einzelnen Zellen könnte man wieder mit einer Maschine vergleichen, denn jeder von ihnen wird Energie direkt über den Blutstrom zugeführt und nicht durch dafür spezialisierte Zellen. Die Energie für die Muskelreaktionen kommt nicht vom ZNS, noch kommt jene für gewisse nervöse Reaktionen von bestimmten Teilen des ZNS oder von den Reizen. Die Funktion der Stimuli ist die Auslösung einer nervösen Reaktion. Alle Neuren werden jedoch dauernd mit Energie durch die sie umgebende extrazellulare Flüssigkeit versorgt. Werden sie über längere Zeit hin nicht durch Reize zum Reagieren gebracht, so tendieren sie dazu, selbständig zu feuern. In diesem Sinne findet also eine spontane nervöse Aktivität statt.

Daraus wird es auch verständlich, wie es dazu kommt, daß ein Tier auch ohne besondere Umweltreize aktiv sein kann. Wenn ein Tier von einem Ort zum anderen wandert, im Käfig Runden dreht, so braucht es dafür gar keine besondere Stimulation. Der Grund für das Umhergehen des Tieres kann vielmehr der sein, daß die Stimulation durch die Umwelt sehr schwach ist. Grundsätzlich sind die Tiere aktiv und sie werden deshalb auch immer in Bewegung sein. Stimmt das, was wir eben gesagt haben, und würde man daraus folgern, die Theorie von den Trieben sei überflüssig, so können wir sie dennoch nicht aufgeben.

Die spontane Aktivität der nervösen Einheiten ist unkoordiniert und hat daher, kommt keine Aktivität des unspezifischen Projektionssystems hinzu, wenig Auswirkungen auf das Verhalten. Ob eine Aktivität des unspezifischen Projektionssystems stattfindet, hängt vom afferenten Input in diesem System ab. Mit anderen Worten: Obwohl es nicht immer einer bestimmten Stimulation bedarf, so ist doch ein allgemeiner Hintergrund von sensibler Stimulation nötig, damit Verhalten ablaufen kann. Das ZNS besteht aus 10 Milliarden Zellen. Die Reaktion einzelner Zellen hat deshalb nur wenig Wirkung auf das Verhalten. Auch ein spontanes Feuern nervöser Zellen, die direkt mit Muskelzellen verbunden sind, führt zu kaum mehr als einer Zuckung. Nur die koordinierte Aktivität einer großen Anzahl von Zellen wirkt sich eindeutig auf das Verhalten aus. Normalerweise wird das nur dann möglich sein, wenn Stimulation durch die Umwelt die Aktivität des Antriebssystems aufrecht erhält. (Der abnorme Fall sind in kleinerem Umfang Ticks, Krämpfe usw. und in größerem epileptische Anfälle.)

So gesehen, hat also das Antriebssystem wesentlich die Eigenschaften eines Triebes: Genau genommen stellt es nicht die Energie für Reaktionen bereit, bedingt jedoch, ob Energie freigegeben werden soll oder nicht, ohne gleichzeitig zu bestimmen, wie sie einzusetzen ist. Da wir nun Trieb und die Funktion des Antriebssystems gleichgesetzt haben, verstehen wir, wie es kommen kann, daß ein Reiz sowohl Antriebs- als auch Hinweisfunktion haben kann. Die afferenten Bahnen teilen sich im Hirnstamm, um sowohl durch das spezifische Projektionssystem (Hinweise) als auch durch das unspezifische (Antrieb) zu führen.

Nun ist es wirklich an der Zeit zu fragen: Gibt es mehr als nur einen Trieb? Man könnte sich ebensogut vorstellen, das Antriebssystem sei ein einziger Mechanismus, der durch die verschiedensten Bedingungen erregt werden kann, einschließlich primitiver und anderer Bedürfnisse, zum Beispiel Schmerztrieb, Hungertrieb, Sexualtrieb, Pflegetrieb usw. Jeder einzelne Trieb würde gemäß dieser Vorstellung verschiedene Teile des Antriebssystems einbeziehen.

Ein-Trieb-Theorie

Ein alter, aber nicht erfolgreicher Versuch, das Problem zu vereinfachen, war der Vorschlag, alles Verhalten gehe auf den Schmerztrieb zurück. Jedes

Verhalten sei ein Vermeiden von Schmerz. Hunger ist gemäß dieser Vorstellung der Schmerz, den der leere Magen verursacht, Durst hat seine alleinige Ursache in den unangenehmen Empfindungen der trockenen Kehle. Pflegeverhalten wird durch die prall gefüllten Milchdrüsen hervorgerufen, was zu dem Bedürfnis führt, die Jungen zu säugen. Diese Vorstellungen sind aber, wie wir wissen, durchaus nicht befriedigend. Auch ein Patient, dessen Magen entfernt wurde, hat noch das Bedürfnis zu essen; Durst tritt auf, bevor die Kehle trocken ist usw. Das Verlangen zu trinken nimmt auch dann nicht ab, wenn große Teile der entsprechenden Region anästhesiert sind (zum Beispiel bei Patienten, die an Halskrebs leiden). Pflegeverhalten kann auch dann noch beobachtet werden, wenn die Milchdrüsen wegoperiert sind.

Hinzu kommt noch, daß auf dieser Grundlage die Motivation, die Umwelt zu erforschen und zu manipulieren oder der Monotonie zu entfliehen, kaum zu erklären ist. Sicherlich, die Schmerzmotivation ist durch einen Prozeß der sekundären Verstärkung überaus wirksam. Die erworbene Motivation, Gegenstände, die einmal mit Schmerz assoziiert waren, zu vermeiden, kann das Verhalten auch dann in vielfältiger Weise beeinflussen, wenn tatsächlich keinerlei Schmerz auftritt. Doch ebenso klar scheint es zu sein, daß es Aspekte der Motivation gibt, die nicht auf diesen einen Trieb zurückgeführt werden können.

Die andere Theorie, die nur einen Mechanismus annimmt und die wir hier in Betracht ziehen wollen, geht davon aus, daß es nur einen Triebzustand gibt, der sich von Situation zu Situation nur dem Grade nach unterscheidet. Anscheinend ist das die beste Ein-Trieb-Theorie, die uns heute zur Verfügung steht, wahrscheinlich ist aber auch sie in ihrer heutigen Form noch nicht ausreichend.

Diese Theorie schließt zum Beispiel die Annahme ein, Zorn und Furcht läge die gleiche ungerichtete emotionelle Erregung zugrunde. Der Unterschied zwischen diesen beiden Zuständen wäre demnach in den Hinweisfunktionen zu suchen und nicht in der Art der Erregung. Beim Zorn würde zum Beispiel derselbe Reiz, der das Antriebssystem erregt, bestimmte S-R Verbindungen und auch Vermittlungsprozesse auslösen, die dann zu einem Angriffsverhalten führen. Bei der Angst würden die Reize das Antriebssystem in gleicher Weise erregen, hätten jedoch verschiedene Hinweisfunktionen, um die Flucht zu bewirken.

Einige Tatsachen stützen diese Überlegungen. Unter manchen Umständen kann Furcht zum Beispiel plötzlich in Wut umschlagen. Daraus könnte man folgern, daß sie in enger Beziehung zueinander stehen. Das Opfer eines Spaßes, das sich anfangs fürchtet, später aber die Situation durchschaut und wütend wird, wäre ein gutes Beispiel dafür. Ähnliches wird von einem Schimpansen berichtet, dem sich der Experimentator lautlos nähert und ihn dann plötzlich in den Rücken kneift. Zuerst erschrickt der Schimpanse und zeigt Furchtverhalten, als er aber sieht, was wirklich geschehen ist, wird er wütend. Hier scheint es also nicht so zu sein, daß die Erregung selbst verschieden ist, sondern der tatsächliche Unterschied zwischen den beiden scheint an die Hinweisfunktionen gebunden zu sein. Testosteron fördert bei männlichen Tieren sowohl das Kampfverhalten als auch das Sexualverhalten. Auch wurde angenommen, bei weiblichen Tieren stünden sexuelle Erregung und Eifersucht in Beziehung zueinander. Häufig wurde auch beobachtet, daß Sexualverhalten in Aggression übergehen kann, und zwar so gründlich, daß das Sexualverhalten vollkommen erlischt und die beiden Partner, Männchen und Weibchen, sich nur noch bekämpfen. Im Gegensatz dazu scheint aber allgemeine Erregung in vieler Hinsicht zu sexueller Erregung beizutragen. Schließlich haben Untersuchungen über die Entwicklung der Gefühle manche Forscher zu der Ansicht geführt, daß anfangs nur undifferenzierte emotionelle Störungen auftreten. Erst später entstehen daraus spezifisch emotionelle Zustände, die wenigstens zu einem gewissen Grad auch durch Lernen bedingt sind. (Das heißt wiederum, die Unterscheidung liegt an den Hinweisfunktionen.)

Hier stoßen wir aber auf gewisse Schwierigkeiten. Wie schon angedeutet wurde, ist es nicht so sicher, daß das Antriebssystem wirklich als ein einziges System funktioniert und alle Unterschiede, die auftreten, lediglich auf den Grad der Erregung zurückzuführen sind. Das Antriebssystem besteht nämlich nicht aus einer einzigen Masse von Fasern, sondern aus einer Anzahl deutlich unterschiedener Kerne. Jeder einzelne Kern ist eine hochorganisierte Struktur, und es wäre durchaus vorstellbar, daß in diesen Kernen verschiedene Aktivitätsmuster ablaufen. Mit anderen Worten: Triebzustände unterscheiden sich sowohl quantitativ als auch qualitativ. Es gibt nun auch einige Daten, die mit dieser Ansicht übereinstimmen.

Zum Beispiel werden Wut und Furcht nicht in gleicher Weise durch Testosteron gefördert. Das müßte jedoch der Fall sein, wenn die Erregung beide

Male wirklich die gleiche wäre. Ein anderes Beispiel sind Furcht und Lachen. Beides kann stark desorganisierende Wirkungen auf die Muskulatur haben. Jemand kann vor Lachen hilflos oder von Furcht gelähmt sein. Die allgemeine Störung kann in beiden Fällen auf ein Überströmen der Aktivität des ZNS zurückgehen. Durch diese übermäßige Erregung werden motorische Bahnen so in Aktion gesetzt, daß sie nicht mehr zu einem angepaßten zweckvollen Verhalten führen (im Moment). Dabei ist zu beachten, daß das Ergebnis dieses Überströmens bei Lachen und Furcht deutlich verschieden ist. Soll es jedoch direkt auf einen Antriebsüberschuß zurückgeführt werden, so muß man wohl auch annehmen, daß es sich in beiden Fällen nicht um den gleichen Antrieb handeln kann. Weiter fällt noch der Unterschied des zeitlichen Verlaufes der beiden Zustände auf. Die Erholung vom Lachen vollzieht sich bedeutend schneller als die von Furcht. Wir haben heute noch zu wenig experimentelle Grundlagen für eine eindeutige Schlußfolgerung, doch scheint es jedenfalls so zu sein, daß wir wenigstens einige qualitative Unterschiede in der Antriebsfunktion anerkennen müssen.

Mehr-Trieb-Theorie

Die Schwierigkeiten dieser Theorie werden u. a. dann deutlich, wenn man beginnt, für jede Art von Handlungen einen eigenen Trieb zu postulieren. Unter den Trieben, die postuliert wurden, befinden sich Schmerztrieb, Hungertrieb, Dursttrieb und Sexualtrieb. Das sind biologisch primitive Triebe, die sich in ihrer Entwicklung weit zurückverfolgen lassen. Sie alle haben daher ein gutes Recht, in diese Liste einzugehen. Hinzukommen müßten aber unbedingt noch der Pflegetrieb und, wie wir noch sehen werden, der Forschertrieb oder die Neugierde. Weiter müßte ein solches Schema in irgendeiner Form die wirksamen Auslöser von Emotionen einschließen, wie zum Beispiel Störung durch Lärm, Verlust der Stütze, Schlangenfurcht der Primaten und Wut, wie sie aus manchen sozialen Situationen resultiert. Die einleuchtendste Lösung wäre, anzunehmen, es gäbe für jedes der biologisch primitiven Bedürfnisse einen eigenen Trieb mit einem eigenen Aktivitätsmuster des Antriebssystems im Hirnstamm, das sich aber doch noch mit den anderen überschneidet. Andere Triebzustände haben ihre Ursache in kortikalen Prozessen und den Einwirkungen des Kortex auf den Hirnstamm.

Wirkliche und scheinbare Motivation

Konnten wir auch das Problem, ob es einen oder mehrere Triebe gibt, nicht lösen, so können wir doch so viel sagen: Es ist nicht notwendig, für jede Art von Verhalten einen eigenen Trieb anzunehmen. Ist es uns nämlich auch nicht gelungen, alle Motivation auf einen einzigen Trieb zu reduzieren, so wissen wir doch, daß verschiedene Motivationen, die sich deutlich voneinander abheben, durch Lernprozesse aus einer allgemeinen und mehr primitiven Motivation hervorgegangen sind. Und diese Art der Motivation wollen wir als erworbene Motivation bezeichnen.

Ein Reiz kann dadurch, daß er mit primitiven Bedürfnissen oder deren Befriedigung assoziiert wird, Triebeigenschaften, oder besser: triebererzeugende Eigenschaften annehmen. Das konnte durch eine Vielzahl von Experimenten bewiesen werden, und wir wollen nun zur Illustration auch zwei schildern.

Ratten wurden in einen Käfig gegeben, der aus zwei Abteilungen, einer weißen und einer schwarzen bestand. Anfangs zeigten die Tiere keinerlei Vorliebe, weder für das weiße noch für das schwarze Abteil. Später wurde den Tieren im weißen Abteil über das Bodengitter ein elektrischer Schock appliziert. In der einleitenden Übungsperiode wurden jeder Ratte im weißen Abteil 10 Schocks gegeben. Während dieser 10 Versuche war aber die Verbindung zwischen den beiden Abteilen geöffnet, so daß die Tiere in der Lage waren, immer in das schwarze Abteil zu fliehen. Im eigentlichen Versuch wurde das Tor zwischen den beiden Abteilen geschlossen, doch war es den Ratten durch Drehen eines kleinen Rades möglich, ein Tor zum schwarzen Abteil zu öffnen. Die Tiere wurden dann in das weiße Abteil gegeben, erhielten aber keinen Schock. Die trieberzeugenden Eigenschaften des Reizes (weißer Käfig), der früher mit dem Schock assoziiert war, waren deutlich am gestörten Verhalten der Tiere und deren intensiven Versuchen, aus dem Käfig zu gelangen, zu erkennen. Die meisten Tiere wurden während des Versuches mehr oder weniger durch Zufall mit dem Rad bekannt; sie lernten dann sehr rasch, so lange am Rad zu drehen, bis das Tor weit genug geöffnet war, so daß sie in das schwarze Abteil entschlüpfen konnten.

Das zweite Beispiel ist ein Experiment, das wir schon in Kapitel 7 erwähnten. Ein neutraler Gegenstand, nämlich Spielmünzen, nahmen positiv motivierende Eigenschaften an, also einen positiven Aufforderungscharakter. Junge Schimpansen wurden darauf dressiert, Spielmünzen für Futter einzutauschen. War dieses Verhalten einmal fest eingerichtet, so arbeiteten die Tiere auch dann für diese Form der Belohnung, wenn sie 10 bis 30 Münzen zusammensparen mußten, bevor es ihnen gestattet wurde, diese gegen Futter einzutauschen.

Diese beiden Experimente sind deutliche Beispiele für gelernte Motivation, wie sie in verschiedener Form das Verhalten höherer Tiere bestimmt. Betrachten wir nun diese Experimente, so stellen wir fest: Ein wesentlicher Zug ist, daß die einzelnen Gegenstände, die verlangt oder vermieden wurden, ursprünglich neutral waren, d. h. nur schwache motivierende Eigenschaften hatten. Dieser Umstand – neutrale Testobjekte – kann leicht dazu verleiten, falsche Schlußfolgerungen aus solchen Experimenten zu ziehen. Zum Beispiel ist es möglich, bei einem kleinen Kind (Alter ca. 9 Monate) mit einer weißen Ratte als Testobjekt intensive Vermeidereaktion hervorzurufen. Die weiße Ratte wurde dem Kind gezeigt. Sobald das Kind die weiße Ratte berühren wollte, wurde es durch einen starken Lärm erschreckt, auf den es mit Weinen und einem plötzlichen Zurückziehen der Hand reagierte. Nach einigen Wiederholungen dieser Prozedur weinte das Kind schon, wenn es die Ratte nur zu sehen bekam. In ähnlicher Weise kann ein Verlust des Gleichgewichts (Umfallen) bei einem kleinen Kind emotionelle Störungen und Weinen hervorrufen. Die Furcht vor Hunden kann zum Beispiel darauf zurückzuführen sein, daß ein Kind von einem Hund, ja sogar von einem gutartigen Hund aus dem Gleichgewicht gebracht und umgestoßen wurde. Sowohl die Furcht vor den Ratten (sie wird mit Lärm assoziiert) als auch die vor Hunden (ein Hund hat das Kind einmal umgestoßen) wurde gelernt. So eindeutig sich das aus unserer Beschreibung folgern läßt, so stimmt es doch nur teilweise. Ein Kind, das schon viele Male von einem Dreirad gefallen ist, fürchtet sich trotzdem nicht davor. Ist es über die Stiege gestürzt, so geht es das nächste Mal kaum vorsichtiger, und will man ihm Furcht vor einem Stück Holz in ähnlicher Weise wie Furcht vor der Ratte konditionieren, so wird man damit wenig Erfolg haben. Gewisse Reizgegenstände, unter ihnen Insekten und kleine Säugetiere, scheinen irgendwelche Eigenschaften zu haben, die das Konditionieren von Furchtreaktionen erleichtern. Furcht vor diesen Gegenständen wird auch bei Erwachsenen gefunden, die noch nie in ihrem Leben damit in Berührung gekommen sind und bei denen kein Konditionieren stattfinden konnte. Diese spontanen „Ängste“ selbst sind nicht gelernt, obwohl bestimmtes Lernen eine Voraussetzung für deren Auftreten ist, und sie nehmen an Häufigkeit und Stärke mit dem Wachstum des Kindes zu. Daraus wird klar, daß die Angst des Kindes vor Tieren nur teilweise ein Ergebnis des Konditionierens ist. Konditionieren kann in diesem Zusammenhang eher als eine Verstärkung einer Reaktionstendenz aufgefaßt werden, an deren Entwicklung psychische Reifung einen wesentlichen Anteil hat.

Furcht vor Schlangen und bestimmten fremden Gegenständen

Die Furcht vor Schlangen ist ein extremes Beispiel dafür, wie Reifung zur Entwicklung der Motivation beitragen kann. Lange wurde angenommen, die Furcht vor Schlangen sei nur gelernt, weil sie bei kleinen Kindern nicht vorkommt und auch nicht bei Kindern, die häufigen Umgang mit Schlangen haben, gefunden wird. Tatsächlich scheint es aber so zu sein, daß Kinder durch häufigen Umgang mit Schlangen gelernt haben, sich vor Schlangen nicht zu fürchten und sie somit Ausnahmen sind, und daß bei kleinen Kindern die Reifung noch nicht weit genug fortgeschritten ist.

Zwei Untersuchungen sind es u. a., auf die wir unsere Behauptung stützen wollen. Die erste ist eine Studie über die Einstellung von Kindern und Jugendlichen aus Großstädten (bis zu einem Alter von 17 Jahren) zu Schlangen. Diesen Kindern, die alle in ihrem Leben noch nie eine Schlange gesehen hatten, wurde eine etwas müde wirkende Schlange vorgeführt. Es wurde ihnen dabei auch gezeigt, daß das Tier vollkommen harmlos sei. Trotzdem traten starke Vermeidereaktionen auf, die mit dem Alter der Kinder an Häufigkeit und Intensität zunahmen. Die Experimentatoren konnten ziemlich überzeugende Gründe dafür angeben, daß die Furcht vor Schlangen nicht auf die Befürchtung der Versuchspersonen, von der Schlange verletzt zu werden, zurückzuführen ist.

Immerhin könnte man jetzt sagen, diese Kinder hätten so oft schreckerregende Berichte über Schlangen gelesen, daß verbales Lernen die Ursache ihrer Vermeidereaktion sei. Ist dieses Argument auch nicht sehr überzeugend – andere Dinge in unserer Kultur sind bedeutend gefährlicher (das Überqueren einer Straße, eine Autofahrt) und werden nicht in gleicher

Weise gefürchtet –, so ist das zweite Experiment solcherart, daß der Einwand, die Vermeidereaktion gehe auf verbales Lernen zurück, ausgeschaltet werden kann.

Alle erwachsenen Schimpansen fürchten Schlangen. Die beobachtete Stärke der Furchtreaktion nimmt mit dem Altern, oder richtiger ausgedrückt: mit der fortschreitenden psychischen Reifung zu – genauso wie beim Menschen. Wir können daraus folgern, daß die Furcht vor Schlangen bei Primaten (ebenso bei einigen anderen Tieren) spontan auftritt. Die Vermeidereaktion braucht also weder gelernt noch mit einer anderen primitiveren Ursache für Furcht, zum Beispiel Schmerz, assoziiert zu werden.

Weiter muß hier beachtet werden: Derartige Furcht ist nicht gelernt, doch Bedingung für ihr Auftreten ist, daß anderes Lernen vorher stattgefunden hat. Dieses Lernen ist die Entwicklung der Wahrnehmung, die nur dann auftritt, wenn das Tier seiner normalen Umwelt ausgesetzt ist. In unserem Schema auf Seite 188 haben wir diese Einflüsse unter Faktor IV klassifiziert. Obwohl wir nicht genau wissen, wie all das zusammenhängt und wie es funktioniert, so scheint es doch zu irgendeinem Konflikt zwischen dem gegenwärtigen sensorischen Input und Reaktionsweisen, die durch frühere Erfahrung aufgebaut wurden, zu kommen. Die normale Umgebung einer Tierart baut bestimmte Reaktionsweisen auf, mit denen auf übliche sensorische Ereignisse geantwortet wird. Nur wenn das geschehen ist, kann der Anblick einer Schlange störende Wirkungen haben.

Unsere sicherste Information über deartige Vorgänge haben wir aus der Reaktion junger Primaten auf Fremde. Eine besondere Reaktion auf Fremde kann bei jungen Schimpansen nicht vor einem Alter von vier Monaten und bei Menschenkindern nicht vor einem Alter von 6 Monaten beobachtet werden. Eine weitere Bedingung für ihr Auftreten ist, daß die Kinder dauernd (Schimpansen- oder Menschenkinder) nur wenigen verschiedenen Gesichtern ausgesetzt sind. Nur wenn sie es gewohnt sind, eine kleine Gruppe von Menschen zu sehen (die ständigen Pfleger oder die Familienmitglieder), löst die Annäherung eines Fremden eine Reaktion aus, die oft als Scheu bezeichnet wird. Tatsächlich kann sie aber so vehement sein, daß man glauben könnte, das Kind empfinde richtige Schmerzen.

Wenn ein normales Kind schon bei der ersten Begegnung mit einem Fremden mit voller Stärke reagiert, kann die Reaktion selbst deshalb nicht gelernt sein. Bei einem Schimpansen, der in Dunkelheit aufgezogen wurde, oder bei einem blindgeborenen Kind, das erst im sechsten oder achten Monat operiert wurde, tritt diese Furchtreaktion vor Fremden nicht sofort auf. Es bedarf einer gewissen Zeit, in der das Kind mit einer kleinen Gruppe von Menschen visuell vertraut wird – beim jungen Schimpansen ist dafür ungefähr ein Monat nötig –, und dann erst reagiert es auch auf den Anblick eines Fremden mit Furcht.

Daraus folgt: die Reaktion ist nicht total unabhängig von Lernen und kann auch nicht auf ein allgemeines Mißtrauen, das neuen Reizen entgegengebracht wird, zurückgeführt werden. Wäre dem nämlich so, würde die Furchtreaktion sofort, wenn der Schimpanse aus der Dunkelkammer herausgebracht wird oder sofort nach der Operation in voller Stärke auftreten. Die Furcht vor dem Fremden scheint durch eine Kombination von Bekanntem mit Unbekanntem hervorgerufen zu werden und nicht durch Unbekanntes allein.

Das würde also wieder darauf hinweisen, daß hier irgendein Konflikt im Spiel ist. Durch Beobachtungen wie die folgende wird eine solche Annahme gestützt. Dr. R. und Herr T. betreuen regelmäßig eine Gruppe junger Schimpansen. Die Tiere sind beiden sehr zugetan; sie sind freudig erregt, wenn sich einer von ihnen dem Käfig nähert, und scheinen begierig danach zu sein, von jedem von ihnen aufgehoben zu werden. Einmal hatte nun vor den Tieren, die dabei zusehen konnten, Dr. R. den Mantel von Herrn T. angezogen. Sofort löste Dr. R. in den Tieren so wilde Furcht aus, wie sie sie sonst nur beim Anblick eines Fremden zeigten. Hier haben wir also eine unbekannte Kombination bekannter Gegenstände (Dr. R. und der Mantel von Herrn T.), und das allein löste schon wilde emotionelle Reaktionen aus.

Im Verlauf der Entwicklung erweitert sich sowohl die Erfahrung des Schimpansen- als auch die des Menschenkindes. Dinge, die für das Kind fremd und furchterregend sind, sind es nicht mehr für den Erwachsenen. Daraus darf man allerdings nicht folgern, Erwachsene seien für emotionelle Erregungen weniger anfällig. Richtiger ist es zu sagen: Erwachsene sind für eine Art von Stimulation weniger, dafür aber für eine andere Art um so mehr empfänglich. Wie wir gesehen haben, hängt die Art der Erregung bzw. der Stimulation, die zu emotioneller Erregung führt, von Lernprozessen ab, die früher stattgefunden haben. In einigen Fällen kann es ziemlich lange dauern, bis das primäre Lernen so weit fortgeschritten ist, daß gewisse Konflikte auftreten können. So tritt zum Beispiel die sog. „Furcht vor der Dunkelheit“ nicht vor dem dritten Lebensjahr auf. Was das Kind in der Dunkelheit meist tatsächlich fürchtet, sind geheimnisvolle Kreaturen, die sich darin verbergen. Solche Phantasien können aber erst dann entstehen, wenn die Entwicklung der Vermittlungsprozesse, die solche Vorstellungen ermöglichen, weit genug fortgeschritten ist. Bis dahin hat die Dunkelheit nichts furchterregendes an sich.

Ein anderes Beispiel ist die Furcht, die durch tote und verstümmelte Körper ausgelöst wird. Wie die Furcht vor Schlangen, tritt sie bei Indiviuen, die von klein auf an deren Anblick gewöhnt sind, nicht auf. Sie kann aber auch bei Erwachsenen, die häufig damit zu tun haben oder auch nur oft dem Anblick ausgesetzt sind, abgeschwächt sein, ja sogar vollkommen erlöschen. Soldaten, Medizinstudenten und Totenwäscher sind Beispiele dafür. Der erste Besuch in einem Seziersaal ist wohl für jeden Unerfahrenen ein starker Schock und ein recht guter Hinweis darauf, daß es sich hier nicht nur um eine gelernte Reaktion, sondern eher um einen Konflikt handelt. In etwas abgeschwächter Form kann man diese Reaktion auch erfahren, wenn man plötzlich jemandem mit einem stark verstümmelten Gesicht gegenübersteht.

Lassen Sie uns nochmals auf experimentelle Untersuchungen an Schimpansen zurückkommen. Sie weisen entschieden darauf hin, daß starke emotionelle Reaktionen auf solche Stimuli nicht allein auf verbales Lernen zurückgeführt werden können. Wie wir bereits gehört haben, verfallen Schimpansen in einen richtigen Panikzustand, wenn sie das Modell eines Schimpansenkopfes (oder Menschenkopfes) sehen. Der Anblick anderer Körperteile führt zu ähnlichen Reaktionen, allerdings meist in abgeschwächter Form. Das steht nun offensichtlich in Beziehung zu menschlichem Verhalten. Junge Tiere reagieren auch hier am schwächsten, und wahrscheinlich trifft das ebenfalls zu auf die Reaktion von Menschenkindern auf Schauergeschichten von Grimm und Andersen und auf grausame Szenen im Fernsehen. Ob diese Sachen vom Standpunkt der Erziehung aus gut oder schlecht sind, ist eine ganz andere Frage, auf die wir in diesem Buch nicht eingehen. Allerdings ist es wahrscheinlich, daß die emotionelle Wirkung von Schauergeschichten auf Kinder vielfach schwächer ist als auf Erwachsene.

Primitive Motivation und Homeostase

Wir wenden uns jetzt der Motivation zu, die direkt aus biologischen Bedürfnissen resultiert. Ein wichtiger Begriff, den wir in diesem Zusammenhang einführen müssen, ist Homeostase. Man meint damit den Prozeß, durch den ein konstantes inneres Milieu im Organismus aufrechterhalten wird.

Die Atmung zum Beispiel ist ein Teil des homeostatischen Mechanismus; sie sorgt dafür, daß ein bestimmtes konstantes Sauerstoff- und Kohlendioxydniveau im Blutstrom gewährleistet wird. Fällt der Anteil des CO_2 und steigt der von O_2, so verlangsamt sich die Atmung; dadurch wird dieser Trend aufgehalten und umgekehrt. Steigt jedoch der CO_2-Spiegel und fällt der von O_2, so erfolgt rascheres Atmen. Gewisse Zentren im Hirnstamm (für CO_2) sowie die Carotid-Arterie und die Aorta (für O_2) arbeiten wie Thermostaten. Thermostaten kennt jeder von der Zentralheizung her. Wenn die Temperatur unter ein gewisses Niveau fällt, schaltet sich die Heizung ein, steigt sie über eine bestimmte Grenze, so wird die Heizung ausgeschaltet.

Natürlich hat auch der Körper eine solche automatische Temperaturregelung. Steigt die Körpertemperatur über die normalen Grenzen, so kommt es zu Schwitzen und raschem, schwerem Atmen. Die Wirkung ist eine Senkung der Temperatur. Fällt die Körpertemperatur, so setzt Zittern ein, und das ist wärmeerzeugend.

Der Mechanismus, der für die Balance Sauerstoff-Kohlendioxyd verantwortlich ist sowie die Temperaturregelung funktionieren reflektorisch. Solange reflexive Mechanismen zur Befriedigung der Bedürfnisse ausreichen und das übrige ZNS nicht einbezogen wird, zählen wir die homeostatischen Prozesse nicht als Motivation. (Sie erzeugen keine besondere Erregung und ändern auch den Ablauf des Verhaltens nicht.) Reicht jedoch der reflexive Mechanismus nicht mehr aus, so wirkt sich das sofort auf die Motivation aus. Wird zum Beispiel die Atmung gestört (zum Beispiel durch Würgen), so setzt sofort eine wilde Reaktion der höheren Zentren ein, die über alle übrigen Aktivitäten dominiert. Unter normalen Umständen funktioniert die Atmung automatisch, und es bedarf keiner besonderen Motivation. Anders ist es mit der Temperaturregulierung. Der Mensch ist im Verlauf eines Tages meist größeren Temperaturunterschieden ausgesetzt, als sie durch Zittern und Schwitzen ausgeglichen werden können. Hier kommt es auf Grund der homeostatischen Prozesse zu Motivation, die den Verlauf des

Verhaltens des ganzen Organismus beeinflußt (Aufsuchen eines kühlen Ortes, Anziehen eines Pullovers usw.).

Auch Hunger und Durst sind homeostatische Mechanismen. Sie rufen ein Verhalten hervor, das der Aufrechterhaltung einer bestimmten Konzentration gewisser Substanzen im Blutstrom dient. Im Falle des Vermeidens von Schmerz liegen die Dinge nicht ganz so klar. Direkt wird davon die Konstanz des inneren Milieus nicht betroffen. Doch in einem großen Zusammenhang gesehen, arbeitet auch diese Motivation dahingehend, Verletzungen des Körperschutzes (der Haut) und Blutverlust zu verhindern. Nun bleibt noch eine primitive Motivation, die Sexualmotivation. Sie kann sicher nicht unter die homeostatischen Mechanismen gezählt werden; denn Kopulation dient weder dazu, die Konzentration der Geschlechtshormone im Blutstrom auf ein normales Niveau anzuheben, noch sie zu senken.

Ein Verhalten kann nur dann als homeostatisch angesehen werden, wenn dadurch in irgendeiner Form das innere Milieu reguliert wird. Soweit wir aber wissen, hat das Sexualverhalten keine Wirkung, die als ein Korrigieren der Abweichung von einem bestimmten Nullpunkt oder einer Norm verstanden werden könnte. Es gibt also auch Motivation, die biologisch primitiv ist und doch nicht auf homeostatischen Prozessen beruht.

Hunger und Durst

Hunger definieren wir als eine zentrale nervöse Aktivität, die Essen verursacht. Es gibt Hunger nach verschiedenen Substanzen; eine davon ist Wasser. Durst können wir daher technisch als einen Hunger nach Wasser behandeln.

Interessant ist hier, daß Lernen in verschiedenen Graden bei den verschiedenen Formen von Hunger mitspielt. In einem Experiment wurde einer Laboratoriumsratte, die bisher immer Futter in ihrem Käfig hatte, für 24 Stunden jedes Futter genommen. Dann wurde ihr wieder Futter gegeben und die Zeit, die sie mit Fressen verbrachte, gemessen. Dabei wurde gefunden, daß sich die Freßrate des Versuchstieres nicht von der anderer Tiere, die dauernd Futter in ihrem Käfig hatten, unterschied. In einem Experiment mit 10 Ratten betrug die Freßdauer während der ersten Fütterungsminute zwischen 0 und 55 Sekunden.

Während der nächsten 5 Minuten stieg allerdings die Freßrate der Versuchstiere stark an. Das Experiment wurde fortgesetzt. Das Freßverhalten der

Tiere, denen täglich nur während 30 Minuten Futter bereitgestellt wurde, änderte sich während der ersten Freßminute zusehends. Am 10. Tag war es soweit, daß alle Tiere, sobald ihnen Futter gegeben wurde, wild und gierig zu fressen begannen. (Wird das gleiche Experiment mit Wasser durchgeführt, so sehen die Resultate etwas anders aus. Deutlich sichtbarer Durst, also gieriges Trinken, tritt schneller ein. Entweder ist Lernen daran in einem geringeren Maße beteiligt, oder es geht schneller vor sich.)

Ein plötzlicher Mangel an Futter ist für ein Subjekt, das früher noch nie gehungert hat, keine starke Motivation. Eine Ratte läuft im Labyrinth erst dann besser für eine Futterbelohnung, wenn sie schon während mehrerer Tage nur alle 24 Stunden einmal gefüttert wurde. Erst die wiederholte Erfahrung von Hunger, dem Fressen folgt, bringt die Ratte dazu, mit vollem Einsatz für Futter zu arbeiten. Ähnliches stimmt übrigens auch für den Menschen. Hunger ist für jemanden, der vorher gut genährt war, noch längst keine so starke Motivation wie für jemanden, der chronischen Hunger erfahren mußte. Im letzteren Fall kann dieses Bedürfnis das Verhalten völlig dominieren.

Es kann nun vorkommen, daß die Homeostase solcherart gestört wird, daß ein selektiver Hunger nach bestimmten Substanzen auftritt – je nachdem, was fehlt: Kohlehydrate, Eiweiße, Fette, Vitamine, Salze oder auch Wasser. Tiere, in deren Futter Salze fehlen, werden dazu tendieren, Wasser, das diese Salze enthält, gewöhnlichem Wasser vorzuziehen. Fehlen dem Futter Fett oder Vitamine, so werden die Tiere Futter wählen, das diesen Mangel behebt. Diese Anpassung geschieht nicht immer automatisch und sofort, denn auch Lernen kann diese Anpassung in gewissem Maß hindern. Frühere Eßgewohnheiten können die Ursache dafür sein, daß eine Ratte proteinhaltiges Futter auch dann ablehnt, wenn sie es sehr nötig hätte. Ganz besonders kommen Eßgewohnheiten beim Menschen zur Geltung; sie können die automatische homeostatische Regelung aufs stärkste beeinträchtigen.

Künstlicher Hunger: Sucht

Von den verschiedenen Süchten, die in unserer Gesellschaft gang und gäbe sind – nach Alkohol, Koffein, Nikotin, verschiedensten Drogen, Schlafmitteln, Morphium usw. –, spricht man üblicherweise also von Gewohnheiten. Daß es sich hier nicht einfach um schlechte Gewohnheiten wie zum Beispiel das Essen mit dem Messer handelt, dürfte klar sein: Gewohnheiten setzen Lernen voraus, und Lernen ist an den Süchten sicherlich ebenso wie am Hunger beteiligt. Süchte sind aber auch darin dem Hunger ähnlich, daß eine ihrer Wirkungen die Aufrechterhaltung der Konzentration gewisser Substanzen im Blutstrom ist. Insofern haben wir auch Süchte unter die homeostatischen Prozesse zu zählen – und das, obwohl eine Droge im Blut ursprünglich nicht vorhanden war, noch ihr Vorhandensein wünschenswert ist. Ist eine Sucht aber einmal fest eingerichtet, so wird die Droge für die normale nervöse Funktion notwendig, und ihr Fehlen kann eine starke Motivation werden.

Beim Entstehen der Morphiumsucht kann man zwei Stadien beobachten (möglicherweise auch bei anderen Süchten): Schon sehr bald stellt sich eine physiologische Abhängigkeit von der Droge ein, aber erst später kommt es zur richtigen Sucht. Jungen Schimpansen wurden täglich Morphiuminjektionen gegeben. Nach 4 bis 5 Wochen entwickelten sie eine physiologische Abhängigkeit von der Droge, die dann offenbar wurde, wenn den Tieren an einem Tag keine Injektion gegeben wurde. Sie zeigten typische Zeichen physiologischer Störungen, die von Rastlosigkeit, Gähnen, Kratzen usw., sog. Entzugssymptomen, begleitet wurden. Die armen Tiere waren sichtlich unglücklich, hatten aber noch nicht gelernt, daß die Injektion ihnen zu einem angenehmeren Zustand hätte verhelfen können. Bekamen die Tiere keine Injektion, so konnten sie gar nichts dagegen unternehmen.

Nachdem ihnen während zwei bis drei weiterer Monate täglich Morphium verabreicht wurde, war die Sucht richtig aufgebaut. Jetzt versuchten die

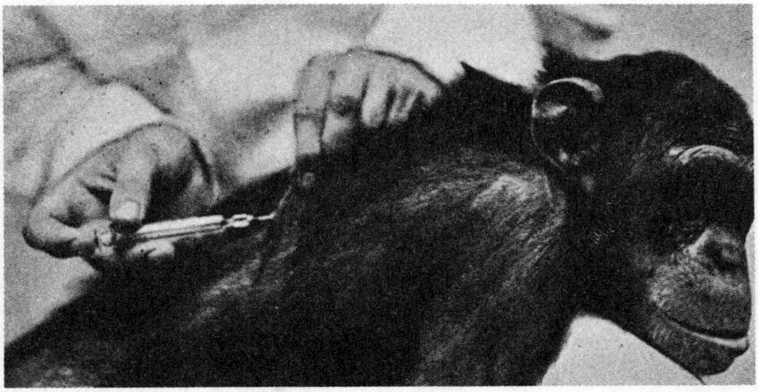

Abbildung 55. Frank läßt sich freiwillig eine Morphiuminjektion geben. (Courtesy of Yerkes Laboratories of Primate Biology.)

Tiere von sich aus die Injektionen zu bekommen. Sie zerrten zum Beispiel den Experimentator zum Kasten, in dem sich Droge und Injektionsnadeln befanden, brachten ihm die Nadel, nahmen die Kassette usw. Tatsächlich unternahmen die Tiere jetzt alles in ihrer Macht Stehende, um die Injektionen zu bekommen. Das Bedürfnis nach der Droge wurde zu einer mächtigen Motivation.

Bei Menschen, die wissen, daß sie eine Droge nehmen und daher auch den Zusammenhang zwischen Wohlbefinden und Droge kennen, sind die beiden beschriebenen Stadien der Sucht nicht so klar getrennt; sie folgen rascher aufeinander und sind vielleicht gar nicht auseinanderzuhalten. Trotzdem ist es wichtig, nicht zu übersehen, daß an der Entstehung der Sucht zwei verschiedene Prozesse beteiligt sind. Der erste ist eine physiologische Veränderung gewisser Gewebe, die nun für ihre normale Funktion diese Droge brauchen, und das andere ist ein Lernprozeß.

Eine Anzahl von Untersuchungen weist darauf hin, daß es konstitutionelle Unterschiede in der Anfälligkeit für Süchte gibt. Häufig kann man die Meinung hören, Alkoholismus sei der Versuch, persönlichen Schwierigkeiten zu entfliehen oder hätte seinen Grund in einer Neurose. Das mag teilweise stimmen. Es gibt aber auch Neurotiker, die ihre Probleme nicht auf diese Weise zu lösen versuchen; und andere Leute werden keine Alkoholiker, obwohl sie Alkohol in großen Mengen trinken. Andere Menschen wiederum, die als Entschuldigung kaum ihr gestörtes Gefühlsleben ins Treffen führen können, werden nach der ersten Bekanntschaft mit dem Alkohol süchtig. Zweifellos sind emotionelle Schwierigkeiten oftmals der entscheidende Faktor dafür, daß eine anfällige Person auch tatsächlich süchtig wird. Ebenso scheint es aber auch sicher zu sein, daß die physiologische Anfälligkeit nicht bei allen Personen die gleiche ist. Für manche Personen ist Alkohol eben ein tödliches Gift. Bei diesen führt er rasch zu homeostatischen Modifikationen, die dann nicht mehr umkehrbar sind und häufig das ganze Verhalten beherrschen. Eine persönliche und soziale Katastrophe ist meist die Folge.

Schmerz

Der Schmerz scheint bei normalen Subjekten aus zwei unterscheidbaren Prozessen zu bestehen, einmal aus dem sensiblen Ereignis, also der Reizung eines Rezeptors, und zweitens aus einer zentralen Reaktion, die eine starke motivationale Komponente hat.

Das Erstaunlichste am Schmerz – betrachtet man ihn als ein sensibles Ereignis – ist die Tendenz, das Gesamtverhalten eines Tieres zu kontrollieren. Ein Ton oder ein Lichtreiz kann, ist er nicht übermäßig stark, leicht für einige Zeit übersehen bzw. überhört werden. (Ja, es kann sogar sein, daß ein Tier auf akustische und visuelle Reize überhaupt nicht reagiert). Im Gegensatz dazu tendiert auch schon ein schwacher Schmerzreiz dazu, jede andere Stimulation zu überrennen und den Verlauf des Verhaltens zu bedingen. Wie es zu dieser enormen Durchschlagskraft der Schmerzempfindungen kommt, wissen wir nicht.

Afferent erfolgt die Erregungsleitung grundsätzlich über C-Fasern, die dünnsten und daher am langsamsten leitenden Fasern. Es erfolgt ein unkonditionierter Reflex, zum Beispiel ein Zurückziehen der Hand, das zur Lösung des Kontaktes mit dem schmerzerregenden Gegenstand führt und so eine Verletzung verhindert. Vom Rückenmark wird die Erregung in das Gehirn geleitet, in eigenen, von den für andere Reize geschiedenen Bahnen. Soweit gleicht der Schmerz jedem anderen sensiblen Prozeß. Bemerkenswert ist aber: seine spezifischen Bahnen erreichen den Kortex nicht. Darin mag vielleicht der Grund dafür liegen, daß der Chirurg am Gehirn eines Patienten operieren kann, obwohl dieser bei vollem Bewußtsein ist. Auf den Ebenen des Mittelhirns und des Thalamus werden die Schmerzleitungen komplexer, verzweigen sich und scheinen den Kortex nur noch über diffuse Bahnen zu beeinflussen. Nirgendwo im Kortex konnte so etwas wie ein Schmerzzentrum entdeckt werden.

Auf dieser Ebene scheint es sich beim Schmerz eher um eine allgemeine Motivation, eine emotionelle Reaktion als um eine Empfindung zu handeln. An Patienten, die an einem nicht zu erklärenden Schmerz leiden, wird manchmal eine Operation durchgeführt, die Lobotomie genannt wird. Diese Patienten berichten nach der Operation die erstaunlichsten Dinge. Zum Beispiel sagen sie aus, die Schmerzen noch wie vorher zu empfinden, doch von ihnen nicht mehr gestört zu werden. Sie können die sensorischen Reize also noch wie vorher erkennen, doch der Schmerz hat seine Dominanz über das Verhalten verloren.

Tierexperimente weisen andererseits auch darauf hin, daß die Motivationswirkung des Schmerzes in gewissem Maße auf primäres Lernen zurückgeht, das während des Wachstums stattfindet. Ein Schimpanse, der während der ersten 18 Monate seines Lebens Papphülsen über Händen und Füßen tragen mußte und daher nur wenige taktile und sicherlich auch wenig Schmerzerfahrungen machen konnte, reagierte auf Nadelstiche ganz anders als normale Tiere. Ebenso zeigten Hunde, die in völliger Isolation aufgezogen wurden und wenig Erfahrung mit Schmerzen machen konnten – außer mit denen, die sie sich selbst zufügten – nahezu keine Reaktion auf Stimulation, die üblicherweise als schmerzhaft empfunden wird und auf die mit einer intensiven Vermeidereaktion geantwortet wird. Diese Tiere rührten sich überhaupt nicht, wenn sie mit einer Nadel gestochen wurden oder wenn ihnen jemand auf den Schwanz trat. Ein brennendes Zündholz untersuchten sie dadurch, daß sie die Nase in die Flamme steckten (wodurch das Zündholz natürlich auslöschte). Das nächste brennende Zündholz wurde genau auf die gleiche Weise untersucht, und das wurde über mehrere Tage hin ohne das geringste Zeichen einer emotionellen Reaktion wiederholt. Ein normaler Kontrollhund, der noch nie in seinem Leben mit einer Flamme in Berührung gekommen ist, würde zwar auch das erstemal seine Nase in eine Flamme stecken, doch sicherlich kein zweites Mal mehr. Offensichtlich hatte der Schmerz bei den Versuchstieren nicht die gleiche Dominanz über das Verhalten wie bei normalen Tieren. Verstehen können wir solche Ergebnisse heute noch nicht. Doch scheint es, als würden einige der mit Schmerz zusammenhängenden Probleme an Rätselhaftigkeit verlieren, sollte sich folgende Erklärung als annehmbar erweisen. Der Ausdruck Schmerz bezieht sich, so wie er allgemein verstanden wird, sowohl auf ein unterscheidbares sensibles Ereignis, das selbst noch keine starken motivierenden Wirkungen hat, als auch auf einen Motivationszustand, der durch dieses sensorische Ereignis ausgelöst wird und auf frühere Erfahrungen mit Schmerzen zurückgeht. Wir nehmen daher an, daß Schmerz bei normalen Subjekten zum größten Teil eine erworbene Motivation ist.

Es gibt eine Besonderheit der Schmerzstimulation, die für die Stärke der Motivation, durch die sie ausgelöst wird, verantwortlich sein könnte. Das Geschehen, das normalerweise Schmerz auslöst, ist eines, das das Gewebe verletzt. Hat diese Stimulation nun einmal begonnen, kann sie nicht wie eine akustische oder visuelle durch Zuhalten der Ohren oder Schließen der Augen unterbrochen werden, sondern sie dauert an. Möglicherweise beruht die Vehemenz, mit der auf gewisse Geschmacksreize reagiert wird, auch auf der Schwierigkeit, diese wieder loszuwerden. Manche Stoffe kleben richtiggehend an den Geschmackszellen. Schmerz dauert nicht nur häufig über längere Zeit an, sondern er hat auch noch die unangenehme Eigenschaft, nochmals anzusteigen, bevor er endgültig abklingt. Daraus folgt also: Der einleitende Reiz ist (a) selbst nur wenig störend, doch (b) das Signal dafür, daß die Stimulation andauern und an Stärke zunehmen wird. Unter solchen Umständen können wir erwarten, daß eine starke konditionierte Abneigung (allgemeiner ausgedrückt: Vermeidereaktion) gegen jede Schmerzstimulation aufgebaut wird.

Sexualmotivation

In den niederen Tieren ist der wichtigste Einzelfaktor in der Sexualmotivation das hormonale Östrogen im Weibchen und das Androgen im Männchen; beides wird zu einem großen Teil von der Hypophyse kontrolliert. Wie wir allerdings noch sehen werden, ist die Sexualmotivation nicht gänzlich von diesem Mechanismus abhängig, ganz besonders nicht bei den Männchen der höheren Arten.

Das Männchen bestimmter Säugetierarten ist nur während bestimmter Perioden des Jahres sexuell reaktionsbereit (Brunstzeit). Die Männchen anderer Arten, und dazu gehören die Primaten, sind wiederum dauernd reaktionsbereit. Die sexuelle Motivation der Weibchen hingegen ist immer einer gewissen zyklischen Variation unterworfen. Die Zyklen variieren von Jahreszyklen beim Schaf bis zu Viertagezyklen bei der Ratte und stehen immer zu Veränderungen im Ovarium (den Eierstöcken) in Beziehung. Bei niederen Tieren heben sich Perioden sexueller Erregung klar ab. Kopulation kann nur erfolgen, wenn der Östrogenspiegel im Blut hoch genug ist. Bei den Schimpansen kommt es allerdings vor, daß manche Weibchen während des ganzen Zyklus reaktionsbereit sind, wenn auch sehr abgeschwächt zu der Zeit, in der andere Weibchen sexuell unansprechbar sind. Bei den Menschen ist die Sexualmotivation in noch geringerem Maße von den Zyklen der Ovarien bestimmt. Doch gibt es auch hier große individuelle Unterschiede, und die Fluktuation der Reaktionsbereitschaft läßt noch eine klare Beziehung zu den Zyklen erkennen.

Das Nervensystem eines normalen Tieres enthält Verhaltensmuster sowohl für weibliches als auch männliches Geschlechtsverhalten. Das Vorhandensein von Androgen im Blutstrom eines Männchens sensibilisiert die nervösen Strukturen, die zum männlichen Sexualverhalten beitragen, aber auch die für das weibliche Sexualverhalten. Das männliche Verhalten wird dann vorherrschend werden und zur Wirkung kommen, wenn ein empfängliches Weibchen in der Nähe ist. Die bestehende sexuelle Erregung macht es aber auch möglich, daß durch das Sexualverhalten anderer Männchen das weibliche Verhaltensmuster ausgelöst wird. Umgekehrt ist es ein eindeutiges Anzeichen für sexuelle Erregung von Weibchen, wenn sie männliches Sexualverhalten zeigen (jeder wird das schon bei Kühen, die ohne Stier weiden mußten, beobachtet haben). Daß solche Daten von einiger Bedeutung für das Auftreten von Homosexualität beim Menschen sind, ist wohl klar. Es ist also durchaus möglich, daß der Mensch von Natur aus sowohl homosexuell als auch heterosexuell motivierbar ist, allerdings vorherrschend heterosexuell. Welche Verhaltensweisen tatsächlich ausgeübt werden, hängt von Lernprozessen ab. In diesem Fall heißt das, es ist eine Funktion der Kultur, in der ein Mensch lebt, und der Zufälle, die seine Erfahrung ausmachen.

Von großem Interesse ist die Beziehung der Sexualität zu den kortikalen Funktionen und zum Lernen. Wie wir schon wissen, korreliert das Kopulationsverhalten der männlichen Ratte mit dem Erfolg beim Labyrinthlernen. Daß es in irgendeiner Form vom Kortex abhängt, wird daraus klar, daß es durch Verletzungen des Kortex ebenso wie das Labyrinthlernen beeinträchtigt werden kann. Für die Weibchen der niederen Arten stimmt diese Beziehung nicht in gleicher Weise. Das Sexualverhalten ist bei ihnen in viel stärkerem Maße ausschließlich reflexiv. Auch ziemlich große Zerstörungen des Kortex beeinträchtigen das Paarungsverhalten, die Häufigkeit der Kopulation kaum. (Was bei den Weibchen tatsächlich gestört ist, ist das Pflegeverhalten!) Auch scheint das Kopulationsverhalten des Weibchens in geringerem Maße als das des Männchens durch frühere Erfahrung beeinflußt zu sein. Anders ist es bei Anthropoiden. Ein erfahrenes Schimpansenweibchen kopuliert häufiger und erfolgreicher als ein unerfahrenes; doch ist der Unterschied zwischen Erfahrenen und Unerfahrenen bei weitem nicht so groß wie bei den Männchen. Bei Schimpansen, und in noch größerem Ausmaß beim Menschen, spielen Einstellungsfaktoren und Lernen eine große Rolle. Die sexuelle Reaktionsbereitschaft des Weibchens und des Männchens kann durch diese Faktoren weitgehend modifiziert werden. Stimuli, die vorher sexuell neutral waren, können die Reaktionsbereitschaft erhöhen oder unterdrücken. In den niederen Tieren ist die Kopulation ein zwanghaftes stimulusgebundenes Verhalten. Trifft das in besonderem Maße für die Weibchen zu, so doch auch im wesentlichen für die Männchen. So stark die Sexualmotivation in Anthropoiden und Menschen auch sein mag, so kam sie doch unter die Kontrolle von Vermittlungsprozessen, und Sexualverhalten, zu dem sie führt, ist weit entfernt vom reflexiven Verhalten, wie es bei Hunden und Katzen beobachtet wird.

Motivation, die primär von kortikalen Funktionen abhängt

Wie wir bereits gesehen haben, kann das unspezifische Projektionssystem des Stammhirns, dessen Aktivität für den Antrieb aufkommt, sowohl von afferenten als auch von efferenten, als vom Kortex kommenden Bahnen erregt werden. Bleiben wir bei unserer Definition, nach der wir unter Antrieb einen allgemeinen Triebzustand verstehen wollen (mit oder ohne qualitative Variation, wie wir das bereits in diesem Kapitel diskutiert haben), so können wir erwarten, daß es Fälle gibt, in denen Antrieb nicht von einem primären Bedürfnis, sondern von den komplexen Hinweisfunktionen des Kortex abhängt. Diese Fälle scheinen sogar einen großen Teil der Motivation der höheren Tiere auszumachen. Obwohl dieser Mechanismus noch nicht gänzlich verstanden wird, ist es doch sehr wesentlich, ihn nicht zu übersehen.

Sind die primitiven Bedürfnisse eines Säugetieres halbwegs befriedigt, so befindet sich sein Verhalten nicht mehr direkt unter der Kontrolle von Reizen, die damit assoziiert sind, und nun können andere Formen von Motivation auftreten. Diese andere Form von Motivation kann in Primaten so zwingend wie Schmerzmotivation werden; etwas schwächer, doch immer noch deutlich erkennnbar ist sie in niederen Tieren. Ein Beispiel dafür ist die schon mehrmals erwähnte Furcht der Primaten vor fremden Gegenständen und Personen. Ein anderes ist die Neugierde, die Tendenz, alles Fremde zu untersuchen – übrigens eine Motivation, die bei Wirbeltieren so auffällig in Erscheinung tritt, daß sie schon oftmals als ein eigener Trieb klassifiziert wurde. Derartige Motivation kann sowohl Annäherung als auch Vermeidung beinhalten. Ja, es kann sogar soweit gehen, daß ein und derselbe Gegenstand anziehend und abstoßend zu gleicher Zeit ist. Das Verhalten, das sich nun tatsächlich zeigt, hängt von der Stärke der ausgelösten Störung ab. Eine milde Störung wird zu einer Annäherung, eine starke zu Vermeiden und Zurückweichen führen.

Ein Tier, das sich in einer ihm bekannten Umgebung befindet, aber Zugang zu einer ihm unbekannten Region hat, wird sich nach dieser orientieren. Befindet sich das Tier zum Beispiel in seinem Heimatkäfig und ist das Tor geöffnet, so wird es sich langsam in das Neue bis zu dem Punkt vorwagen, wo sich die Motivation, das Neue zu erforschen und die Furcht vor dem Fremden die Waage halten. Ein plötzlicher Lärm würde an diesem Punkte zum Beispiel einen sofortigen Rückzug zur Folge haben. Jedes Vordringen ins Neue vermindert natürlich dessen Fremdheitscharakter, und so wird das Territorium, in dem sich das Tier ohne Furcht bewegen kann, von Mal zu Mal größer. Für den Stand unserer Diskussion ist es wichtig zu beachten, daß wir hier eine Situation vor uns haben, in der der unbekannte Teil der Umwelt sowohl Annäherung und Vordringen als auch sofortigen Rückzug auslösen kann.

Etwas ähnliches findet sich beim Schimpansen, der sich vor dem Modellkopf fürchtet. Manche Tiere liefen, wie wir berichteten, wild schreiend davon. Andere, die sich offensichtlich auch fürchteten, zogen sich nur auf eine sichere Distanz zurück und schienen dann nicht mehr fähig zu sein, den Blick vom schreckerregenden Gegenstand zu wenden. In unserem Kulturkreis fühlt sich der Mensch von einem toten Körper, von fließendem Blut und klaffenden Wunden gefühlsmäßig abgestoßen – und doch: wie gierig lauschen viele Menschen den Berichten über schreckliche Verkehrsunfälle oder einen mit einer Axt verübten Mord. (Sicherlich ist ein gespaltener Schädel – also ein Mord, der mit einer Axt ausgeführt wurde – aufregender als eine Vergiftung, und diese ist immer noch bemerkenswerter als ein natürlicher Tod.)

Ein anderes Beispiel für derartige Ambivalenz ist die Anziehung, die ein gefährlicher Sport auf viele Leute ausübt. Auch hier benimmt sich der Mensch wie die Ratte, die ihre Umwelt erforscht.

Anfangs wagt er sich nur langsam vor, wird jedoch in dem Grad, in dem seine Bekanntschaft mit dem Neuen und seine Fähigkeit, es zu meistern zunimmt, unternehmungslustiger. Viele Leute versuchen diese Art des Verhaltens mit dem Prestigegewinn zu erklären, der mit den vollbrachten Leistungen verbunden ist; sie glauben tatsächlich, alle Mühen würden nur der sozialen Anerkennung wegen unternommen. Diese Erklärung dürfte mit ziemlicher Sicherheit nicht stimmen; jedenfalls ist sie nicht die ganze Wahrheit. Erscheint sie schon zweifelhaft, wenn man an Leute denkt, die sogar

Geld ausgeben, um mit einer Achterbahn zu fahren (was sicherlich kein Prestige einbringt), so wird sie völlig unhaltbar, wenn man weiß, daß sich Tiere in ähnlicher Weise benehmen. Für sie gibt es nun wirklich keine von außen kommende Belohnung. Der Kitzel der Gefahr wird unter manchen Umständen eben um seiner selbst willen gesucht; er ähnelt dem Kitzel, den eine Geistergeschichte oder ein Bericht von einer schrecklichen Katastrophe dem Zuhörer bereitet.

Eine ähnliche Ambivalenz findet sich auch in der Tatsache, daß der Mensch, der doch sicherlich oftmals etwas gegen Arbeit hat, ganz besonders, wenn ihm zuviel davon aufgebürdet wird, unglücklich ist, wenn er keine Arbeit hat. Es wird also auch hier wieder offensichtlich ein optimales Niveau gesucht, wobei sich unsere Feststellung sowohl auf körperliche als auch auf geistige Arbeit bezieht. Der Begriff „Arbeit“ darf in diesem Zusammenhang nicht zu eng interpretiert werden. Psychologisch gesehen ist das Erteilen von Unterricht ebenso Arbeit, wie hinter dem Skilehrer herzufahren. Eine Partie Schach kann – psychologisch gesehen – eine schwerere Arbeit sein, als einen Geschäftsbrief zu schreiben. Spiele könnten daher psychologisch als Arbeit,

Abbildung 56. Ein Affe, der Probleme um ihrer selbst willen löst. (Für ein sechsjähriges Kind ist diese Aufgabe überhaupt kein Problem.) (Abgedruckt mit Genehmigung von H. F. Harlow.)

die um ihrer selbst willen getan wird, definiert werden. Die Vielzahl der Spiele, die vom Menschen entworfen wurden, um seinen körperlichen und geistigen Bedürfnissen gerecht zu werden, sind ein wichtiges Beweisstück, das bei der Behandlung der Probleme der Motivation beachtet werden muß. Die Erklärung des Spielens kann ebensowenig wie die eines gefährlichen Sports allein im Sozialprestige gesucht werden. Auch dazu können wir Beispiele von Tieren anführen, bei denen die Prestigefrage zweifellos nicht zur Debatte steht.

Affen können zum Beispiel stundenlang mit dem Lösen einfacher mechanischer Probleme zubringen (Abbildung 56). Schimpansen arbeiten gelegentlich an Lernaufgaben, die sie interessieren, ohne die Futterbelohnung überhaupt anzurühren. Wenn eine Ratte zwei Wege zum Futter hat, einen direkten und einen durch ein kompliziertes Labyrinth, so wird sie häufig die schwierigere Route wählen. (In 10 bis 80 Prozent der Fälle wird sie die indirekte Route einschlagen, wobei das einmal davon abhängen wird, wie schwierig das Labyrinth ist, das sie zu durchlaufen hat, und zum anderen davon, ob das Problem immer das gleiche bleibt oder sich von Mal zu Mal ändert. Wird es nicht verändert, so verliert die Ratte bald das Interesse daran und kehrt zur direkten Route zurück.)

Was diese Daten besagen, ist: unter gewissen Umständen wird ein Tier lieber arbeiten als faulenzen. Ist das Gesetz des „geringsten Energieaufwandes" schon für das Verständnis des Verhaltens niederer Tiere äußerst irreführend, so trägt es zum Verständnis des höheren Verhaltens kaum etwas bei. Dieses Gesetz mag seine Berechtigung haben, wenn es um die Befriedigung primitiver Bedürfnisse geht, doch scheint es sich regelrecht umzukehren, sobald diese befriedigt sind. Dann scheint es nämlich nicht mehr darauf anzukommen, sowenig Kraft wie möglich, sondern eher soviel Kraft wie möglich einzusetzen. Dabei handelt es sich gar nicht ausschließlich um Muskeltätigkeit – dafür würde auch irgendeine monotone Tätigkeit ausreichen – sondern auch um das Bedürfnis, das „Gehirn zu üben".

Das geht sehr klar aus dem folgenden Experiment hervor. Studenten wurden dafür, daß sie nichts taten, pro Tag 20 Dollar gezahlt. Ihre Aufgabe bestand lediglich darin, den ganzen Tag (24 Stunden) in einem bequemen Bett zu liegen, Hände, Augen und Ohren waren allerdings so abgeschirmt bzw. verstopft, daß die Wahrnehmung der Umwelt auf ein Minimum reduziert wurde. (Abbildung 57)

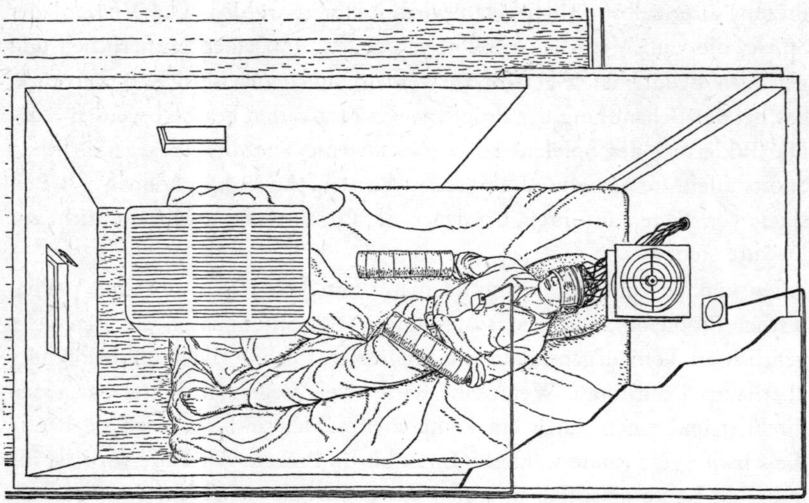

Abbildung 57. Das Subjekt in einem Isolationsexperiment (Sensory Deprivation) von oben gesehen. Die Hülsen über den Händen verhindern taktile Wahrnehmung; der Plastikschirm über den Augen ist lichtdurchlässig, gestattet jedoch keine Formwahrnehmung. Außerdem hatte das Subjekt einen U-förmigen Schaumgummipolster, wodurch die Ohren verdeckt werden. Hier auf diesem Bild ist er allerdings nicht zu sehen, denn er mußte entfernt werden, damit die EEG Elektroden angelegt werden konnten. Auf dem Bild kann man auch noch eine Klimaanlage sehen. Über der Brust der Versuchsperson hängt ein Mikrophon, durch das sie ihre Erfahrung berichten kann. (Aus Harow: Scientific American, January 1957.)

Erleichtert wurden die Bedingungen nur insofern, als der Versuchsperson erlaubt wurde zu essen und auf die Toilette zu gehen. Diese leichte Art, Geld zu verdienen (20 Dollar sind auch für einen amerikanischen Studenten eine ausgezeichnete Bezahlung) wurde nur von wenigen länger als drei Tage ausgehalten. (Die Höchstdauer betrug 6 Tage.) Obwohl die Studenten, die sich als Versuchspersonen zur Verfügung stellten, das Geld notwendig brauchten, gingen sie zu anderen Jobs über, die ihnen sowohl in geistiger als auch körperlicher Hinsicht mehr abverlangten. Sie entwickelten ein starkes Bedürfnis, wieder irgendeiner gestalteten Stimulation ausgesetzt zu sein. Dieses Bedürfnis zu handeln und auf Wahrnehmungen zu reagieren, erlangte schließlich die Oberhand und bedingte die Entscheidung, den gutbezahlten Job aufzugeben.

Dieses Experiment lenkt unsere Aufmerksamkeit auf einen Punkt, der wenigstens ein Teil der Erklärung der Motivation ist, die wir hier besprechen: Es handelt sich um die Rolle der Abwechslung bei der Erhaltung des Antriebes. Mit jeder Wiederholung vermindert sich die allgemeine Erregung, also der Antrieb, der von einer Stimulationsgestalt ausgelöst wird. In einer schlafenden Katze ruft die Serie unbekannter Töne A-B-C Erregung hervor, die sich darin zeigt, daß die Katze aufwacht. Wird die gleiche Folge von Tönen wiederholt, so vermindert sich deren erregende Wirkung so weit, daß die Katze schließlich davon nicht mehr wach wird, aber auch das EEG läßt keine Erregung erkennen. Werden die Töne nun in der Reihenfolge C-B-A dargeboten, so erwacht die Katze wiederum. Schaut ein Tier auf einen ihm bekannten Gegenstand oder eine ihm vertraute Szene, so wird die erregende Wirkung dieses Anblicks ziemlich gering sein. Sind keine Bedürfnisse damit assoziiert, so ist die Wahrscheinlichkeit, daß eine Reaktion auftritt, nur gering. Wird jedoch ein neuer Reiz eingeführt oder erscheint ein bekannter in neuer Weise, so wird das von dem Augenblick an, in dem diese Veränderung wahrgenommen wird, Erregung auslösen. Jetzt ist die Wahrscheinlichkeit, daß eine Reaktion stattfindet, ziemlich hoch.

Wir können annehmen, daß es so etwas wie ein optimales Antriebsniveau gibt. Mit dieser Feststellung sind wir wieder bei unserer früheren Diskussion über Triebreduktion und Triebsteigerung im Zusammenhang mit Lernen angelangt. Ein Subjekt wird dazu tendieren, Verhalten, welches das Antriebsniveau von einer niedrigen zu einer mittleren Ebene anhebt, zu wiederholen, nicht aber solches, das den Antrieb von einem mittleren auf ein hohes Niveau hinauftreibt. Das heißt, das Individuum wird Bedingungen suchen, die ein mittleres Antriebsniveau aufrechterhalten, und es wird daher sowohl Monotonie als auch Schmerzen vermeiden.

Es wurde bereits darauf verwiesen, daß auch dieser Theorie spekulative Züge anhaften. Wir können diese Feststellung nur dahingehend ergänzen, daß wir ihren schwächsten Punkt hervorheben. Der Schlaf wird darin überhaupt nicht berücksichtigt. Heute liegt dieser ganze Fragenkomplex, sowohl was seinen psychologischen als auch seinen physiologischen Aspekt angeht, noch weitgehend im dunkeln. Wohl wissen wir, daß es so etwas wie ein Wachzentrum im Antriebssystem gibt, vielleicht auch ein Schlafzentrum. Trotzdem bleibt die Frage offen, wie es zu dem 24-stündigen Tageszyklus kommt. Durch äußere Stimulation kann der Schlaf etwas hinausgezögert werden. Bei übermäßigem Schlafmangel tritt er im Hinblick auf den 24-stündigen Tagesablauf etwas verfrüht ein. Im Stammhirn scheint es — bildlich und vereinfacht ausgedrückt — so etwas wie eine physiologische Uhr zu geben, die der sensorischen Kontrolle nicht unterworfen ist. Was diese Uhr ist, wie sie funktioniert — wir wissen es nicht. In der Zwischenzeit müssen wir an all das, was wir bisher in diesem Kapitel gesagt haben, den Zusatz „während des Wachzustandes" anhängen. Ein Tier wird nur so lange ein mittleres „Antriebsniveau" suchen, wie es sich nicht — wie wir zu sagen pflegen — schläfrig fühlt. Fühlt es sich schläfrig, dann wird es nach Bedingungen suchen, die den Antrieb auf einem Minimum belassen.

Die Ziele der höheren Tiere

Wir wollen dieses Kapitel mit der Frage abschließen: Welches sind die Ziele, nach denen das Verhalten der höheren Tiere, insbesondere das des Menschen, ausgerichtet ist?

Den ersten Platz nehmen natürlich auch hier die primitiven biologischen Bedürfnisse ein, also diejenigen, deren Befriedigung Vorbedingung für das Überleben ist. Werden sie nicht befriedigt (ganz besonders, wenn dieser Zustand andauert), so wird das Trachten, sie zu befriedigen, das dominante Motiv im Verhalten sein. Sexuelle Motive, sind sie auch ebenso primitiv, werden bei den höheren Tieren komplexer und weniger zwanghaft. Nichtsdestoweniger haben sie einen überaus starken Einfluß auf die Motivation.

Das Bild ändert sich nun vollkommen, wenn all diese Bedürfnisse befriedigt sind. Ein wohlgenährtes, passend untergebrachtes und mit ausreichenden sexuellen Möglichkeiten versorgtes Subjekt ist nun in der Lage, andere Interessen aufkommen zu lassen. Es wird ausziehen, um seine Umwelt zu erforschen und wird sich auch über die Grenzen, innerhalb derer es sich sicher fühlt, hinauswagen. Jetzt finden wir Tiere dabei, Probleme zu lösen oder zu erfinden, kleine Risiken auf sich zu nehmen – und das alles nur um seiner selbst willen. Beim Menschen mit seinen großen intellektuellen Fähigkeiten und finanziellen Möglichkeiten führt diese Tendenz zur Konstruktion und Benutzung teurer mechanischer Einrichtungen wie Rennboote und Sportflugzeuge oder zu gründlicher Beschäftigung mit lösbaren und unlösbaren verbalen Problemen (Philosophie).

Neben diesem Suchen von Erregung und dem Verlangen, die Umwelt zu erforschen, welches wir eben besprochen haben, treten aber auch „irrationale Furcht", Angst und Abneigungen auf. Wir haben auch darauf schon verwiesen und dabei betont, daß sie bei höheren Tieren ausgeprägter sind als bei niederen. Manche dieser Tendenzen sind von unschätzbarem Wert. Das Bedürfnis, Probleme um ihrer selbst willen zu lösen, ist die Grundlage all unserer Wissenschaft. Andere wiederum, wie die Tendenz, alles Fremde – zum Beispiel Menschen, die im Hinblick auf ihre Gebräuche, Gewohnheiten und ihr Aussehen anders sind – zu fürchten, zu hassen und zu bekämpfen, wirkt sich für die gesamte Menschheit in katastrophaler Weise aus. Darin liegt die große Aufgabe und Notwendigkeit eines raschen Fortschrittes der Sozialpsychologie, daß wir lernen, diese Tendenzen zu handhaben. Es muß uns gelingen, die wertvollsten aus uns herauszuholen und zu fördern und die gefährlichsten zu schwächen und zu unterdrücken. Wir haben guten Grund zu glauben, daß das möglich ist. Heute wissen wir allerdings noch wenig über dieses Problem, das praktischen Wert hätte. Im Hinblick auf die Fähigkeit des Menschen, sich selbst auszurotten, ist das wohl das brennendste Problem der Wissenschaft.

Zusammenfassung

Motivation meint ganz allgemein – also ziemlich ungenau – Zustände und Prozesse, die im Unterschied zu lokalen reflektorischen Reaktionen die Aktivität des ganzen Tieres möglich machen. Motivation stellt nicht die Energie für die Reaktionen bereit – diese kommt vom Nahrungs- und Sauerstoffnachschub des Tieres –, sondern sie bestimmt nur, ob Energie für eine Reaktion oder eine bestimmte Gruppe von Reizen freigegeben werden soll oder nicht. Die Ausdrücke Gefühl und Emotion sind, wissenschaftlich gesehen, sogar noch ungenauer. Auf alle Fälle scheint man damit auf irgendwelche motivationale Prozesse, die im Organismus vor sich gehen, Bezug zu nehmen. Dabei scheint es aber so zu sein, daß das Außerordentliche eines Gefühls (zum Beispiel Freude) wenig mit dem eines anderen gemein hat (Ekel, Wut).

Der Begriff der Motivation trägt zum Verständnis der Reflexe nichts bei. Das Verhalten wird in diesem Fall von einem System hervorgerufen, das in Parallelen geschaltet ist (Kapitel 5). Dieses System ist immer, wird es nicht durch Müdigkeit oder eine besondere Hemmung gesperrt, zum Einsatz bereit. Einige Bedürfnisse werden reflektorisch versorgt. Solange die Versorgung erfolgreich ist, beeinflussen diese Bedürfnisse die Motivation eines Tieres nicht. Die Atmung, die Bereitstellung von Sauerstoff und die Ausscheidung von Kohlendioxyd erfolgen reflektorisch; die Körpertemperatur wird durch Schwitzen und Zittern kontrolliert usw. Viele Beispiele könnten hier noch genannt werden. Kann ein starkes Bedürfnis reflektorisch nicht mehr befriedigt werden, so wird die Motivation sofort davon ergriffen. Die Aktivität der höheren Zentren des Gehirns verändert sich, und das Verhalten des Tieres wird gänzlich darauf gerichtet, dieses eine Bedürfnis zu befriedigen. Jedes Verhalten, das dazu nicht beiträgt, wird unterdrückt.

Der Begriff des Triebes bezieht sich auf eine bestimmte Hypothese über die Motivation. Sie besagt unter anderem, daß es im ZNS verschiedene Prozesse gibt, die das Aktivitätsniveau eines Tieres bedingen, aber von denjenigen verschieden sind, die das Verhalten steuern. Man kann sich diese Trennung zwischen Antrieb und Steuerung ähnlich wie in einem Auto vorstellen. Wir wissen, daß die Triebe nicht die Energie für das Verhalten – die Energie, welche die Zellen verbrauchen, wenn sie aktiv sind – bereitstellen. Es scheint allerdings notwendig zu sein, daß die Energien vom ZNS mobilisiert und koordiniert werden, damit sie dann wirklich dem Verhalten zur Verfügung stehen. Es gibt verschiedene Vorstellungen von Trieben und davon, wie sie funktionieren. Die Hypothese, die uns u. a. beschäftigt, setzt Trieb und Antrieb (allgemeine Erregung), zueinander in Beziehung. Die abschließende Antwort auf dieses Problem steht noch aus.

Bestimmte Triebe und Motivationen können durch Lernen erworben werden. (Das steht zum Begriff der sekundären Verstärkung in Beziehung, Kap. 7.) In einigen Fällen, wie zum Beispiel bei der Angst vor Fremden, haben wir es auch mit Reifung zu tun. Dabei spielt Lernen eine geringere Rolle, als es vorerst einmal scheinen mag. Manchmal können wir geradezu von einer artspezifisch vorhersagbaren Empfindlichkeit sprechen. Charakteristisch ist das besonders für die Primaten. Die Natur dieser Empfindlichkeit – zum Beispiel der Mechanismus der Reaktion auf irrationale Furcht – ist nicht bekannt. Lernen im Sinne des Faktors IV spielt dabei mit. Es wäre denkbar, daß es sich bei diesen Prozessen um einen Konflikt des gegenwärtigen sensorischen Inputs mit Vermittlungsprozessen handelt, die schon vorher aufgebaut wurden.

Homeostatische Prozesse sorgen für ein konstantes inneres Milieu. Unter anderem zählen dazu Atmen, Schwitzen, Zittern, Hunger und Sucht. Sowohl Hunger als auch Sucht beruhen nur teilweise auf gelernten Prozessen und gehen zum anderen Teil auf grundlegende physiologische Veränderungen zurück. In indirekter Form kann auch die Vermeidung von Schmerz als ein homeostatischer Prozeß verstanden werden. Ähnlich wie der ganz gewöhnliche Hunger ist auch der Schmerz ein sehr komplexer Prozeß und nicht einfach eine Empfindung! Heute sind wir noch weit davon entfernt, diesen Mechanismus zu verstehen.

Obwohl auch Sexualverhalten biologisch primitiv ist, so handelt es sich dabei doch nicht um einen homeostatischen Prozeß, denn es ist kein Regulator des inneren Milieus. Die Menge der Sexualhormone im Blutstrom steht mit dem Sexualverhalten in Verbindung. Bei männlichen Säugetieren, in besonders starker Ausprägung bei den höheren Primaten, hängt es von Lernen und Vermittlungsprozessen ab.

Ein besonderes Merkmal der Motivation bei höheren Tieren – es hängt von einem gut entwickelten Cerebrum (Großhirn) ab – ist deren ambivalente Einstellung gegenüber furchterregenden Situationen und gegenüber körperlicher und psychischer Arbeit. Solange ein biologisches Bedürfnis nicht befriedigt ist, tendiert es dazu, das Verhalten zu dominieren. Ist jedoch keines dieser Bedürfnisse manifest, so scheinen höhere Tiere (ganz besonders ausgeprägt ist dieser Zug beim Menschen) Situationen aufzusuchen und zu schaffen, denen etwas furchterregendes anhaftet oder die dem Tier Probleme zum Lösen bieten. Diese Motivation kann überaus stark werden. Zu einfache und monotone Situationen werden vermieden.

9. Wahrnehmung, Wissen und Reaktion

Viele Autoren, die über Wahrnehmung geschrieben haben, betrachteten diese ausschließlich als ein Problem des Inputs in das Gehirn, von den Empfindungen kaum zu unterscheiden, vielleicht etwas komplexer als diese. Wahrscheinlich ist es richtig, daß Empfindungen und Wahrnehmung praktisch nicht unterschieden werden können. Theoretisch ist es aber von großer Bedeutung, die beiden auseinanderzuhalten, ebenso wie es wichtig ist, sofern eine solche Diskussion weiterführen soll, die Wechselwirkung zwischen Wahrnehmung und Reaktion zu erkennen und zu beachten.

Theorien, die auf Selbstbeobachtung gegründet sind, erklären die Wahrnehmung solange recht gut, als man nicht die bedeutsame Frage stellt: Wie bedingen Wahrnehmungen Reaktionen? An diesem Punkt angelangt, bleiben subjektive Theorien die Antwort schuldig – sie brechen zusammen. Diese Theorien behandeln nur die eine Hälfte des Problems, und da während der letzten 30 bis 40 Jahre keine Anzeichen dafür auftraten, daß sie sich auch der anderen Hälfte, dem motorischen Aspekt, zuwenden wollen, werden wir sie in diesem Buch nicht behandeln. In diesem Kapitel werden wir an das Problem vom verhaltenswissenschaftlichen Standpunkt herangehen, und zwar unter dem Gesichtspunkt der Leitung durch unsere automatische Umschaltzentrale, das ZNS. Wir werden die theoretischen Begriffe der vorangegangenen Kapitel, die für die Wahrnehmung Bedeutung haben, zusammenbringen und sehen, ob sie uns weiterhelfen können, ob sie zufriedenstellend sind oder nicht.

Was ist Wahrnehmung?

Solange Verhalten vollkommen der sensorischen Kontrolle unterliegt, taucht das Problem der Wahrnehmung nicht auf. Wir haben zum Beispiel keinen

Anlaß, von der Wahrnehmung eines Regenwurms zu reden, der eben einem Hindernis begegnet und es überwindet. Hier bedingt der sensible Reiz die Reaktion direkt. Bei höheren Tieren, bei denen auch Vermittlungsprozesse an der Kontrolle der Reaktionen teilhaben, kann zwischen dem ersten Kontakt mit einem Gegenstand und der adäquaten Reaktion (wir sagen hier meist einfach Reaktion) eine ganze Kette von Ereignissen liegen. Ein Tier beschaut, beriecht, betastet einen Gegenstand, bevor es ihn schließlich wegträgt, mit ihm kopuliert, ihn frißt, ihm keine Beachtung mehr schenkt oder wegläuft. Die Vermittlungsprozesse, die die schließlich erfolgenden Reaktionen bedingen, müssen angeregt und an die Situation angepaßt werden. Diese Anpassung, die die Vorbedingung für die Reaktion darstellt, ist die Wahrnehmung.

Manchmal kann diese Anpassung sehr rasch innerhalb der Schaltzentrale vor sich gehen. Ihr Ablauf wird dann nicht durch irgendwelche motorische Geschehnisse angezeigt. Häufiger wird diese Anpassung allerdings von sichtbaren Aktivitäten wie Untersuchungen („Abtasten", näher Betrachten", „Beschnuppern" usw.) begleitet sein. Vermittlungsprozesse werden angeregt und so lange modifiziert, bis sie eine adäquate Reaktion bedingen. Nehmen wir folgende Situation an: Ein Kind sieht irgend etwas auf dem Weg liegen. Die Reaktion des Kindes darauf ist, dieses „Etwas" in die Tasche zu stecken. Zwischen der ersten Stimulation und der Reaktion liegt noch eine ganze Serie von Reaktionen und deren Rückkoppelungen. Das Kind wird nähertreten, wird den Gegenstand, um ihn noch besser zu sehen, aufheben, umdrehen, dann betasten usw. Handelt es sich um einen Gegenstand, der normalerweise in seiner Umwelt vorkommt, so dauert dieser Prozeß vielleicht nur ein paar Sekunden. Trotzdem aber findet er statt und gehört eindeutig zur Wahrnehmung. Wahrnehmung ist im wesentlichen eine Vorbereitung auf die schließlich erfolgende Reaktion. „Vorläufige Reaktionen" und Reaktionen, die einer Untersuchung des Wahrnehmungsgegenstandes dienen, tragen in den meisten Fällen dazu bei. Diskussionen über Wahrnehmung, die diese nur als eine Art von afferentem Input betrachten, sind daher schon aus diesen Gründen unrealistisch und gehen am Wesentlichen vorbei. Als Empfindung wollen wir die Aktivität von Rezeptoren und die daraus resultierende Aktivität der afferenten Bahnen bis zu den bestimmten sensiblen Projektionsfeldern hinauf definieren. Die Leitung der Erregung erfolgt in Parallelen, und der ganze Vorgang ist völlig der Kontrolle der

Sinne unterworfen. Von einem etwas weniger physiologischen Standpunkt aus könnten wir Empfindungen als die Summe der Prozesse definieren, die der Stimulation der Sinnesorgane folgen und unmittelbar unter deren Kontrolle verbleiben. (Sie beginnen mit diesen und hören auch mit ihnen zu gleicher Zeit auf.) Wahrnehmung definieren wir als die Vermittlungsprozesse, die unmittelbar von den Empfindungen ausgelöst werden.

Die beiden Begriffe Wahrnehmung und Empfindung waren für lange Zeit Gegenstand einer Diskussion, die auf Selbstbeobachtung basierte. Ausgegangen war sie davon, daß die Empfindung als das Element des Bewußtseins betrachtet werden müsse. Wahrnehmung wäre nach dieser Meinung nichts als eine Kombination solcher Elemente. Später konnte gezeigt werden, daß diese Beschreibung nicht auf die Wahrnehmung paßt, ja es wurde sogar argumentiert, im Bewußtsein gäbe es keine echten Empfindungen. Das, was bisher als Empfindung klassifiziert wurde, sollte besser als eine einfache Erfahrung betrachtet werden. Damit hatte der Ausdruck „Empfindung" für die subjektive Beschreibung jeden Wert verloren.
In der objektiven Analyse stoßen wir jetzt wieder auf die Notwendigkeit, zwei verschiedene Prozesse, die uns theoretisch bekannt sind, durch Namen zu bezeichnen: einmal die afferenten, die eng an die Aktivität der Sinnesorgane gebunden sind, und dann die zentralen, die, obwohl von jenen ausgelöst, doch nicht vollkommen von ihnen bedingt sind. Diese beiden Prozesse scheinen durch die Ausdrücke Empfindung und Wahrnehmung in idealer Weise bezeichnet zu sein. Es scheint daher, daß eine Neudefinition in diesem Sinn den beiden Begriffen wieder zu wissenschaftlichen Ehren verhelfen kann. Beide Ausdrücke haben dadurch im wissenschaftlichen Sprachgebrauch ihren Platz zurückgewonnen.
Der Leser wird weiter finden, daß der Begriff Wahrnehmung in zweifacher Form verwendet wird. Normalerweise bringt diese Doppelverwendung des Ausdrucks keine Schwierigkeiten mit sich. Manchmal sind wir jedoch gezwungen, zwischen dem Vorgang der Wahrnehmung und der Wahrnehmung (dem Endprodukt der Anpassung der Vermittlungsprozesse, das dann schließlich zu einer adäquaten Reaktion führt) zu unterscheiden. Der Vorgang der Wahrnehmung ist nichts Augenblickliches, ausgenommen vielleicht die Wahrnehmung von etwas sehr gut Bekanntem. Wie wir später noch sehen werden, gibt es gute Gründe anzunehmen, daß es sich auch hier nur um eine Serie sehr schnell ablaufender Ereignisse im Gehirn handelt. Für diese Ansicht gibt es einige Beweise aus experimentellen Untersuchungen.

Visuelle Wahrnehmung hängt meist von komplexen Augenbewegungen ab, taktile von der Bewegung einiger Körperteile (Hand, Schnauze, Schnabel usw.), in die akustische Wahrnehmung fremder Töne sind meist auch noch Kopfbewegungen einbezogen (bei niederen Säugetieren Bewegungen der Ohren). Oft haben wir es dabei auch mit Serien von Stimuli (Zeitgestalten) zu tun. Besonders schöne Beispiele sind die Wahrnehmung einer Melodie und die der Sprache. Bei der Geschmackswahrnehmung helfen Zunge und Lippen mit; Riechen verändert die Atmung, wenn die Substanz, die gerochen wird, nicht bekannt ist. Bisher hat sich unsere Diskussion eigentlich nur um das Problem der augenblicklichen Identifikation von Umweltereignissen gedreht. Diese einseitige Betonung kann leicht irreführend sein. Zum Erkennen sehr gut bekannter Gegenstände oder Ereignisse ist möglicherweise keine von außen sichtbare Aktivität nötig. Ein einziger Blick, eine einzige Berührung mit der Hand reicht aus, sagt schon alles. Es muß dann keine weitere Untersuchung mehr vorgenommen werden. Auch hier besteht die Wahrnehmung wahrscheinlich noch aus Vermittlungsprozessen, die in zeitlicher Folge ablaufen und nicht in einem einzigen einheitlichen Ereignis. Zwei Experimente, über die wir jetzt berichten wollen, liefern uns wertvolle Informationen zu diesem Problem.

Im ersten Experiment wurde ein Tachistoskop verwendet. Das ist ein Apparat, mit dem visuelles Material für sehr kurze Zeiteinheiten, zum Beispiel 1/100stel Sekunde, dargeboten werden kann. Die Versuchspersonen wurden angewiesen, ihren Blick auf einen bezeichneten Punkt in der Mitte des Feldes zu richten. Später wurden auf dieses Feld Buchstaben projiziert, und die Versuchspersonen mußten angeben, welche Buchstaben sie sahen. Die Buchstaben wurden wie in Abbildung 58 in Vierergruppen dargeboten.

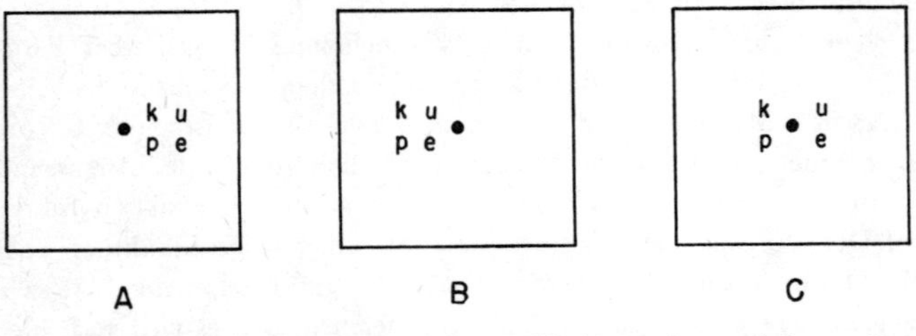

Abbildung 58. Die Quadrate stellen Bildschirme dar, auf denen Gruppen von Buchstaben tachistoskopisch projiziert werden. Der schwarze Punkt im Zentrum ist der Fixationspunkt. Bei verschiedenen Versuchen wurden verschiedene Buchstabengruppen verwendet und nicht immer wieder die gleichen wie in unserer Darstellung.

Manchmal waren sie links vom Fixationspunkt, manchmal rechts davon und manchmal um ihn herum angeordnet. Die Position der Buchstaben wurde nach dem Zufall variiert. Die Versuchspersonen wußten natürlich nicht, in welcher Position die Buchstaben erscheinen würden. Es war egal, in welcher

Reihenfolge und Anordnung die Buchstaben dargeboten wurden, sie wurden von der Versuchperson immer in folgender Ordnung berichtet: oben links, oben rechts, unten links und unten rechts. Das ist aber, wie schon jedem aufgefallen sein dürfte, die Ordnung, in der man im Deutschen gedrucktes Material liest. Bemerkenswert ist bei diesen Ergebnissen auch, daß die Buchstaben in dieser Ordnung gesehen wurden, obwohl das Bild nur für den Bruchteil einer Sekunde dargeboten wurde. Dabei wurde der Buchstabe in der Position oben links am häufigsten richtig gesehen (80 % richtige Antworten) und der unten rechts am seltensten (nur 40 % der Antworten waren richtig.) Durchweg berichteten die Versuchspersonen der Buchstabe oben links sei ihnen am deutlichsten erschienen.

Nun muß man aber betonen, daß dieses Experiment im Aufbau so angelegt war, daß sich kein Grund dafür finden läßt, weshalb immer „oben links" am besten gesehen wurde. Vielmehr könnte man annehmen, daß unter der Bedingung 58 b, bei der sich alle vier Buchstaben links vom Fixationspunkt befinden, das Sehen der rechten Buchstaben u und e gefördert würde. Diese beiden Buchstaben sind nämlich dem Zentrum des Blickfeldes näher. Aus all dem müssen wir folgern: der Wahrnehmungsprozeß selbst ordnet den sensorischen Input in einer solchen Weise, die klar zu früheren Erfahrungen in Beziehung steht, nämlich dem Lesen der deutschen Sprache. (Übrigens werden umgekehrte Ergebnisse berichtet, wenn das gleiche Experiment an Versuchspersonen durchgeführt wurde, die im Lesen des Hebräischen sehr geübt sind. Hebräisch wird bekanntlich von rechts nach links gelesen.)

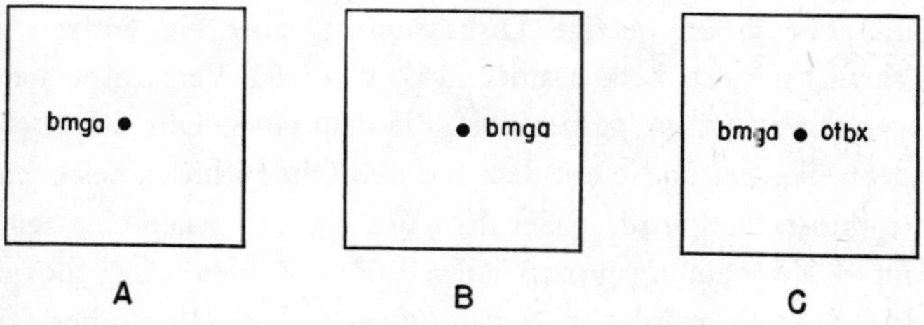

Abbildung 59. Andere Anordnung der Buchstaben, die in Experimenten ähnlich denen in Abbildung 58 verwendet wurden.

In einem anderen Experiment derselben Serie wurden die Buchstaben in Reihen dargeboten (Abbildung 59).

Wurden die Reihen entweder rechts oder links vom Fixationspunkt dargeboten, so war die Anzahl der richtig gesehenen Buchstaben für die rechte Darbietung höher als für die linke. Wurden gleichzeitig rechts und links Buchstaben dargeboten, so war die Anzahl der richtig gesehenen Buchstaben links größer als rechts. Da die Versuchspersonen nicht wußten, wo die Buchstaben erscheinen würden, haben wir es hier – obwohl es so schien, als geschähe alles in einem Augenblick – mit einer Sequenz von Ereignissen zu tun. Einmal wurde zwischen den Situationen (1), wo die Buchstaben nur auf der einen Seite des Fixationspunktes angeordnet waren, und (2) derjenigen mit Buchstaben zu beiden Seiten unterschieden. Im ersten Fall förderten die zentralen Prozesse den Input von der rechten Seite in stärkerem Maße als den von der linken und im zweiten mehr den von links. All das hat sich im Bruchteil einer Sekunde abgespielt und zeigt deutlich, daß auch dann, wenn die Stimulation nur so kurze Zeit dauert, die daraus resultierende Wahrnehmung aus einer ganzen Serie von Ereignissen bestehen kann.

Das zweite Experiment betrifft die akustische Wahrnehmung; es wird uns noch einige weitere Aufschlüsse darüber liefern, wie die serienmäßigen Prozesse der Wahrnehmung funktionieren. Der Versuchsperson, die Kopfhörer trug, wurde für jedes Ohr eine Serie von drei Ziffern dargeboten. (Das Intervall zwischen den Ziffern betrug eine halbe Sekunde, so daß die ganze Serie eineinhalb Sekunden dauerte.) Während sie im rechten Ohr 3-7-5 zu hören bekam, war es im linken die Serie 8-2-9. 3 und 8, 7 und 2, 5 und 9 wurden also immer gleichzeitig gegeben. Allein die Tatsache, daß die Versuchspersonen in 62 % der Fälle in der Lage waren, die Ziffern, die sie gehört hatten, richtig wiederzugeben, ist schon ein sehr interessantes Ergebnis. Für unsere jetzige Diskussion ist aber ein anderer Aspekt dieses Versuches noch bedeutsamer: 157 von 160 Versuchspersonen berichteten spontan zuerst die ganze Serie, die dem einen Ohr dargeboten wurde und dann die, welche sie mit dem anderen Ohr zu hören bekamen.

In diesem Fall wird wieder dem Wahrgenommenen eine zeitliche Ordnung im Wahrnehmungsprozeß aufgedrückt. Zahlenpaare, die gleichzeitig gehört wurden, wurden zu Serien umgewandelt. (Im vorhergehenden Experiment hatten wir es mit der Umwandlung von Simultangeschehen in eine Sequenz, eine zeitliche Abfolge, zu tun.) Die Versuchspersonen berichteten

nach dem Experiment, daß sie die Ziffern als zwei separate Serien – in jedem Ohr eine – hörten und nicht als eine Serie von 6 Ziffern, die erst ausgesondert werden mußten, bevor sie genannt werden konnten.
Zusammenfassend können wir also feststellen: Die Wahrnehmung ist das In-Gang-bringen und Modifizieren von Vermittlungsprozessen, die die adäquate Reaktion vorbereiten. Unter gewissen Umständen kann diese adäquate Reaktion keine Reaktion sein, sondern vielmehr eine Hemmung jeder Aktivität. Aus diesem Grund dürfen wir aus unserer Definition der Wahrnehmung nicht folgern, diese sei immer von einer sichtbaren motorischen Reaktion begleitet. Wahrnehmen, also der Prozeß, der zur Wahrnehmung führt, die schließlich die weiteren Reaktionen bedingt, kann manchmal beträchtliche Zeit dauern und motorische Aktivitäten ebenso wie deren Rückkoppelungen einschließen. Bei einfachen und gut bekannten Gegenständen und Ereignissen mag es manchmal so scheinen, als geschähe „Wahrnehmen" sofort. Wir konnten aber an zwei Experimenten demonstrieren, daß es auch dann noch zu einer Abfolge von Ereignissen innerhalb der Vermittlungsprozesse kommt. Allerdings läuft der ganze Prozeß manchmal in kürzester Zeit ab.

Wahrnehmung, die keine Reaktion auslöst: Wissen

Obwohl die Wahrnehmung eine Vorbereitung für eine Reaktion ist, kann, wie schon festgestellt wurde, unter gewissen Umständen keine Reaktion die adäquate Reaktion sein. Es gibt nun Situationen, wo das ziemlich oft der Fall ist. Diese Situationen können uns verstehen helfen, was mit den Ausdrücken „wissen" und „das Wissen" gemeint ist.
Wenn ein höheres Tier einem ihm bekannten Gegenstand begegnet, der in der Vergangenheit schon die verschiedensten Reaktionen auslöste, so gibt es für dieses Tier nicht nur *eine* „adäquate Reaktion", sondern es hat vielmehr in verschiedenster Weise darauf zu reagieren gelernt. Es gibt also für diesen Gegenstand nicht nur eine adäquate Reaktion, sondern gleich eine Vielzahl. Dabei kann es natürlich geschehen, daß eine dieser Reaktionen die andere hemmt und schließlich gar kein sichtbares Verhalten erfolgt. Wenn so etwas passiert, so können wir sagen, das Subjekt hat den Gegenstand wahrgenommen, reagiert aber nicht darauf. Etwas einfacher ausgedrückt: Es weiß, daß der Gegenstand da ist. Auf jeden Fall bedeutet das, daß eine Veränderung

des Reaktionspotentials eingetreten ist. Der Umstand, daß Wahrnehmung stattgefunden hat, wird die Reaktion des Subjekts in eine Anzahl von Situationen, die später noch eintreten können, verändern.

Ein einfaches Beispiel dafür: Ich suche in der Werkstatt meines Freundes nach einem Klebstoff und sehe dabei unter einem großen Haufen von Hobelspänen einen Schraubenzieher liegen. Da ich im Augenblick für den Schraubenzieher keine Verwendung habe, lasse ich nur kurz meinen Blick darauf ruhen und suche dann weiter nach dem Klebstoff. Sollte mich aber mein Freund fragen: „Liegt der Schraubenzieher auf der Hobelbank?", so werde ich ohne langes Nachdenken mit „Ja" antworten. Habe ich nun den Klebstoff gefunden, so werde ich nahezu „automatisch" nach dem Schraubenzieher greifen und damit den Deckel der Dose aufklemmen. Nach meinem Taschenmesser, das ich normalerweise dafür verwenden würde, suche ich gar nicht mehr. Die Wahrnehmung des Schraubenziehers, die Tatsache, daß ich weiß, er liegt auf der Hobelbank unter den Spänen, hat meine weiteren Reaktionen verändert. Ebenso würde sie meine Reaktionen auf eine Vielzahl anderer potentieller Reize ändern (sie können hier unmöglich alle aufgezählt werden). Es gibt keine eindeutige Weise, auf einen Schraubenzieher zu reagieren. (Er kann wirklich dazu verwendet werden, Schrauben einzuschrauben, aber noch dazu, Dosen zu öffnen, Fenster aufzuklemmen, um nach einer Katze geworfen zu werden usw.) Folglich können wir die Wahrnehmung, die ursprünglich stattgefunden hat, auch nicht als einen unvollkommenen Akt, etwa eine teilweise Aktivierung einer S-R-Leitung bezeichnen (auch dann nicht, wenn die in Frage stehende S-R-Bahn durch Vermittlungsprozesse kompliziert ist). Was im wesentlichen durch die Wahrnehmung bewirkt wurde, ist eine neue Einstellung der Umschaltzentrale, und dieses Neueinstellen ist es auch, was das Wissen ausmacht.

Daraus folgt aber, daß die Begriffe „wissen" und „das Wissen" wichtig sind, wenn es um den Input in die Schaltzentrale geht, der sich auf eine ganze Klasse potentieller Reaktionen auswirkt. Es ist dann sinnlos, von Wissen zu reden, wenn wir es mit einer S-R-Bahn zu tun haben. Zittert eine Ratte, wenn sie den Brummer hört, so fügen wir gar nichts Neues hinzu, wenn wir sagen, sie zittert, weil sie weiß, daß ein Schock kommen wird. Reiz und Reaktion sind in diesem Fall eng und unvermeidlich miteinander verbunden. Dieses Verhalten wird passend beschrieben, wenn wir sagen, die Ratte hat eine konditionierte Furchtreaktion.

Wird definiert, Wahrnehmung bestehe aus Vermittlungsprozessen, so wird dadurch implizite ausgesagt, daß eine gewisse Unabhängigkeit der Wahrnehmung von den Empfindungen bestehe. Andererseits besagt eine solche Definition wieder nicht, daß die Beziehung zwischen Wahrnehmung und Empfindungen nicht auch recht eng sein könnte. Tatsächlich ist aber die Enge dieser Beziehung ziemlich großer Variation unterworfen. Es gibt Fälle, wo eine bestimmte Stimulation immer die gleiche Wahrnehmung hervorzurufen scheint, und andere, wo es ziemlich schwierig vorauszusagen ist, zu welcher Wahrnehmung es kommen wird.

Die verhältnismäßige Unabhängigkeit der Wahrnehmung vom sensorischen Input kann von zwei verschiedenen Seiten her betrachtet werden. Einmal

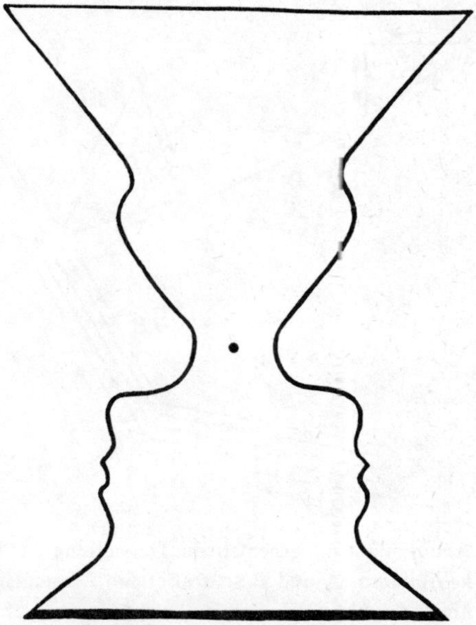

Abbildung 60. Umkehr- oder Umspringbild. (Nach Rubin.)

kann dieselbe Reizgestalt verschiedene Wahrnehmungen hervorrufen, und zum anderen können verschiedene Reizgestalten zur gleichen Wahrnehmung führen.

Die klassische Demonstration für den ersten Fall – die gleiche Reizgestalt – zwei verschiedene Wahrnehmungen – findet sich in Abbildung 60.

Ein derartiges zweideutiges Bild nennt man Umspringbild. Auf diesem Umspringbild kann man entweder eine Vase oder zwei gegeneinander gerichtete Gesichter sehen. Wenn Sie den kleinen schwarzen Punkt in der Mitte der Vase oder zwischen den beiden Nasenspitzen fixieren, so werden Sie merken, daß das Bild plötzlich, ohne daß Sie irgendwelche Augenbewegungen machen müssen, kippt. Einmal sehen Sie die Vase, dann beide Gesichter, dann wieder die Vase usw. Obwohl Augenbewegungen dazu nicht nötig sind, so können sie doch zu einer schnelleren Rate des Umkippens oder Umspringens beitragen. Lassen Sie uns noch einmal auf den Punkt verweisen, auf den es hier ankommt. Bei gleichem sensiblem Input können zwei völlig verschiedene Wahrnehmungen zustande kommen.

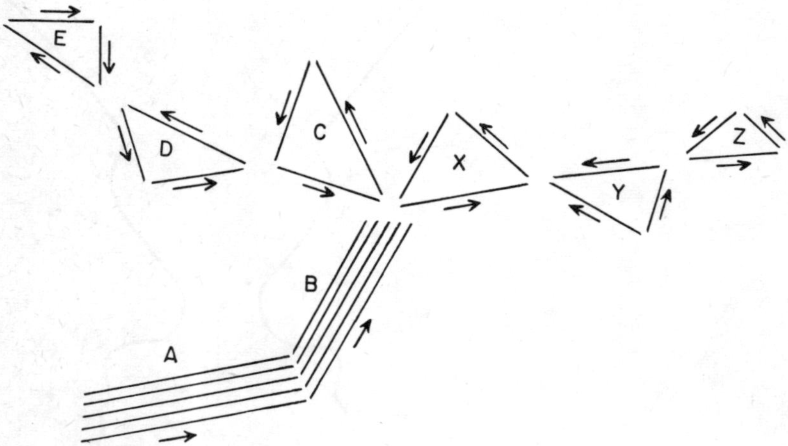

Abbildung 61. Schematische Darstellung der Erklärung des „Umspringens“ bei Umkehrbildern. A und B sind afferente Leitungen (in Parallelen); C und X sind alternierende Aktionen von Zellgruppierungen. Es wird nun angenommen, daß C X hemmt und umgekehrt. C-D-E bilden eine Wahrnehmung, und X-Y-Z eine andere. (Diese Zellgruppierungen müßten im Gehirn in derselben Region liegen und nicht räumlich voneinander getrennt sein wie in unserem Schema)

Im sensorischen Input läßt sich nichts finden, das für das plötzliche Umspringen verantwortlich sein könnte. Langsame Veränderungen wären noch eher verständlich, doch nicht diese plötzlichen. Einsichtig wird das Ganze, wenn wir uns einen Mechanismus vorstellen, wie er in Abbildung 61 dargestellt ist.

Hier wird angenommen, die zwei Wahrnehmungen seien die Aktivitäten zweier verschiedener Zellgruppierungen oder Phasensequenzen, von denen jede die Aktivität der anderen verhindert.

Abbildung 60 ist außerdem noch eine wichtige und ausgezeichnete Illustration zum Figur-Grund-Phänomen. Die Figur ist dabei der Teil des Bildes, der im Augenblick wahrgenommen wird, das übrige ist der Grund. (Die Alternation, die beim Umspringen stattfindet, könnte daher auch als eine Alternation von Figur und Grund bezeichnet werden.) Wenn Sie die Vase wahrnehmen, werden Sie erkennen, daß die Fläche in der Mitte etwas schmaler und irgendwie etwas fester erscheint. Werden die beiden Gesichter wahrgenommen, so erscheint die Fläche im Zentrum etwas weiter, und die äußeren Flächen erscheinen etwas schmaler.

Die Figur-Grund-Beziehung ist von grundlegender Bedeutung für die Wahrnehmung von Gegenständen sowie für die Raumwahrnehmung. Soweit aus den Berichten Blindgeborener, die als Erwachsene sehen lernten, geschlossen werden kann, ist vom ersten Sehen an die Einheit klar abgegrenzter einfacher Figuren gegeben. Bei solchen einfachen Gegenständen wäre demnach die Figur-Grund-Beziehung ein von der Erfahrung unabhängiges Phänomen. Bei anderen komplizierteren Figuren scheint es aber doch wieder eine Funktion der Erfahrung zu sein. Die Variabilität der Figur-Grund-Beziehung, wie sie in Abbildung 60 demonstriert wird, nimmt mit der Entwicklung der visuellen Wahrnehmung, also dem „Sehenlernen" zu.

Variabilität ist keine Besonderheit der Wahrnehmung solcher Reizgestalten wie Abbildung 60, sondern eine allgemeine Eigenschaft der Wahrnehmung. Die Bedeutung der Umspringbilder liegt nur darin, daß an ihnen diese Variabilität besonders augenscheinlich demonstriert werden kann. Fixieren Sie nur irgendeinen Punkt ihrer Umgebung, und Sie werden bemerken, wie Sie einmal ein Detail, dann wieder ein anderes deutlich sehen, und dann plötzlich wieder die gesamte Szene wahrnehmen. Aber auch schon, wenn

Sie eine so einfache Zeichnung wie Abbildung 62 A betrachten, ergeben sich solche Effekte.

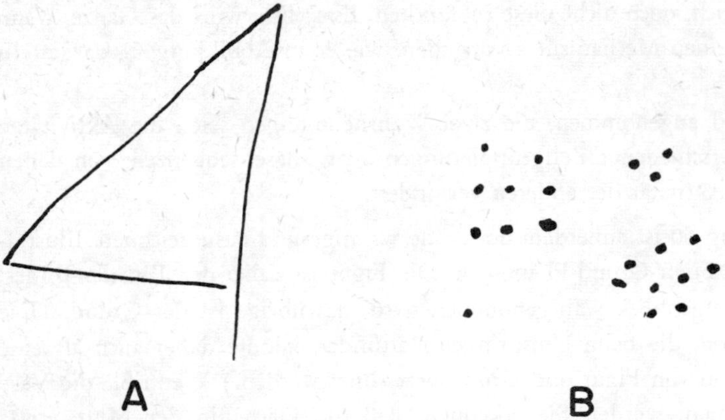

Abbildung 62. Zur Illustration der Variabilität der Wahrnehmung einfacher Gestalten.

Einmal wird Ihnen auffallen, wie verwackelt der Strich ist; plötzlich werden Sie die Öffnung rechts unten im Dreieck bemerken; dann werden Sie wieder das ganze Dreieck sehen oder gar einen unklaren Vierer wahrnehmen. Die Punkte in Abbildung 62 B wird man manchmal als eine Gruppe, manchmal wieder als drei Gruppen sehen. Dann wieder kann es sein, daß man die einzelnen Punkte oder die Flächen, die zwischen ihnen liegen, wahrnimmt. Der sensorische Input, also die Reizgestalt, setzt dem, was wahrgenommen wird, Grenzen. Es besteht keine Möglichkeit, daß Abbildung 62 A und Abbildung 62 B als identische Gebilde wahrgenommen werden. Doch innerhalb dieser Grenzen ist die Variabilität ausgeprägt. Die Konstanz der Wahrnehmung durch einen gegebenen sensorischen Input besteht eher im häufigen Wiederauftreten der Prozesse, die die Wahrnehmung sind, als in der Aufrechterhaltung eines einzigen Prozesses.

Helligkeits- und *Größenkonstanz* sind gute Beispiele für gleichbleibende Wahrnehmung trotz veränderter Reizbedingungen. Helligkeitskonstanz bezieht sich auf die allgemein bekannte Tatsache, daß ein weißes Stück Papier nicht weißer erscheint, ob es sich nun im grellen Sonnenlicht oder im Schatten befindet. So selbstverständlich uns dieses Phänomen auch sein mag, so ist es doch etwas sehr Erstaunliches, denn „weiß“ bedeutet eigent-

lich, ein Gegenstand reflektiert viel Licht, und „schwarz", er reflektiert wenig Licht. Ein Stück Kohle, das in der Sonne liegt, reflektiert offensichtlich mehr Licht als ein Stück Papier, das im Schatten liegt, und trotzdem wird die Kohle schwarz und das Papier weiß gesehen. Wir haben es hier mit einem Kontrastphänomen zu tun. Obwohl die Kohle Licht reflektiert, so reflektiert sie doch bedeutend weniger Licht als ihre Umgebung. Daß es sich hier wirklich um ein Kontrastphänomen handelt, kann experimentell leicht dadurch gezeigt werden, daß man ein glänzendes Kohlenstück grell beleuchtet (am besten hängt man ein Stück Kohle im Zimmer so auf, daß es sich nicht gegen einen Hintergrund abheben kann). Es sieht dann wie ein leuchtender Silberbrocken aus. Oder ein weißes Papier, das im Schatten liegt, wird durch ein Guckloch betrachtet (dadurch soll verhindert werden, daß irgend etwas von der Umgebung gesehen wird) und es erscheint dunkelgrau. Unter gewöhnlichen Umständen, wenn der Kontrast nicht ausgeschaltet ist, scheint weißes Papier, das aus dem hellen Licht in den Schatten geschoben wird, seine Farbe nicht zu verändern, sondern es wird vielmehr unter beiden Bedingungen als weiß wahrgenommen. Also: zwei verschiedene Reizbedingungen – die gleiche Wahrnehmung!
Ein ebenso alltägliches und daher gar nicht so sehr beachtetes Phänomen ist das der Größenkonstanz. Die Größe, in der ein Gegenstand gesehen wird, hängt grundsätzlich von dem Winkel ab, in dem er auf die Retina projiziert wird. Weiter steht sie aber auch eng mit der visuellen Tiefe in Beziehung (der Entfernung vom Auge). Ein Beispiel dafür ist eine Hand, die wir in 20 cm Entfernung vor das Auge halten: sie erscheint nicht größer als in 40 cm Abstand. (Tatsächlich ist die Projektion der Hand auf die Retina in 20 cm Entfernung ungefähr zweimal so groß wie bei 40 cm Abstand. Ein Bild an der Wand wird weder größer noch schrumpft es – egal, ob wir einige Schritte nähertreten oder weiter weggehen. Das Gesicht eines Bekannten, der uns gegenüber am Tisch sitzt, scheint uns nicht drei- oder viermal so groß zu sein wie das eines anderen, der am anderen Ende des Zimmers steht. All diese Phänomene meinen wir, wenn wir von Größenkonstanz sprechen. Dieses Kontrastphänomen ist nicht absolut, zum Beispiel nimmt die Größe von Gegenständen in weiter Entfernung stark ab. Aus irgendeinem Grund ist die Konstanz von Gegenständen, die in vertikaler Richtung, auf oder ab, gesehen werden, weniger deutlich. Dazu steht die Mondillusion in Beziehung. Der Mond erscheint uns bekanntlich am Hori-

zont um vieles größer, als wenn er im Zenith steht. Experimente haben ergeben, daß das teilweise von der Position des Körpers abhängt und damit in Zusammenhang steht, ob die Augen hinauf oder hinunter gewendet werden. Warum das aber so ist, kann niemand erklären.
Ein anderes Phänomen, das schon aus historischen Gründen erwähnt werden muß (hat es doch in den Jahren 1912–1922 dazu beigetragen, die Psychologen davon zu überzeugen, daß die Beziehung zwischen zwei sensiblen Ereignissen als Bedingung für die Entstehung der Wahrnehmung ebenso bedeutsam ist, wie die sensiblen Ereignisse selbst), ist das Phi-Phänomen, die Wahrnehmung von Scheinbewegungen. Damit ist die Wahrnehmung von Bewegung gemeint, wo tatsächlich gar keine stattfindet. Heute ist es schon fast ein Gemeinplatz, auf dieses Phänomen zu verweisen. Trotzdem finden wir darin ein außerordentliches Beispiel für die Transformation dessen, was an der sensiblen Oberfläche geschieht, für das, was bei der Wahrnehmung vor sich geht.
Die zwei Punkte in Abbildung 63 sollen zwei Lichtquellen darstellen.

Abbildung 63. Ein Licht A leuchtet kurz auf, und dann, um den Bruchteil einer Sekunde später, Licht B. Wird die richtige zeitliche Abfolge eingehalten, so sieht das Subjekt anstatt zweier aufeinanderfolgender Lichter nur ein sich bewegendes Licht.

A leuchtet 200 MS lang; 60 MS, nachdem A erloschen ist, leuchtet B ebenfalls für 200 MS. Anstatt zweier aufeinanderfolgender Lichter sieht der Beobachter ein einziges Licht, das sich von A nach B hin bewegt. Das ist das Phi-Phänomen. Große Bedeutung kommt in dieser Anordnung dem Zeitintervall zwischen dem Aufleuchten des einen Lichtes bis zum Aufleuchten des anderen zu. Ist dieses Intervall zu kurz, so werden beide Lichter gleichzeitig, ist es zu lang, so werden sie hintereinander gesehen. Die Länge dieses entscheidenden Zeitintervalls ändert sich mit der Intensität der Lichter und ihrer Entfernung voneinander, also dem Winkel, in dem sie auf die Retina auftreffen. Zur physiologischen Erklärung dieses Phänomens liegen die verschiedensten Hypothesen vor, doch keine ist wirklich annehmbar. Auch die Erklärung, es handle sich um eine Augenbewegung von A nach B, kann ausgeschlossen werden; denn werden zum Experiment zwei Paare von Lichtern verwendet, so können gleichzeitig gegenläufige Bewegungen wahrgenommen werden.

Lassen Sie uns also danach fragen, wie und ob wir damit, wenn wir objektiv zu bleiben versuchen, fertig werden können. Die Diskussion über das Phi-Phänomen wird immer noch von den Anhängern subjektiver Methoden beherrscht. Die Lösungen, die diese Leute anbieten, behandeln das Problem so, als liefe in der Seele (im Gehirn) so etwas wie eine Bewegung ab, die mit der Methode der Selbstbeobachtung erfaßt werden könnte. Ob diese Art, an das Problem heranzugehen, richtig ist, bleibt fraglich. Jedenfalls stößt diese Methode auf eine logische Schwierigkeit (wie macht es der Geist oder die Seele, nach innen zu schauen?), die im Falle des Phi-Phänomens um nichts geringer ist als bei der Untersuchung des Lernens und der Gefühle. Außerdem – wir haben darauf schon zu Beginn dieses Kapitels verwiesen – hat diese Methode völlig vergessen, auch die motorischen Reaktionen einzubeziehen. Die moderne Psychologie ist einem anderen Weg verpflichtet, und das gilt für die Erforschung der Wahrnehmung ebenso wie für die Erforschung aller anderen Gebiete.

Was bedeutet es, wenn eine Versuchsperson berichtet, sie sähe unter den experimentellen Bedingungen von Abbildung 63 ein Licht, das sich von A nach B bewegt? Es bedeutet einfach, daß die Reizbedingungen des Experiments die gleichen zentralen Vorgänge auslösen, die auch stattfänden, wenn sich tatsächlich ein Licht von A nach B bewegte. Um das zu erklären, ist die Annahme der Wanderung der Erregung von einer Stelle des visuellen Kortex zu einer anderen, wie es vorgeschlagen wurde, vollkommen überflüssig. Ja, es ist sogar um vieles wahrscheinlicher, daß eine solche Bewegung nicht stattfindet, sondern daß die Reizbedingungen im Kortex korrekt wiedergegeben werden. Daß es auf der Retina zu keiner Wanderung des Reizes kommt, dürfte klar sein. Wir folgern vielmehr, die Bewegung eines Lichtes von A nach B und ein nacheinander einsetzendes Aufleuchten von A und B (geschieht dies in der richtigen Zeitfolge) erregen die Aktivität derselben Zellgruppierungen. Die Empfindung, der sensorische Input, ist unter beiden Bedingungen verschieden, und doch führen beide zur gleichen Wahrnehmung. Beide Begriffe sind theoretische Konstrukte erschlossen aus unserem physiologischen und anatomischen Wissen sowie aus den Reaktionen der Versuchsperson.

Wir können nun auch fragen, was es bedeutet, wenn eine Anzahl von Punkten, wie sie in Abbildung 62 B dargestellt ist, als eine Gruppe, eine Einheit erscheint. Auch das können wir wieder als Anzeichen dafür interpretieren, daß die zentralen Prozesse, die durch die Gruppe von Punkten erregt werden, die gleichen sind, die von einem Gegenstand, der den gleichen Raum einnimmt, ausgelöst würden. Die Einheit einer solchen Wahrnehmung hat nichts Mysteriöses an sich, sie setzt nur voraus, daß jede Reaktion oder Reaktionstendenz auf die Gruppe von all ihren Gliedern (allen Punkten) zur gleichen Zeit auf die gleiche Weise bedingt wird.

Generalisation

Wurde ein Tier darauf trainiert, auf einen Reizgegenstand oder ein Ereignis zu reagieren, so kann die gleiche Reaktion meist auch durch die Darbietung anderer ähnlicher Reize oder Geschehnisse ausgelöst werden, die weder mit den ursprünglichen identisch sind, noch muß das Tier jemals vorher darauf gestoßen sein. Lernt ein Kind ungefähr in einem Alter von zwei Jahren zu einem Hund „Hund" zu sagen, so können wir eine spontane Übertragung der Reaktion „Hund" auf andere Gegenstände derselben Klasse beobachten, die sich weder in Größe noch Farbe noch in irgendwelchen anderen Einzelheiten gleichen müssen. Diese spontane Übertragung wird Generalisation genannt. Es ist das ein wesentlicher Zug des Verhaltens. Zum Zweck der Analyse müssen wir zwei Formen von Generalisation unterscheiden, (1) Generalisation von einem Glied einer einfachen Serie auf ein anderes benachbartes und (2) Generalisation, die Muster und Gestalten einbezieht.

1. Generalisation bei Serien

Dazu gehört die Übertragung der Reaktion von einer Intensität oder Häufigkeit auf eine andere. Wurde zum Beispiel eine Speichelreaktion auf einen Ton in einer bestimmten Lautstärke konditioniert, so kann diese auch von Tönen mit einer anderen Lautstärke ausgelöst werden. Ist der Unterschied zwischen den Reizen groß, so kommt es zu einer Abschwächung und Verzögerung der Reaktion; ist der Unterschied nur klein, so wird die Reaktion der ursprünglichen sehr ähnlich, ja nahezu gleich sein. Ist der CS Kratzen einer bestimmten Hautstelle, so kann die Speichelsekretion, die CR, auch durch Kratzen nahegelegener Stellen hervorgerufen werden; sie wird aber mit der Entfernung von der ursprünglichen Stelle abnehmen.

Eine ähnliche Beziehung wird zwischen akustischen Stimuli verschiedener Tonhöhe und visuellen Stimuli verschiedener Helligkeitsgrade gefunden.

Es wäre auch vorstellbar, daß die Mechanismen dieser Generalisation sensibler Natur sind und vorerst einmal keine Vermittlungsprozesse einbeziehen. Weil bei den spezifisch afferenten Bahnen auf jeder Ebene der synaptischen Übertragungen gewisse Überschneidungen bestehen, kommt es zu um so größerer Streuung der Erregung, je näher die Impulse zum Kortex kommen. Wenn zwei Reize, die auf der Haut an zwei klar zu unterscheidenden Stellen gegeben werden, auftreten und die Entfernung zwischen ihnen nicht zu groß ist, so werden im Kortex zwei sich überschneidende Regionen in Erregung versetzt. Je näher die beiden stimulierten Punkte beieinander sind, desto größere Bereiche der kortikalen Erregung würden die gleichen Zellen einbeziehen und desto mehr Bahnen, die zu den gleichen Zellgruppierungen und den motorischen Erfolgsorganen führen, in Aktion versetzen.

Handelt es sich um Intensität anstatt um räumliche Beziehung, so paßt auch darauf eine ähnliche Erklärung. Wird zu einem Ton von einer bestimmten Lautstärke Y eine Reaktion konditioniert, so werden gewisse Zellen y im akustischen Kortex (in den akustischen Projektionsfeldern) feuern. Wird ein schwächerer Ton X dargeboten, so werden die Zellen x in Erregung sein, dazu viele, doch nicht alle Zellen y. Sie werden dazu tendieren, einige derselben motorischen Bahnen zu erregen, wenn auch nicht mit der gleichen „Rate". Daraus folgt, sie werden die gleiche Reaktion hervorrufen, doch in etwas abgeschwächter Form. Wird nun aber ein sehr lauter Ton Z dargeboten, so werden die Zellen z, die nun feuern, alle Zellen y, aber auch noch einige andere auslösen, die nicht zur Reaktion, die jetzt gemessen wird, konditioniert wurden. Diese neuen Bahnen, die jetzt mit erregt wurden, können die Aktivität der Zellen y hemmen oder sonst irgendwie beeinträchtigen. Obwohl auch jetzt die konditionierte Reaktion ausgelöst wird, so wird sie doch infolge dieser Beeinträchtigungen wieder etwas abgeschwächt sein. Von den zwei hier angeführten Hypothesen ist besonders die zweite spekulativ. Das, worauf es hier allerdings ankommt, ist, daß eine derartige Erklärung auf die einfache, anscheinend nicht gelernte Generalisation bei Serien passen würde.

Die Art der Generalisation – immer nur auf einem Reiz basierend –, die wir bisher behandelt haben, steht in enger Beziehung zu den interessanten Phänomenen, die beobachtet werden können, wenn von einem Tier eine Unterscheidung zwischen zwei Reizen einer Serie verlangt wird. Sowohl niedere als auch höhere Tiere tendieren dazu, eher auf der Grundlage relativer Unterschiede als auf der absoluter Größen, Häufigkeiten, Frequenzen usw. zu reagieren. Praktisch heißt das, es ist ziemlich einfach, ein Tier darauf zu schulen, auf das hellere von zwei Signalen, den lauteren von zwei Tönen usw. zu reagieren, aber es ist um vieles schwieriger, ihm beizubringen, immer nur auf eine bestimmte Größe, Helligkeit usw. zu reagieren.

Eine Ratte wurde zum Beispiel an dem Apparat, der in Abbildung 4 dargestellt ist, darauf trainiert, immer zum Tor mit der Helligkeit 1 zu gehen (dahinter fand sie Futter) und das mit der Helligkeit 2 zu meiden (Helligkeit 2 war doppelt so groß). Als das Training abgeschlossen war, wurden der Ratte Helligkeit 2 und 4 dargeboten. Reagierte die Ratte überhaupt, so wählte sie jetzt die Tür mit der Helligkeit 2, also diejenige, die zu meiden sie in besonderer Weise geschult wurde. Mit anderen Worten, die Ratte unterschied auf Grund relativer Werte und nicht auf Grund der absoluten. Wurde ein Tier darauf trainiert, auf 2 zu reagieren und 1 zu meiden, so wird es, wenn ihm 2 und 4 dargeboten werden, 4 wählen.

Aus den Reaktionen des Tieres ging aber auch klar hervor, daß es zwischen dem ursprünglichen Paar von Reizen und dem neuen zu unterscheiden wußte. Es besteht wohl eine gewisse „Äquivalenz der Reize", doch ist diese eben nicht vollkommen. Am Ende der Trainingsperiode benötigte das Tier vielleicht 3 bis 10 Sekunden, um sich zu entscheiden. In der Testsituation dauerte es 2 bis 3 Minuten, bis die Ratte endlich gewählt hatte. Übrigens kommt es dabei gar nicht selten vor, daß ein Tier im Test gänzlich aufhört, die Stimuli zu beachten und immer nur nach rechts oder links geht. Wird solch ein streikendes Tier wieder in die Trainingssituation zurückgebracht und für jede falsche Reaktion bestraft, so reagiert es danach meist auch in der Testsituation und wählt auf Grund der Helligkeitsbeziehungen. Diese Fakten zeigen daher, daß das Tier wohl dahin tendiert, auf Grund relativer Werte zu reagieren, jedoch auch imstande ist, absolute Unterschiede wahrzunehmen.

2. Generalisation der Formwahrnehmung

Die zweite Art der Generalisation findet bei der Wahrnehmung von Formen und Gestalten statt. In gewisser Hinsicht ähnelt sie der Generalisation, die innerhalb von Serien vorkommt. Auch hier kann es zu einer spontanen Übertragung der Reaktion von einem Reiz auf einen anderen derselben Klasse kommen. In anderer Hinsicht unterscheiden sich die beiden Formen der Generalisation aber auch wieder so sehr, daß es nicht möglich ist, die beiden Probleme auf völlig gleiche Art zu behandeln.

Fürs erste ist es um vieles schwieriger, die Klasse der Ereignisse zu definieren, innerhalb derer die Generalisation stattfindet. Haben wir es mit der Generalisation innerhalb einer Serie zu tun, so ziehen wir immer nur eine Reizdimension in Betracht, Ausdehnung oder Dauer, Frequenz oder Helligkeit usw. Wenn alle übrigen Variablen konstant gehalten werden ist es natürlich leicht, den Grad der Helligkeit oder den Unterschied zwischen zwei Größen oder „Helligkeiten" zu definieren. Haben wir es jedoch mit der Variation komplizierterer Gestalten zu tun, so ist daran immer mehr als nur eine Dimension beteiligt. Ein Maß der Ähnlichkeit kann hier nur noch mit Verhaltenstests ermittelt werden: Wir können beobachten, ob und wie häufig Übertragung stattfindet, wie stark die Reaktion ist und wieviel Verzögerung eintritt.

Ein weiterer Unterschied zwischen Generalisation innerhalb von Serien und der Generalisation von Gestalten liegt darin, daß jene bei niederen und höheren Säugetieren ziemlich gleich ist. Die Generalisation von Gestalten ist aber bei niederen und höheren Säugetieren sehr unterschiedlich. Diese Aussage müssen wir allerdings auf den visuellen Bereich beschränken, denn nur dafür liegen Daten vor (Kap. 2, Seite 54, und Abbildung 10). Die Tatsache, daß Formwahrnehmung in weit höherem Maße von der Erfahrung abhängt als die Wahrnehmung von Helligkeit und Größe, weist darauf hin, daß wir es hier mit einem anderen Mechanismus zu tun haben. Ratten, die in Dunkelheit aufgezogen wurden, unterscheiden sich kaum von den normal aufgezogenen Tieren in ihrem Unterscheidungslernen, wenn es um Größen und Helligkeitsgrade geht; sie brauchen jedoch sechsmal so viele Versuchswiederholungen wie diese, wenn es gilt, die Unterscheidung einfacher Muster zu lernen. Blindgeborene, die erst in späteren Jahren durch Operation sehend wurden, lernen die Namen der Farben in kurzer Zeit (das kommt einer Unterscheidungsreaktion gleich), brauchen jedoch Monate, um auch nur die einfachsten Gestalten bezeichnen zu können. Bei der Generalisation von Gestalten müssen, wie es scheint, Vermittlungsprozesse mitwirken, die durch Erfahrung aufgebaut werden. Wie das vor sich geht, wissen wir nicht. Tatsächlich ist es ziemlich schwierig, diesem Prozeß auf die Spur zu kommen. Nahezu alle unsere Daten betreffen die Generalisation innerhalb von Serien. Die Beziehungen, die hier gefunden wurden, können, wie schon betont wurde, nicht ohne weiteres auf die Generalisation von Gestalten übertragen werden.

Raumwahrnehmung

Ein klassisches Problem der Psychologie der Raumwahrnehmung ist das Tiefensehen. Wie es zur visuellen Wahrnehmung von Richtungen kommt, scheint ziemlich leicht verständlich zu sein. Das Licht, das von Gegenständen, die sich in verschiedenen Richtungen vom Auge befinden, reflektiert wird, trifft die Retina, den lichtempfindlichen Teil des Auges, an verschiedenen Stellen und liefert somit Hinweise für die Richtung, in der sich ein Gegenstand befindet. Die Retina ist aber nur eine zweidimensionale Oberfläche. Warum erscheint die Welt, die wir wahrnehmen, nicht flach wie auf einer Photographie? Wie kommt es, daß wir Tiefe und Entfernung der Gegenstände so unmittelbar sehen?

Es gibt auch akustische Raumwahrnehmung. Hier stehen wir zugleich dem Problem der Richtungs- und dem der Entfernungswahrnehmung gegenüber. Sowohl beim Sehen als auch beim Hören kennen wir einige Details, von denen die Raumwahrnehmung abhängt. Die Art und Weise des physiologischen Funktionierens ist uns schon um vieles weniger klar. Die primären Anhaltspunkte für das Tiefensehen lassen sich als Akkomodation, Konvergenz und retinale Disparation zusammenfassen. Von diesen ist die Akkomodation die am wenigsten wirksamste. Man meint damit den Grad der Krümmung der Linse, der zu einer Scharfeinstellung des Bildes auf der Retina notwendig ist. Die Linsen sind elastisch, und ihre Krümmung wird auf reflexivem Wege durch den Muskel Ciliaris kontrolliert. Der Grad der Muskelspannung, der nötig ist, damit es zu einer Scharfeinstellung kommt, wird über die propriozeptive Wahrnehmung reguliert, und die daraus resultierende propriozeptive Empfindung ist ein Hinweis für die Tiefe. Diese Hinweise sind nur für Entfernungen bis zu zwei Metern wirksam.

Ein bedeutend wirkungsvollerer Hinweis ist die Konvergenz der Augen, wodurch bewirkt wird, daß das Bild der Gegenstände auf die Fovea, die empfindlichste Stelle der Retina, projiziert wird. Ist der Blick auf einen Gegenstand gerichtet, der sich in weiterer Entfernung von den Augen befindet, so laufen die Achsen der beiden Augen parallel. Für nähere Gegenstände kreuzen sich die Achsen, und die Stellung der Augen in den Augenhölen ist der Hinweis für die Entfernung des Gegenstandes, auf den sie gerichtet sind. Die Konvergenz ist ungefähr bis zu einer Entfernung von 7 Metern wirksam, doch könnte es sein, daß sie auch noch bei größerer Entfernung eine gewisse Wirkung hat.

Die retinale Disparation oder Parallaxe bezieht sich auf den Unterschied des retinalen Bildes, der sich ergibt, wenn ein Gegenstand aus verschiedenen Winkeln gesehen wird. Zu dieser retinalen Disparation kommt es dann, wenn ein Gegenstand mit beiden Augen angeschaut wird. Da die beiden Augen räumlich getrennt sind, ergibt sich, daß der Gegenstand zwangsläufig mit jedem Auge unter einem anderen Winkel gesehen wird. Man kann das selbst ausprobieren, indem man einen Bleistift, mit der Spitze zur Nase weisend, ungefähr 30 oder 40 cm vor das Gesicht hält. Schließt man einmal das eine und dann das andere Auge, so hat man deutlich zwei verschiedene Ansichten des Bleistiftes. Einmal sieht man das hintere Ende des Bleistiftes von der rechten und einmal von der linken Seite. Bewegungsparallaxe oder Bewegungsdisparation, wie sie auch genannt wird, ist noch offensichtlicher, ob man nun mit einem oder mit zwei Augen schaut: Durch die Seitwärts- oder Auf- und Abbewegungen des Kopfes kommt man zu sehr verschiedenen Ansichten eines dreidimensionalen Gegenstandes.

Beide Formen der Disparation fördern die Wahrnehmung der dritten Dimension. Am besten kann man die Wirkung der Querdisparation (zweiäugige Disparation) mit einem Stereoskop demonstrieren. Das ist ein Apparat, mit dessen Hilfe man zwei sehr wenig voneinander unterschiedene Fotos so zu sehen bekommt, als wären sie ein einheitliches Bild. Dabei gestattet es der Apparat, die eine Photographie mit dem linken und die andere mit dem rechten Auge zu sehen. Die Photographien für diesen Versuch kommen einfach dadurch zustande, daß man nach der ersten Aufnahme die Kamera etwas, ungefähr einen Augenabstand, seitlich verschiebt und ein zweites Bild desselben Gegenstandes aufnimmt. Werden nun diese beiden Bilder, die, wie wir betont haben, eine etwas andere Ansicht desselben Gegenstandes bieten, im Stereoskop betrachtet, so sehen wir – obwohl die Augen an dieselbe Hirnregion zwei voneinander abweichende Erregungsmuster liefern – nicht zwei miteinander in Konflikt liegende zweidimensionale Bilder, sondern ein Bild, haben aber zusätzlich den Eindruck der Tiefe.

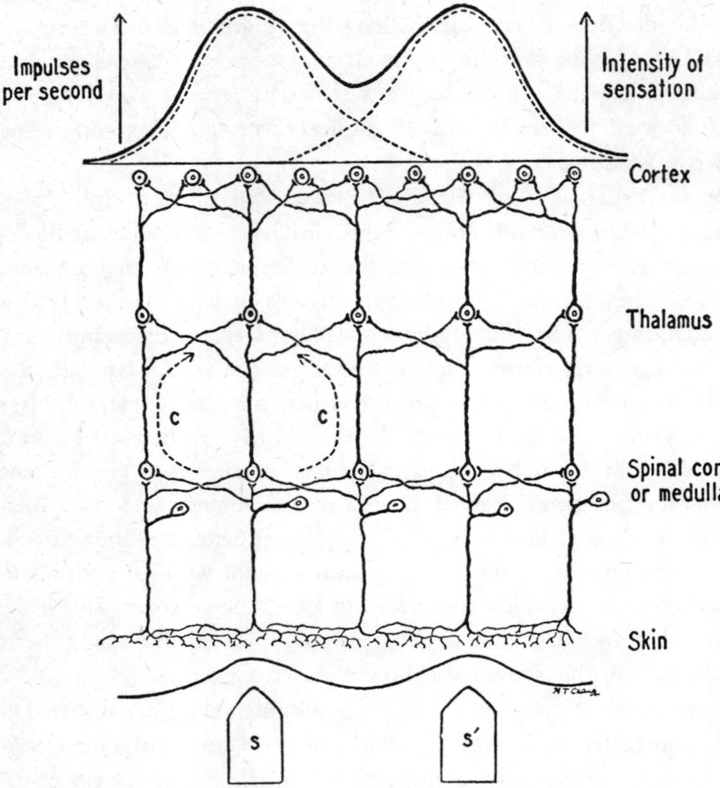

Abbildung 64. Da es zur „Streuung der Erregung" in den afferenten Bahnen kommt, ist, obwohl zwei verschiedene Hautstellen gereizt wurden, ein Überlappen der erregten Zonen im Kortex möglich Der untere Teil des Diagramm stellt die Neuren dar; die Kurve oben repräsentiert die Rate des Feuerns der Impulsauslösung im Kortex. Die Kurve C (unterbrochene Linie) zeigt an, daß es, obwohl es zu einer Streuung kommt, auch eine Konvergenz in Richtung auf das Zentrum gibt. Dadurch kommt es zu einem massierten Feuern der Regionen des Kortex, die zum Ort des Reizes direkt korrespondieren. (Nach Ruch, in Fulton: Textbook of Physiology.)

Abbildung 65. Mit diesem Bild werden einige der vielfältigen Hinweise für die Wahrnehmung der visuellen Tiefe illustriert. Gegenstände in weiterer Entfernung sind kleiner, Details werden nicht mehr so gut erkannt, nähere Gegenstände verdecken entferntere usw. (Bahnsen, aus Monk Meyer, in Gibson, J. J.: The Perception of the Visual World, Houghton Mifflin & Co.)

Auf eine Weise, die wir nicht verstehen, verarbeitet das Gehirn zwei Bilder zu einem und fügt außerdem noch eine neue Dimension hinzu.
Daneben gibt es noch eine Anzahl weiterer Hinweise, die das Tiefensehen unterstützen (Abbildung 65): der kleinere retinale Winkel eines bekannten Gegenstandes, der sich in weiterer Entfernung befindet; die Überschneidungen näher liegender Gegenstände mit entfernteren; der Verlust der Details bei weiter entfernten Gegenständen; die Veränderung der Farbe (zunehmende Bläue) in großer Entfernung usw.

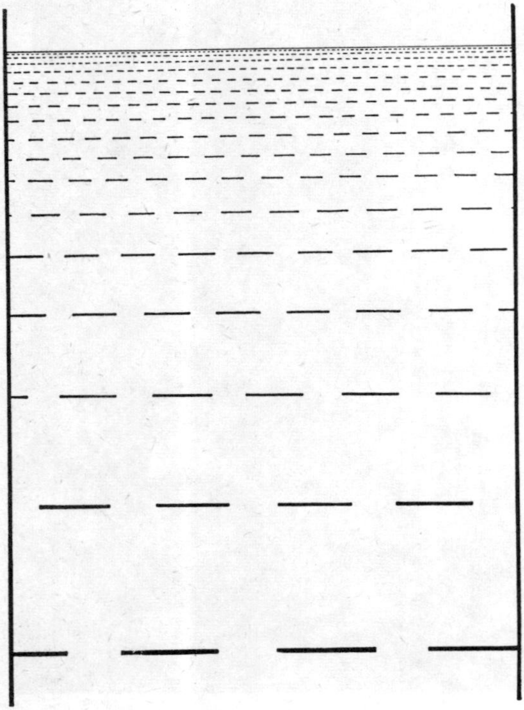

Abbildung 66. Die Neigung eines künstlichen Gefüges von Strichen erzeugt die Wahrnehmung „endloser Tiefe". Hätten wir es hier mit der Darstellung einer wirklichen Oberfläche zu tun, zum Beispiel mit der Abbildung einer Landschaft, so würden uns die größeren (näheren) Gegenstände klarer und deutlicher erscheinen als die kleineren (entfernteren). In einer solchen realistischen Darstellung wäre der Eindruck der „visuellen Tiefe" zwingender. (Aus Gibson J. J.: The Perception of the Visual World, Houghton Mifflin & Co.)

Alle diese Hinweise, die wir bisher aufzählten, betrafen immer nur den einzelnen Gegenstand (bzw. zwei sich überschneidende), seine Umgebung wurde dabei nicht in Betracht gezogen. Bei der Beurteilung des Sehens von Entfernung und Größe könnte man zu der falschen Ansicht verleitet werden, daß es sich ausschließlich am Gegenstand selbst orientiere. Tatsächlich aber betreffen all unsere Urteile über Entfernungen – ausgenommen, es handelt sich um fliegende oder in der Luft schwebende Objekte – Gegenstände, die mit einer ausgedehnten Oberfläche, dem Erdboden, einer Hausmauer, der Decke usw. verbunden sind. Dieser Hintergrund, von dem sich alle Gegenstände abheben, ist von größter Bedeutung für die Raumwahrnehmung.

Indem sie sich von uns weg ausdehnen, zeigen sie Gradienten des visuellen Gefüges, Einheiten, in die die Oberfläche geteilt ist. (Abbildung 66, 67), und die Unregelmäßigkeiten innerhalb dieser Einheiten (sie sind in dieser Abbildung nicht gezeigt) liefern uns Hinweise für die Richtung des

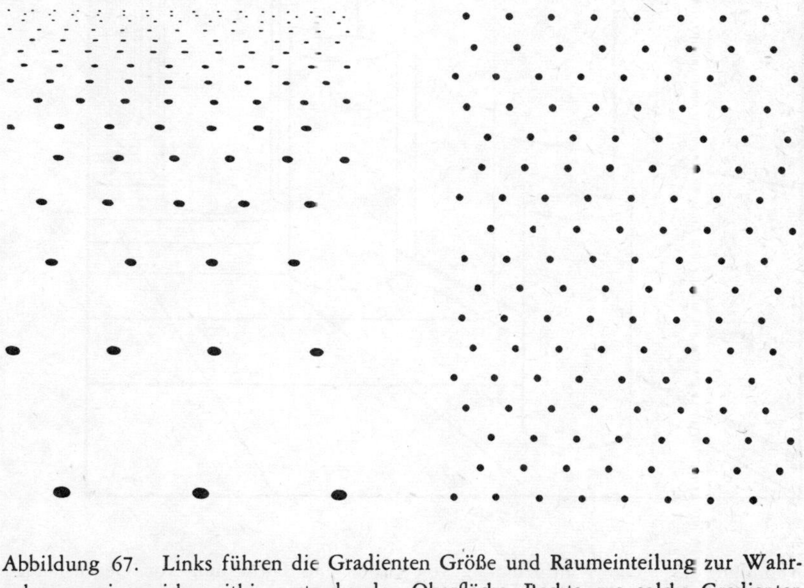

Abbildung 67. Links führen die Gradienten Größe und Raumeinteilung zur Wahrnehmung einer sich weithin erstreckenden Oberfläche. Rechts, wo solche Gradienten fehlen, haben wir auch nicht den Eindruck der „Tiefe". (Aus Gibson J. J. The Perception of the Visual World, Houghton, Mifflin & Co.)

Gefälles der Oberfläche im Hinblick auf die Sehlinse und geben uns dadurch Anhaltspunkte für die Größe und Entfernung von Gegenständen, die nahe der Oberfläche sind oder diese berühren.

Abbildung 68. Die Wahrnehmung von Größe und Entfernung von Gegenständen in Beziehung zu einer perspektivisch gestalteten Oberfläche. Die drei Zylinder haben den gleichen retinalen Winkel (sind gleich groß). (Aus Gibson J. J.: The Perception of the Visual World, Houghton Mifflin & Co.)

Hören: Richtung und Tiefe

Um die Probleme, die durch die akustische und die Raumwahrnehmung aufgeworfen werden, voll verstehen zu können, müssen wir uns vorerst dem Aufbau des Ohres zuwenden. Der äußere Gehörgang endet am Trommelfell, einer Membrane, die die Schwingungen der Luft, die Töne, aufnimmt. Die Vibration wird dann über das Mittelohr über drei kleine Knochen auf die Flüssigkeit des inneren Ohres übertragen. Das innere Ohr enthält die Basilar-Membrane und die akustischen Rezeptoren, die in der Cochlea (im kortischen Organ) aufgewickelt sind. Hören kommt dann zustande, wenn die Basilar-Membrane durch Vibration der sie umgebenden Flüssigkeit gestört wird. (Die Knochenhülle des kortischen Organs ist mit der der Bogengänge verbunden, und dieselbe Flüssigkeit trägt zum Zustandekommen der akustischen und der Lageempfindungen bei.)

Dieses System ist also so angelegt, daß es eine Unterscheidung von Häufigkeit (Frequenz) und Intensität (Stärke) ermöglicht. Doch ebenso, wie das visuelle System zweiäugige Disparation und andere Hinweise verwendet, um Tiefe wahrzunehmen – also eine Funktion ausübt, für die es gar nicht angelegt zu sein scheint –, verwendet das akustische System Hinweise von Häufigkeit und Intensität, um zu einer manchmal erstaunlichen Unterscheidung von Richtung und Entfernung zu kommen (Schallgeschwindigkeit 333 m/sek, Lichtgeschwindigkeit 3.108 m/sek = 300.000 km/sek). Der Umstand, daß der Schall sich mit einer begrenzten Geschwindigkeit, im Vergleich zum Licht sogar mit einer sehr geringen ausbreitet, verschafft dem Ohr dem Auge gegenüber einen gewissen Vorteil. Die Zeit, die der Schall von der Schallquelle bis zum Ohr braucht, kann daher ein Faktor für die Unterscheidung werden. Ein weiterer ist, daß der Schallschatten (Schallwellen werden durch Gegenstände, die im Wege stehen, blockiert) selektiv funktioniert; lange Wellen werden nicht blockiert, kurze werden blockiert. Beim Licht ist die Blockierung vollständig. Nehmen wir also zum Beispiel an, ein komplexer Ton, der aus hohen Tönen (kurzen Wellen) und tiefen Tönen (langen Wellen) besteht, trifft das Subjekt von links. Das linke Ohr bekommt daher sowohl tiefe als auch hohe Töne zu hören. Dem rechten Ohr hingegen, das im Schatten des Kopfes liegt, gehen die hohen Töne verloren. Dieser Unterschied zwischen dem, was die beiden Ohren zu hören bekommen, ist ein Hinweis dafür, woher der Ton kommt. Bei hohen

Tönen macht es der Schallschatten des äußeren Ohres möglich, zwischen Tönen, die von hinten oder von vorn kommen, zu unterscheiden.
Der wichtigste Hinweis für die Richtung, und meist auch der dominierende, ist die relative Ankunftszeit des Tones bei den Ohren und die relative Intensität. Gewöhnlich arbeiten die beiden Hinweise zusammen, doch es wurde im Labor gefunden, daß auch dann, wenn alle Bedingungen konstant gehalten werden und nur einer der beiden Hinweise variiert wird, dieser noch voll wirksam ist. Erreicht der Ton beide Ohren zu gleicher Zeit, so muß die Tonquelle von beiden Ohren ungefähr gleich weit entfernt sein, d. h., sie muß auf einer Medianfläche direkt vor, über oder hinter dem Kopf liegen. Erreicht der Ton das rechte Ohr zuerst, so muß er von rechts kommen; ein tiefer Ton liefert jedoch, da der Schallschatten des äußeren Ohres wegfällt, keinerlei Hinweise dafür, woher er kommt. Bei einem fortdauernden Ton oder einem, der fortwährend wiederholt wird, wendet die Versuchsperson

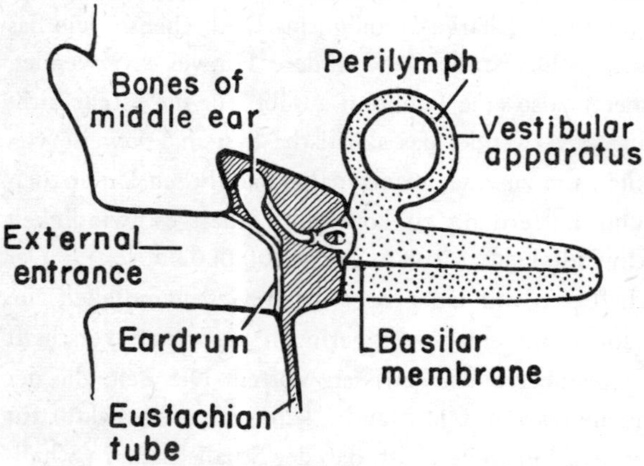

Abbildung 69. Schematische Darstellung des menschlichen Ohres. Man kann darin die Knöchelchen erkennen, die das Trommelfell mit dem inneren Ohr verbinden, die Basilar-Membrane, auf der sich die akustischen Rezeptoren befinden, und den Hohlraum im Knochen (das knöcherne Labyrinth), der mit der gleichen Flüssigkeit (Perilymph) gefüllt ist, wie die Bogengänge. Einer dieser Bogengänge ist schematisiert dargestellt. Die eustachische Röhre stellt die Verbindung mit dem Mund her. Dadurch wird eine Anpassung des Luftdrucks im Mittelohr an den äußeren Luftdruck möglich. Die Basilar-Membrane und die knöcherne Röhre, in der sie liegt, sehen in Wirklichkeit nicht so aus wie in unserer Skizze, sondern sie haben ähnliche Windungen wie ein Schneckenhaus. Dieser Teil wird daher auch als Schnecke bezeichnet. (Nach Békésy.)

den Kopf und kann sofort zwischen oben und unten unterscheiden; oder sie wendet den Kopf zur Seite und kann daher vorn und hinten unterscheiden. (Das ist ein Beispiel für die Bedeutung der „Reaktion“ für die Gehörswahrnehmung, nicht unähnlich der Bedeutung der Augenbewegung für die Gesichtswahrnehmung.)

Die Unterscheidung der Ankunftszeiten des Tones bei den beiden Ohren ist erstaunlich fein. Die Zeitunterschiede, um die es sich dabei handelt, liegen im Bereich von ein bis zwei Zehnteln einer Millisekunde. Diese Fähigkeit wirkt sich auch auf die akustische Tiefenwahrnehmung aus. Ein Ton, der in der Nähe des einen Ohres erzeugt wird, kommt beim zweiten Ohr mit einem Unterschied an, der weniger als eine Millisekunde ausmacht. Bei Tönen, die aus größerer Entfernung kommen, ist die Differenz noch etwas kleiner, erlaubt aber immer noch eine zuverlässige Beurteilung der Entfernung. Weiter sind hier auch Echos von großer Bedeutung. Das Subjekt kann die Entfernung zwischen sich und einer reflektierenden Oberfläche beurteilen auf Grund der Zeitdifferenz zwischen dem Moment, in dem es selbst einen Ton erzeugt und der Rückkunft des Echos. Bei vielen Tieren, besonders bei Vögeln, ist diese Fähigkeit außerordentlich entwickelt. Das bekannteste Beispiel ist aber wohl die Fledermaus. Wenn sie fliegt, so stößt sie dauernd hohe Töne aus und wird durch das zurückkommende Echo dieser Töne geleitet, und zwar so gut, daß sie auch dann, wenn ihre Augen vollkommen bedeckt sind, zwischen vielen Hindernissen hindurchfindet. Diese Fähigkeit geht verloren, wenn auch die Ohren geschlossen sind.

Die gleiche Art der Hinweise informiert uns im Dunkeln darüber, ob wir gerade drauf und dran sind, in etwas hineinzurennen. Es ist eine sehr erstaunliche Erfahrung: plötzlich wird man dicht vor sich eines großen Gegenstandes gewahr, ohne zu wissen wie. Man dachte sich früher, das würde durch irgendein „Haut-Sehen“ bewerkstelligt, eine Art Empfindlichkeit der Haut oder des Gesichtes gegen die Ausstrahlung naher Gegenstände. Tatsächlich wird der Gegenstand durch Echos entdeckt, die von den eigenen Schritten oder durch den Atem ausgelöst werden. Es ist hier leicht zu beweisen, daß wir es mit einer akustischen Raumwahrnehmung zu tun haben, denn sie verschwindet, wenn die Ohren verstopft werden. Für blinde Menschen ist diese Fähigkeit natürlich von besonderer Bedeutung. Wenn ein Blinder mit seinem Stock fest auf den Gehsteig schlägt, so tut er das nicht, um

damit Hindernisse zu ertasten, sondern um Echos zu vernehmen. Auf diese Weise informiert er sich über die Lage der Hindernisse.
Man nimmt Echos natürlich nicht als selbständige Ereignisse wahr. Sowenig wir im visuellen Bereich die Entfernung auf Grund bewußt vorgenommener Kalkulation bestimmen, sowenig schätzen wir auch den Zeitunterschied zwischen der Erzeugung des Tons und seiner Wiederkehr in MS, um dann zu berechnen, wo sich das Hindernis befindet. Statt dessen vollzieht sich eine automatische Umwandlung der sensiblen Stimulation in die Wahrnehmung eines Gegenstandes als Vorbereitung weiterer Reaktionen. Wie das alles vor sich geht, wurde bis jetzt noch nicht herausgefunden, doch wir können dies als ein weiteres Beispiel für die Bedeutung von Zeitabfolgen für das nervöse Geschehen ansehen.

Zusammenfassung

Dieses Kapitel über Wahrnehmung unterscheidet sich von den üblichen Erörterungen dadurch, daß versucht wurde, objektiv an diesen Fragenkomplex heranzugehen und dem motorischen Aspekt ausreichende Bedeutung beizumessen. Wir nehmen nämlich nicht unsere Wahrnehmungsprozesse wahr, sondern die Geschehnisse unserer Umwelt. Das heißt also, die Wahrnehmung selbst ist nicht beobachtbar; sie muß als ein uns nur theoretisch Bekanntes, ein Erschlossenes, betrachtet werden. Das gleiche gilt für die Empfindungen. Wir können zwischen zwei theoretisch bekannten Prozessen unterscheiden, einmal den Empfindungen als afferenten Prozessen, und zweitens der Wahrnehmung als den Vermittlungsprozessen, die die Empfindungen direkt einleiten.
Weiter wurde zwischen Wahrnehmen (Bilden einer Wahrnehmung) und der Wahrnehmung (Endergebnis der Neueinstellung der Schaltzentrale) unterschieden. Das Wahrnehmen enthält i. a. Rückkoppelungen sichtbarer Motor-Reaktionen und dehnt sich über längere Zeit aus. Eine Ausnahme tritt nur bei sehr bekannten Reizgestalten auf, und auch hier scheint intern eine Serie abzulaufen. Die Wahrnehmung hat eine charakteristische zeitliche Organisation.
Grundsätzlich ist Wahrnehmung die Vorbereitung für eine Reaktion, doch nicht unbedingt für eine spezielle. Es ist eine Veränderung in der Schaltzentrale, eine vorläufige oder eine dauernde, durch die eine unbegrenzt

große Klasse von Reaktionen auf spätere Stimuli modifiziert wird. In dem Ausmaß, in dem die Veränderung andauert, bildet sie Wissen. (Dieser Ausdruck ist jedoch nicht am Platze, wenn nur auf eine besondere Reaktion Bezug genommen wird. Wissen ist eine potentielle Veränderung einer großen Klasse von Reaktionen.)

Variabilität ist in der Wahrnehmung immer gegenwärtig, sogar bei dauerndem sensiblen Input. Das kann nur bedeuten, daß ein bestimmter Input verschiedene Gruppen von Vermittlungsprozessen erregen kann. Ein gutes Beispiel dafür sind zweideutige Figuren, Umspringbilder. Doch nur, weil hier die Veränderung von einem Bild zum anderen sozusagen dramatisch erfolgt, fällt sie uns auf. Eine ähnliche Form von Variabilität wird auch sonst häufig gefunden. Gewisse Wahrnehmungen können zuverlässig mit bestimmten sensorischen Inputs erreicht werden, sie scheinen unverändert weiterzudauern. Genauere Untersuchungen zeigen jedoch: das, was hier geschieht, ist ein ständiges Wiederauftreten einer bestimmten Wahrnehmung und nicht deren Fortdauer. In unserer Diskussion wurde dieser Punkt zum Figur-Grund-Problem, der Wahrnehmungskonstanz (Größenkonstanz), dem Phi-Phänomen und der Wahrnehmung einheitlicher Gruppen in Beziehung gebracht.

Es gibt zwei Arten von Wahrnehmungs-Generalisation: Generalisation innerhalb von Serien und Generalisation von Mustern bzw. Gestalten. Bei der zweiten Art wirken Vermittlungsprozesse mit. Generalisation von Gestalten wird zur Zeit noch kaum verstanden.

Es ist ein klassisches Problem der visuellen Raumwahrnehmung, wie die zweidimensionale Retina zur mehrdimensionalen Tiefenwahrnehmung führen, also die dritte Dimension, erschließen kann. Die Eigenschaften der Stimuli selbst sind gut bekannt und werden meistens als primäre und sekundäre Hinweise für die Tiefe klassifiziert. Neuere Arbeiten haben dem noch die Beschaffenheit der Gradienten der Oberfläche, auf dem der Gegenstand steht oder mit dem er Kontakt hat, als einen wesentlichen Punkt hinzugefügt.

In ähnlicher Weise sind die „Hinweise", welche die Gehörswahrnehmung der Richtung und der Entfernung erlauben, gut bekannt. Doch weder im Falle des Sehens noch in dem des Hörens sind die nervösen Mechanismen solcher Wahrnehmung bekannt. Die Empfindlichkeit und Genauigkeit des Ohres in der Feststellung der Lage von Hindernissen ist nahezu unglaublich, wenn man zum Beispiel bedenkt, daß ein Ton als von der linken Seite kommend gehört wird, weil die Vibration das linke Ohr eine zehntausendstel Sekunde vor dem rechten erreicht.

10. Probleme des „Denkens"

Dieses Kapitel beschäftigt sich mit den geistigen Fähigkeiten des Menschen: mit Bewußtsein, Absicht, Einsicht und Kreativität und darüberhinaus mit den geistigen Prozessen, die Sprache ermöglichen. Die Diskussion wird sich nicht nur um den Menschen drehen, weil die Perspektive vergleichender Untersuchungen auf dem Gebiet genauso nützlich ist, wie überall in der Psychologie. Ein Blick auf die Kommunikation von Vögeln z. B. oder das Problemlöseverhalten von Schimpansen hilft uns begreifen, wie bemerkenswert die menschlichen Fähigkeiten sind. Aber wir wenden uns nun dem zentralen Problem der Psychologie zu, dem menschlichen Geist. Da jedoch die Theorie immer noch nicht auf einem Stand ist, auf dem man in der Lage wäre, Erklärungen zu liefern, werden wir versuchen, die Probleme so gut es geht zu definieren. Wenn wir mehr wissen, können wir die Probleme besser verstehen, selbst wenn wir noch keine adäquaten Antworten geben können.

Bewußt und unbewußt

Wir beginnen mit einem wichtigen Punkt. In diesem Buch bezeichnet der Begriff „bewußt" eine Person oder ein höheres Tier, die normal wach sind und auf ihre Umwelt reagieren. Bewußtsein ist der Zustand der Wachheit und Empfänglichkeit oder der Zustand, in dem das Gehirn Aktivität zeigt. So jedenfalls wird dieser Begriff in der empirischen Psychologie benutzt.
In der psychoanalytischen Theorie allerdings und in der Umgangssprache hat „bewußt" eine ganz andere Bedeutung. Es gibt bewußte und unbewußte Gedanken. Der Begriff beschreibt nicht einen Zustand des Geistes, sondern nur einen Teil des Geistes – den Teil, über den man etwas weiß. Der Leser sollte diesen bedeutenden Unterschied genau zur Kenntnis nehmen. Ich kann sagen, daß ich meine Umwelt bewußt wahrnehme. Es ist

aber etwas anderes, wenn ich sage, daß ich mir eines Gedankens bewußt bin, womit ich impliziere, daß ich mich selbst beobachten kann und einige meiner geistigen Aktivitäten gewahr werde und andere nicht.
Der Gedanke, daß Menschen einen unbewußten Geist haben oder einen besonderen Teil des Geistes, der unabhängig von dem bewußten Teil agiert und dessen Aktionen sie nicht kennen, während diejenigen des bewußten Teils bekannt sind, geht zurück auf den Philosophen Herbart um 1825. Diese Konzeption mag für eine subjektivistische Psychologie nützlich sein, die die Möglichkeit der Introspektion und der direkten Wahrnehmung geistiger Prozesse durch das Individuum annimmt. Für die moderne objektive Psychologie, die annimmt, daß Introspektion nicht existiert – daß der Geist sich nicht selbst direkt beobachten kann –, gibt es kein Bewußtsein in diesem Sinne (d. h. keinen Teil des Geistes, dessen wir uns bewußt sind oder den wir direkt beobachten können). Infolgedessen besteht auch keine Notwendigkeit, vom Unbewußten zu sprechen. In der psychoanalytischen Theorie ist das Unbewußte in der Lage, komplexe soziale Situationen wahrzunehmen und neidisch oder feindlich zu sein, und das Subjekt zu Handlungen zu bewegen, ohne daß es weiß warum. Diese Macht des Unbewußten impliziert, daß hierfür besondere Denkmechanismen gelten, parallel zu den des Bewußten. Infolgedessen wird das Unbewußte abgefaßt, als ob es ein besonderer Geist wäre, der mit dem Bewußten um die Kontrolle des Verhaltens in Konkurrenz steht (und dabei oft gewinnt).
Dies alles ist logisch sogar notwendig, wenn der Geist in der Lage ist, sich selbst zu kennen, wenn wir uns unseres Bewußtseins bewußt sind. Wenn wir annehmen, daß wir unsere normalen Gedanken direkt kennen und dann herausfinden, daß wir auch noch unerfreuliche und unanständige Gedanken haben, die wir nicht kennen, die wir nicht gewahr werden, dann können wir schließen, daß diese Gedanken in einem anderen Teil unseres Geistes liegen: im Unbewußten.

Das bedeutet, wir schließen, daß es ein Unbewußtes gibt, weil wir unmoralische oder niedrige oder verderbte Gedanken und Tendenzen haben, von denen wir nicht wissen, daß wir sie haben.
Aber wenn wir schon soweit gehen, müssen wir auch weitergehen. Es sind nicht nur despektierliche Gedanken, die wir nicht direkt kennen. Es gibt viele Belege von Wissenschaftlern, Dichtern und Musikern, daß neuere Ideen manchmal urplötzlich über sie gekommen sind, völlig fertig und aus-

gereift. Sie waren neu, sie waren schöpferisch, deshalb muß die Ausreifung dieser Ideen im Unbewußten erfolgt sein. In der Mathematik sind es die schönen harmonischen und eleganten Ideen, die die größte Aussicht haben, in die Geschichte einzugehen. Von daher hat der berühmte französische Mathematiker J. Hadamard unter Berufung auf eine Analyse von H. Poincaré geschlossen, daß das Unbewußte der wahre Schöpfer solcher Entdeckungen ist, und daß es große ästhetische Urteilsfähigkeit besitzt. Diese Argumentation beruht auf der Annahme, daß geistige Prozesse von den Personen, in denen sie stattfinden, nicht erkannt und nicht beschrieben werden können.
Wir fügen von unserer Warte aus hinzu, daß auch die einfachsten geistigen Prozesse in diese Kategorie fallen, nicht durch Introspektion beobachtbar sind und infolgedessen auch im Unbewußten stattfinden müssen. Wenn man soweit geht, beginnt die Sache absurd zu werden. Z. B. fällt darunter auch der Mechanismus, der einem Individuum ermöglicht, spontan ‚zehn" zu sagen, wenn ihm eine $^9{}_1$ gezeigt wird, sofern ein Denkschema benutzt, aber „acht" zu sagen, wenn ein anderes benutzt wird. *Alle* geistigen Mechanismen gehören in diese Kategorie, eine Tatsache, die dem Leser zu der Ansicht verhelfen mag, warum die objektive Psychologie a) alle geistigen Prozesse als „unbewußt" in dem Sinne qualifiziert, daß sie für das Individuum nicht direkt wiederholbar oder bekannt sind, sondern daß sie theoretisch untersucht werden müssen, und b) warum die objektive Psychologie konsequent die Notwendigkeit bezweifelt, von einem selbständigen Unbewußten zu sprechen.

Denken und Bewußtsein

Auch unter anderem Aspekt sollte der Begriff Bewußtsein mit Vorsicht verwendet werden. Für einige bezeichnet dieser Begriff etwas, das nicht zur physischen Realität gehört im Sinne eines Dualismus. Der Begriff könnte in der wissenschaftlichen Diskussion vermieden werden. Wir müßten aber sofort einen anderen erfinden, mit derselben Bedeutung, die auf den normalen Wachzustand eines erwachsenen höheren Tieres zielt, im Gegensatz zu einem unter Narkose oder Bewußtlosigkeit oder in tiefem Schlaf Liegenden und im Unterschied zu der Ebene der neurologischen Funktion bei höheren und niederen Lebewesen. „Bewußt" und „Bewußtsein" sind brauchbare Begriffe, wenn sie vorsichtig verwendet werden. Der verhaltensmäßige Unterschied zwischen Bewußtsein und Unterbewußtsein ist nicht immer leicht zu erkennen. Wir ziehen einige Beispiele heran, um eine gewisse Klärung in die ganze Diskussion zu bringen.

Unser erstes Beispiel zeigt, daß Reaktionsbereitschaft allein durchaus noch kein Anzeichen für das Vorhandensein von Bewußtsein ist. Vergleicht man ein bewußtloses Tier und eines, das bei vollem Bewußtsein ist, so würde man wohl den wesentlichsten Unterschied zwischen den beiden darin sehen, daß das eine reagiert, während das andere keine Reaktionsbereitschaft zeigt. Tatsächlich reagiert aber auch ein Mensch reflexiv, der in tiefem Koma liegt. Von ihm würde man doch sicher sagen, er sei bewußtlos. Atemreflexe und die Reflexe, die die Herztätigkeit steuern, bleiben zum Beispiel weiter in Funktion. Würden sie aussetzen, so würde sofort der Tod eintreten. Einige Reflexe mögen wohl ausfallen, andere stark verändert werden, aber der entscheidende Punkt ist: Ein bewußtloses Tier ist nicht gänzlich inaktiv. Zweitens kann die Reflextätigkeit auch dann ausgelöst werden, wenn nur noch die unteren Teile des Rückenmarks funktionsfähig sind. Hunde, deren Rückenmark in der Halsgegend durchtrennt ist, reagieren noch, und doch wird von ihnen niemand behaupten, sie hätten Bewußtsein. Jedoch stimmt auch das wieder nicht ganz, denn es gibt Leute, die allem Lebenden, Pflanzen und Tieren, Bewußtsein zuschreiben. Wir werden uns mit dieser Ansicht allerdings nicht weiter beschäftigen, denn es gibt keinen wissenschaftlichen Grund, Pflanzen – mag es sich auch um sehr empfindsame Mimosen handeln – oder niederen Tieren (zum Beispiel Bakterien, Flöhen, Wanzen, Regenwürmern oder Muscheln) Bewußtsein zuzuschreiben. Aber auch bei anderen Tieren, deren Verhalten vollkommen reflexiv gesteuert ist, wie zum Beispiel bei Ameisen, Bienen, Termiten und allen Insekten, kann man nicht von Bewußtsein reden. So großartig und kompliziert auch ihr Verhalten ist, so konnte bisher doch nicht bewiesen werden, daß es irgend etwas anderes als rein reflexive (oder von den Sinnen dominierte) Anpassung an die Umwelt sei.

Andererseits kann man nicht umhin, solchen höheren Tieren, wie zum Beispiel Schimpansen, Rhesusaffen, aber auch Hunden und Katzen (wie wir später noch sehen werden, sind Katzen in bezug auf ihre psychologische Komplexität nicht so hoch einzustufen), Bewußtsein zuzusprechen. Da aber keines dieser Tiere über Sprache verfügt, ist der verbale Bericht kein notwendiges Anzeichen für Bewußtsein. (Wir können zur Unterstützung des Gesagten noch darauf verweisen, daß wir auch einem Fremden, den wir das erste Mal treffen, Bewußtsein zugestehen, ohne ein Wort von ihm gehört zu haben.) Höhere Tiere zeigen in ihrem Verhalten einige Züge, die viel mit dem nichtverbalen Verhalten des Menschen gemein haben und uns dazu veranlassen, ihnen Bewußtsein zuzusprechen. Es sind Verhaltensweisen, die sie charakteristischerweise nicht mit Ameisen und Bienen gemein haben.

Die hier in Rede stehende Unterscheidung steht deutlich zu der Unterscheidung „durch die Sinne gesteuertes Verhalten" und Verhalten, an dem „Vermittlungsprozesse" beteiligt sind, in Beziehung. Wie wir gesehen haben, gibt es keine deutliche Trennungslinie zwischen diesen beiden Verhaltensklassen. Im Einklang damit wollen wir uns auch nicht darauf festlegen, zwischen dem bewußten Verhalten höherer Tiere und dem nichtbewußten niederer Tiere so zu unterscheiden, als handle es sich um zwei völlig voneinander getrennte Klassen. Wir haben es hier vielmehr mit dem Kontinuum „niedere Tiere – höhere Tiere" zu tun. Für das eine Ende dieses Kontinuums können wir Bewußtsein klar bestätigen, und für das andere können wir mit ebensolcher Sicherheit aussagen, daß es dort keines gibt. Es besteht keine Notwendigkeit und wäre sachlich sicher auch falsch, zu versuchen, den Punkt in dieser Hierarchie zu markieren, wo Bewußtsein auftritt. Über eines wollen wir uns jedoch einigen: Durch Reflextätigkeit allein kann Bewußtsein nicht demonstriert werden. Implizite besagt dieser Satz: Vermittlungsprozesse sind die unumgängliche Bedingung dafür, daß von Bewußtsein gesprochen werden kann. Wir könnten hier natürlich fortfahren und uns überlegen, welche anderen Komplikationen hinzukommen, ohne indes das Problem als eine Alles-oder-Nichts-Frage zu behandeln.

In ähnlicher Weise kann auch das Bewußtsein eines Menschen vielfältig beeinträchtigt sein. Aber welchen Zweck sollte es haben, wenn man versuchte, die Beeinträchtigungen aufzuzählen, deren es bedarf, bevor man entscheidet: das Subjekt ist bewußtlos? Ist zum Beispiel der Schläfer, der lebhaft träumt, aber auf die Welt um ihn nicht reagiert, bewußtlos oder ist er es nicht? Was ist mit einem Mann, der einen Schlag auf den Kopf erhalten hat, trotzdem verständlich über sich redet, aber weder weiß, wo er ist, noch wie er dort hingekommen ist? Ist er bei Bewußtsein? In beiden Fällen sind einige der Prozesse gegenwärtig, die man normalerweise bei einem Subjekt antrifft, das bei vollem Bewußtsein ist; einige sind beeinträchtigt, und andere fehlen gänzlich. Aber das sind Zweifelsfälle, und es besteht keine Notwendigkeit, sie in die eine oder andere Kategorie einzuordnen.

Trotzdem zahlt es sich aus, diesen beiden Beispielen einige Beachtung zu schenken, denn wir können daraus sehr viel über das normale Bewußtsein lernen. Vor allem scheint es sich beim Bewußtsein nicht um eine einzelne Funktion, sondern um eine ganze Gruppe von Funktionen zu handeln, die nur lose miteinander in Verbindung stehen. Daher kann es dazu kommen, daß eine Funktion nur noch ganz schwach arbeitet oder schon völlig ausgeschaltet ist, während eine andere kaum beeinträchtigt wurde. Ein Charakteristikum des Bewußtseins, das normalerweise vorhanden ist, ist das kurzfristige Behalten, die Erinnerung an die eben beendete Vergangenheit. Der Mensch erinnert sich fast immer an das, woran er eben gedacht hat, und er kann es auch größtenteils wiedergeben, wenn er gefragt wird (Summationsmethode, Seite 64 ff.). Er erinnert sich auch meist daran, was er eben getan hat; er langweilt seine Zuhörer in den seltensten Fällen dadurch, daß er denselben Witz in kurzer Aufeinanderfolge zweimal erzählt. Gewöhnlich nimmt er im Gegensatz zum Schläfer auch alles wahr, was um ihn herum vorgeht, und zwar auch dann, wenn er nicht darauf reagiert. Es kann aber auch sein, daß jemand, der hellwach ist, sich so in ein Buch versenkt oder sich auf ein Fernsehprogramm konzentriert, daß er tatsächlich auf andere Stimuli weniger reaktionsbereit ist als jemand, der vor sich hindöst.

Offensichtlich ist Bewußtsein ein Zustand, der auch bei normalen Subjekten außerordentlichen Schwankungen unterworfen ist. Die Variabilität, einmal im Grad der Reaktionsbereitschaft und andererseits in der Art, wie auf etwas reagiert wird, ist eine der Tatsachen, aus denen wir auf das Vorhandensein von Bewußtsein schließen. Wenn ein höheres Säugetier einmal nicht die geringste Reaktionsbereitschaft (trotz offener Augen und Wachpotentialen im EEG) auf die Umwelt zeigt und ein anderes Mal vor Aktivität übersprudelt, durch seine Umwelt aufgeregt wird und die verschiedensten Wege sucht, sie zu bewältigen; wenn es weiter reaktionsbereit ist und dann auf solche Aspekte der Umwelt reagiert, die sich von Mal zu Mal ändern, so bedeutet das eben, daß sich seine Interessen ändern.

Manchmal sind natürlich auch seine Interessen durch primitive biologische Bedürfnisse bestimmt: einmal ist das Tier sexuell motiviert, ein anderes

Mal durch Hunger; der Grad der Variabilität ist für niedere Tiere ebenso charakteristisch wie für höhere. Sind jedoch all diese Bedürfnisse gestillt, so kann es bei höheren Tieren zu anderer komplexer Motivation kommen. Wenn Aktivität des Antriebssystems gegeben ist, so scheinen Denkprozesse innerlich motiviert zu sein, und die Komplexität des Verhaltens, zu der es kommt, wenn kein primitives Bedürfnis vorliegt, ist ein ausgezeichneter Index für die Stufe innerhalb der psychologischen Hierarchie.

Ein anderer Index für Bewußtsein ist schließlich das Niveau des absichtlichen und einsichtigen Verhaltens. Doch dazu werden wir in Kürze zurückkehren.

Diese Diskussion kann folgendermaßen zusammengefaßt werden: Bewußtsein ist gleichbedeutend mit komplexen Denkprozessen und kann daher bei Tieren, deren Verhalten ausschließlich reflexiv oder nur unter der direkten Kontrolle der Sinne verläuft, nicht gefunden werden. Qualitativ ist dieser Verhaltenstyp äußerst variabel: Es kann zu erhöhter Reaktionsbereitschaft führen, diese aber auch senken, kann längere Perioden durchgehenden absichtsvollen Verhaltens und auch Perioden vollkommener Unbeweglichkeit bedingen usw. Damit steht die große Variabilität der Motivation höherer Tiere in Zusammenhang. Ein wichtiges Merkmal des Bewußtseins ist das kurzfristige Erinnern. Dadurch wird die Koordination vergangener Erfahrung mit zukünftigen Handlungen möglich. Kurzfristiges Erinnern und Absicht (die die Antizipation zukünftigen Geschehens voraussetzt) führen gemeinsam zu verlängerten Perioden zeitlicher Integration des Verhaltens. (Der sog. Instinkt kann auch in niederen Tieren das Verhalten über längere Zeit integrieren. Das Verhalten verbleibt aber trotzdem unter der Dominanz der Sinne. Es gibt keinerlei Hinweise darauf, daß das Tier absichtsvoll handelt oder auch nur in irgendeiner Form den Ausgang der Instinkthandlung vorwegnehmen könnte.)

Einsicht und Absicht

Was mit Einsicht gemeint ist, wird immer noch durch die klassischen Experimente am deutlichsten demonstriert. Einem Schimpansen wird Futter, zum Beispiel eine Banane, gezeigt, die dann so hoch über seinem Kopf an der Decke des Käfigs aufgehängt wird, daß sie sich außerhalb seiner Reichweite befindet. Irgendwo in einer Ecke des Raumes, aber so, daß der Schimpanse sie sehen kann, steht eine Kiste, auf die er steigen könnte. Anfangs versucht er, die Banane durch Springen zu erreichen; nach mehreren erfolglosen Versuchen gibt er es auf und wandert rastlos im Käfig umher. Plötzlich aber bleibt er für kurze Zeit regungslos vor der Kiste stehen, nimmt sie, schiebt sie unter die Banane, klettert auf die Kiste und greift nach der Frucht. Man sagt, jetzt habe „Einsicht" stattgefunden. Wollte man den Zeitpunkt des „Stattfindens von Einsicht" genau festsetzen, so könnte man sich auf den Augenblick, in dem die plötzliche Veränderung des Verhaltens eintrat, festlegen.

Bei einem späteren Versuch steht die Kiste außerhalb des Zimmers auf dem Gang, durch den der Schimpanse gehen muß, wenn er zur Arbeit geführt wird. Vom Experimentierraum aus kann er die Kiste nicht mehr sehen, doch bleibt die Tür zum Gang offen. Wieder wird eine Frucht aufgehängt, und wieder versucht er, sie durch Springen zu erreichen. Plötzlich bleibt er für kurze Zeit bewegungslos stehen, läuft auf den Gang hinaus, kommt mit der Kiste zurück und holt sich seine Belohnung.

Solche plötzlichen „Gedankenblitze" sind natürlich jedem aus eigener Erfahrung bekannt. Es wäre jedoch irrig anzunehmen, Einsicht könnte sich nur auf diese Weise, nämlich nach einer kürzeren oder längeren Verzögerungsperiode einstellen. Einsicht ist auch dann gegenwärtig, wenn das Subjekt die Lösung sofort findet. Diese plötzlichen Lösungen sind für uns übrigens von ganz besonderem Interesse, weil der scharfe Bruch im Verhalten uns den Augenblick genau bezeichnet, in dem die Reorganisation des Gedankenprozesses stattfindet. Ähnlich wie beim Bewußtsein haben wir es auch hier nicht mit irgendeinem Alles-oder-Nichts-Prinzip zu tun, etwa: die volle Einsicht oder gar keine. Einsicht kann im wesentlichen als die Funktion der Vermittlungsprozesse beim Problemlösen verstanden werden. Von diesem Standpunkt aus gesehen wird klar, weshalb Einsicht bei jedem Problemlösen der höheren Tiere mitwirkt. Ob dieses schnell oder langsam vor sich geht, ist dabei nicht ausschlaggebend. Die Überlegenheit des Hundes über andere Tiere, zum Beispiel über das Huhn, zeigt sich darin, daß er Situationen erfassen kann, in denen ein Umweg zum Futter führt. Schimpansen wieder zeigen sich den Hunden darin überlegen, daß sie Kisten als Stufen und Leitern verwenden. Interessanterweise gibt es keinen zuverlässigen Bericht darüber, daß jemals ein Hund, um das Futter zu erreichen, einen Sessel oder eine Kiste in eine günstige Position geschoben hätte. Rein physisch wäre der Hund zu dieser Handlung ebenso imstande wie der Schimpanse. Daß er es jedoch nicht tut, zeigt, daß die Überlegenheit des Schimpansen in der Verwendung von Werkzeugen auf seine intellektuelle Kapazität zurückzuführen ist und nicht einfach darauf, daß er Hände hat, obschon auch sie bei einem solchen Verhalten eine große Rolle spielen.

Jede einsichtsvolle Handlung ist ein gutes Beispiel für ein Verhalten, das nicht gelernt wurde, aber doch von Lernen abhängt. Gelernt kann es deshalb nicht sein, weil es schon beim ersten Versuch erfolgreich durchgeführt wird. Es wurde nicht eingeübt, sondern erscheint auf Anhieb in seiner typischen Form. (Weitere Übung kann es natürlich noch verbessern.) Andererseits darf die Situation nicht vollkommen fremd sein; das Tier muß schon vorher teilweise mit der Situation oder mit anderen Situationen, die dieser ähnlich sind, Bekanntschaft gemacht haben.

Der Schimpanse ist zum Beispiel fähig, einen Stock zu benutzen, um damit etwas, das außerhalb seiner Reichweite liegt, an sich heranzubringen. Er wird aber einen Stock nicht in dieser Weise verwenden, wenn er vorher noch nie mit einem Stock hantiert und gespielt hat. Junge Schimpansen wurden an Futter, das außerhalb ihrer Reichweite lag, getestet. Stöcke lagen im Käfig in ihrem Sichtfeld, und doch benutzte nur ein einziges Tier einen Stock, um das Futter zu sich heranzuziehen. Dieses Tier war ein Weibchen, das schon früher dabei beobachtet worden war, wie es mit Stöcken spielte. Allen Tieren wurden nun während einer Dauer von drei Tagen Stöcke zum Spielen gegeben. Danach wurden sie wieder getestet. Die Tiere wurden während der Zeit, in der ihnen die Stöcke zur Verfügung standen, ständig beobachtet. Kein einziges verwendete die Stöcke während dieser drei Tage dazu, etwas an sich heranzuziehen. Statt dessen stießen sie damit den Experimentator, wenn er am Käfig vorbeiging. Als das oben beschriebene Experiment (Futter außerhalb der Reichweite) nach drei Tagen wiederholt wurde, gebrauchten drei Tiere die Stöcke sofort dazu, das Futter an sich heranzubringen; drei anderen gelang es erst nach anfänglichem Mißlingen. Es war eine neue Handlung, die sie hier vollführten, und daher einsichtsvoll. Doch hing ihr Erfolg, ja sogar ihr Auftreten, von bestimmten vorhergegangenen Erfahrungen ab.

Ähnlich ist es mit Hunden, die in Isolation aufgezogen wurden und keine ausreichende Gelegenheit hatten zu lernen, wie man mit Barrieren fertig wird. Sie sind in Situationen wie der, die in Abbildung 70 dargestellt ist, ebenso wie in anderen Situationen, die Einsicht verlangen, normalen Hunden deutlich unterlegen.

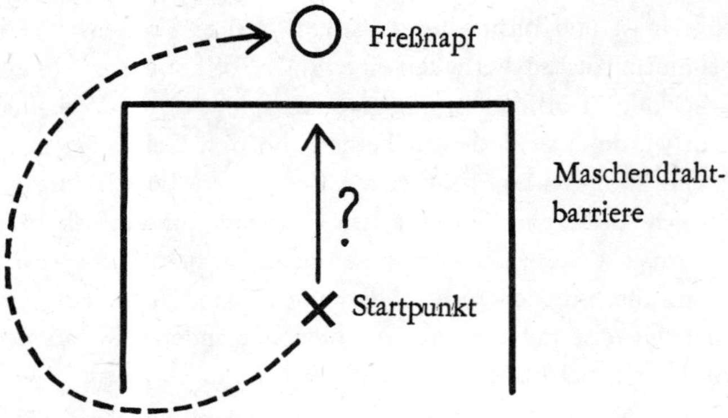

Abbildung 70. Das „Umwegproblem". Das Tier geht von dem Punkt aus, der im Bild angezeigt ist. Es sieht hier durch das Drahtgitter das Futter vor sich. Die einsichtsvolle Lösung besteht nun darin, sich vom Futter abzuwenden und den Weg zu nehmen, der durch die unterbrochene Linie angezeigt ist.

Wie wir bereits gesehen haben, beeinflußt die Erfahrung, die eine Ratte während ihrer Kindheit gemacht hat, die Fähigkeit des erwachsenen Tieres, Probleme zu lösen. Neue Einsicht besteht nach unseren Daten aus einer neuen Kombination von schon vorher bestehenden Vermittlungsprozessen und nicht aus plötzlich auftretenden völlig neuen.

Zu solchen neuen Kombinationen kommt es im täglichen Leben des Menschen fraglos recht häufig. Im Rahmen einer theoretischen Zusammenfassung müssen wir sie unbedingt auch als schöpferische originelle Leistungen klassifizieren. Dies mag auf den ersten Blick erstaunlich erscheinen, zumal wir gewohnt sind, ausschließlich Leistungen großer Künstler und Wissenschaftler als schöpferisch und originell zu bezeichnen. Unter dem Gesichtspunkt der Verhaltensmechanismen wird Originalität aber zu einer Frage des Grades. Eine Hausfrau, die sich eine neue Methode, Kartoffeln zu schälen, ausgedacht hat, ist ebenso schöpferisch wie ein Schriftsteller, der in einem Buch eine neue Ansicht über die Natur des Menschen vorbringt. Auch ist sicherlich ein Kind schöpferisch, das sich vorstellt, seine Puppe spreche mit ihm.

Wir reden von einsichtsvollem Verhalten fast nur dann, wenn es dabei um die Beseitigung von Hindernissen und die Überwindung von Schwierigkeiten geht. Aber es ist ein genauso einsichtsvolles Verhalten, wenn wir plötzlich erkennen, daß ein Freund wütend ist. Und sogar im Traum, wenn man unwahrscheinliche Situationen bildet, oder beim Tagträumen, wenn man sich vorstellt, wie komisch es wäre, wenn der Lehrer vor der Klasse der Länge nach hinfiele, kommt es zu einer neuen Kombination alter Gedanken, zu einer mehr oder weniger neuen Idee.

Absicht und Einsicht gehen beim Problemlösen Hand in Hand. Wir können Verhalten dann als absichtsvoll klassifizieren, wenn es dazu tendiert, trotz der sich ändernden Umstände, also unter verschiedenen Bedingungen, zum gleichen Endeffekt zu führen. Es ist ein Verhalten, das nicht unter der Dominanz der Sinne steht, sondern gemeinsam vom momentanen sensiblen Input und von der Erwartung, ein bestimmtes Ziel zu erreichen, gesteuert wird. Ändert sich die Situation, so ändert sich auch das Verhalten.

Einem Schimpansen, der zum Beispiel das Problem löst, Futter außerhalb seiner Reichweite mit Hilfe einer Kiste zu erreichen, wird das gleiche Problem noch einmal gegeben, allerdings mit dem Unterschied, daß sich keine Kiste im Raum befindet. Der Schimpanse geht zum Experimentator, der in der Nähe steht, zieht ihn zu der Stelle, über der die Banane hängt, klettert auf ihn und erreicht auf diese Weise sein Futter. Das war nun unverkennbar absichtsvolles Verhalten. Oder ein Hund, der es in einem Umwegproblem schafft, sich vom Futter abzuwenden, um nach dem Umgehen der Barriere dahin zu gelangen, zeigt klar seine Fähigkeit für absichtsvolles Verhalten. Auch Hunde sind fähig, bei einer beträchtlichen Anzahl von Modifikationen einer Situation ihr Verhalten so zu ändern, daß es der veränderten Situation angepaßt ist.

Grundsätzlich wird man eine bestimmte Art von Verhalten an vielen Beispielen beobachten müssen, bevor man wirklich auf absichtsvolles Verhalten schließen kann. In der Praxis wird diese Entscheidung jedoch dadurch erleichtert, daß wir sehr vieles über eine bestimmte Tierart und wahrscheinlich sogar über ein bestimmtes Tier wissen. Schimpansen zum Beispiel sind, das wissen wir, zu komplexem, einsichtigen und absichtsvollen Verhalten fähig. Ist uns weiter bekannt, daß ein Tier vorher schon Kisten als Leitern verwendet hat, so werden wir nicht mehr bezweifeln, daß das Hin-

zerren des Experimentators unter die Banane, um ihn als Leiter zu benutzen, absichtsvolles Verhalten ist. Ganz allgemein werden wir von Absicht reden, wenn ein Mensch oder ein Tier etwas tut, um damit etwas Bestimmtes zu erreichen.
In das absichtsvolle Verhalten des Menschen sind längere einheitliche Ketten von Handlungen eingeschlossen als in das der niederen Tiere. Einheitlich ist hier in dem Sinne gemeint, daß die Handlungen auf ein Ziel ausgerichtet sind und daß die früheren Glieder einer Handlungskette nicht um ihrer selbst willen ausgeführt werden, sondern um die späteren Glieder zu ermöglichen. Wenn der Schimpanse auf den Gang hinausläuft und die Kiste holt, so befriedigt das Holen der Kiste selbst noch nicht das Verlangen nach dem Futter, sondern es macht erst die späteren Handlungen, die ihm wirklich das Futter einbringen, möglich. Die zeitliche Integration von Verhaltensweisen kann sich beim Menschen über weitaus größere Zeiträume erstrecken. Ein Fischer, der Nahrung braucht, kann, bevor er überhaupt in die Nähe des Wassers kommt, mehrere Tage damit verbringen, seine Netze zu flicken. Mitten im heißen Sommer läßt sich der Mensch im Hinblick auf den zu erwartenden kalten Winter in seinem Haus eine Zentralheizung installieren. Absichtsvolles, von Erwartung gesteuertes Verhalten kann sich nicht nur über Tage und Wochen, sondern auch über Monate und Jahre erstrecken. Wenn von der intellektuellen Überlegenheit des Menschen die Rede ist, so wird dabei normalerweise (1) an seine Fähigkeit für Sprache und ähnliche Symbolismen und (2) seine Fähigkeit, schwierige Probleme zu lösen, denen er sich im Augenblick gegenübersieht, gedacht. Dem sollten wir aber (3) die Fähigkeit der Erwartung hinzufügen, der Vorwegnahme von Schwierigkeiten, die in fernerer Zukunft eintreten könnten.

Kommunikation und Sprache

Der Ausdruck Kommunikation wird hier im weitesten Sinne des Wortes gebraucht und schließt dann drei Stufen von Verhalten ein: (1) die Stufe des reflexiven, nicht absichtsvollen Verhaltens – das Verhalten der sozialen Insekten sowie auch emotionell ausgelöste Angstschreie von Säugetieren sind Beispiele dafür –, (2) absichtsvolles Verhalten höherer Säugetiere, das aber noch nicht Sprache ist, und (3) Sprache, die ausschließlich dem Menschen vorbehalten ist. Diese drei Kategorien, die wir hier anführen, stellen eine sehr grobe Klassifizierung dar, und es wäre sicherlich verkehrt, sich vorzustellen, sie seien scharf voneinander getrennt. Ebenso, wie es vorstellbar wäre, daß auch Insekten absichtsvolles Verhalten zeigen, wäre es denkbar, daß Schimpansen und Elefanten gerade an der Grenze zum Sprachbesitz sind und gelegentlich Verhaltensweisen zeigen, die den Kriterien der Sprache, die weiter unten aufgezählt werden, annähernd äquivalent sind.

1. Reflexive Kommunikation

Die sozialen Insekten leben in hoch organisierten Kolonien (auch Staaten genannt), in denen das Verhalten eines Tieres mit dem der anderen koordiniert werden muß, um ein Überleben der ganzen Kolonie zu garantieren. Diese Koordination ist oftmals so gut und betrifft so mannigfaltiges Verhalten, daß man manchmal nicht umhin kann, sie auf absichtsvolles Verhalten zurückzuführen. Soweit unsere Informationen reichen, ist aber das Verhalten dieser Tiere weder absichtsvoll noch intelligent. Die einzelne Arbeitsameise reagiert zum Beispiel zwangsläufig und nicht nach Gutdünken auf das Verhalten einer anderen Ameise; sie selbst löst durch ihr Verhalten wieder Reaktionen anderer Tiere aus. In dieser Weise fördert sie das Leben der Kolonie, ohne daß Denkprozesse oder irgendwelche Vorwegnahmen der Auswirkungen einer Handlung das Verhalten beeinflußten. Bei einer Wespenart steckt die Larve, die Futter braucht, den Kopf aus ihrer Zelle, und das stimuliert die Arbeiter, sie mit Futter zu versorgen. Bei vielen Ameisenarten bestimmt allein der Geruch, ob ein Arbeiter in die Kolonie eingelassen wird oder nicht. Wird nun ein Mitglied einer Kolonie mit dem Geruch einer anderen versehen, so wird es in seine Heimatkolonie entweder nicht eingelassen oder beim Eintritt sofort getötet. Eine fremde Ameise, die den Geruch der Kolonie hat, wird ohne weiteres eingelassen. Bei einigen Arten versperren „Soldaten" den Eingang mit ihrem Kopf. Möchte nun eine Arbeiterin hinein oder hinaus, so berührt sie den Kopf oder den Hinterleib, und der Soldat tritt zur Seite oder er geht ein wenig nach rückwärts, gerade so weit, daß die Arbeiterin vorbei kann. Da Ameisen fähig sind zu lernen, könnte es gut möglich sein, daß einige ihrer Reaktionen eher konditionierte als unkonditionierte Reflexe sind. In beiden Fällen jedoch – und darauf kommt es an – ist das Verhalten, ist die Reaktion vollkommen durch die Sinne kontrolliert.

Absichtslose, unintelligente, reflexive Kommunikation kommt auch noch bei viel höheren Tieren vor und zwar ganz besonders unter Bedingungen, die mit Furcht und Kampf in Zusammenhang stehen. Wir werden darauf jetzt nicht näher eingehen, sondern darauf zurückkommen, wenn wir absichtsvolles Verhalten besprechen. Denn aus der Gegenüberstellung wird es bedeutend leichter, absichtsvolles Verhalten, wenn es tatsächlich auftritt, zu erkennen. Bevor wir jedoch fortfahren, wollen wir uns noch kurz der überaus interessanten Kommunikation der Bienen zuwenden.

Ist eine Arbeitsbiene in einiger Entfernung vom Stock auf eine Futterquelle gestoßen, zum Beispiel auf einen blühenden Strauch, so gibt sie nach der Rückkehr durch den sog. „Tanz“ den anderen Bienen Richtung und Entfernung an, in der das Futter zu finden ist. Sie läuft zu diesem Zweck mit einer komischen wackelnden Bewegung auf einer Wabe umher und macht gleichzeitig eine Anzahl von Drehungen. Der Winkel zwischen der Senkrechten und dem Weg, den sie auf der Wabe läuft, korrespondiert mit dem Winkel der Futterquelle zur Sonne. Die Anzahl der Wendungen gibt die Entfernung an. (Je weniger Wendungen, desto weiter weg ist das Futter.) Andere Bienen folgen ihr beim Tanz und fliegen dann direkt zum Futter.

Dieses Verhalten wurde die Sprache der Bienen genannt. Wir haben jedoch keinerlei Gründe, diese Bezeichnung als etwas anderes als einen bildlichen Ausdruck zu betrachten. Obwohl die Wirkung die gleiche ist, als hätten die Bienen eine Zeichensprache, so konnte bis jetzt noch nicht nachgewiesen werden, daß in der „Bienensprache“ irgendwelche absichtsvollen Elemente enthalten sind.

2. Absichtsvolle Kommunikation, die jedoch noch keine Sprache ist.

Aus Gründen der Gegenüberstellung werden wir nun absichtsvolle und absichtslose Kommunikation bei höheren Tieren gemeinsam behandeln.

Ein Hund, der aus dem Zimmer hinausgelassen werden möchte, geht zur Tür und wendet von dort dem Herrchen den Kopf zu. Steht der Herr auf, hat also sein Verhalten Erfolg, so wartet der Hund ruhig. Ändert sich aber nichts, so wird der Hund schon nach kurzer Zeit zu bellen beginnen, allerdings etwas zurückhaltender, als wenn ein Fremder durchs Tor ginge. Geschieht noch immer nichts, so beginnt er lauter zu bellen. Das Verhalten ist also wirksam darauf eingestellt, mit dem geringsten Einsatz eine Änderung im Verhalten eines anderen herbeizuführen; es ändert sich, sobald dieser Zweck erreicht ist. Ein in einen Käfig gesperrter Affe, der um Futter bettelt, verwendet ähnlich angepaßte Methoden, um zu seinem Ziel zu kommen. Er bettelt mit Händen und Stimme. Das Absichtsvolle dieses Verhaltens wird weiter dadurch demonstriert, daß der Affe auch Geräte einsetzt, um sein Ziel, das Futter, zu erreichen. Jede einzelne Bettelhandlung, die im Augenblick unternommen wird, ist gewissermaßen einem großen Reservoir von Bettelhandlungen entnommen, die den Umständen entsprechend angewendet werden.

Im Gegensatz dazu steht der Alarmschrei eines wilden Affen, der einen Menschen entdeckt. Auch das ist Kommunikation: durch den Schrei wird die ganze Herde alarmiert und kann fliehen. Es besteht allerdings kein Grund zu der Annahme, es handle sich hier in irgendeiner Form um absichtsvolles Verhalten; denn der Schrei dauert auch noch an, wenn die anderen die Mitteilung längst verstanden haben und schon weit außerhalb des Gefahrenbereiches sind. Das Ganze läßt eher auf eine allgemeine emotionelle Störung schließen und nichts weist darauf hin, daß daran in irgendeiner Form Absicht beteiligt sei. Ähnlich wie beim Affen ist es auch beim Hund, von dem wir ja ebenfalls wissen, daß er absichtsvollen Verhaltens fähig ist. Es wäre auch bei ihm vorstellbar, daß er irgendwelche Kombinationen von absichtsvollem und emotionellen Verhalten zeigt; er könnte zum Beispiel mit der Absicht, einen anderen Hund zu erschrecken, knurren. Bisher konnte aber nichts derartiges nachgewiesen werden.

3. Sprache

Beim Menschen finden sich Parallelen zu beiden bisher beschriebenen Klassen von Verhaltensweisen. Ein Angstschrei oder ein von Abscheu erfüllter Blick können sehr wohl reflexiv bedingt sein, und es gibt keinen Anlaß anzunehmen, eine absichtliche Geste oder ein Brummen seien irgendein höheres Verhalten als das Bettelverhalten des Affen. Der Mensch ist aber zusätzlich noch einer Verhaltensform mächtig, die sich, soweit es uns heute bekannt ist, bei keiner anderen Art findet: das ist die Sprache. Dazu gehören sowohl Zeichen- und Signalsprache als auch das gesprochene und geschriebene Wort. Das eigentliche Problem der menschlichen Sprache, das uns auch im folgenden beschäftigen wird, liegt also nicht darin, daß der Mensch in vielfältiger Weise Laute ausstoßen kann. Die niederen Tiere haben auch keine Zeichensprache.

Die Sprache unterscheidet sich von der absichtsvollen Kommunikation der Hunde und Schimpansen durch verschiedene Kombinationen der gleichen Zeichen (Wörter, Bilder, Gesten) zu verschiedenen Zwecken. Papageien und andere sprechende Vögel können den Klang der menschlichen Sprache manchmal täuschend ähnlich nachmachen, und trotzdem „sprechen" sie nicht – und zwar sprechen sie deshalb nicht, weil es nicht das geringste Anzeichen dafür gibt, daß sie imstande sind, die Wörter, die sie als Teile einer Phrase oder eines ganzen Satzes gelernt haben, in einer neuen Kombination wieder zu verwenden. Mit der Redewendung „Nachplappern wie ein Papagei" meint man verständnisloses Nachsprechen. Allein dazu ist der Papagei fähig. Im Gegensatz dazu kann das menschliche Kind die Wörter, die es kennt, einzeln oder in neuen Kombinationen zur Beeinflussung des Verhaltens anderer einsetzen; es kann sie aber natürlich auch in der Form, wie es sie ursprünglich gehört hat, nachsprechen. Übrigens ist es gar nicht notwendig, lange Sätze zu analysieren, wenn wir den Unterschied zwischen der menschlichen Sprache und dem Nachplappern des Papageien verstehen wollen. Was kann ein zweijähriges Kind doch alles mit nur vier Wörtern ausdrücken! „Ich durstig", „ich nicht durstig", „Mutti durstig" usw.

Die Kriterien der Sprache: (1) Meist handelt es sich dabei um absichtsvolle Kommunikation (obwohl es natürlich auch Sprechen ohne besondere Absicht gibt, nämlich Selbstgespräche), und (2) zwei oder mehr Verhaltensteile werden in einer bestimmten Kombination für einen bestimmten Zweck und in einer neuen Kombination für einen anderen Zweck eingesetzt. Diese Aussage gilt ebenso für Gesten wie für die gesprochene Sprache. Ein Tier wie der Schimpanse, das mit Gesten sehr wirksam betteln oder drohen kann, scheint nicht fähig zu sein, Gesten in der Weise zu kombinieren, wie es der Mensch tut, der zum Beispiel auf einen Gegenstand zeigt und dann auf einen Menschen, dem er gegeben werden soll.

Der wesentliche Unterschied zwischen dem Menschen und dem Schimpansen scheint unter diesem Aspekt darin zu liegen, daß der Mensch verschiedene Sätze von Vermittlungsprozessen hat, die verhältnismäßig unabhängig voneinander funktionieren. Die drei Stufen der Kommunikation, so wie wir sie hier geschildert haben, können auch als Stufen der intellektuellen Entwicklung aufgefaßt werden. Auf der ersten Stufe gibt es überhaupt noch keine

Vermittlungsprozesse, und das Tier bleibt allein durch die Sinne mit den Geschehnissen der Umwelt verbunden. Auf der zweiten Stufe sind schon Vermittlungsprozesse beteiligt, aber (um die Idee einmal ganz allgemein in groben Zügen aufzuzeigen) nur zwei oder drei gleichzeitig. Es gibt auf dieser Stufe schon eine gewisse Unabhängigkeit von der sensorischen Umwelt, und in begrenztem Ausmaß findet absichtsvolles, geplantes Verhalten statt. Erst auf der dritten, der menschlichen Stufe, zeigt sich eine größere Beweglichkeit und Vielfalt von Vermittlungsprozessen sowie Unabhängigkeit von der momentanen sensiblen Umwelt.

Die größere Beweglichkeit und Unabhängigkeit ermöglicht nicht nur die Sprache, sondern auch einen Grad von Zusammenarbeit, wie er bei subhumanen Individuen gänzlich unbekannt ist. Es handelt sich dabei um die Koordination des Verhaltens von zwei oder mehr Individuen, die gemeinsam ein Ziel verfolgen, das keiner von ihnen jemals allein erreichen könnte. Damit das überhaupt möglich ist, muß das einzelne Individuum nicht nur in der Lage sein, die Wirkungen seines eigenen Handelns vorauszusehen, sondern auch die der Handlungen seiner Partner. Die Wirkung der eigenen Aktion hängt davon ab, daß die Partner zur rechten Zeit das Richtige tun! Es kann vorkommen, daß ein Schimpanse einem anderen insofern hilft, als er ihm Futter gibt oder ihn von einer Gefahr wegzieht, doch ganz selten (tatsächlich wurde es bisher noch nie einwandfrei beobachtet) kommt es vor, daß zwei Schimpansen sich spontan daran begeben, ein Hindernis aus dem Weg zu räumen, mit dem keiner allein fertig geworden wäre. Dieses Verhalten, spontane Zusammenarbeit, ist beim Menschen hingegen ganz allgemein und unterscheidet ihn ebensosehr wie die Sprache von allen übrigen Tieren. Man könnte nun versuchen, den Mangel an Zusammenarbeit auf das Fehlen der Sprache zurückzuführen. Die Schimpansen können nichts miteinander absprechen. Das ist aber wohl kaum die volle Erklärung. Es scheint vielmehr der gleiche intellektuelle Mangel zu sein, der sowohl für das Fehlen der Zusammenarbeit als auch für das der Sprache verantwortlich ist.

Problemlösen des Menschen, Laboratoriumsuntersuchungen

Menschliches Problemlösen ist uns in zwei verschiedenen Zusammenhängen bekannt, einmal aus dem psychologischen Laboratorium, und dann aus dem täglichen Leben. Unglücklicherweise lassen sich diese beiden Situationen nicht immer leicht zueinander in Beziehung bringen. Wir können viele Aspekte der im praktischen Leben vorkommenden Situationen im Labor – zur Zeit wenigstens – noch nicht beobachten. Um aber auch über diese „Aspekte" des Problemlösens etwas zu erfahren, wenden wir uns im nächsten Abschnitt dem wissenschaftlichen Denken zu.

Grenzen sind der Laboratoriumsuntersuchung im allgemeinen dadurch gesetzt, daß die Lösung in ziemlich kurzer Zeit gefunden werden muß. Folglich muß das Problem, mit dem man die Versuchsperson konfrontiert, schon von vornherein klar definiert sein. In dieser Hinsicht stehen die Bedingungen des Labors in striktem Gegensatz zu denen des täglichen Lebens. Im Leben gehören nämlich die Wahl des Problems, die Bestimmung der Reihenfolge, in der die verschiedenen Aspekte behandelt werden sollen, sowie die Auswahl der für die Lösung bedeutsamen Informationen zu den wesentlichen Merkmalen intellektueller Leistung. Erfolg oder Mißerfolg eines Denkers werden nicht selten davon abhängen, ob er immer wieder, auch noch nach Monaten und Jahren, zu seinem Problem zurückkehrt. Für einen Versuch, zu dem sich ein Student zur Verfügung stellt, kann man vielleicht eine oder eineinhalb Stunden aufwenden. Um überhaupt etwas zu erreichen, muß man das Problem schon vorher genau formulieren und kann nicht warten, bis die Versuchsperson es selber findet. Außerdem ist es bei Studenten – besonders, wenn es sich um Studenten des eigenen Instituts handelt – mit der Motivation eine besondere Sache. Der Student möchte meistens mit seiner Leistung gefallen und wird daher unter Einsatz aller Kräfte arbeiten. Werden die Laboratoriumsuntersuchungen aber nicht als isolierte Fakten gesehen, sondern im Zusammenhang mit den Berichten über wissenschaftliches Denken und mit experimentellen Untersuchungen an Tieren betrachtet, so liefern sie uns trotz allem wichtige Aufschlüsse. Aus den Untersuchungen an Tieren, über die wir bereits berichtet haben, wissen wir, daß Sprache keineswegs eine Bedingung des Denkens ist (da Tiere keine Sprache, aber doch ziemlich komplexe Vermittlungsprozesse haben). Untersuchungen am Menschen erlauben uns, in dieser Aussage sogar noch weiterzugehen. Denken kann nicht nur ohne Sprechen ablaufen, es kann sogar dann, wenn es stattgefunden hat, oftmals nicht mehr in Worte gefaßt werden. Das trifft zu auf recht einfache Probleme und auf Versuchspersonen, die große Übung in der Selbstbeobachtung haben (wie es in den alten Tagen der Psychologie üblich war). Wir kennen aber auch viele Berichte von Wissenschaftlern darüber, daß ihnen Einsichten ganz plötzlich gekommen sind und sie sich der Denkschritte, die dazu führten, nicht bewußt waren. Plötzlich war die Lösung da. Ähnlich ist es im Labor: Es gibt offensichtlich Verbindungsglieder im Denkprozeß, die unbewußt bleiben, aber keineswegs unwichtig sind.

In Experimenten über Einstellungen wurden zum Beispiel arithmetische Probleme verwendet, die jede Versuchsperson, die einmal zur Schule ging, sofort lösen kann. Der Versuchsperson wird ein Zahlenpaar, zum Beispiel 2 und 6 dargeboten. Ist sie auf Addieren eingestellt, so erscheint sofort die Reaktion 8, oder bei der Einstellung auf Subtrahieren die Antwort 4. Die Einstellung, die hier offensichtlich der entscheidende Faktor für die richtige Lösung ist, findet im Selbstbeobachtungsprotokoll keine Erwähnung, noch kann sie von der Versuchsperson, wenn diese dazu aufgefordert wird, klar beschrieben werden. Die Versuchsperson kann keinerlei Aufschluß über den Mechanismus geben, der bewirkt, daß das gleiche Ziffernpaar bei zwei verschiedenen Gelegenheiten so rasch und sicher und anscheinend direkt zwei verschiedene Antworten ergibt.

Ein anderes Experiment betrifft ein etwas schwierigeres Problem, dessen Lösung aber, wird sie gefunden, ganz einfach ist. Der Versuchsperson wird die Aufgabe gestellt, zwei Schnüre, die von der Decke herunterhängen, zusammenzubinden. Diese Schnüre sind aber so weit voneinander entfernt, daß es nicht möglich ist, die eine zu nehmen und dann nach der anderen zu greifen. Die Lösung wäre, eine Drahtschere, die im Zimmer liegt, an eine Schnur zu binden, dann das Ganze in Schwingung zu versetzen und es wie ein Pendel schwingen zu lassen. Dann ist es nämlich möglich, die eine Schnur zu halten und die schwingende Schnur abzufangen, um beide zu verknüpfen. Nur ganz wenige Versuchspersonen sehen die Lösung sofort. In allen anderen Fällen stieß der Experimentator einmal wie zufällig an eines der Seile und versetzte es in Schwingung. Daraufhin konnte eine Anzahl von Versuchspersonen das Problem lösen, doch interessanterweise waren sie sich nicht darüber klar, daß sie auf die Lösung hingesteuert wurden. Sie waren sich des entscheidenden Faktors, der die Wende im Denkprozeß brachte, nicht bewußt.

Ein weiteres Beispiel finden wir in Experimenten mit Anagrammen. Der Versuchsperson wurde eine Anzahl von Anagrammen dargeboten, die alle dem folgenden „Lekam-Kamel“ darin ähnlich waren, daß sie durch eine Anordnung der Buchstaben in der Reihenfolge 34521 gelöst werden konnten. Den Versuchspersonen wurde die Regel natürlich nicht verraten, sondern es wurde ihnen nur eine Serie von Problemen gegeben, auf die sie anwendbar war. In der zweiten Hälfte der Liste befanden sich auch einige Proben, die auf eine ganz andere Art gelöst werden konnten. Zum Beispiel aus „Nsees“ kann man sowohl „Sense“ als auch „Essen“ bilden. Die andere mögliche Lösung wurde nur von den wenigsten Versuchspersonen getroffen, und zwar nur von denjenigen, die sich auch in der ersten Hälfte nicht an die Regel gehalten hatten. Bei der Lösung der ersten Hälfte der Liste hatte sich eine feste Einstellung auf diese bestimmte Lösungsregel entwickelt. Dabei – und das ist für unsere Diskussion wichtig – waren sich die Versuchspersonen meist nicht bewußt, daß sie einer Regel folgten.

Solche Einstellungen auf eine bestimmte Lösungsform haben sowohl Vor- als auch Nachteile. Der Hauptnachteil liegt darin, daß so eine fest eingerichtete Einstellung auf eine bestimmte Lösung für alle anderen Lösungen, die es für dieses Problem vielleicht geben könnte, blind macht. Natürlich kann die gegenwärtige Lösung auch eine sehr wirkungsvolle sein; dann fällt der von uns angeführte Hauptnachteil fort. Außerdem muß noch bedacht werden, daß es sehr unrationell wäre – ja das Leben wäre praktisch unmöglich! – wenn wir nicht für die meisten Probleme des Alltags fertige Lösungen hätten. Stellen Sie sich nur vor, wir müßten jedemal, wenn wir uns die Hände waschen wollen, zu den Anfangsgründen zurückgehen, unsere Chemiekenntnisse auskramen und uns überlegen, ob denn Wasser und Seife wirklich dafür taugen, den Schmutz zu lösen usw. Für die meisten Probleme des Alltags sind die gewohnten Lösungen die wirksamsten. Die Schwierigkeit liegt nun darin, zu erkennen, wann die Zeit gekommen ist, einmal kurz anzuhalten und das Problem neuerlich zu untersuchen, die gegenwärtige Lösungsmethode abzuwerfen und eine neue anzunehmen.

Dabei ist es gar nicht immer leicht, die Annahmen zu erkennen, denen man folgt. Auch wenn man sie kennt, bedeutet das noch nicht, daß man deshalb schon imstande wäre, den Zeitpunkt für eine Neuorientierung abzuschätzen. Besonders schwierig kann das in der Wissenschaft sein, wenn mit einer Annahme schon seit langem mit großem Erfolg gearbeitet wurde. Laboruntersuchungen haben gezeigt: Je öfter eine Annahme bestätigt wurde, desto unwahrscheinlicher ist es, daß man sie ablegt, wenn sie dem zu lösenden

Problem nicht mehr gerecht wird. Es ist unglaublich, wie blind Versuchspersonen in solchen experimentellen Situationen für alternative Lösungen sein können. Haben sie sich einmal auf eine Lösungsweise eingestellt, die bei ähnlichen Problemen funktionierte, so ist es ihnen häufig unmöglich, einen neuen Lösungsweg zu finden.

Trifft das schon auf die kleinen künstlichen Laborprobleme zu, so erst recht für die weitaus komplexeren der Wissenschaft. Hier kann sich auch das Ablegen einer theoretischen Überlegung und die Annahme einer neuen auf große Bereiche auswirken und nicht nur auf das bestimmte Problem, mit dem man sich im Augenblick beschäfigt. Für die Physiker der Jahrhundertwende war es ziemlich schwierig, mit dem Problem der Radioaktivität fertig zu werden; denn das verlangte eine Änderung der Annahme über das Atom: Davon wäre die Struktur der physikalischen und chemischen Theorie ganz allgemein berührt worden. Aber auch dann, wenn die Annahme, die Scherereien bereitet hatte, erkannt und das Problem gelöst wurde, kann es für jemand anderen schwierig sein, die Lösung anzunehmen, wenn dadurch an seinen Ansichten über den Kosmos oder die Natur des Menschen gerüttelt wird. Es kommt dann zu heftiger Ablehnung und Bekämpfung, wie es Galileis Ideen über die Bewegung der Planeten, Darwins Theorie über die Abstammung des Menschen und Freuds Ansichten über die Natur des Menschen erfahren mußten.

Entdeckungen, Erfindungen und Logik

Wenn sich jemand weigert, ein zwingendes Argument anzuerkennen, so ist das sicherlich alogisches Verhalten, aber nicht notwendigerweise dummes. Wir tendieren dazu, „gutes“ Denken und Intelligenz mit der Anwendung von Logik gleichzusetzen. An der Richtigkeit dieser Einstellung sollten wir aber zweifeln, wenn wir doch intelligente Leute unlogisch handeln sehen. Im Labor kann man zum Beispiel oft beobachten, wie eine Versuchsperson, die durch ein Problem genarrt wird, immer wieder auf den gleichen „Lösungssatz“ zurückkommt, von dem sie weiß, daß er zu nichts führt. Eine solche Beobachtung ist sicherlich sehr verwirrend, wenn wir es mit einem intelligenten Subjekt zu tun haben – allerdings nur, solange wir der Meinung sind, Problemlösen sei ausschließlich ein logischer Vorgang. Ist dem aber wirklich so? Wir wollen hier an etwas erinnern: Das Flugzeug wurde erfunden, obwohl mathematisch, also logisch, bewiesen werden konnte, daß etwas, das schwerer als die Luft ist, nicht fliegen kann. Wie wir in Kürze noch sehen werden, gibt es viele große Wissenschaftler, die bei ihren Problemlösungen nicht vollkommen induktiv-logisch vorgingen.

Dabei sind dieselben Wissenschaftler durchaus in der Lage, logisch zu denken und zeigen das auch, wenn sie sich zum Beispiel bemühen, die Argumente eines Kollegen zu entkräften. Wir müssen, scheint es, hier zwischen zwei Denkweisen unterscheiden: (1) Entdeckung oder Erfindung, also Gewinn neuer Ideen, und (2) Verifikation, Prüfen, Testen und Systematisieren des Gewonnenen. Wenn wir in den Überlegungen eines tüchtigen Problemlösers einen Mangel an Logik feststellen, so handelt es sich meist um Typ (1) und nicht um (2). Unter dem Gesichtspunkt dieser Unterscheidung werden die ziellosen Denkbewegungen des genarrten Problemlösers etwas verständlicher. Hat er alles, woran er nur denken konnte, versucht, so hat es für ihn wenig Sinn, weiterhin logisch vorzugehen. Eine Möglichkeit wäre, das Problem für eine Zeit beiseite zu legen und zu hoffen, daß die Gedanken, wenn er darauf zurückkommt, andere Richtungen einschlagen. Das ist ein häufig empfohlener Weg, der meistens auch weiterhilft. Die andere Möglichkeit ist, weiterzumachen und nahezu zufällig auf die verschiedenen Aspekte des Problems zu reagieren, wägend und wagend zu experimentieren und zu hoffen, daß sich plötzlich eine sensorische Rückkoppelung ergeben möge, die eine Idee für die Lösung liefert. Auch diese Methode führt zum Erfolg, doch Logik spielt dabei kaum eine Rolle.

Was geschieht also hier? Wir nehmen an, daß eine neue Wahrnehmung oder eine neue Idee eine neue Kombination von Vermittlungsprozessen ist. Die Vermittlungsprozesse, die im Moment ablaufen, sind ein gemeinsames Produkt aus dem sensorischen Input und den vorangegangenen zentralen Prozessen (Annahme 4, Seite 162 und Abbildung 44). Da der festgefahrene Denker ja nicht weiß, nach welcher Gedankenkombination er Ausschau hält, muß er mehr oder weniger blind vorgehen, um die Chance zu erhöhen, daß andere Kombinationen auftauchen, ihm andere Kombinationen einfallen. Er kann nur hoffen, daß unter diesen Kombinationen auch diejenige ist, die ihm weiterhilft.

Das Problem einfach liegenzulassen, es zu vergessen, indem man sich einer anderen Tätigkeit zuwendet, kann dazu beitragen, daß eine Änderung der Vermittlungsprozesse eintritt, so daß man das nächste Mal mit einer neuen Einstellung an das Problem herangeht. Wird das Problem herumgewälzt – von den verschiedensten Seiten betrachtet – und mag es dabei auch zu Ansätzen und Verfahrensweisen kommen, die sich schon vorher als erfolglos erwiesen, so wird dadurch doch die Wahrscheinlichkeit erhöht, daß es gerade dann zu einem sensorischen Ereignis kommt, wenn ein Vermittlungsprozeß stattfindet, der gemeinsam mit einem bestimmten Input zu der Idee führt, die zur Lösung des Problems notwendig ist.

Mit dieser langen Ausführung über das blinde Versuchen wollen wir natürlich nicht sagen, daß dieses die einzige Quelle neuer Ideen sei, sondern nur darauf hinweisen was geschieht, wenn alle Möglichkeiten der Logik erschöpft sind. Ist es nämlich soweit, dann verbleibt nichts mehr, als auf die Erleuchtung zu warten. Wir kennen viele Berichte von großen Mathematikern und Wissenschaftlern, die auf diese Weise zur Lösung eines Problems gekommen sind. Zuerst hatten sie sich intensiv mit dem Problem befaßt, alle dafür wichtigen Ideen und Phänomene gekannt, sie nahmen das Problem auf jede nur mögliche Weise in Angriff – doch erfolglos. Aber plötzlich, ohne vorherige Ankündigung, stellte sich die richtige Lösung ein; sie war einleuchtend und selbstverständlich. Eine neue Idee, eine neue Einsicht ist das Auftauchen einer neuen Kombination von Vermittlungsprozessen. Die Lösung kann, ja sie muß sogar vorbereitet werden, jedoch kann sie selbst nicht herbefohlen werden. Hat der Denker alle dafür wichtigen Komponenten bereitgestellt (so weit er das abzuschätzen vermag), so muß er sozusagen seinen Geist öffnen, jede zu enge Konzentration auf eine bestimmte Denkrichtung vermeiden und einfach warten. Da die Beihilfe des Zufalls hier unumgänglich ist, kann dieses Warten unter Umständen ziemlich lange dauern.

Daraus wird klar, daß viele große Entdeckungen in den experimentellen Wissenschaften, wie man sagt, rein zufällig gemacht wurden. Zufall ist es aber nur insofern, als es jemandem widerfuhr, der die Bedeutung des Geschehens abschätzen konnte. Ein gutes Beispiel für die Mitwirkung des Zufalls ist die Entdeckung der magnetischen Wirkung des elektrischen Stroms. Zufällig lag in der Nähe des Drahtes, durch den Oersted Strom leitete, ein

Kompaß. Ein anderes Beispiel ist die Entdeckung der Röntgenstrahlen. Röntgen ließ eine nichtbelichtete photographische Platte an einer Stelle liegen, wo sie, wie wir heute wissen, nicht hätte sein sollen. Ein modernes und allgemein bekanntes Beispiel ist die Entdeckung des Penizillins, die dadurch möglich wurde, daß Fleming seine Bakterienkulturen nicht rein hielt. Das sind jetzt drei Beispiele großer Entdeckungen, wofür es großer Männer bedurfte. Auf die gleiche Weise werden aber weniger weltbewegende Entdeckungen in jedem Labor gemacht, ja sie sind sogar eine der wesentlichen Grundlagen der gewöhnlichen „Alltagsforschung". Es gibt sicherlich nicht wenige Wissenschaftler, die von Problem A ausgingen und bei der Lösung von B, einem viel interessanteren Problem, an das sie ursprünglich nicht einmal dachten, landeten. Das ist eben die Kunst, ein Ding zu finden, während man nach einem anderen Ausschau hält.

Noch ein anderer Punkt wird aus den wissenschaftlichen Berichten deutlich: Einige der großartigsten Entdeckungen beruhen auf keinen intellektuell sehr schwierigen Ideen. Ist die Entdeckung einmal gemacht, so scheint das Ganze so einleuchtend und selbstverständlich, daß jeder Gymnasiast es leicht versteht. Und es ist kaum zu begreifen, daß so viele Generationen großer Männer daran vorbeigehen konnten. Oftmals wird gesagt, ein Problem, das gut formuliert ist, sei schon halb gelöst. An diesem Satz ist etwas Wahres.

Die wirklichen Schwierigkeiten bestehen bei diesen Fällen meist darin, die bedeutsamen Ideen und Fakten auszuwählen und alles andere zu übersehen. Ist das einmal geschehen, so kann die endgültige Lösung ein Kinderspiel sein. Im Nachhinein, wenn wir die relevante Information kennen, ist das Problem für uns schon sehr vereinfacht. Gehen wir von diesem Stand der Dinge aus, so mißverstehen wir das wirkliche Problem ganz und gar. Dieses bestand eben gerade darin, die relevante Information auszuwählen, neue fruchtbare Ideen zu bilden und die alten Vorstellungen, die den Weg zur Lösung bisher verbarrikadierten, über Bord zu werfen.

Der große Wissenschaftler ist deshalb nicht immer derjenige, der besonders kompliziert denkt, sondern vielmehr der, welcher die Komplikationen, in die sich die anderen verstricken, zu vermeiden weiß. Er sieht die wesentlichen Punkte und findet dadurch die Lösung; vielleicht hat er sogar keine andere logische Rechtfertigung dafür als die, daß seine Lösung funktioniert. Er schiebt die einander offensichtlich widersprechenden Daten für den Augenblick beiseite, um sie dann später zu erklären.

Folgende zwei Fälle sollen das illustrieren: Jeder Schüler versteht heute, wie ein Quecksilberbarometer funktioniert und weiß, weshalb Wasser in einer Glasröhre nicht höher als 10 Meter steigen kann. Er weiß, daß die Luft ein Gewicht hat und mit großem Druck auf der Wasseroberfläche eines Brunnens lastet. Wird nun in diesen Brunnen eine Röhre gegeben und alle Luft aus dieser Röhre herausgepumpt, so wird das Wasser in der Röhre – durch den Druck, der auf die Wasseroberfläche außerhalb der Röhre wirkt – so weit steigen, bis es dem Luftdruck das Gleichgewicht hält. Galilei hat die Antwort darauf nicht gefunden. Allerdings können wir daraus nicht schließen, Galilei sei dumm gewesen, sondern vielmehr, daß sein Schüler Torricelli, der sie fand, eine außerordentliche intellektuelle Leistung vollbrachte. Er brachte es nämlich fertig, ein Prinzip, nach dem seine Zeitgenossen arbeiteten(„in der Natur gibt es kein Vakuum"), beiseite zu schieben und zu fragen, ob für die Fakten nicht etwa das Gewicht der Luft verantwortlich sein könnte. Wurde das ganze Problem erst einmal in diesem Zusammenhang gesehen, so konnte es durch die Experimente mit der Quecksilbersäule klar und eindeutig beanwortet werden. (Mit Quecksilberbarometern kann man beträchtlich leichter hantieren als mit 10 Meter hohen Wassersäulen.)

Der zweite Fall betrifft die Phlogiston- und Sauerstofftheorien der Verbrennung. Heute ist es üblich, über die Phlogistontheorie nur noch zu schmunzeln, und schon zu der Zeit, als sie vertreten wurde, konnte sie für einige Fakten, die der Sauerstofftheorie keine Schwierigkeiten bereiten, keine Erklärung bieten. Tatsächlich aber war sie damals eine sehr wirkungsvolle Theorie. Sie erklärte viele Fakten, die bis dahin keine Erklärung gefunden hatten und brachte ganz allgemein Ordnung in das Gebiet. Die Sauerstofftheorie brachte, wie wir heute wissen, noch bessere Ordnung. Jedoch zu der Zeit als Priestley und Lavoisier darüber stritten (Priestley hatte, obwohl er selbst den Sauerstoff entdeckte, die Phlogistontheorie gestützt), gab es tatsächlich auch viele Fakten, die gegen die Sauerstofftheorie sprachen. Aus Gründen der Logik hätte man jetzt fordern können, beide Theorien zu verwerfen. Indes dachte jeder der beiden Wissenschaftler, daß alles, was gegen die von ihm vertretene Theorie spreche, sich in Zukunft durch weitere Arbeiten aufklären ließe. Lavoisier hatte recht und Priestley unrecht. Der Punkt, auf den es in diesem Beispiel ankommt, ist folgender: Beide Männer waren äußerst fähige und kritische Denker. Jeder wählte für sich das Beweismaterial, auf das er seine Theorie stützte und weigerte sich, alles, was dagegen sprach, anzuerkennen.

Von einem anderen Gesichtspunkt aus gesehen verhielt sich natürlich keiner der beiden Männer in irgendeiner Form unlogisch. Jeder von ihnen dachte an ein einheitliches Bild, das sich in der Zukunft ergeben müßte, sobald mehr bekannt sein würde. Wahrscheinlich wäre kein Wissenschaftler mit einer Theorie vollkommen zufrieden, wenn er sich vorstellte, es werde auch immer Gegenbeweise dafür geben. Es ist aber eine ausschlaggebende Charakteristik des wissenschaftlichen Denkens, daß es sowohl Dinge, die noch geschehen werden oder möglicherweise geschehen könnten, ebenso wie solche, die schon geschehen sind, einbezieht. Darauf kommen wir noch in Kapitel 11 in unserer Diskussion über die statistischen Methoden zurück. Dort werden wir sehen, daß der Experimentator mit Hilfe dieser Methoden oftmals eine Gruppe von Ereignissen, die wirklich geschehen sind und beobachtet wurden, ins Auge faßt und sie als eine Stichprobe aus einer größeren Gruppe von Ereignissen betrachtet, die noch nicht eingetreten sind.

Beim Prüfen und Übermitteln von Ideen findet die formal-logische Analyse ihren Einsatzbereich. Die Denkprozesse produzieren, wie wir gesehen haben, mehr oder minder unvorhersehbar, nahezu zufällige Ideen. Viele überleben den Augenblick, in dem sie geboren wurden, nicht (sie sind weder plausibel noch reizvoll); andere halten sich etwas länger, weil sie mit anderen Gedanken, die den Denker während der Vorbereitungszeit beschäftigen, in Wechselwirkung stehen. Hier ist nun der Punkt, wo die logische Analyse ihren Beitrag leisten kann und muß. Kurz, ihre Funktion besteht darin, die Fehler auszuschalten und die verschiedenartigen Ideen, die das Denken hervorruft, zu ordnen.

Formale Logik, Schlüsse und systematische Induktion werden anscheinend nur dazu gebraucht, um die Fehler in der Argumentation des Gegners zu entdecken oder um Skeptiker von der Eindeutigkeit und Klarheit der eigenen Gedankenfolge zu überzeugen. Es ist gewiß auch einleuchtend, daß die Sätze „Alle Menschen sind sterblich", „Sokrates ist ein Mensch" – um das klassische Beispiel des Syllogismus zu nehmen, das jeder in der Schule lernte – im Denken nicht als zwei verschiedene Prozesse erscheinen. Ein Neu-

rologe, der „Hemanopie“ diagnostiziert, wird auch nicht zu sich selbst sagen: (1) das ist Hemanopie, (2) was verursacht Hemanopie? (3) Jede Hemanopie wird durch Verletzung des Sehnerven verursacht, (4) folglich haben wir es in diesem Fall mit der Verletzung des Sehnerven zu tun. Bestenfalls wird er so argumentieren, wenn er einen Skeptiker überzeugen möchte.
In ähnlicher Weise sind wissenschaftliche Verallgemeinerungen oder Gesetze meist nicht das Ergebnis eines langsamen Prozesses. Selten wird man dabei so vorgehen, daß man vorerst eine Vielzahl der Fälle sammelt und dann die Hypothese formuliert (wobei natürlich das Vertrauen in die Hypothese mit der Anzahl der Fälle zunimmt). Statt dessen wird die Folgerung häufig auf Grund ganz weniger Fälle formuliert, und die anderen Fälle werden im Hinblick auf diese Idee gesammelt, und zwar um die Idee zu prüfen und andere von ihrem Wert zu überzeugen. Wie wir bereits gehört haben, sind Mensch und Tier imstande, von einer Erfahrung auf eine andere zu generalisieren. Diese Generalisation kann durch weitere Erfahrungen gestützt oder auch widerlegt werden. Als einfaches experimentelles Beispiel sei wiederum der Pawlowsche Hund erwähnt, der von einem Ton auf andere Töne generalisierte, aber später nur noch auf einen hin gefüttert wurde. Das ist eine nette kleine Analogie zum Vorgehen eines Wissenschaftlers, der sich zu einer verlockenden Schlußfolgerung über ein Problem hinreißen läßt („ich bin neugierig, ob es dadurch verursacht sein könnte . . ?“), später aber findet, daß diese Idee durch weitere Beobachtungen nicht gestützt wird. Alles das besagt eigentlich, daß die Generalisation in der Wissenschaft nicht Induktion im strengen Sinn der Logik ist, doch muß sie Testen, die mit induktiven Methoden durchgeführt werden, standhalten.

Zusammenfassung

In diesem Kapitel behandelten wir das Problem des Bewußtseins, des absichtsvollen Verhaltens, der Sprache und des komplexen Problemlösens, also kurz gesagt: die höheren seelischen Prozesse. Allerdings wurden die meisten dieser Probleme schon wiederholt in den vorhergehenden Kapiteln berührt, doch hier haben wir sie vor allem unter dem Gesichtspunkt des menschlichen Denken betrachtet. Großer Raum wurde dem wissenschaftlichen Denken eingeräumt, und zwar nicht, weil es sich dabei um eine besondere

Kategorie des Denkens handelt, verschieden von dem Denken des Künstlers, des Geschäftsmannes oder Soldaten, sondern weil wir hier Problemlösen in ziemlich reiner Form antreffen und auch, weil darüber mehr Berichte zur Verfügung stehen.

Das Bewußtsein ist eine variable komplexe Aktivität der Vermittlungsprozesse. Seine Manifestationen im Verhalten reichen von totaler Unbeweglichkeit (aufmerksames Zuhören) bis zur höchsten Aktivität (ein Tennisspiel), von ziellosem Umherwandern („nur ein bißchen herumschauen") bis zu Organisationen, die sich über lange Zeitperioden erstrecken („Störe mich nicht, ich habe in der nächsten Woche eine Prüfung"). Es ist keine Alles- oder Nichts-Bedingung. Ein Schlag auf den Kopf kann zum Beispiel einige der Merkmale, die normalerweise Bewußtsein kennzeichnen, stark abschwächen oder gänzlich auslöschen, andere hingegen kaum beeinträchtigen. Jeder Versuch einer klaren Unterscheidung zwischen bewußtem und unbewußtem Verhalten des Menschen oder zwischen Tieren, die des Bewußtseins fähig sind und solchen, die es nicht sind, ist unmöglich.

Einsicht und Absicht sind wichtige Merkmale des Bewußtseins in Problemlöse-Situationen. Das Auftreten von Einsicht ist vom Verhalten aus ziemlich leicht zu identifizieren, wenn es zuerst zu einem Fehler und dann erst plötzlich zum Erfolg kommt. Einsicht muß aber auch dann mitwirken, wenn sich die Lösung sofort oder nur über kleinere Stufen ohne merkliche Zäsur im Verhalten ergibt. Damit steht Absicht in engem Zusammenhang. Sie umfaßt die Erwartung, das Ziel zu erreichen und auch die dazwischenliegenden Handlungen, die dazu beitragen. Das Verhalten wird auf jeder Stufe gemeinsam von der Erwartung und der Wahrnehmung des gegenwärtigen Standes der Dinge bestimmt. Es ändert sich mit jeder Änderung der Situation in der Weise, daß es immer wieder zum Endziel hinführt.

Das Kriterium: absichtsvolles Verhalten erlaubt, zwischen der reflexiven Kommunikation der sozialen Insekten und der absichtsvollen Kommunikation höherer Tiere zu unterscheiden; diese ist eine Handlung, die unternommen wird, um das Verhalten eines anderen zu beeinflussen (reflexive Kommunikation kann auch bei höheren Tieren und bei Menschen beobachtet werden: Wutgebrüll, Angstgeschrei usw.) Noch komplexer ist die Sprache. Sie ist im wesentlichen die absichtsvolle Kombination und Neukombination von zwei oder mehr Kommunikationsakten (Symbolen): Wörter, Gesten, Zeichen auf einem Papier usw. Wir können also drei Klassen von Kommunikation unterscheiden: reflexive Handlungen, die andere beeinflussen, einfache absichtsvolle Kommunikation und Sprache.

Der Untersuchung des menschlichen Problemlösens im Labor sind praktische Grenzen gesetzt, doch können sie durch Berichte über wissenschaftliches Denken ergänzt werden. Die Untersuchungen im Labor haben u. a. ergeben, daß Denken kein innerliches Sprechen ist und daß ein großer Teil unserer Denkprozesse unbewußt abläuft. Da sie dem Subjekt nicht bekannt sind, kann es auch nichts darüber berichten. Einen großen Teil dieser Prozesse machen Einstellungen aus. Darunter fallen auch Annahmen, die das Subjekt schon mitbringt, wenn es an ein Problem herangeht, und solche, die es während der ersten Untersuchung des Gegenstandes erarbeitet. Diese festen Einstellungen haben Vor- und Nachteile. Ein Großteil der Schwierigkeiten des wissenschaftlichen Problemlösens besteht im rechtzeitigen Erkennen der Notwendigkeit, eine Annahme zu ändern. Im Nachhinein, wenn die Änderung vorgenommen ist, kann ein Problem sehr einfach aussehen.

Es gibt zwei Arten wissenschaftlichen Denkens: die Entdeckung oder Erfindung und das Testen der Ideen. Das erste Geschehen ist nicht primär ein logischer Prozeß. Neue Ideen tauchen zufällig auf, viele davon sind bizarr und unbrauchbar. Sie müssen durch die zweite Denkweise, durch systematisches Testen, entweder im Labor oder in Gedanken ausgesondert werden. Die zweite Weise ist logisch und folgerichtig in ihren Operationen. Die formal-logische Analyse scheint aber nur verwendet zu werden, wenn es um Kommunikation und Begründung oder Widerlegung eines Gedankens geht.

11. Statistisches Denken

Alles wissenschaftliche Messen ist gewissen Fehlern unterworfen. Deshalb ist es von außerordentlicher Wichtigkeit, daß wir in der Lage sind, das mögliche Ausmaß dieser Fehler abzuschätzen. Wollen wir auf Grund früherer Erfahrung ein Ereignis voraussagen oder von einer begrenzten Anzahl von Beobachtungen auf eine ganze Klasse von Phänomenen schließen, so können wir das niemals mit Sicherheit, sondern immer nur mit einer gewissen Wahrscheinlichkeit tun. Zur Abschätzung dieser Wahrscheinlichkeit dient uns die Statistik, und darin liegt ihre besondere Rolle begründet, die sie innerhalb der Wissenschaft einnimmt.

Der Unterschied zwischen biologischen und physikalischen Wissenschaften wird vielfach darin gesehen, daß die einen exakt und die anderen inexakt seien; tatsächlich handelt es sich hier aber nur um einen graduellen Unterschied. Der Grad der Genauigkeit, der in einer Wissenschaft erreicht werden kann, steht in enger Beziehung zur Anzahl der Variablen, die gleichzeitig in Betracht gezogen werden müssen, und zum Ausmaß, in dem sie kontrolliert werden können. Aus diesen Gründen wird in den biologischen Wissenschaften allgemein mit einem größeren Fehler gerechnet werden müssen als in den physikalischen. Daß dem aber nicht immer so sein muß, wird an den Schwierigkeiten der meteorologischen Vorhersage ersichtlich – oder daran, daß Ingenieure es häufig für notwendig erachten, mit Sicherheitsfaktoren bis zu 300 Prozent zu arbeiten.

Ob es sich nun um einen großen oder kleinen Fehler handelt die statistischen Prinzipien, die bei Behandlung von Meßfehlern, Voraussagen und Verallgemeinerungen zur Anwendung kommen, sind die gleichen. Statistik ist keine neue Methode, Verwirrung zu stiften, wo ansonsten Klarheit herrschen würde, noch ein Ersatz für klare Antworten; jedoch ist sie ein Mittel, um übereilte Schlußfolgerungen zu überprüfen, und den Fehler, dem ein Schluß unterworfen ist, abzuschätzen.

Die statistischen Methoden sind heute mathematisch hoch entwickelt und werden dem Studenten auch meistens in mathematischer Sprache dargeboten. Statistik ist jedoch keine Formelsammlung, sondern eine Denkweise, die oftmals weder Formeln noch Berechnungen verlangt. Die Statistik erfüllt vor allem 2 Funktionen: (1) die Beschreibung empirischer Daten; erst dadurch wird es uns möglich, eine große Anzahl von Daten gleichzeitig zu überblicken. Weiter (2) gibt sie uns Regeln dafür, wie wir von einer begrenzten Anzahl von Beobachtungen auf eine größere Gesamtheit schließen können. Manchmal wird nun gesagt, Wissenschaft interessiere sich nicht für einmalige Ereignisse. Das stimmt sicherlich nicht! Angenommen, die Sonne würde sich einmal für nur 30 Sekunden grün verfärben. Sie können sich selbst ausmalen, ob das die Astronomen interessieren würde oder nicht. Richtig ist es allerdings – Wissenschaftler beschäftigen sich in hartnäckiger Weise mit Klassen von Geschehnissen, mit den Regelmäßigkeiten in wiederholten Beobachtungen. Einmalige Ereignisse sind deshalb von Interesse, weil sie die Existenz einer Klasse möglicher Ereignisse implizieren.

Der Wissenschaftler verallgemeinert dauernd von „Gesehenem" zum „Nicht-Gesehenem"; immer nämlich, wenn er aus einem Experiment Folgerungen zieht, so betreffen diese nicht *nur* Gegenstände und Ereignisse, die Teil dieses Experiments waren. Beobachtet er zum Beispiel, daß 43 Küken, die mit einer besonderen Droge gefüttert werden, schneller wachsen als 43 Küken, welche die gleiche Droge nicht bekommen haben, so wird er zunächst einfach das Faktum berichten, dann aber daraus die Folgerung ziehen, daß alle Küken unter dieser besonderen Bedingung schneller wachsen (wie wir in Kürze sehen werden, würde er sagen: „Der Unterschied zwischen den Mittelwerten ist *signifikant.*"). Diese Feststellung unterscheidet zwischen der Behauptung, daß die beiden Gruppen von Küken eine unterschiedliche Wachstumsrate haben – das ist ein Faktum, über das es keine Argumente geben kann – und der Schlußfolgerung über das Wachstum aller Küken unter der bestimmten Bedingung. Wenn ich die Rate, mit der eine Laboratoriumsratte lernt, messe, so interessiere ich mich auch nur im seltensten Fall für diese eine individuelle Ratte, schon weit eher für Ratten im allgemeinen, vielleicht aber dafür, wie Säuge- oder gar Wirbeltiere lernen.

Der Schluß vom Besonderen aufs Allgemeine ist genausowenig wie die andere Funktion der Statistik, die der Beschreibung, ein Vorrecht der Wissenschaft, sondern ein allgemeiner Zug des menschlichen Denkens. In diesem Buch wird uns daher folgerichtig statistisches Denken in zweifacher Weise interessieren: einmal wollen wir aufzeigen, wie es verfeinert und besser kontrolliert werden kann, zum anderen aber wollen wir es als einen Zug des menschlichen Denkens ins Auge fassen, der selbst schon von großem psychologischen Interesse ist und uns einiges über das „menschliche Denken" wird lehren können.

Übrigens hat jeder von uns Erfahrung im statistischen Denken. Wenn zum Beispiel jemand feststellt, daß Männer größer sind als Frauen, und diese Behauptung nicht auf eine ihm persönlich bekannte Gruppe von Personen beschränkt, so hat er einen statistischen Schluß gezogen. Jeder Durchschnitt, den sie jemals errechnet haben, war eine statistische Beschreibung. Hat jemand auch ohne lange Berechnungen festgestellt, daß die Tage im Juli wärmer sind als im Juni, und dann noch vorausgesagt, im August wird es noch wärmer sein, so hat er (1) eine statistische Zusammenfassung seiner eigenen Erfahrung vorgenommen und ist (2) zu einer Verallgemeinerung fortgeschritten, die eine Vorhersage für kommende Jahre impliziert.

Statistik ohne Berechnungen

Wir haben nicht die Absicht, in diesem Kapitel eine „Statistik ohne Tränen" vorzuführen; doch wahrscheinlich fordert unsere Darstellung weniger Tränen, als normalerweise beim Studium der Statistik vergossen werden. Ein großer Teil der Analyse kann nämlich allein schon dadurch geleistet werden, daß man die Daten ordnet und gruppiert (besonders mit Hilfe graphischer Darstellungen). Wir wollen hier zeigen, wie man statistisch denkt. Möglicherweise wird der Leser, sollte er später komplizierte mechanische Berechnungen durchführen (die manchmal nur ein Ersatz für tatsächliches Verstehen sind), dann dabei erfolgreicher sein.

Zuerst müssen wir nun zwei wichtige Begriffe klären. Der Wissenschaftler arbeitet mit einer *Stichprobe,* von der er auf die *Grundgesamtheit* oder *Population* schließt. Die Stichprobe ist nur ein kleiner Teil der Fälle, die die Grundgesamtheit (Population) ausmachen, über die man etwas aussagen möchte. Es sind die Fakten oder Beobachtungen, also die empirischen Daten, die einem zur Verfügung stehen. Daß deren Anzahl immer nur begrenzt sein kann, ist offensichtlich. Bei der Population handelt es sich nicht immer um eine Gesamtheit von Menschen oder Tieren, sondern vielfach um Population von Ereignissen oder Eigenschaften von Ereignissen oder Gegenständen, also einfach um die Gesamtheit einer bestimmten Klasse von Merkmalen. In einer empirischen Wissenschaft ist diese Population charakteristischerweise hypothetischer Natur und unendlich groß. Die Stichprobe ist lediglich die Anzahl von Merkmalen, die tatsächlich beobachtet wurden; die Grundgesamtheit hingegen schließt alle jene Fälle dieser Merkmalsklasse ein, die jemals in der Vergangenheit oder in der Zukunft hätten beobachtet werden können.

Zur Illustration: Ein Astrophysiker, der Sternschnuppen erforscht, möchte gern wissen, woraus diese bestehen. Er schafft es schließlich, 50 Meteoriten zu finden, und kann nun deren Zusammensetzung bestimmen. Das ist seine Stichprobe. Die Grundgesamtheit, an der er interessiert ist, schließt alle Meteoriten ein, die noch fallen werden sowie alle schon gefallenen, die er aber nicht fand. Ja, er kann sogar noch weitergehen, indem er auf Körper schließt, die andere Planeten getroffen haben und noch treffen werden. Damit geht er weit über seine Fakten hinaus, bleibt aber mit seinen Folgerungen immer noch im Rahmen des Legitimen.

Oder: Ein Psychologe züchtet Ratten im Hinblick auf ihre Lernfähigkeit. Er kreuzt gute Lerner mit guten und schlechte Lerner mit schlechten. Er führt dieses Experiment über mehrere Generationen fort und findet, daß die Tiere vom Stamm der guten Lerner immer wieder besser lernen als die Nachkommen der schlechten Lerner. Nehmen wir nun an, er habe je 20 Tiere der sechsten Generation beider Gruppen getestet und sei dabei zu diesem Ergebnis gekommen: Die beiden Gruppen von je 20 Tieren sind die Stichproben aus zwei unendlich großen Populationen von Ratten, deren Erbanlagen in bestimmter Weise bedingt sind. Möglicherweise hat noch nie jemand vor ihm Ratten im Hinblick auf das gleiche Merkmal gezüchtet. Das braucht ihn jedoch nicht von dem Schluß abzuhalten, daß sich bei allen zukünftigen Stichproben, die auf die gleiche Weise zustande kommen, dieselben Unterschiede ergeben werden, die er gefunden hat. Das heißt also, er zieht aus einem begrenzten Experiment Schlüsse auf die Lernfähigkeit zweier unendlich großer hypothetischer Populationen von Ratten, die möglicherweise in Zukunft in gleicher Weise gezüchtet werden. Dabei wäre natürlich niemand wirklich an der Labyrinthlernfähigkeit dieser beiden Gruppen von Ratten interessiert, hätte ein solches Experiment nicht Implikationen für eine größere, allgemeinere Frage. In unserem Fall ist diese größere Frage die nach der Beziehung von Vererbung und Intelligenz oder Lernfähigkeit der Ratten oder noch allgemeiner: der Säugetiere den Menschen eingeschlossen. Zieht man aus einem Experiment so allgemeine Folgerungen über die hypothetische Grundgesamtheit, so sind diese sicherlich einem bestimmten Fehler unterworfen. Wir müssen jedoch verallgemeinern, wollen wir zu einer sinnvollen Aussage kommen, und hier helfen uns die Methoden der Statistik, diesen Fehler abzuschätzen.

Der erste Schritt, den wir tun müssen, ist die Beschreibung unserer Stichprobe. Betrachten wir zum Beispiel die Fehlerwerte, die von 31 Ratten an einem einfachen Labyrinthproblem erreicht wurden: 27 9 13 32 23 16 18 21 15 24 23 19 19 4 29 22 33 7 30 17 26 17 10 22 16 17 36 27 22 12 26. Jede einzelne Zahl gibt die Anzahl der Fehler an, die von einer Ratte gemacht wurden. Die Eigenschaften unserer Stichprobe werden etwas deutlicher und leichter überschaubar, wenn wir das Ganze in folgender Form neu ordnen: 4 7 9 10 12 13 15 16 16 17 17 17 18 19 19 21 22 22 22 23 23 24 26 26 27 27 29 30 32 33 36. Der höchste und der niedrigste Wert und die *Rangweite* unserer Stichprobe sind hier auf den ersten Blick feststellbar. Auch

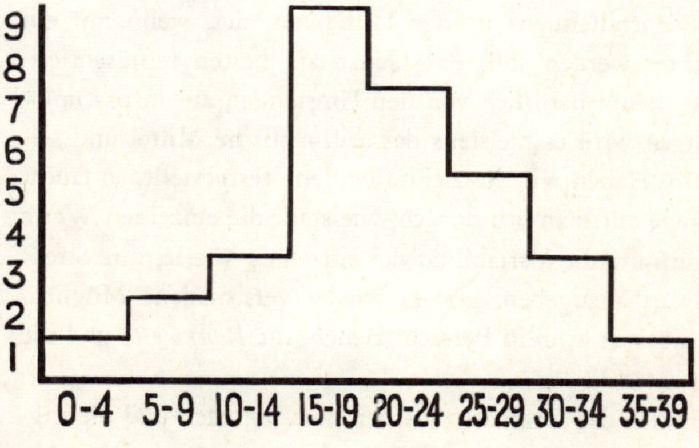

Intervall	Häufigkeit
0—4	1
5—9	2
10—14	3
15—19	9
20—24	7
25—29	5
30—34	3
35—39	1

Abbildung 71. Histogramm, die Fehler darstellend, die von 31 Ratten im Labyrinthtest gemacht wurden. (Tabelle 2). Eine Ratte hat zwischen 0 und 4 Fehlern gemacht, zwei Ratten zwischen 5—9 usw.

Häufigkeitsverteilung der Fehlerwerte von 31 Ratten im Labyrinthtest.

kann jetzt der Medianwert leicht gefunden werden; man braucht lediglich von einem Ende bis zur Mitte zu zählen. (Hätten wir eine gerade Zahl von Meßwerten, so läge der Median zwischen den beiden mittleren Werten). Fassen wir die Werte zu Gruppen zusammen, wird deren Verteilung noch klarer, wie es in Abbildung 71 dargestellt ist.

Durch diesen Schritt haben wir allerdings einige Details eingebüßt. Jetzt können wir den niedrigsten Wert nicht mehr eindeutig feststellen, sondern wissen nur, daß er irgendwo zwischen 0 und 4 liegt, wohingegen bei den Rohwerten 4 als niedrigster Wert feststand. Dafür können wir jetzt deutlich eine Häufung der Werte um die Mitte herum erkennen – die Verteilung ist ungefähr symmetrisch – und sind weiter in der Lage, die Mitte direkt abzuschätzen. Das arithmetische Mittel, um das es sich hier handelt, ist das, was man üblicherweise als den Durchschnitt bezeichnet, also die Summe aller Werte dividiert durch ihre Anzahl. (Rein technisch gibt es mehrere Durchschnittsmaße, von denen das arithmetische Mittel nur eines ist.) Wenn wir unsere Verteilung anschauen, so finden wir, die Mitte liegt etwas über der Trennlinie zwischen den Gruppen 15–19 und 20–24, also etwas über 19,5. (Errechnen wir das Mittel auf Grund der Rohwerte, so finden wir dafür den Wert 20,4).

Bei der Beschreibung einer Stichprobe, einer Verteilung, interessieren uns vor allem zwei Werte: die *Zentraltendenz* und die *Streuung* oder *Variabilität* der Werte. Die Zentraltendenz ist der Mittelwert, der, wenn nur ein einziger Wert berichtet werden soll, das Ganze am besten repräsentiert. Was „am besten" ist, hängt natürlich von den Umständen ab; in psychologischen Untersuchungen wird es meistens das arithmetische Mittel und seltener der Median sein. Haben wir die Zentraltendenz festgestellt, so taucht sofort die nächste Frage auf, nämlich danach, wie stark die einzelnen Werte davon abweichen. Auch um die Variabilität der einzelnen Werte, ihre Streuung um den Mittelwert anzugeben, gibt es wieder verschiedene Möglichkeiten. Wir wollen hier nur zwei in Betracht ziehen, die *Rangweite* und die *Standardabweichung*.

Die Rangweite ist einfach das Intervall zwischen dem höchsten und niedrigsten Wert einer Verteilung. In manchen Fällen wird allein durch seine Angabe die Variabilität in einer Verteilung ausreichend beschrieben sein. In einem Experiment, in dem die Intelligenz von Hunden und Ratten verglichen werden sollte, erreichten die Ratten in einem Test mit dem Höchstwert 27 Werte von 5 bis 20, und die Hunde kamen auf 24 bis 27. Für den Zweck, der mit diesem Experiment verfolgt wurde, war keine weitere Analyse mehr nötig: die Überlegenheit der Hunde war offensichtlich.

Die Rangweite ist aber deshalb kein wirklich zufriedenstellendes Maß der Streuung, weil sie ausschließlich von den zwei extremsten Werten bestimmt wird und nichts über die weniger extremen aussagt. In dem Experiment, von dem wir eben berichteten, könnte zum Beispiel ein sehr dummer Hund einen Wert von nur 12 erreicht haben. In diesem Falle wäre die Rangweite der Hunde 12 bis 27, und wir könnten daraus nicht ersehen, daß die Werte fast aller Hunde über 20 liegen. Ein stabileres Maß der Streuung – es kann weniger leicht von einzelnen Werten verzerrt werden – ist die Standardabweichung (SD). Um die SD zu finden, muß man allerdings ein bißchen rechnen(sie ist die Quadratwurzel des Durchschnitts der quadrierten Abweichungen vom Mittelwert). Wir brauchen hier, wo uns vor allem daran liegt, ihre Verwendung zu verstehen, nicht auf die Berechnungen einzugehen. Sie wird allgemein gemeinsam mit dem, was die Mathematiker eine Normalverteilung nennen, verwendet. Diese Art der *Häufigkeitsverteilung* läßt sich als fast symmetrische, glockenförmige Verteilungskurve (Abb. 72) darstellen.

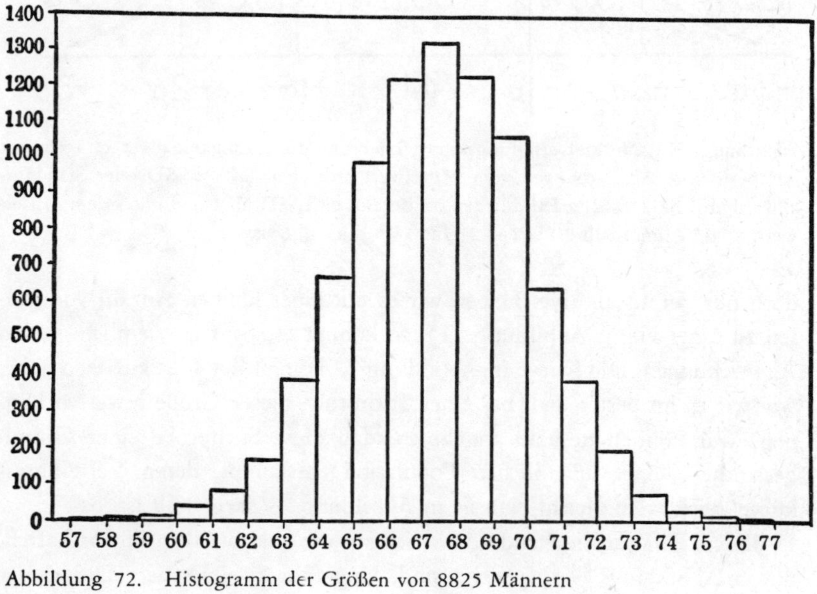

Abbildung 72. Histogramm der Größen von 8825 Männern

Mit der Zunahme der Fälle wird diese Kurve mehr und mehr der glatten, vollkommen symmetrischen von Abbildung 73 ähnlich. In Wirklichkeit tritt diese vollkommen glatte und symmetrische Verteilungskurve nur bei einer unendlich großen Population auf, ist also eine Art Idealfall. Immer aber, wenn wir es mit einer endlichen Anzahl von Fällen zu tun haben, mag diese auch sehr groß sein (wie in Abbildung 72), nähert sich diese Kurve

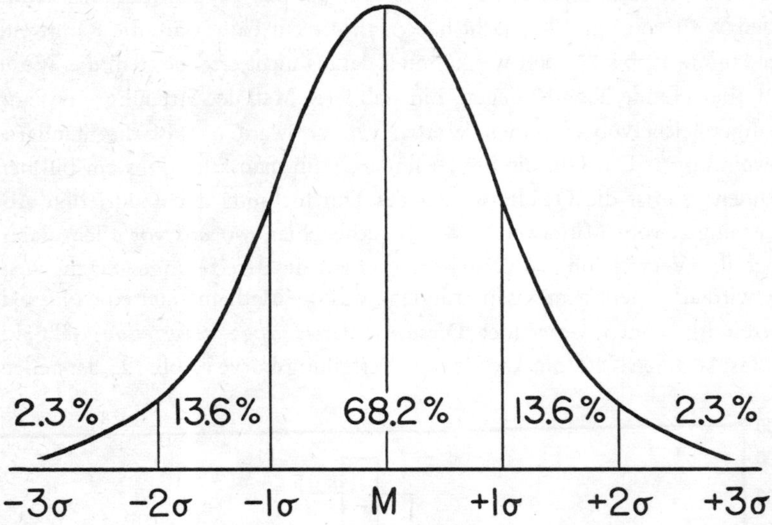

Abbildung 73. Normalverteilungskurve. Hier sind die Häufigkeiten eingetragen, mit der bestimmte Abweichungen vom Mittelwert auftreten. *„d"* = SD oder Standardabweichung. 68,2 % aller Fälle liegen im Bereich einer SD über und unter dem Mittelwert. 95,4 % innerhalb 2 SD (68,2 plus 13,6 plus 13,6 usw.).

doch nur der Idealkurve. Haben wir es mit einer kleinen Anzahl von Fällen zu tun (wie in Abbildung 71), so kommt es sogar zu ziemlich großen Abweichungen. Die Kurve in Abbildung 72 kommt der Idealkurve so nahe, wie wir es im besten Fall bei einer Stichprobe dieser Größe erwarten können. Wir können deshalb annehmen, daß diese Stichprobe einer Grundgesamtheit, einer unendlichen Population entstammt, deren Verteilungskurve der idealen gleicht, wie sie in Abbildung 73 dargestellt ist.

In diesem Fall hat die Standardabweichung die quantitativen Eigenschaften, die in Abbildung 73 aufgezeigt sind. Ungefähr zwei Drittel (68 %) der

Fälle liegen im Bereich einer Standardabweichung vom Mittelwert. Ein Sechstel ist mehr als eine SD unter dem Mittelwert. Ungefähr 2 3 % liegen zwei Standardabweichungen über (oder unter) und 0,1 % mehr als drei Standardabweichungen über dem Mittelwert.

Betrachten wir zum Beispiel die Intelligenzquotienten von Erwachsenen, gemessen mit einem bestimmten Intelligenztest, der einen Mittelwert von 100 (das sollte auch der Wert eines mittleren IQ sein) und eine SD von 15 hat (auch das entspricht ungefähr den Werten, die wir bei den gebräuchlichen Tests finden.) Gelten diese Werte für die Bevölkerung eines Bereichs, so wissen wir ohne zusätzliche Information, daß ein Sechstel der Bevölkerung einen IQ von mehr als 115 hat und ein Mann mit einem IQ von 135 zu den 2 Prozent der Intelligentesten gehört. Hat eine Untersuchung ergeben, daß nur Studenten mit einem IQ von mehr als 115 auf der Universität ausreichende Leistungen erbringen (115 ist der Wert, der heute allgemein als die untere Grenze gilt; doch ist die Festlegung einer Grenze wohl etwas künstlich), so heißt das, nur 1/6 der Bevölkerung würde nach dem heutigen Stand der Dinge ein Universitätsstudium schaffen. Ein IQ von 70 wird heute allgemein als die untere Grenze dafür angenommen, daß jemand in der Lage ist, die Kontrolle über sein Leben selbst zu übernehmen.

Da auch aus Intelligenztests gewonnene Werte Fehlern unterworfen sind, dürfte in einem individuellen Fall ein Test niemals die alleinige Grundlage für die Beurteilung sein. Den statistischen Überlegungen folgend, müssen wir allerdings sagen: die Grenze IQ 70 bedeutet, daß ungefähr 2,3 Prozent der Bevölkerung schwachsinnig sind.

Lassen Sie uns nun diese Schlußfolgerung von der Stichprobe auf die Grundgesamtheit etwas genauer betrachten. Nehmen wir an, wir möchten gern wissen, wie groß der durchschnittliche männliche Universitätsstudent ist. Nachdem es uns gelungen ist, 20 dieser raren Geschöpfe zu finden, haben wir sie gemessen und festgestellt: die Durchschnittsgröße beträgt 177,2 cm. Ist das nun der Wert, den wir suchen? Weil wir wissen, daß nicht alle Menschen gleich groß sind, haben wir ohnehin nicht nur zwei oder drei, sondern 20 gemessen. Ist aber eine Stichprobe von 20 groß genug? Wir haben nun weitere 20 Studenten gesucht und jetzt einen Mittelwert von 178,4 cm bekommen; drei weitere Gruppen von je 20 haben uns Mittelwerte von 178,– 171,9, 181,8 cm geliefert. Nehmen wir den Durchschnitt von allen fünf Gruppen, so ergibt das einen Mittelwert von

177,5 cm (Stichprobengröße ist jetzt 100). Eine andere Gruppe von 100 Studenten würde wieder einen anderen Mittelwert haben, und eine weitere wieder einen anderen. Je größer die Stichproben werden, desto weniger variieren die Mittelwerte; restlos würde die Variabilität allerdings nie aufgehoben werden. Um zu einer endgültigen Antwort zu kommen, müssen wir einen anderen Weg einschlagen.

Als erstes versuchen wir eine eben noch praktikable Stichprobe auszuwählen. Der Mittelwert, den diese Stichprobe ergibt, ist die beste Schätzung des Mittelwertes der Grundgesamtheit, die uns zur Verfügung steht. In dem eben erwähnten Beispiel wäre die beste Schätzung der Durchschnittsgröße von Universitätsstudenten daher 177,5 cm. Als nächstes bestimmen wir die Streuung der Werte in unserer Stichprobe und schätzen, davon ausgehend, die Streuung in der Grundgesamtheit.

Wir müssen uns nun natürlich fragen, wie weit wir danebengeschätzt haben. Könnte der tatsächliche Wert unter 176,5 liegen? Wir haben eine Stichprobe von 100 Körpergrößen mit einem Mittel von 177,5. Wäre es da möglich, daß diese Stichprobe zufällig einer Grundgesamtheit entnommen ist, deren M auch 177,5 ist? Es stehen uns mathematische Möglichkeiten zur Verfügung, um zu bestimmen, wie wahrscheinlich das ist, wie oft das möglich wäre. Nehmen wir nun an, es wäre in unserem Fall 1 in 25. Die Wahrscheinlichkeit, daß der wirkliche Wert bei 176,5 oder darunter liegt, ist nur 1 in 25 oder 4 %. Wir können also mit Begründung sagen, daß der Wert über 176,5 liegt. Wird der wirkliche Wert, das Mittel der Grundgesamtheit nun 176,7 sein, wenn es schon nicht 176,5 ist? Wir können auch dafür wieder die Wahrscheinlichkeit errechnen. Wir können auch jetzt wieder das Ausmaß des Fehlers unserer Schätzung ermitteln; wir können jedoch nie sagen, welches der richtige Wert ist. Wir können immer nur die Wahrscheinlichkeit, mit der er von unserer Schätzung abweicht, angeben, oder die Wahrscheinlichkeit, mit der er zwischen zwei Grenzen liegt, abschätzen. Bei diesen fiktiven Daten könnten wir zum Beispiel sagen, der wahre Wert (also das Mittel der Grundgesamtheit) liegt mit 50 % Wahrscheinlichkeit zwischen 177,– und 178,– und mit 90-prozentiger Wahrscheinlichkeit zwischen 176,7 und 178,3 usw.

Wenn Fragen dieser Art für wissenschaftliche Zwecke gestellt werden, ist es üblich, sich besonders an zwei Wahrscheinlichkeitsniveaus zu halten: 5 % und 1 % Niveau. Für unser Beispiel könnten wir daher sagen, 176,5 unterscheide sich signifikant auf dem 5 % Niveau von dem Mittelwert, den wir tatsächlich gefunden haben. Mit anderen Worten: dem Unterschied zwischen diesen beiden Werten muß eine gewisse Bedeutung zugemessen werden; denn rein zufällig würde er nur in 5 % aller Fälle gefunden werden. (Wir möchten nochmals darauf hinweisen, daß bei diesem Signifikanzniveau ein so großer Unterschied zwischen unserer Schätzung und dem wirklichen Wert nur einmal in zwanzig Fällen rein zufällig vorkommt.) Wird ein größerer Grad von Sicherheit für unsere Aussage gefordert, so wird das 1 % Niveau angenommen. In diesem Fall haben wir nur noch einmal in Hundert die Gelegenheit, uns zu irren. Üblicherweise sagt man, ein Ergebnis ist signifikant, wenn die Wahrscheinlichkeit, daß das Ergebnis durch den Zufall bedingt sein kann, wenigstens 19 zu 1 ist; hochsignifikant ist es, wenn die Wahrscheinlichkeit dafür 99 zu 1 steht. Umgekehrt könnte man das auch so ausdrücken: der Unterschied ist auf dem 5 % Niveau oder auf dem 1 % Niveau signifikant.

Zusammenfassend: Niemals können wir den wahren Wert des Mittels der Grundgesamtheit angeben, dem unsere Stichprobe entstammt. Doch wir können, wenn wir die geeigneten Berechnungen anstellen, die Wahrscheinlichkeit bestimmen, mit der er um mehr als eine bestimmte Größe von unserer Schätzung abweicht. Außerdem sind wir in der Lage, die Grenzen anzugeben, innerhalb derer der wahre Wert mit einer Wahrscheinlichkeit von 20 zu 1, 100 zu 1 oder, wenn wir wollen, 1000 zu 1 liegen muß.

Niemand kann mehr erreichen. Durch Verbesserung der Meßmethoden oder durch größere Stichproben kann der wahrscheinliche Fehler wohl verringert werden, doch niemand kann ihn gänzlich ausschalten. Was man erreicht, ist eine Verkleinerung des Unsicherheitsintervalls, innerhalb dessen der wahre Wert liegt. Eine Verkleinerung bis auf 0 gibt es jedoch nicht.

Die Statistik verlangt von jedem, der sich mit ihr beschäftigt, über Durchschnittswerte und alles, was dazu in Beziehung steht, in einer neuen Weise zu denken.

Wir reden von der Durchschnittsgröße des Menschen und bilden uns ein, wir könnten wenigstens diesen Wert genau bestimmen. Ein anderer Wert, über den wir Bescheid zu wissen glauben, ist das Durchschnittseinkommen einer Familie. Das sind doch die Zahlen, die uns das statistische Amt mitteilt. Mag es schon unpraktisch sein, könnte jemand sagen, die Durchschnittsgröße für alle Menschen genau zu bestimmen – gibt es doch Gegenden, die so ziemlich aus aller Welt liegen –, so müßten wir doch in der Lage sein, die Durchschnittsgröße des Deutschen oder des Amerikaners zu ermitteln. Aber auch bei einem solchen Unternehmen ist, wie wir in Kürze sehen werden, das Verlangen nach vollkommener Genauigkeit phantastisch. Die neue Art des Denkens, die die wissenschaftlich eingesetzte Statistik verlangt, ist, obwohl grundsätzlich einfach, anfangs doch nicht leicht zu übernehmen, und es ist daher kaum zu hoffen, daß die vorangegangenen Seiten schon ausreichten, diesen neuen Gesichtspunkt wirklich verständlich zu machen. Es ist nun unsere Absicht, die ganze Sache neu zu formulieren und an extremen Beispielen zu erläutern.

Warum also ist es phantastisch, ja vollkommen utopisch, nach der genauen Größe des Durchschnittsdeutschen zu fragen? Zuerst einmal deshalb, weil jede Messung, wie wir schon wissen, einen wahrscheinlichen Fehler hat, aber auch, weil jede biologische Population nicht statisch und gleichbleibend, sondern Veränderungen unterworfen ist. Viele deutsche Männer sterben täglich, viele überschreiten täglich das 21. Lebensjahr und kommen somit zur Gesamtheit der Erwachsenen hinzu. Wollten wir wirklich die Größe aller deutschen Männer ermitteln, so müßten wir daher einen Zeitpunkt festlegen, sagen wir 12 Uhr mittags am 1. April des nächsten Jahres, und dann nahezu in einem Moment mit Millionen von Helfern (Helferinnen) alle deutschen Männer, wo sie auch sein mögen, in Flugzeugen, Schiffen oder Krankenbetten, messen.

Nehmen wir einmal an, wir hätten wirklich mit diesem unwahrscheinlichen Unternehmen Erfolg, so würden wir uns der Tatsache gegenübersehen, daß dieser Mittelwert am 2. April, also wahrscheinlich noch bevor wir ihn überhaupt errechnet haben, schon wieder überholt ist. Das Ergebnis unserer mühevollen Arbeit ist dann also bestenfalls eine Angabe über die Bevölkerung zu einem bestimmten Zeitpunkt in der Vergangenheit, und sie stimmt weder für die Gegenwart noch für die Zukunft. Haben wir die Absicht, unsere Daten auch auf die Gegenwart anzuwenden, so müssen wir schon wieder eine Schätzung vornehmen. Wir dürfen die Zahlen, die Volkszählungen liefern, welche Aspekte sie auch immer betreffen mögen, nicht als absolute Werte, sondern lediglich als Schätzungen ansehen – zugegebenermaßen von sehr großen Stichproben stammend und damit korrespondierend mit sehr kleiner Abweichung vom „wahren Wert" – doch eben als

Schätzungen, die Fehlern unterworfen sind. Meistens werden wir daher besser von vornherein diese Tatsache anerkennen und die Methode der Stichproben verwenden, aus der wir unsere Folgerungen zu ziehen haben. Zunächst ein anderes unwahrscheinliches Beispiel, das vielleicht helfen kann, die Logik dieser Überlegungen zu verstehen. Ein Forscher dringt in

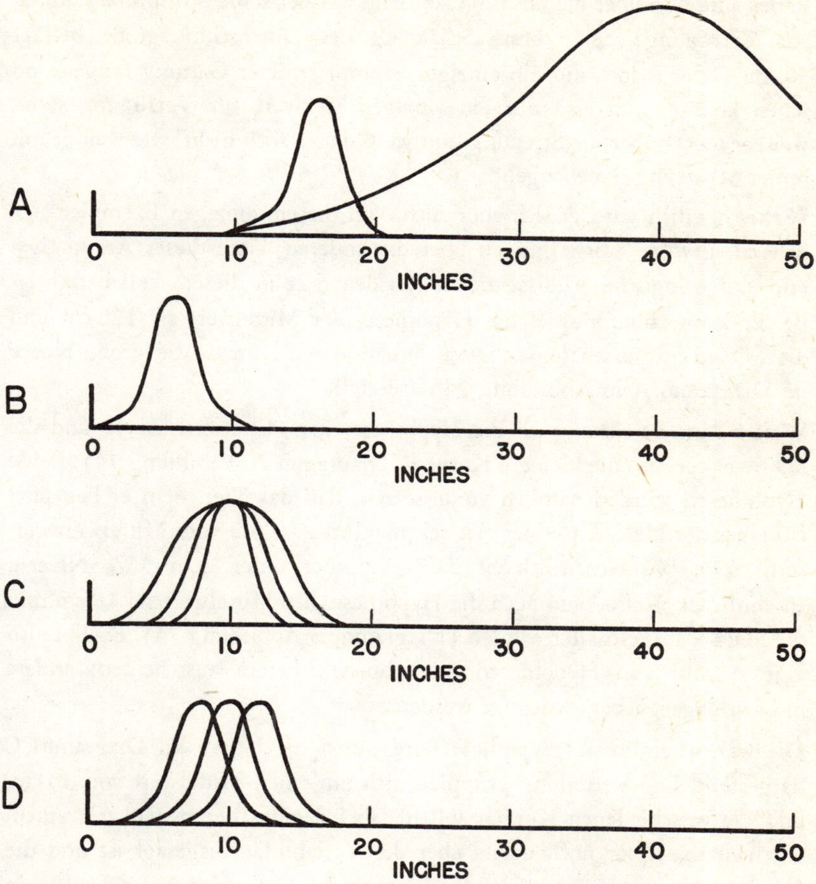

Abbildung 74. Hier werden die möglichen Hypothesen über die Größe einer neuen kleinen Elefantenart angeführt. Die Stichprobengröße ist 1. die Größe des Tieres 30 cm. Diagramm A repräsentiert zwei Hypothesen: (1) der Mittelwert für die neue Art ist 120 cm, SD 36 cm (die große Kurve rechts); und (2) der Mittelwert ist 45 cm, SD 6a (kleinere Kurve). B: Mittelwert 18 cm, SD 4,5 cm usw. Siehe Text.

die Berge Mexikos vor, und zwar in eine Gegend, die vor ihm noch kein anderer betreten hatte. Dabei entdeckt und fängt er schließlich einen Elefanten, ein Einzelexemplar mit einer Schulterhöhe von nur 30 cm. Er hatte kein anderes Tier derselben Gattung gesehen, noch waren ihm irgendwelche Berichte darüber zu Ohren gekommen. Welche Informationen stehen ihm nun über die Grundgesamtheit, aus der seine Stichprobe stammt, zur Verfügung? Seine beste Schätzung der Durchschnittsgröße beträgt 30 cm. Da er jedoch nur ein einziges Exemplar dieser Gattung fangen und sehen konnte, ihm also nur ein einziger Meßwert zur Verfügung steht, weiß er nichts über die Streuung und weiß daher auch nicht, wie weit er mit seiner Schätzung danebengeht.

Wahrscheinlich wird er sich aber auch, von diesem einzigen Exemplar ausgehend, gewisse Vorstellungen über die anderen Tiere dieser Art machen und einige logische Schlüsse ziehen, zu denen er in diesem Fall berechtigt ist. Er kann zum Beispiel die Hypothese, der Mittelwert sei 120 cm und die SD 40 cm ausschalten. (Diese Situation wird durch die große Kurve im Diagramm A in Abbildung 74 dargestellt.)

Weiter kann er sicher auch die Hypothese, der Mittelwert sei 45 und die SD 6 verwerfen (die kleinere Kurve in Diagramm A Abbildung 74). Beide Hypothesen würden nämlich voraussetzen, daß das Tier, dem er begegnet ist, eines der kleinsten seiner Art sei, nämlich 2 ½ SD vom Mittelwert entfernt. Die Wahrscheinlichkeit dafür ist aber unter dem 5 % Niveau. In ähnlicher Weise kann auch die Hypothese, der Mittelwert sei 18 cm und die SD 4,5 ausgeschaltet werden (Diagramm B Abbildung 74). Es gibt also eine Anzahl von Hypothesen, die von vornherein ausscheiden; andere müssen dagegen berücksichtigt werden.

Die wahrscheinlichste Hypothese wird durch die Kurve im Diagramm C dargestellt. Die Verteilung gruppiert sich um einen Mittelwert von 30 cm, und die verschiedenen Kurven sollen dabei demonstrieren, daß mit einem einzigen Exemplar noch nichts über die Variabilität ausgesagt ist und die SD daher groß (weit ausladende Kurve) oder klein (magere Kurve) sein könnte. Wie Diagramm D zeigt, könnte die Kurve auch etwas nach rechts oder links verschoben sein und immer noch, solange der Wert, den unsere Stichprobe ergab, im zentralen Teil bleibt, eine akzeptable Hypothese darstellen.

Werden noch vier weitere Tiere gefangen, so haben wir folgende Werte 28,8, 29,1, 29,4 [30,–] und 30,3, und nun kann auch die Streuung geschätzt werden. Sie ist ziemlich klein, und dadurch wird nun auch die Spanne verringert, über die die ganze Kurve nach rechts oder links verschoben werden kann, um eine noch akzeptable Hypothese darzustellen. Die Einsicht, die aus diesem Beispiel gewonnen werden kann, ist diese: wir können, nachdem wir eine Stichprobe gesehen haben, Hypothesen über die Population frei aufstellen, müssen diese Hypothesen jedoch dann auch rigoros testen. Der Einsatz der komplizierten Maschinerie der Statistik (deren Formeln und Berechnungsmethoden wir in diesem Buch ausgelassen haben) erlaubt uns, genau festzustellen, mit welcher Wahrscheinlichkeit eine bestimmte Stichprobe aus einer gegebenen hypothetischen Population entstammen kann. Ist diese Wahrscheinlichkeit gering, so verwerfen wir die Hypothese. (Wir können sie jedoch nicht endgültig ausschalten, denn manchmal passiert auch das Unwahrscheinliche.)

Es muß nochmals betont werden, dieser Vorgang setzt uns nicht in die Lage, aus den möglichen hypothetischen Populationen, denen unsere Stichprobe begründeterweise entstammen könnte, die *eine* richtige Hypothese herauszufinden. Je größer die Stichprobe ist, desto kleiner wird zwar der Bereich, in dem die wahrscheinliche Antwort liegt, aber immer noch bleibt ein Unsicherheitsintervall, wenn auch ein kleines. Und das wird grundsätzlich durch das Diagramm in Abbildung 74 dargestellt.

Um es epigrammatisch auszudrücken: Die Wissenschaft arbeitet nicht mit absoluten Wahrheiten, sondern mit möglichen Fehlern. Unser Ziel ist es, diese Fehler auf ein Mindestmaß herunterzudrücken. Der Wissenschaftler denkt nur solange in „Wahrheiten", als er die Hypothese formuliert, die er testen möchte. Im Endeffekt sagt er: Nehmen wir an, der wahre Mittelwert hat diese oder jene Größe; wenn dem so ist, wie würde dann unsere Stichprobe aussehen? Das Ergebnis, die einzige gerechtfertigte Schlußfolgerung, ist: Der wahre Wert liegt mit einer soundso großen Wahrscheinlichkeit zwischen diesen oder jenen möglichen Werten.

Der Vergleich von zwei Werten

Ein anderer Fall, der jedoch zu dem eben besprochenen in Beziehung steht, ist der Vergleich von zwei Werten, die Bestimmung des signifikanten Unterschiedes zwischen zwei Stichproben.

Wenden wir uns vorerst einem bekannten Beispiel, dem Vergleich der Größe von Männern und Frauen zu. Nehmen wir an, wir hätten zwei Stichproben von je 100 männlichen und weiblichen Studenten. Die Mittelwerte sind 177,5 für die männlichen und 166,1 für die weiblichen Studenten. Geht daraus hervor, daß Männer größer sind als Frauen? Wir müssen die Frage präzisieren: würde sich der Mittelwert für alle Männer von dem für alle Frauen unterscheiden?

Wir gehen an das Problem heran, indem wir vorerst einmal annehmen, daß die Größen von Männern und Frauen sich nicht unterscheiden. Diese Annahme wird als Nullhypothese bezeichnet. Wir behaupten darin: die beiden Stichproben entstammen derselben Grundgesamtheit. Das nächste, wonach wir fragen: wie groß ist die Wahrscheinlichkeit, daß wir aus einer Grundgesamtheit zwei Stichproben herausnehmen können, deren Mittelwerte sich so sehr unterscheiden, wie die in unserem Beispiel? Wir fragen uns deshalb, weil wir wissen, daß zwei Stichproben, die der gleichen Grundgesamtheit entnommen sind, schon rein zufällig verschiedene Mittelwerte ergeben werden. Ist das auch hier der Fall? Unterscheiden sich diese beiden Mittelwerte rein zufällig? Die Antwort auf diese Frage könnte sein: die Wahrscheinlichkeit, daß die beiden Stichproben der gleichen Grundgesamtheit angehören, ist 1 zu 1000. Daher ist es sehr unwahrscheinlich, daß unsere Nullhypothese stimmt; folglich müssen wir sie verwerfen. Das heißt also, wir können aus unseren Daten schließen, daß Männer und Frauen verschieden groß sind. Üblicherweise würden wir das Ergebnis so formulieren: Der Unterschied zwischen den Mittelwerten ist signifikant. (In unserem Fall natürlich hochsignifikant).

Diese Methode der Analyse könnten wir auch auf ein Experiment wie das folgende anwenden: Wir möchten gern wissen, ob der occipetale oder der frontale Teil des Gehirns für das Labyrinthlernen wichtiger ist. Zu diesem Zwecke entfernen wir ungefähr die gleiche Menge von Gehirngewebe bei zwei Gruppen von Ratten, bei der einen jedoch vom occipetalen und bei der anderen vom frontalen Teil des Gehirns. Die Ratten mit der frontalen Verletzung machen im Durchschnitt 42,1, die mit der occipetalen durchschnittlich 55,7 Fehler. Unsere beiden Gruppen unterscheiden sich also sicher in bezug auf das Labyrinthlernen, doch die uns interessierende Frage muß lauten: Ist der Unterschied auch signifikant? Wir wenden wieder die Nullhypothese an, nehmen also an, es bestehe kein Unterschied zwischen dem Mittelwert aller Ratten mit frontaler und dem aller Ratten mit occipetaler Läsion. Dann berechnen wir, wie oft zwei solche Stichproben aus der Grundgesamtheit entnommen werden können. Die Variabilität innerhalb unserer Stichproben ist groß. Wenn wir unsere Verteilungen als Kurven darstellten, so würden sie eine große Spannweite haben; und demnach würde auch das Unsicherheitsintervall ziemlich groß sein. Das Ergebnis unserer Berechnungen ist folgendes: Die Wahrscheinlichkeit dafür, daß die beiden Stichproben derselben Grundgesamtheit entnommen sind, ist 20 zu 100. Der Unterschied zwischen den beiden Mittelwerten ist also noch weit vom 5 % Signifikantsniveau entfernt, und wir sind daher *nicht* berechtigt, die Nullhypothese zurückzuweisen. Unsere Annahme, eine occipetale Verletzung würde sich nachteiliger auf das Labyrinthlernen auswirken als eine frontale, wurde durch dieses Experiment nicht bestätigt.

Es muß nun noch darauf verwiesen werden, daß der Trend, den die Ergebnisse zeigten, in Richtung unserer Annahme verläuft. Es wäre deshalb durchaus vorstellbar, daß durch die Vergrößerung der Stichprobe (das käme einer Verkleinerung des Unsicherheitsintervalls – der Größe, um die die einzelnen Mittelwerte variieren – gleich) schließlich doch noch ein signifikanter Unterschied gefunden wird.

In all unseren bisherigen Beispielen hatten wir es immer mit Messungen normal verteilter Merkmale zu tun. Es wäre allerdings irrig, anzunehmen, statistisches Denken könnte nur dort eingesetzt werden, wo gemessen werden kann und die Merkmale, um die es geht, normal verteilt sind. Angenommen, jemand interessiert sich für die Beziehung von Vererbung und Wildheit bei Ratten. Zu diesem Zweck zieht er 20 Tiere, die von weißen Laboratoriumsratten, und 20, die von grauen Wildratten abstammen, in gleicher Weise auf. Die Tiere werden der Mutter sofort nach der Geburt weggenommen und in Einzelkäfige gesperrt. Wurde der Bewohner einer solchen Zelle 70 Tage alt, so wagte es der mutige Experimentator, in den Käfig zu greifen und das Tier aufzuheben. Dabei zählte er, von wievielen Tieren er gebissen wurde. Tatsächlich wurde er nur von einer weißen, jedoch von 13 grauen Ratten gebissen. Es stehen nun Berechnungsmethoden zur Verfügung (zum Beispiel Chi-Quadrat; wir wollen hier darauf nicht eingehen), mit deren Hilfe wir ermitteln können, daß ein solches Ergebnis äußerst unwahrscheinlich ist, wenn wir von der Annahme ausgehen, beißende Ratten könnten unter jeder der beiden Erbbedingungen gleich häufig auftreten. Das Ergebnis dieses Experimentes ist hochsignifikant, und wir verwerfen die Nullhypothese. (Es besteht kein Unterschied in der Häufigkeit des Auftretens von Beißern in der Grundgesamtheit aller hypothetischen Albinoratten und der aller hypothetischen grauen Ratten, die in der gleichen Weise aufgezogen wurden.) Das Zurückweisen der Nullhypothese kommt in diesem Fall dem Schluß gleich, es bestehe eine Beziehung zwischen Vererbung und Wildheit. Beißen war unser Index für die Wildheit. Wir haben dabei den Grad der Wildheit nicht bei jedem Tier gemessen; auch haben wir keine Ahnung davon, ob das Merkmal „Wildheit" normal verteilt ist.

Die Kontrollgruppe

Das Experiment, das wir eben diskutierten, bringt uns auf das Problem der Kontrollgruppen. In den physikalischen Wissenschaften mag es häufig möglich sein, alle Faktoren die das Experiment beeinflussen könnten – bis auf einen – konstant zu halten. Diese unabhängige Variable wird systematisch variiert, und der Experimentator kann die Auswirkung dieser Veränderung an den „abhängigen Variablen" beobachten. In einer Untersuchung über den Druck der Atmosphäre ist die unabhängige Variable die Seehöhe, und die abhängige Variable ist die Höhe der Quecksilbersäule im Rohr des Barometers. Alle Faktoren, die das Experiment noch beeinflussen könnten, werden konstant gehalten bzw. ausgeschaltet (Temperatur, Verunreinigung und daher Beeinträchtigkeit der Flüssigkeit des Quecksilbers, Bewegung der Luft usw.). In den biologischen Wissenschaften können wir uns einem solchen Idealzustand nur nähern, und oftmals müssen wichtige Fragen einfach deshalb unbeantwortet bleiben, weil wir an sie nicht herankommen. In der psychologischen Forschung gibt es zwei besondere Schwierigkeiten, die häufig als Ersatz für die ideale Prozedur die Verwendung von Kontrollgruppen verlangen.

Eine davon besteht darin, daß nahezu jeder psychologische Test auch das Subjekt, das getestet wird, verändert. Ein zweiter Test zeigt dann oft schon deshalb ein anderes Ergebnis, weil ein Lerneffekt auftritt, oder auch einfach deshalb, weil sich die Versuchsperson an den ersten Test noch erinnert. Die zweite Schwierigkeit ist, daß wir es in der Psychologie mit außerordentlich komplexem Material zu tun haben. Es ist uns praktisch nie möglich, ein zweites Mal die gleiche Stichprobe zu bekommen; denn Menschen sowie auch Tiere unterscheiden sich voneinander in so vielfältiger Weise, daß wir solche Unterschiede oftmals gar nicht entdecken, bevor wir mit dem Experiment begonnen haben.

Nehmen wir an, wir möchten gern untersuchen, ob die Entfernung des Frontallappens die Fähigkeit des Affen für visuelles Unterscheidungslernen beeinflußt. Der ideale Vorgang wäre hier, den Frontallappen zu entfernen und dann nochmals die Lernfähigkeit zu messen. In Wirklichkeit würde aber die zweite Messung durch die Erinnerung an die erste gestört werden. Wir müßten die Lernfähigkeit an Hand der Anzahl der Versuche, die notwendig waren, oder der Zahl der Fehler messen, die gemacht wurden, bis die Unterscheidung gelernt wurde. In die zweite Messung würde auf alle Fälle ein von der ersten herrührender Übungseffekt hineinspielen, dessen Größe wir jedoch nicht abschätzen könnten. Das nächstbeste wäre, zwei in jeder Hinsicht gleiche Affen zu finden, dem einen den Frontallappen herauszuschneiden und dann beide unter gleichen Bedingungen zu testen. Leider wird es uns nicht gelingen, völlig gleiche Subjekte zu finden, weder Tiere noch Menschen. (Eineiige Zwillinge sind in bezug auf die Vererbung gleich, doch ist es ausgeschlossen, daß alles, was seit der Geburt geschah, sie beide in vollkommen gleicher Weise beeinflußte. Abgesehen davon, gibt es gar nicht so viele eineiige Zwillinge!) Es bleibt uns also nur noch der Vergleich zweier Gruppen. Diese sollen so groß sein, daß sich die individuellen Unterschiede, die sonst unser Experiment verderben könnten, ausgleichen. Die ursprüngliche Lernfähigkeit zweier Individuen ist kaum gleich; die Durchschnittswerte zweier Gruppen unterscheiden sich wahrscheinlich schon etwas weniger, und mit diesen möglichen Unterschieden können wir auch statistisch fertig werden.

Den Idealfall, von dem wir eingangs gesprochen haben, sollten wir jedoch im Gedächtnis behalten, um klar zu sehen, was wir mit der Kontrollgruppe erreichen möchten. In dem Frontallappenexperiment wollen wir tatsächlich die Lernfähigkeit eines Affen mit und ohne Frontallappen messen. Weil das undurchführbar ist, wir auch nicht zwei völlig gleiche Affen auftreiben können, müssen wir unseren Plan mit zwei Gruppen von Affen durchführen, die, wenn die Gruppen groß genug sind, einander als Gruppen ähnlicher sein werden, als es zwei einzelne Affen je sein könnten. Bei der Wahl der Kontrollgruppe werden wir uns bemühen, Individuen zu finden, welche in jeder Hinsicht, die das visuelle Lernen beeinflussen könnte, der experimentellen Gruppe so ähnlich wie möglich sind.

Im Experiment selbst können wir dann einen von zwei Wegen einschlagen. Einmal können wir so vorgehen, daß wir bei der einen Gruppe operieren und dann beide Gruppen demselben Test unterwerfen. Im Anschluß daran vergleichen wir den Mittelwert der Gruppe der Operierten mit dem der Normalen und untersuchen, ob sich die beiden signifikant unterscheiden oder nicht. Das heißt also, wir schätzen mit Hilfe statistischer Methoden die Wahrscheinlichkeit ab, mit der wir den Unterschied, den wir zwischen den beiden Gruppen gefunden haben, dem Zufall zuschreiben müssen, oder ob er wirklich anzeigt, daß sie zwei verschiedenen Grundgesamtheiten angehören. Dabei behandeln wir die beiden Gruppen (experimentelle Gruppe und Kontrollgruppe) als zwei Stichproben. Der zweite Weg, den wir bei der Durchführung unseres Experimentes einschlagen könnten, wäre der, zunächst beide Gruppen zu testen, dann die eine zu operieren und danach wieder beide zu testen. Wir würden also in diesem Falle die Zunahme der Werte (zurückzuführen auf Übungswirkung) für Normale und Operierte vergleichen und hätten dabei die Chance, daß unsere Ergebnisse noch etwas klarer herauskämen; zum Beispiel könnten wir finden, daß nur die Normalen eine Zunahme der Lernfähigkeit, die Operierten sogar eine Abnahme zeigen.

Das Prinzip ist klar: Gleiche Deine Kontrollgruppe in jeder Hinsicht, die den Ausgang des Experiments beeinflussen könnte, bis auf die eine Variable, an der Du interessiert bist, der experimentellen Gruppe an. Der Pferdefuß dieses ganzen Unternehmens liegt dort: Der Forscher soll in der Lage sein, alle Variablen, die den Ausgang des Experimentes beeinflussen könnten, zu erkennen. Nimmt ein Forscher zum Beispiel aus einem Käfig Ratten heraus und erklärt die ersten 10 als seine experimentelle Gruppe und die zweiten 10 als Kontrollgruppe, so übersieht er, daß die ersten 10, die er erwischt, möglicherweise einfach die zahmeren sind, die sich leichter aufheben lassen usw. Dieser „Persönlichkeitsunterschied“ könnte in ausschlaggebender Weise das Ergebnis des Experiments verzerren. Die einfachste

Lösung für dieses Problem wäre, die erste Ratte, die er fängt, in die Gruppe A, die zweite in die Gruppe B, die dritte wieder in Gruppe A usw. zu geben. (Es gibt natürlich auch noch ausgeklügeltere Methoden, zum Beispiel mit Zufallsfolgen von Ziffern zu arbeiten usw., doch darauf wollen wir nicht eingehen.)

Vor neuerlichen und schier unüberwindlichen Schwierigkeiten steht man, wenn man zu einer klinischen Gruppe (Patienten), die der experimentellen Gruppe im Labor gleichkommt, eine Kontrollgruppe finden soll. Eine klinische Gruppe schließt meist alle Berufsgruppen ein: Leute, die vom Lande kommen, Städter, Junge, Alte usw. In all diesen Punkten sollte die Kontrollgruppe der klinischen entsprechen. Dann kommt hinzu, daß die gesunden Leute, die man gefunden hat, nicht die geringste Veranlassung haben, sich testen zu lassen. Interessiert uns zum Beispiel, ob die Entfernung des Frontallappens die Intelligenz beeinträchtigt und hat unsere klinische Gruppe (Leute, an deren frontalem Lappen operiert wurde) ein Durchschnittsalter von 40 Jahren und durchschnittlichen Schulbesuch von 8 Jahren, so muß die Kontrollgruppe der experimentellen Gruppe auf alle Fälle in diesen beiden Punkten gleichen. Sowohl das Alter als auch die Dauer des Schulbesuches wirken sich auf die Werte aus, die in Intelligenztests erreicht werden.

Korrelation

Die Korrelation ist der Grad der Beziehung zwischen zwei Variablen. Der Korrelationskoeffizient ist eine quantitative Aussage darüber. Die Berechnungen sind hierbei noch zeitraubender als bei den Methoden, die wir bisher berührt haben; wir können aber nur wiederholen: es ist nicht die Absicht dieses Kapitels, den Studenten Formeln und Rechenmethoden zu lehren – die er dann vielleicht nur auswendig lernt –, sondern es geht um das Verstehen der Probleme.

Korrelationskoeffizienten reichen von plus 1 bis zu minus 1. Eine Korrelation von plus 1 zeigt eine vollkommene Beziehung zwischen den beiden Variablen an; ein hoher Wert der einen Variable ist immer auch von einem hohen der anderen begleitet, ein mittlerer von einem mittleren usw. Minus 1 gibt wiederum eine vollkommene Beziehung an, doch jetzt in umgekehrter Richtung: der höchste Wert der Variable X geht mit dem niedrigsten von Y, der nächsthöchste von X mit dem nächstniedrigsten von Y usw. Diese Beziehung ist insofern vollkommen: kennt man den Wert, den jemand im Test X erreicht hat, so kann man ohne weiteren Test den Wert, den er im Test Y erreichen würde, angeben. Eine Korrelation von O schließlich gibt an: zwischen den beiden Variablen besteht keinerlei Beziehung. Ein hoher Wert im Test X kann genausogut zu einem niedrigeren, mittleren oder hohen Wert im Test Y korrespondieren.

Um etwas klarer zu sehen, was mit alldem gemeint ist, betrachten Sie die Abbildung 75.

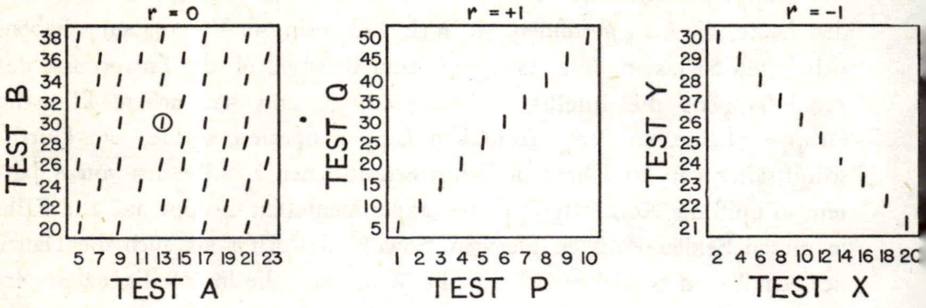

Abbildung 75. Hier wird die Korrelation 0 plus 1 und minus 1 illustriert. Das Symbol r ist der Index für die Korrelation (Pearsonscher Produkt-Moment Korrelationskoeffizient). Jeder Strich bedeutet die beiden Meßwerte, die ein Subjekt in den beiden Tests, die korreliert werden sollen, bekommen hat. Zum Beispiel steht im ersten Diagramm der Strich, der von einem Kreis umgeben ist, für ein Subjekt, das im ersten Test (Test A) den Wert 1 erreichte und im zweiten Test (Test B) den Wert 31.

Test A und B (erstes der 3 Diagramme) haben eine Korrelation von O. Zu wissen, welchen Wert jemand im Test A erreicht hat, hilft uns überhaupt nichts, wenn wir vorhersagen wollen, auf welchen Wert er in Test B kommen wird. Betrachten wir nun das zweite Diagramm. Hier stehen Test P und Q in einer vollkommenen Beziehung zueinander. (Wir müssen hier aber sofort hinzufügen: so etwas gibt es in der Psychologie nicht!) Wenn wir wissen, welchen Wert ein Kind im Test P erreicht hat, brauchten wir den Test Q nicht erst zu geben, denn die zwei Teste korrelieren 1.00, und daraus folgt, daß wir den Wert des zweiten Testes, direkt vom ersten ausgehend, angeben können. Ähnlich steht es bei den Tests X und Y, nur daß hier die Beziehung eben eine negative ist. Hat eine Versuchsperson im Test X einen niedrigen Wert, so können wir mit Sicherheit voraussagen, daß sie im Test Y einen hohen Wert erreichen wird. Was wir bisher kennengelernt haben, sind Extremfälle. Tatsächlich muß der Student aber in der Lage sein, wenigstens in großen Zügen die Enge der Beziehung abzuschätzen, die durch einen Koeffizienten wie zum Beispiel von 0.30, 0.40, 0.70, 0.90 ausgedrückt wird. Ganz allgemein kann man einmal sagen, die Beziehungen sind nicht annähernd so eng, wie man es vielleicht aus diesen Ziffern heraushören könnte. Eine Korrelation von 0.30 zeigt eine kaum erkennbare Beziehung an, eine von 0.70 bedeutet keine 70-prozentige Übereinstimmung (also 7 Mal in 10), sondern lediglich eine 49-prozentige, und eine Korrelation von 0.90 stellt nur eine 81-prozentige Übereinstimmung dar. In der Psychologie hat es sich eingebürgert – vielleicht weil wir hier immer sehr niedrige Korrelationskoeffizien-

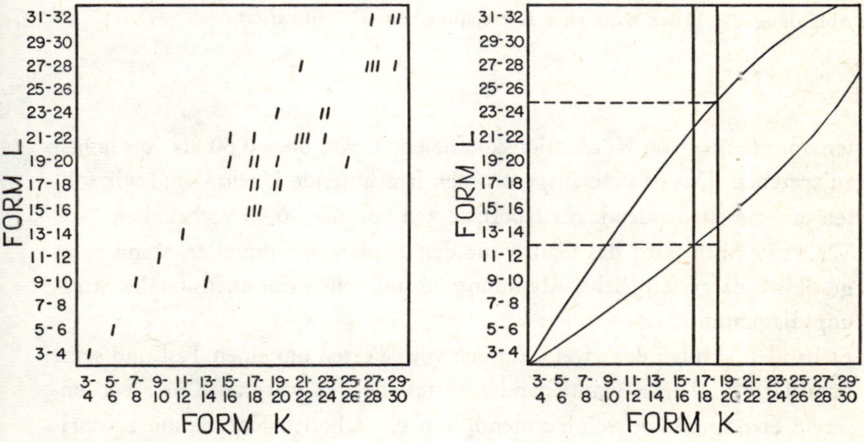

Abbildung 76. Illustration einer Korrelation von 0.93 (links) und der Genauigkeit, mit der der Wert, der im zweiten Test erreicht wird (Form L des Testes), vom ersten ausgehend vorausgesagt werden kann. (Form K desselben Testes). Sogar bei einer so hohen Korrelation wie dieser, ist die Genauigkeit der Vorhersage nicht sehr groß; das geht aus der rechten Darstellung hervor. Die vertikalen Linien umschließen die Eintragungen 17 und 18 in Test K. Die horizontalen Linien zeigen an, welch große Variabilität für die korrespondierenden Werte in Test L erwartet werden kann (ungefähr von 13 bis 24).

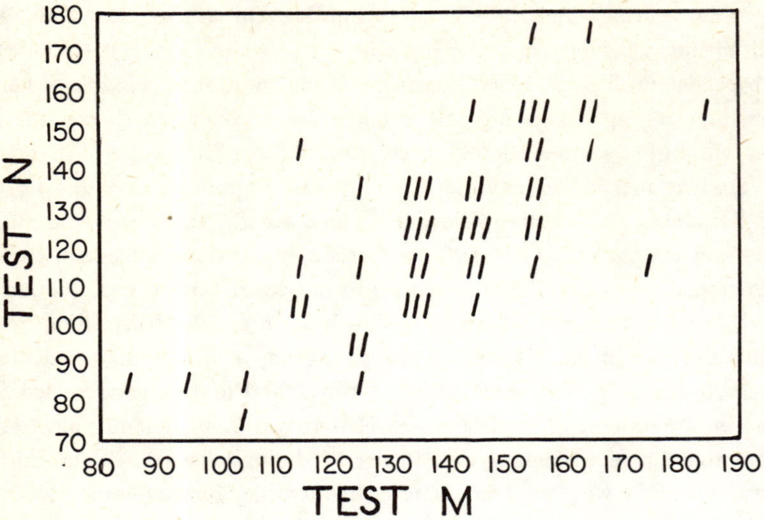

Abbildung 77. Hier wird eine Korrelation von 0.72 illustriert.

ten antreffen –, von Korrelationskoeffizienten von über 0.60 als von hohen zu sprechen. Das ist eine ausgesprochen irreführende Unsitte, und wir sollten uns diesen Ausdruck für Koeffizienten von über 0.90 vorbehalten.

Wahrscheinlich wird das Ganze für den Studenten sinnvoller, wenn er es graphisch dargestellt sieht. Abbildung 76 stellt ein zweidimensionales Streuungsdiagramm dar.

Es handelt sich bei den zwei Gruppen von Werten um einen Test und seine Parallelform, die 0.93 miteinander korrelieren. Es wäre auch hier von unserem Standpunkt aus einleuchtend, von einer hohen Korrelation zu sprechen, doch sehen wir einmal näher hin, wie eng die Beziehung tatsächlich ist! Die vertikalen Linien, die im zweiten Diagramm von Abbildung 76 von beiden Seiten der Werte 17–18 auf der Grundlinie ausgehen, umschließen die Eintragungen für alle Versuchspersonen, die in der ersten Form des Testes die Werte 17 und 18 bekommen haben. Im zweiten Test haben dieselben Leute Werte zwischen 15 und 22. (Hätten wir eine Liste der Rohwerte vor uns, so könnten wir sehen, daß ein Mann, der im ersten

Test 18 erreichte, im zweiten auf 15 kam, und ein anderer, der auch im ersten Test einen Wert von 18 erreichte, im zweiten auf 22 kam.) Obwohl es sich um eine Korrelation von 0.93 handelt, scheint keine sehr genaue Vorhersage der Werte des zweiten Testes aus denen des ersten möglich zu sein.

In Abbildung 77 ist eine etwas niedrigere Korrelation, nämlich eine von 0.72 dargestellt. Der Vergleich der Dichte des diagonalen Bandes in Abbildung 76 und in Abbildung 77 zeigt klar, daß sie ein wesentlicher Anhaltspunkt für die Vorhersage des zweiten Wertes vom ersten her ist. Bei einer hohen Korrelation ist dieses Band schmal. Werden vertikale Linien wie in Abbildung 76 gezogen, so schneiden sie nur ein schmales Segment aus dem diagonalen Band heraus. Das bedeutet, daß die Variation des zweiten Testes klein und somit die Vorhersage gut ist. Je kleiner die Korrelation ist, desto breiter wird das diagonale Band und desto schlechter die Vorhersagemöglichkeit der Werte des zweiten Testes. Bei einer vollkommenen Korrelation, wie sie im zweiten Diagramm von Abbildung 75 dargestellt ist, ist das Band praktisch ein Strich (alle Punkte würden in einer geraden Linie liegen) und die Vorhersage ist vollkommen.

Die graphische Analyse ist natürlich nur grob; es gibt Möglichkeiten, die Vorhersagen treffender zu machen und die Fehler, denen sie unterworfen sind, genauer abzuschätzen. Es stimmt aber auch hier wiederum; allein durch Anschauen kann schon viel über komplexe Daten gelernt werden. Sicher gibt es keine bessere Methode, in so einleuchtender Weise die grundsätzliche Bedeutung des Korrelationskoeffizienten vorzuführen.

Offensichtlich haben es Korrelationen immer auch mit kausalen Zusammenhängen zu tun. Dieser kausale Zusammenhang kann sehr indirekt sein. Ein Korrelationskoeffizient, und das ist wichtig, gibt uns nie über die Art dieses Zusammenhanges Auskunft. Wenn A und B korrelieren, so könnte (1) A B verursachen, oder (2) B A, oder (3) beide könnten durch einen dritten Faktor C bedingt sein. Aber auch (4) eine Mischung all dieser Beziehungen kann die Ursache für die Korrelation sein. Bekannt ist zum Beispiel, daß die Werte, die in Intelligenztests erreicht werden, mit der Dauer des Schulbesuchs korrelieren. Das berechtigt uns aber noch nicht, zu folgern, der IQ sei durch die genossene Ausbildung bedingt. Die Beziehung könnte ebenso umgekehrt sein; weniger intelligente Leute tendieren dazu, die Schule früher zu verlassen, und das wiederum würde heißen, die Intelligenz bedingt die Länge des Schulbesuches. Ein weiterer wichtiger Faktor, den wir hier in die Diskussion bringen müssen, ist der: Intelligente Eltern tendieren dazu, intelligente Kinder zu haben; sie tendieren weiter dazu, ihre Kinder zu ermutigen, in der Schule auszuhalten. In diesem Beispiel wären die Eltern der dritte, der Außenfaktor C, der sowohl A als auch B bedingt. A und B können daher, ohne einander zu verursachen, korrelieren.

Weiter ist bekannt, daß die Intelligenz heranwachsender Kinder (es handelt sich hier um das Entwicklungsalter EQ und nicht um einen IQ, siehe Kap. 12) mit der Länge der großen Zehe korreliert. Diesen alten Witz kann man sich ruhig merken, denn es stimmt ja: wenn das Kind größer wird, so nimmt auch seine Fähigkeit, Probleme zu lösen, zu. Vielleicht hilft aber dieses Beispiel, sich immer daran zu erinnern: Obwohl eine Korrelation darauf hinweist, daß irgendwo ein kausaler Zusammenhang besteht, so besagt sie doch nicht, daß die zwei Dinge, die miteinander korrelieren, einander bedingen.

Zusammenfassung

Statistik ist ein wesentliches Merkmal wissenschaftlicher Methode. Sie dient zur Beurteilung der Fehler, die bei jeder Messung und jeder Verallgemeinerung von bekannten Daten (der Stichprobe) zu einer größeren Klasse von Werten oder Merkmalen (Population oder Grundgesamtheit), zu der die Daten gehören, auftreten. Die komplizierten mathematischen Methoden der Statistik mehren die Genauigkeit, mit der gemachte Fehler abgeschätzt werden können, doch sie sind nicht das Wesentliche. Bei Problemen, die zu verhältnismäßig klaren Ergebnissen führen, kann oftmals die graphische Methode, eine einfache Inspektion der Daten, ausreichen. (Einige Wissenschaftler behaupten, sie verwendeten keine Statistik. Tatsächlich aber meinen sie, sie führen keine formalen Berechnungen durch, weil für ihre Zwecke eine einfache Inspektion der Daten ausreicht.)

Die erste Stufe der Analyse ist eine Beschreibung der zur Verfügung stehenden Daten, der Stichprobe. Zwei Werte sind dafür von besonderer Bedeutung: ein Maß für die „Zentraltendenz“ und eines für die „Streuung“. Die Zentraltendenz ist ein einziger repräsentativer Wert, eine Angabe des Durchschnittes. Es gibt verschiedene Möglichkeiten, den Durchschnitt anzugeben; das arithmetische Mittel ist nur eine davon. Die Streuung ist der Grad, in dem die einzelnen Werte vom Durchschnitt abweichen. Ein Index dafür ist die Rangweite, ein anderer die Standardabweichung (SD).

Das ist ganz besonders dann so, wenn wir es mit einer „Normalverteilung", also einer Verteilung, die graphisch dargestellt eine symmetrische glockenförmige Kurve ergibt, zu tun haben. Solche Verteilungen finden wir häufig bei biologischen Daten.

Wenn wir den Mittelwert, oder kürzer, einfach das Mittel und die SD wissen, so können wir fragen: mit welcher Wahrscheinlichkeit entstammt unsere Stichprobe einer bestimmten hypothetischen Population? Ist die Wahrscheinlichkeit niedrig, so weisen wir die Hypothese zurück; unsere Stichprobe repräsentiert nicht die Population. Für wissenschaftliche Zwecke ist es üblich, sich bei solchen Schlußfolgerungen an zwei Signifikantniveaus (oder Wahrscheinlichkeiten) zu halten: das 5 % Niveau (wir können ziemlich sicher sein, die Stichprobe entstammt nicht dieser angenommenen Grundgesamtheit) und das 1 % Niveau (hier ist es noch sicherer).

Um herauszufinden, ob eine experimentelle Prozedur Wirkung auf eine Gruppe von Subjekten hatte, verwenden wir im wesentlichen die gleichen Methoden. Wir haben eine experimentelle Gruppe und eine Kontrollgruppe. Die letztere wird in jeder Hinsicht, bis auf den Faktor, an dessen Wirkung wir interessiert sind, gleich wie die experimentelle Gruppe behandelt. Wäre es möglich, daß die beiden Stichproben, die Daten, die uns die beiden Gruppen geliefert haben, der gleichen Grundgesamtheit entstammen? Wir stellen also die Nullhypothese auf: wir nehmen an, unsere Behandlung hatte keine Wirkung. (Der Unterschied zwischen unseren beiden Gruppen ist auf den Zufall zurückzuführen; denn es ist sehr wahrscheinlich, daß zwei Stichproben, die derselben Grundgesamtheit entnommen wurden, verschieden sind). Die Statistik erlaubt uns nun zu bestimmen, wie wahrscheinlich ein solches Ergebnis sein würde, wie oft wir aus derselben Population zwei Stichproben entnehmen können, die so verschieden voneinander sind wie unsere beiden. Ist die Wahrscheinlichkeit unter 5 %, so verwerfen wir die Nullhypothese und folgern, unsere Behandlung hatte Wirkung. Die Wahrscheinlichkeit, eine falsche Folgerung gezogen zu haben, ist dabei immer noch 1 zu 20. Sind wir an einer größeren Sicherheit interessiert, so halten wir uns an das 1 % Niveau.

Die Korrelation ist der Grad der Beziehung zwischen zwei Variablen. Der Korrelationskoeffizient ist das quantitative Maß für diese Beziehung. Er reicht von plus 1 bis minus 1. Die graphische Analyse ist auch hier recht brauchbar, besonders weil die Berechnung des Koeffizienten sehr umständlich sein kann.

Wenn zwei Variablen korrelieren, so besteht zwischen ihnen ein kausaler Zusammenhang. Die Korrelation allein kann jedoch nicht darüber Auskunft geben, durch welche Faktoren sie verursacht wird: A könnte die Ursache von B sein, B die von A, oder beide könnten eine gemeinsame Ursache C haben.

12. Probleme des Messens

Wir wollen in diesem Kapitel die Meßmethoden besprechen, die in der Psychologie verwendet werden. Wir haben dabei nicht den Ehrgeiz, das ganze Gebiet auch nur in elementarster Weise zu umreißen wir werden uns vielmehr auf einige Beispiele beschränken, an denen wir die grundsätzlichen Probleme erläutern und die Lösungen, die dafür gefunden wurden, aufzuzeigen versuchen. Unser besonderes Augenmerk werden wir in diesem Zusammenhang der Intelligenzmessung zuwenden – und das einmal, weil dieses Problem von wesentlicher Bedeutung ist, zum anderen aber auch, weil dies Verfahren uns ein gutes Beispiel für die zum Einsatz kommenden Methoden liefert.

Es ist in der Wissenschaft üblich, einen Gegenstand als den quantitativen Index eines anderen zu verwenden. Dabei sind manche Maße weniger direkt als andere. Ein Beispiel dafür ist die Messung der Temperatur durch die Länge der Quecksilbersäule in der Glasröhre, ein anderes die Ausnützung magnetischer Wirkungen in der Nähe eines Drahtes, um den elektrischen Strom zu messen, der durch diesen Draht fließt. Wiederum ein anderes ist die Messung der Zeit durch Zählen der Schwingungen eines Pendels oder durch ein balanciertes Rad, das über komplizierte Vorrichtungen mit einer Feder verbunden ist. Dieses Instrument ist als Uhr bekannt.

Überschlagsweise könnte man zu dem Schluß kommen, direkte Messungen, also solche, bei denen möglichst wenige Zwischenstufen eingeschaltet sind, seien besser, d. h. genauer als indirekte. Dafür, daß das nicht immer stimmt, sondern daß oftmals direkte Messungen einen größeren Fehler haben, ist die Temperaturmessung ein deutliches Beispiel. Die direkteste Messung wäre, die Hand ins Wasser zu halten, die nächstdirekte das gebräuchliche Quecksilberthermometer, und eine sehr indirekte Messung ist das elektrische Thermometer. Die letzte ist aber das Genaueste.

Was wir brauchen, ist ein Indikator A, der zuverlässig abgelesen werden kann und dessen Korrelation mit B, der Sache, die wir messen wollen, nahezu vollkommen ist. Folgen wir dieser Überlegung, so werden wir sagen müssen: das Thermometer ist ein sehr gutes Instrument für die Messung der Temperatur; es ist zuverlässig, denn auch bei wiederholten Messungen zeigt es mit einem nur ganz kleinen Unsicherheitsintervall immer wieder den gleichen Wert. Auch ist es gültig oder valid. Damit meint man, daß das mit dem Thermometer Gemessene in enger Beziehung zur Temperatur steht, wie sie auf anderem Wege bestimmt wurde und mit den theoretischen Vorstellungen übereinstimmt.

Zuverlässigkeit und *Gültigkeit* sind die grundlegenden Begriffe für die psychologische Messung. Die Zuverlässigkeit (Reliabilität) ist die Genauigkeit, mit der ein Test das Merkmal mißt, das er tatsächlich mißt; etwas genauer ausgedrückt: es ist die Übereinstimmung wiederholter Messungen. Die Gültigkeit (Validität) ist der Grad, in dem ein Test das mißt, was er messen soll. Die Zuverlässigkeit wird in der Psychologie üblicherweise als Korrelation des Testes und seiner Wiederholung unter den gleichen Bedingungen bestimmt. Die Gültigkeit eines Testes ist hingegen die Korrelation dieses Testes mit einem vollkommenen Maß dessen, was er erfassen soll, also zum Beispiel die Korrelation mit einem vollkommenen Maß der Intelligenz, der Fähigkeit mathematische Probleme zu lösen, oder worum es eben geht. In Wirklichkeit haben wir natürlich nie ein solches „perfektes" Maß des Merkmales, an dem wir interessiert sind, zur Verfügung. Es gibt daher auch keine besonders guten Methoden, die Gültigkeit quantitativ zu bestimmen. Wir müssen uns mit groben Schätzungen begnügen, doch der Begriff selbst ist von großer Bedeutung.

Ein Höchstmaß an Zuverlässigkeit und Gültigkeit zu erreichen, ist das Ziel allen psychologischen Messens. Wir werden daher auf diese beiden Begriffe wieder und wieder zurückkommen. Inzwischen wollen wir die angeschnittenen Fragen an einem Problem illustrieren, das jeden Lehrer angeht, der die Leistungen seiner Schüler oder Studenten gerecht beurteilen möchte.

Findet keine mündliche Prüfung statt, so ist es üblich, Fragen in Form eines kleinen Aufsatzes oder Essays beantworten zu lassen. Das ist eine ziemlich direkte und auch halbwegs gültige Methode. Bekannt ist allerdings, daß solche Prüfungsmethoden nicht sehr zuverlässig sind. Die Urteile, die zwei Prüfer über dieselben Prüfungsarbeiten abgeben (ausgedrückt in Noten) korrelieren selten höher als 0.60. Wie wir aus dem vorigen Kapitel wissen, zeigt dieser Wert keine weitgehende Übereinstimmung an. Diese Korrelation würde sogar noch niedriger sein, würde man jedem Prüfer gestatten, seine eigenen Fragen über denselben Gegenstand zu stellen.

Die Zuverlässigkeit kann nun durch die Verwendung objektiver Prüfmethoden verbessert werden. Bei der Planung einer solchen Prüfung muß man jedoch sehr vorsichtig vorgehen und stets das Moment der Gültigkeit im Auge behalten. Ansonsten kann es einem passieren, daß man letztlich vom Ziel, nämlich das Verständnis des Studenten für eine bestimmte Vorlesungsreihe, einen Kurs oder allgemein ein Sachgebiet zu beurteilen, noch weiter entfernt ist. Zum Beispiel könnte es sein, daß man mit einer objektiven Frage nur das Gedächtnis für die Buchstaben des Lehrbuches, also lediglich das Auswendiglernen prüft, und dann der Student, der wirklich gearbeitet hat, um den Stoff zu verstehen, eine schlechtere Note bekommt als derjenige, der nichts versteht und eben nur das Ganze auswendig gelernt hat. Für den unerfahrenen Prüfer kann der Entwurf einer objektiven Prüfung ein sehr mühsames Unternehmen sein, doch auch dem erfahrenen Prüfer wird er nicht immer leichtfallen. Ihm kommt zugute, daß er wahrscheinlich eine große Sammlung von Fragen aus vergangenen Jahren hat, die er gemeinsam mit neuen Fragen weiterverwenden kann. Auch wird es dem Erfahrenen leichter gelingen, seine Fragen schon auf Anhieb zufriedenstellend zu formulieren. Es geht uns hier aber nicht darum, das mühsame Leben eines Prüfers zu schildern, sondern um die Prinzipien psychologischen Messens, die durch die Schilderung, wie man bei der Zusammenstellung einer objektiven Prüfung vorgeht, illustriert werden sollen.

In der Praxis wird man einmal alle einschlägigen Fragen, die man finden kann, zusammenstellen und dabei wahrscheinlich, auch nachdem die unbrauchbaren ausgeschieden sind, immer noch auf eine recht ansehnliche Anzahl kommen. Als nächstes müssen wir nun die Lehrgangsteilnehmer oder Studenten nach Möglichkeit in gute, mittlere und schlechte einteilen. Wir werden das auf Grund früher abgelegter Prüfungen, Laborberichte, Semesterschlußarbeiten usw. vornehmen. Ideal wäre es natürlich, wenn uns die Ergebnisse einer anderen objektiven Prüfung zur Verfügung ständen. Doch auch unter weniger günstigen Umständen werden wir es schließlich schaffen, eine Gruppe besonders guter und eine besonders schlechter Prüflinge herauszufinden. Im Anschluß daran untersuchen wir jede unserer objektiven Fragen daraufhin, ob die Gruppe der „guten Studenten“ darin besser abschneidet als die der „schlechten“. Diese ziemlich langwierige Prozedur ist als die „Item-Analyse“ bekannt.

Wenn man bei der Auswahl der guten und der schlechten Studenten nach der beschriebenen Methode vorgeht, so hat man natürlich keine Garantie dafür, daß die Gruppe der guten Studenten wirklich nur aus den besten und die Gruppe der schlechten nur aus den schlechtesten besteht. Aufsätze, Abschlußberichte usw. sind dafür nicht zuverlässig genug. (Wären sie es, würden wir uns ja nicht der Mühe unterziehen, eine objektive Prüfung zu organisieren. Die Benotung ist bei einer objektiven Prüfung zwar viel rascher durchzuführen, doch die Vorbereitungen dafür dauern um vieles länger.) Allgemeine Prüfungsergebnisse sind jedoch soweit zuverlässig, um zwischen zwei Gruppen zu differenzieren, die sich in ihrer Leistung stark unterscheiden. Ganz allgemein werden wir wohl mit einer gewissen Berechtigung annehmen dürfen, daß Studenten mit sehr guten Noten meist bessere Studenten sind als solche mit sehr schlechten.

Für jede unserer objektiven Fragen bestimmen wir nun die Anzahl der korrekten Antworten, die darauf gegeben wurden. Wurde nun eine Frage von 47 der insgesamt 50 guten Studenten und von 14 aus der Gruppe der 50 schlechten Studenten richtig beantwortet, so hatte diese Frage offensichtlich Gültigkeit. Eine andere Frage hingegen, die von 35 aus der Gruppe der guten und 34 aus der Gruppe der schlechten richtig beantwortet wurde, unterscheidet nicht zwischen den beiden Gruppen und wird daher ausgeschieden werden. Es kann sein, daß wir unter den Fragen sogar noch schlechtere finden, solche zum Beispiel, die von nur 22 der guten, aber von 28 der schlechten Studenten richtig beantwortet wurden. Jeder, der eine Item-Analyse durchführt, wird solche Fragen finden, die er besser wegläßt. Hat man das getan, so wird man jetzt die um die ausgeschiedenen Fragen verkürzte Prüfungsarbeit neuerlich benoten, und man bekommt die endgültigen Ergebnisse.

Dabei ist es ziemlich bedeutungslos, wie gerechtfertigt eine Frage von irgendeinem logischen Standpunkt aus sein mag. Verwirrt sie den guten Studenten, veranlaßt sie ihn, nach Spitzfindigkeiten zu suchen, die gar nicht darin sind, so ist diese Frage unbrauchbar und muß ausgeschieden werden. Wie wir später noch sehen werden, hängt der Erfolg eines Intel-

ligenztestes davon ab, daß Aufgaben gestellt werden, die intelligente Personen *eher* meistern. Der Konstrukteur eines Intelligenztestes muß es sich deshalb von vornherein versagen, diesen aus Aufgaben zusammenzustellen, von denen er glaubt, sie *sollten* eigentlich von einer intelligenten Versuchsperson gelöst werden. Das gleiche gilt natürlich auch von Prüfungen (abgesehen von Kursen oder Seminaren für sehr fortgeschrittene Studenten, wo sich Prüfer und Student wirklich im klaren darüber sind, daß sie die gleiche Sprache reden). Bei einem Kurs für Anfänger weiß der Prüfer nicht einmal, ob er verstanden wird, und die Schwierigkeiten einer Frage oder einer Aufgabe kann er erst abschätzen, wenn er sie tatsächlich an einer Klasse (einem Semester) ausprobiert hat.
Fassen wir das bisher Gesagte zusammen: Der direkten Messung oder Schätzung der Qualität, an der wir interessiert sind, kann es sowohl an Gültigkeit als auch an Zuverlässigkeit mangeln. Um die Zuverlässigkeit zu erhöhen, verwenden wir ein weniger direktes Maß. Wenn wir das tun, müssen wir aber Vorsichtsmaßnahmen dafür treffen, daß die Gültigkeit unserer Messung so weit als möglich erhalten bleibt.

Reizschwelle

Das Problem der Validität taucht bei der Bestimmung der Reizschwelle im allgemeinen nicht auf. Wenn wir diese bestimmen wollen, messen wir mit Hilfe anerkannter physikalischer Methoden eher Eigenschaften des Reizes (Energie, Häufigkeit, Ausdehnung), die eine bestimmte Reaktion hervorrufen, als den Grad einer solchen Reaktion. Es sind jedoch Fehler in dieser Methode möglich, die die gewonnenen Ergebnisse ungültig werden lassen, und so kommt die Frage der Validität durch die Hintertür wieder herein.
Die erste und wichtigste Vorsichtsmaßnahme, die angewandt werden muß, um das zu verhindern, ist diese: die Versuchsperson darf keinen anderen Hinweis, keine andere Informationsquelle für die Veränderung des Stimulus haben als die, an der sie getestet wird. Ansonsten könnte es geschehen, daß auch ein Experiment mit einer kooperativen und ehrlichen Versuchsperson ein ungültiges Ergebnis liefert. Wollen wir zum Beispiel die Unterscheidungsfähigkeit für Gewichte testen, so dürfen wir der Versuchsperson keine Gelegenheit geben, von der Größe der Gegenstände, die ver-

glichen werden sollen, auf deren Gewicht zu schließen. Ein Gegenstand mit einem Gewicht von 150 g müßte gleich groß sein wie einer von 130 g. Bei solchen Gewichtsvergleichen ist es daher gebräuchlich, Schachteln zu verwenden, die sich, abgesehen vom Gewicht, in keiner Weise unterscheiden. Wollen wir herausfinden, wie weit zwei Reizpunkte auf der Haut voneinander entfernt sein müssen, um noch als zwei wahrgenommen zu werden, so darf die Versuchsperson natürlich nicht sehen, daß zwei Spitzen auf die Haut gesetzt wurden, und es muß sehr darauf geachtet werden, daß die beiden Spitzen zu gleicher Zeit aufgesetzt werden. Jedes Nacheinander von Reizen wäre der Versuchsperson wiederum ein Hinweis darauf, daß es zwei Spitzen sind. Wenn wir mit Licht arbeiten – die absolute Reizschwelle für das Licht einer bestimmten Farbe bestimmen wollen –, so darf kein Schalter klicken: das würde darauf hinweisen, ob das Licht eingeschaltet ist oder nicht. Interessieren wir uns für Schmerzschwellen und leiten zu dem Zwecke Strom durch einen Teil der Haut, so darf die Versuchsperson keine Möglichkeit haben, die Skala zu sehen, von der wir die Stromstärke ablesen. Weil Versuchspersonen eine Vorliebe für konstante, gleichbleibende Reaktionen entwickeln, könnte es sonst leicht geschehen, daß jemand, der einmal in dem Augenblick, als die Nadel einen bestimmten Punkt erreichte, Schmerz zu spüren glaubte, uns immer wieder angibt, er empfinde Schmerz, unabhängig davon, ob er wirklich Schmerz empfindet oder nicht. Dabei müssen wir aber betonen, viele dieser Verfälschungen der Ergebnisse haben nichts mit Schwindeln zu tun, sondern es kann dazu auch bei kooperativen und bemüht ehrlichen Versuchspersonen kommen. Die Rolle, die Suggestion bei der Bestimmung von Schwellenwerten spielen kann, ist beträchtlich, werden keine ausreichenden Vorsichtsmaßnahmen getroffen.

Ein anderer Punkt, der beachtet werden muß, ist folgender: Die Zuverlässigkeit einer einzelnen Schwellenwertbestimmung ist sehr gering; für das Mittel aus einer ganzen Reihe unabhängiger Bestimmungen ist sie hingegen schon um vieles besser. Daraus resultiert die Forderung, immer dann, wenn man genau sein will, mehrere unabhängige Bestimmungen vorzunehmen. Die Werte, die sie uns liefern, können wir als Stichprobe aus einer unendlichen Population von Determinationen betrachten und dementsprechend statistisch behandeln. Wie wir aus Kap. 11 wissen, verkleinert sich die Diskrepanz zwischen dem Mittelwert der Population und dem der Stichprobe in dem Maße, in dem die Größe der Stichprobe zunimmt. Mehrere unabhängige Schwellenwertbestimmungen geben uns weiter noch die Möglichkeit, deren Variabilität und somit die Größe des wahrscheinlichen Fehlers abzuschätzen.

Mit dem zuletzt Gesagten steht noch eine weitere Überlegung im Zusammenhang: Beim Schwellenwert handelt es sich nicht um einen einzigen Punkt, über dem ein gewisser Reiz immer, und unter dem er nie wirksam ist. Wenn die Schwellenwertbestimmungen vorsichtig und genau durchgeführt werden, so wird immer ein bestimmter Unsicherheitsbereich gefunden. Das kann zum Beispiel an der Bestimmung der oberen Gehörschwelle illustriert werden: Wie allgemein bekannt ist, nimmt das Hörvermögen für hohe Töne mit dem Alter ab. Jüngere Menschen können Töne bis zu einer Höhe von 14 000 und mehr Schwingungen pro Sekunde hören. Die Grenze für ältere Leute liegt bei 9 000. (Diese Leute sind nicht taub im üblichen Sinne.) Nehmen wir nun an, wir haben es mit einem Mann um die 30 zu tun. Unser Gerät, ein Audiometer, erlaubt uns, reine Töne (Töne von nur

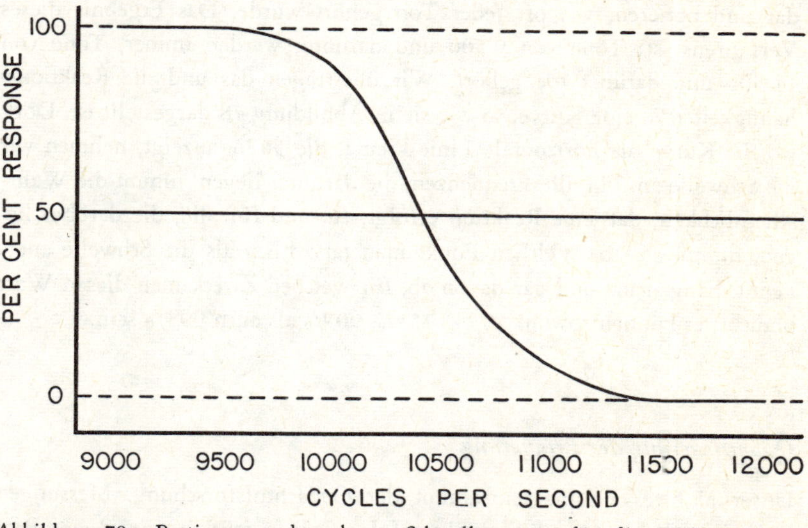

Abbildung 78. Bestimmung des oberen Schwellenwertes für die Wahrnehmung eines Tones. Das Subjekt hört 11 500 Schwingungen niemals als Ton, es hört 9 500 Schwingungen immer als Ton. Nehmen wir den Wert als Schwellenwert an, der bei 50 % aller Versuche gehört wird, so läge er bei ungefähr 10 500 Schwingungen; ebenso können wir den Punkt 75 % (ungefähr 10 000 Schwingungen) nehmen oder sogar 100 %. Es wird immer davon abhängen, zu welchem Zweck wir den Schwellenwert verwenden wollen.

einer Schwingungsfrequenz) zu erzeugen. In unserem Versuch gehen wir von 7 000 Schwingungen aus und werden langsam höher und höher, bis die Versuchsperson berichtet, sie könne nichts mehr hören (aufsteigender Versuch). Wir wiederholen das Experiment einige Male, und der Mittelwert aller bisherigen Bestimmungen ist 10 650 Schwingungen pro Sekunde. Nun beginnen wir von oben bei 14 000 Schwingungen pro Sekunde und gehen langsam herunter (absteigender Versuch), bis die Versuchsperson berichtet, sie höre einen Ton. Auch diesen Versuch wiederholen wir einige Male, und unser Mittelwert ist jetzt 10 200.

Wo liegt die Reizschwelle, bei 10 650 oder bei 10 200? Eine Möglichkeit, und wohl die einfachste, wäre, das Mittel zwischen beiden als die Schwelle anzunehmen. Ein anderer Weg, der im Prinzip zum gleichen Ergebnis führt, ist in Abbildung 78 dargestellt.

Wir bieten wiederholt in einer Ordnung, die vom Zufall bestimmt ist, Töne mit den Frequenzen 9 000, 9 500, 10 000, 15 000, 11 000 und 12 000 dar und notieren, wie oft jeder Ton gehört wurde. Das Ergebnis dieses Verfahrens ist: Töne von 9 500 und darunter werden immer, Töne von 11 500 und darüber nie gehört. Wir übertragen das und die Reaktionshäufigkeiten in eine Kurve, so wie sie in Abbildung 78 dargestellt ist. Dort, wo die Kurve die horizontale Linie kreuzt, die 50 % anzeigt, nehmen wir die Schwelle an. Für alle Frequenzen, die darunter liegen, nimmt die Wahrscheinlichkeit, daß eine Reaktion erfolgt, zu, und für alle, die darüber liegen, nimmt sie ab. Welchen Punkt man tatsächlich als die Schwelle anerkennt, hängt ganz und gar davon ab, für welchen Zweck man diesen Wert braucht; es können sowohl 50 %, 75 %, 90 % als auch 99 % sein.

Quantifizierung der Erinnerung

Unser nächstes Beispiel entstammt der Gedächtnisforschung. Messungen können auch hier ziemlich direkt erfolgen, doch müssen wir zweier Probleme, denen wir uns gegenübersehen, gewahr werden: der Auswahl der Einheiten, in denen gemessen werden soll, und des Umstandes, daß wahrscheinlich schon jedes Messen die Erinnerung selbst verändert.

Handelt es sich um künstliches Material wie sinnlose Silben oder ein Labyrinth, so bereitet es weniger Schwierigkeiten, die passenden Meßeinheiten zu finden. Man zählt einfach die Silben, an die sich die Versuchsperson erinnert, oder die Anzahl der blinden Gänge, in die die Ratte gelaufen ist, bevor sie an ihr Ziel kam. Wir haben es also mit einem Maß für den Erfolg oder mit einem für Fehler zu tun. Bedeutend schwieriger ist es hingegen, die Erinnerung an komplexe Situationen, zum Beispiel an ein gelesenes Buch oder eine Kindheitserinnerung, zu quantifizieren. Wollte man sich an eine so schwierige Aufgabe heranmachen, so würde man eine Stichprobenmethode verwenden, dabei aber sofort auf das Problem der Gültigkeit stoßen. Sind die Punkte, nach denen ich die Versuchsperson frage, tatsächlich repräsentativ für den ganzen Erinnerungskomplex, an dem ich interessiert bin? Um dieser methodischen Schwierigkeit zu entgehen, haben die Psychologen eine ganze Anzahl künstlicher Lernaufgaben entwickelt, an denen Behalten und Vergessen studiert werden können.

Das zweite Problem, das oben angedeutet wurde, nämlich, daß die Erinnerung durch das Testen selbst schon wieder verändert wird, kann durch die Verwendung von Gruppen umgangen werden. Hat man zum Beispiel die Absicht, die Vergessensrate für sinnlose Silben zu messen, so wird man nicht eine Gruppe von Versuchspersonen nach 1 Minute, dann nach 2 Minuten, nach 5 Minuten usw. testen, sondern man wird eine Anzahl vergleichbarer Gruppen zusammenstellen, von denen die erste eine Minute nach Abschluß des Lernens, die nächste 2 Minuten nach Abschluß des Lernens, eine weitere 5 Minuten danach usw. getestet wird. Würde man immer wieder dieselbe Gruppe testen, so bestände die Gefahr, daß durch das Testen nach einer Minute schon vergessene Silben wiedererinnert werden und daß die Erinnerung an die anderen, die behalten wurden, verstärkt wird.

Die drei Methoden, die hauptsächlich beim Testen der Erinnerung Verwendung finden, sind: die *Erinnerungsmethode* (Reproduktionsmethode), die *Methode des Wiedererkennens* (hier handelt es sich um das selektive Wiedererkennen von Gegenständen, die vorher schon gesehen wurden, zum Unterschied von solchen, die vorher noch nicht gesehen wurden) und die *Ersparnismethode*. Hier werden die Wiederholungen gezählt, die für das Zweitlernen nötig sind. Die erste dieser drei Methoden bezieht sich auf die Phänomene, an die man denkt, wenn vom Gedächtnis die Rede ist. Die Dinge, die ich bei einer Schularbeit oder Prüfungsarbeit niederschreiben kann, werden erinnert, im Gedächtnis behalten, und die anderen, sagt man, werden vergessen. Interessant ist aber, daß auch Dinge, die nicht erinnert werden, wiedererkannt werden können. In der Mehrfachwahlprüfung werden dem Studenten mehrere Aussagen dargeboten, aus denen er sich die richtige aussuchen kann. Hier handelt es sich also eher um ein Wiedererkennen als um ein Erinnern.

Für unsere gegenwärtigen Zwecke ist, vom Standpunkt der psychologischen Meßmethoden aus gesehen, die Ersparnismethode die interessanteste. Eine Versuchsperson wurde zum Beispiel dazu angehalten, eine Liste sinnloser Silben so oft zu wiederholen, bis sie diese auswendig konnte. Wir testen sie nach einigen Tagen wieder und stellen fest: sie kann sich an keine der Silben erinnern. Heißt das nun, die Versuchsperson habe nichts behalten, das ganze mühsame Auswendiglernen habe keinerlei Spuren hinterlassen? Um das herauszufinden, testen wir noch nach einer anderen Methode, und zwar zählen wir die Wiederholungen, die die Versuchsperson benötigt, um dieselbe Liste sinnloser Silben von neuem zu lernen. Das Ergebnis: für dieses Wiederlernen braucht sie nur halb so viele Wiederholungen wie für das Erstlernen. Von unserem Standpunkt aus wäre es daher richtiger, statt von völligem oder nahezu völligem Vergessen zu reden, festzustellen, die Versuchsperson habe nur halb vergessen, und das, obwohl sie sich bei der Prüfung an keine Silbe erinnern konnte.

Intelligenz und ihre Messung

Wenden wir uns nun dem Paradebeispiel psychologischer Messungen zu, der ersten großen Demonstration des praktischen Wertes der Psychologie außerhalb des akademischen Bereiches. Dieses Beispiel zeigt am besten die Möglichkeiten und Schwierigkeiten der Quantifizierung komplexer Variablen des Verhaltens auf: der Messung der intellektuellen Fähigkeiten. Wir werden uns im folgenden nicht allein auf Methoden beschränken, denn sollen die Probleme erkannt werden, so ist es notwendig, auf die Natur der Intelligenz einzugehen und die theoretische Bedeutung dieses Begriffes abzustecken. Nur dann werden wir auch in der Lage sein, die Grenzen zu erkennen, die solchen Messungen gesetzt sind.

Es war die großartige Leistung des französischen Psychologen Binet – seine Arbeiten begründeten die moderne Intelligenzforschung – herauszufinden, wie man etwas mißt, ohne eigentlich zu wissen, *was* man mißt. Diese Art des Vorgehens erwies sich als ungemein erfolgreich. Indem er uns zu quantifizieren lehrte, veränderte er unsere Vorstellungen von Intelligenz in einschneidender Weise; unsere Einsicht in das Wesen des Problems wurde um vieles klarer.

Bevor wir mit unserer Diskussion fortfahren, müssen wir den Begriff Intelligenz erklären. Intelligenz kann auch unter günstigsten Umständen nicht zu den wirklich präzisen Begriffen gezählt werden, denn letztlich ist immer noch zweierlei damit gemeint: (A) wird darunter die ursprüngliche Qualität der Gehirnfunktionen verstanden, unabhängig von den Fertigkeiten, die sich jemand durch Erfahrung angeeignet hat; und (B) das Niveau des Verständnisses, des Problemlösens, oder allgemeiner, das Niveau der intellektuellen Funktionen im Heranwachsenden und im Erwachsenen.

Wir können daher Intelligenz (A) als das angeborene Potential für die Entwicklung intellektueller Fähigkeiten definieren und Intelligenz (B) als das durchschnittliche Niveau, das diese Entwicklung zu einem späteren Zeitpunkt erreicht hat. Intelligenz (A) kann nicht getestet werden, Intelligenz (B) kann getestet werden. Nur unter besonderen Umständen ist ein grobes Abschätzen von (A) möglich. Es muß hier ausdrücklich betont werden: bei (A) und (B) handelt es sich nicht um zwei völlig verschiedene, voneinander unabhängige Dinge. (A) ist in (B) mit eingeschlossen, ja es ist eines seiner wesentlichen Teile. Was wir hier unterscheiden wollen, sind zwei verschiedene Verwendungsweisen des Wortes „Intelligenz".

Wir werden nun auf bestimmte Methoden eingehen, mit denen (B) getestet wird. Auf (A) kommen wir später zurück.

Vorerst muß festgestellt werden: die Methoden, um die es hier geht, sind zwar empirisch, jedoch nicht theoretisch gerechtfertigt; die Theorie wird möglicherweise später noch gleichziehen. Der logische theoretische Weg, an das Problem heranzugehen, wäre, zuerst eine Definition der Intelligenz aufzustellen und dann im Hinblick darauf einen Test zu entwickeln. Zum Beispiel könnte jemand sagen, Intelligenz sei die Fähigkeit, Probleme zu lösen und der entscheidende Intelligenztest wäre dann eine Sammlung von Problemaufgaben und Puzzles. Ein anderer, der sagt, Intelligenz sei eine Fähigkeit, sich an die Umwelt anzupassen, wird seine Versuchsperson dadurch testen, daß er sie in neue Situationen stellt. Ist die Intelligenz gleich der Lernfähigkeit, so kann man als Intelligenztest Listen sinnloser Silben auswendig lernen lassen. All diese theoretischen Weisen, an das Problem der Intelligenzmessung heranzugehen, fruchteten nichts, und Binet selbst schlug auch einen völlig anderen Weg ein. Er fragte sich: Was tun intelligente Leute, das Dumme nicht tun? Nur solche Aufgaben, in denen sich Intelligente und Dumme klar unterscheiden, nahm er in seinen Test auf. Alle anderen Aufgaben, unabhängig davon, ob sie gute Tests der Intelligenz hätten „sein sollen“ oder nicht, ließ er weg. Das ist die empirische Art des Vorgehens.[1])

Zum Beispiel würde doch kaum jemand annehmen, das Verstehen eines Witzes sei eine gute Methode, um das Intelligenzniveau eines Kindes zu bestimmen. Jetzt im Nachhinein, wenn diese Tatsache feststeht, wird man

Fußnote 1. Selbstverständlich ist hiermit das Problem der Gültigkeit nicht aus der Welt geschafft, sondern es ist so schwerwiegend wie eh und jeh. Wie können wir, solange wir keine Intelligenztests haben, überhaupt feststellen, welche Subjekte klug und welche dumm sind? Der Weg, den Binet nun tatsächlich beschritt, war der, daß er annahm, ältere Kinder seien bessere Problemlöser und hätten i. a. eine weiter entwickelte Intelligenz als jüngere. Es kann natürlich sein, daß einige Fünfjährige besser sind als einige Sechsjährige, doch als Gruppe werden die Sechsjährigen die Fünfjährigen übertreffen. Binet verwendete nur solche Test-Items, bei denen die Kinder mit zunehmendem Alter höhere Werte erreichten, und schied andere, die diese Bedingung nicht erfüllten, aus.
Diese Methode kann bei Erwachsenen nicht angewendet werden. Der große amerikanische Psychologe Thorndike schlug hier einen anderen Weg ein. Nehmen wir einmal an, Intelligenz sei die Qualität, durch die sich eine Gruppe von Genies wie Newton, Einstein, Leonardo, Aristoteles, Pasteur u. a. am stärksten von den Insassen eines Heimes für Schwachsinnige unterscheidet. Das würde nun unsere zwei Gruppen für die Auswahl der Test-Items definieren. So wie wir es hier vorgebracht haben, ist diese Methode natürlich nicht sehr praktisch, denn die meisten unserer Genies sind tot. Doch man kann die Methode für die Praxis folgendermaßen modifizieren: In jeder Gesellschaft gibt es Menschen, die als äußerst geschickt, einfallsreich, als gute Lerner usw. bekannt sind, und andere, von denen man weiß, daß sie genau das Gegenteil davon sind. Dieses Wissen beruht einfach auf langjähriger Menschenbeobachtung. Das Urteil ist natürlich im Einzelfall nicht absolut zuverlässig, doch es kann kaum bezweifelt werden, daß wir so in der Lage sind, zwei Gruppen aufzustellen, von denen die eine im Durchschnitt viel besser ist als die andere. Wir könnten nun darangehen, unsere Test-Items zu validieren, d. h. ihre Gültigkeit zu überprüfen. Die endgültige Validierung, der Beweis dafür, daß dieser Vorgang wirklich funktioniert, würde bei der späteren Anwendung des Testes gefunden werden. Die Validität der Binetschen Methode konnte nur stufenweise gesichert werden, und zwar erstreckte sich dieser Vorgang über Jahre hin. Von Forschern in vielen verschiedenen Ländern wurde tatsächlich gefunden, das Binets Methode die beste Methode der Vorhersage der Leistung in den verschiedensten Berufen ist.

vielleicht auch den Grund dafür einsehen. Von vornherein würde man aber auch nicht annehmen, daß solche Aufgaben wie das Zeichnen eines einfachen Diagrammes aus der Erinnerung, das Fehlende in der Darstellung eines schlampig gezeichneten Gesichtes zu erkennen oder Perlen aufzufädeln (abwechselnd quadratische und runde) unsere Anforderung erfüllten. Tatsächlich sind das aber Aufgaben, die gut zwischen den Intelligenzniveaus junger Kinder unterscheiden. Binets brilliante Leistung bestand nun darin, herauszufinden, daß solche Aufgaben weit besser zwischen Intelligenten und weniger Intelligenten unterscheiden als andere, die uns von vornherein für diesen Zweck bedeutend plausibler erscheinen.

Wesentlich ist nun wieder die Item-Analyse, die wir im ersten Abschnitt dieses Kapitels beschrieben haben. Hat man vor, einen neuen Intelligenztest zu konstruieren, so braucht man vor allem eine Gruppe ziemlich intelligenter und eine ziemlich dummer Versuchspersonen. An diesen beiden Gruppen werden wir jede unserer Aufgaben ausprobieren. Wird eine Aufgabe von den Intelligenten gut gemeistert, und schaffen sie die Dummen nicht oder nur schlecht, so darf sie in unserem Test bleiben. Ist das Ergebnis anders, so muß die Aufgabe aus dem Test ausgeschieden werden, selbst wenn sie uns noch so vielversprechend und einleuchtend erschien.

Die strenge Durchführung dieser Analyse hat zu einigen ziemlich erstaunlichen Ergebnissen geführt. Die besten Aufgaben sind nicht die, in denen die Versuchsperson vor eine neue Situation gestellt wird, die die Problemlösekapazität der Versuchsperson herausfordert, sondern solche, die nach Bekanntem oder nahezu Bekanntem fragen. Dieser Typ von Aufgaben wird heute allgemein als „Binet-Aufgaben“ bezeichnet. Sie schließen zum Beispiel Fragen danach ein, wer Präsident oder König vor dem gegenwärtigen war, oder es werden Vervollständigungen von Analogien wie „Mädchen sind zu Buben wie Frauen zu ...“ gefordert, oder Erklärungen dafür, in welcher Weise ein Flugzeug einem Luftballon ähnelt; oder in Bildern sollen Absurditäten bemerkt oder fehlende Teile erkannt und eingefügt werden (zum Beispiel die fehlenden Finger an einer Hand). Oder es kann sich auch nur darum handeln, ein einfaches Diagramm aus der Erinnerung zu zeichnen.

Die meisten dieser Aufgaben stehen zu schon gemachter Erfahrung in Beziehung, und das, wonach dabei eigentlich gefragt wird, ist: Wieviel hat die Versuchsperson auch ohne Schulung (Training) über ihre Umwelt gelernt?

Welche Probleme hat sie bei der Beobachtung allgemeiner Phänomene oder sozialer Beziehungen selbständig gelöst?
Sogar bei der letzten der oben erwähnten Aufgaben, dem einfachen Nachzeichnen eines Diagrammes – die Versuchsperson muß bemerken, daß es sich in dem bestimmten Fall um ein Quadrat und nicht um ein Rechteck oder um eine Diagonale und nicht um eine vertikale Linie handelt – spielt früher gemachte Erfahrung eine große Rolle. Ob die Versuchsperson nämlich in der Lage ist, solche Beziehungen zu erkennen, alle Details zu bemerken, und ob sie diese auch wiedergeben kann, hängt zum großen Teil von früher gemachten Wahrnehmungen ihrer Umwelt ab. Man könnte also die Methode des Binet-Testes als eine Stichprobe aus allen früheren Beobachtungen und Gedanken einer Versuchsperson charakterisieren.
Die Tatsache, daß der beste Einzelindex für die Intelligenz einer Versuchsperson ein Wortschatztest ist, weist in die gleiche Richtung. Auch das würde man nicht von vornherein erwarten; ist es einmal herausgefunden, dann erscheint es allerdings nicht mehr so uneinsehbar. Von einer Versuchsperson, die mehr beobachtete, die ein besserer Lerner war, die mehr Begriffe entwickelte (soweit, daß sie nur noch mit einem Wort in Verbindung gebracht zu werden brauchen), kann man auch erwarten, daß sie einen größeren Wortschatz hat.
Die in dem Test vorkommenden Wörter dürfen natürlich keinesfalls technische Ausdrücke sein. Es ist wesentlich, die Auswahl aus der Erfahrung zu treffen, die möglichst allen Mitgliedern der Kultur, für die der Test gelten soll, zugänglich ist. Fragen nach spezialisierteren Gebieten, einschließlich der höheren Bildung, müssen vermieden werden. Ein anderer Grundsatz, der zu dem eben genannten in enger Beziehung steht, ist dieser: Ein Test darf nicht nur aus einer Art von Material aufgebaut sein, sondern er muß aus verschiedenartigsten Materialien bestehen. Es könnte zum Beispiel sein, daß eine Versuchsperson keine Gelegenheit hatte, mit einem bestimmten Gegenstand in Berührung zu kommen. Wird das Testmaterial variiert, so haben wir eine größere Chance, daß der Wert, den wir bekommen, für alle Aspekte der Fähigkeiten einer Versuchsperson repräsentativ ist. Zum Beispiel könnte eine Versuchsperson im Wortschatztest einen niedrigen Wert, jedoch für den ganzen Test einen ziemlich hohen Wert bekommen.
Das bringt uns auf den nächsten Punkt: Wird das Testmaterial variiert, so sollten sowohl verbale als auch nicht verbale Tests verwendet werden. Die

nicht-verbale Tests sind mehr wie Denksportaufgaben, wie Puzzles; sie haben einen ganz besonderen Wert für die Schätzung der Intelligenz. Wie wir gesehen haben, wird in den Aufgaben vom Binet-Typ von der Versuchsperson eine Wiedergabe vorausgegangenen Denkens oder Lernens verlangt. Charakteristischerweise erscheinen sie den Versuchspersonen, die überhaupt zu deren Lösung fähig sind, selbstverständlich und leicht. Fragen wie: Warum ist das Bild komisch? Was bedeutet das Sprichwort „Das gebrannte Kind scheut das Feuer"? Wie heißt die Hauptstadt von Italien? sind für den, der sie beantworten kann, keine Probleme.

Der andere Typ von Aufgaben scheint größere Ansprüche an die Versuchsperson zu stellen, insofern er Anstrengung und Nachdenken verlangt. Eine solche Aufgabe könnte sein, eine Serie von Bildern so zu reihen, daß sie eine Geschichte erzählen; oder Holzblättchen in der Weise zusammenzufügen, daß sie ein bestimmtes Muster ergeben; oder den Weg durch ein gezeichnetes Labyrinth ohne Fehler zu finden. Können wir die Binet-Typ-Aufgaben als eine Stichprobe aus dem Problemlösen ansehen, das die Versuchsperson schon früher vorgenommen hat, so handelt es sich bei der puzzleähnlichen Aufgabe um ein Problemlösen, das während des Testens geschieht.

Dieser Unterschied zwischen den beiden Typen gibt uns gewisse Möglichkeiten für eine besondere Form der Diagnostik. Ist irgend etwas geschehen, das die seelischen Prozesse in der Weise beeinträchtigt hätte, daß ihre gegenwärtigen intellektuellen Funktionen unter den früheren liegen, so sollten die Binet-Typ-Aufgaben einen höheren Wert ergeben als die puzzleähnlichen. Das wird tatsächlich bei gewissen Erkrankungen gefunden: bei bestimmten Gehirnverletzungen und im hohen Alter. Hat kein „geistiger Abbau" stattgefunden, dann sollen beide Testformen ungefähr den gleichen Wert ergeben.

Diese Art der Diagnose hat aber keine sehr hohe Zuverlässigkeit. Auch normale Versuchspersonen haben in der Vergangenheit verschiedene Erfahrungen gemacht, und es können daher beträchtliche Unterschiede zwischen den Werten gefunden werden, die bei den Binet-Typ-Aufgaben und anderen Aufgaben gewonnen werden, ohne daß ein „Abbau" stattgefunden hat. Man kann jedoch sagen, im allgemeinen ist es kein gutes Zeichen, wenn eine Versuchsperson für verbale Aufgaben (diese kommen heute weitgehend den Binet-Typ-Aufgaben gleich) einen weit höheren Wert als für nichtverbale (Denksport-Typ-Aufgaben) erreicht. Wenn so etwas gefunden wird, muß man zumindest mit einer gegenwärtigen Störung der intellektuellen Funktion rechnen. Umgekehrt: Wird nach einer Geisteskrankheit oder Gehirnoperation ein höherer Wert für nichtverbale Tests festgestellt, ist das eine Indikation dafür, daß der Patient gute Fortschritte macht.

Die Bedeutung des IQ

Die Ergebnisse eines Intelligenztestes können in einfachen Werten angegeben werden. Hat ein Test ein Mittel von 72 und eine SD von 20, so bedeutet das, eine Versuchsperson, die einen Wert von 65 oder 80 erreichen konnte, liegt im mittleren Bereich, eine mit einem Wert von 52 im unteren Sechstel usw.

Üblicherweise wird jedoch das Ergebnis eines Intelligenztestes als Intelligenzquotient (IQ) angegeben. Um verstehen zu können, wie man zu diesem gelangt, müssen wir vorerst das Intelligenzalter (IA) oder Entwicklungsalter (EA) behandeln. Ein Kind, das in einem Intelligenztest einen Wert erreicht, der dem Mittelwert der Sechsjährigen entspricht, hat ein EA von 6; eines, dessen Testwert genau zwischen die Mittelwerte der 8- und 9-jährigen fällt, hat ein EA von 8,5. Der IQ oder EQ (Entwicklungsquotient), wie er in bezug auf Kinder häufig genannt wird, ist 100 mal der Quotient EA/IA (LA für Lebensalter). Ein Kind mit einem IA von 6 und einem LA von 4 würde einen EQ von 150 haben. EA 6 und LA 6 ergeben einen EQ von 100, und IA 6 und LA 8 einen EQ von 75. Der EQ kann als Indikator für das Tempo der intellektuellen Entwicklung während der Kindheit angesehen werden. Ein hoher EQ bedeutet, dieses Kind ist in seiner Entwicklung seinen Altersgenossen voraus, und ein niedriger, es hinkt in seiner intellektuellen Entwicklung seiner Altersgruppe nach.

Diese Situation ändert sich mit der Reifung, denn nach einem Alter von 15 Jahren nehmen die Leistungen in einem Intelligenztest nicht mehr mit der gleichen Rate bzw. überhaupt nicht mehr zu. (Ein genaues Alter ist nicht bekannt, doch wird es je nach IQ und Testaufgabe verschieden sein.) Aus diesem Grunde kann eine Versuchsperson kein EA haben, das über 15 hinausgeht. Würden wir fortfahren, den IQ als den Quotienten aus EA/LA zu definieren, so würde der IQ mit zunehmendem Alter stark fallen. Diese Situation kann jedoch dadurch umgangen werden, daß man (1) 15 als das

LA für alle Erwachsenen erklärt und (2) daß man einen Satz künstlicher EA ausarbeitet, die über das Alter von 15 hinausgehen. Man arrangiert diese dabei so, daß der mittlere IQ für Erwachsene weiter 100 und die SD 15 bleibt.

Der IQ kann daher als eine Schätzung der Rate der intellektuellen Entwicklung während der Kindheit verstanden werden, wobei angenommen wird, derjenige, der das höchste Niveau erreichte, hatte auch die schnellste Entwicklungsrate. Diese Annahme wird durch viele Beweise gestützt. Die wesentliche Bedeutung des IQ besteht darin, daß er uns die Einstufung eines Subjekts im Hinblick auf die allgemeine Population ermöglicht. Für jeden bestimmten IQ kann angegeben werden, zu welchem Bruchteil der Population ein Subjekt im Hinblick auf seine Intelligenz gehört.

Wie wir bereits gesehen haben, kann jemand an einem Testmaterial einen höheren Wert erreichen als an einem anderen, und der Wert, den jemand erreicht, hängt zu einem großen Teil von seinen früheren Erfahrungen ab. Ob Intelligenz A etwas Einheitliches ist, oder ob es mehrere solcher Intelligenzen A gibt, wissen wir nicht. Es scheint jedoch bei vielen Untersuchungen deutlich herausgekommen zu sein, daß Intelligenz B aus einer ganzen Anzahl verschiedener Fähigkeiten zusammengesetzt ist. Es gibt kein einheitliches Zentrum, keinen Prozeß, den man als die Kraft oder Fähigkeit, Probleme zu lösen, bezeichnen könnte. Mit Hilfe der Faktorenanalyse – einer komplexen Methode zur Analyse von Testwerten – konnte nachgewiesen werden, daß wir es bei der Messung der Intelligenz wenigstens mit sieben oder acht unterschiedlichen Komponenten oder Faktoren zu tun haben. Darüber, wie die einzelnen Komponenten, wenn sie zu einem Intelligenztest zusammengefaßt sind, gegeneinander abgewogen werden sollten (d. h. welche wichtiger sind und um wieviel sie wichtiger sind), wissen wir nicht Bescheid. Unsere Vorstellungen von Intelligenz sind also zur Zeit noch sehr grob, sie sind erste Arbeitshypothesen, wenn auch ungemein wertvoll – ermöglichen sie uns doch eine ungefähre Abschätzung des Niveaus der intellektuellen Fähigkeiten. Dennoch handelt es sich bei all dem kaum um mehr als um eine erste Skizze. Um zu einer genauen Analyse zu kommen, müssen die einzelnen Faktoren, die verschiedenen Formen des Problemlösens, gesondert behandelt werden. Das ist vor allem dann wichtig, wenn wir es mit Patienten zu tun haben, die sich einer Gehirnoperation unterziehen mußten, oder mit Personen, die während der Periode des Wachs-

tums (das ist ungefähr bis zum 15. Lebensjahr) einer anderen Umwelt ausgesetzt waren als die Mitglieder der Kultur, in der sie jetzt leben.
Auch muß bedacht werden, daß der IQ kein exaktes Maß ist. Tests, mit deren Hilfe er abgeschätzt wird, haben Zuverlässigkeitskoeffizienten von 0.90 bis 0.94. Das heißt aber, wie wir aus dem vorigen Kapitel wissen, es kann zwischen den Werten, die jemand beim ersten und beim zweiten Testen erreicht, ein beträchtlicher Unterschied bestehen. Glücklicherweise ist der Meßfehler bei den niedrigen IQ am kleinsten. Eine Versuchsperson, die es heute auf einen IQ von 125 bringt, kann beim nächsten Testen auf einen von 118 oder 130 kommen. Das ist nicht allzu tragisch, denn auf dieser Ebene hängt die Zukunft eines Menschen nicht vom genauen Wert seines IQ ab. Anders ist das bei niedrigen IQ, auf Grund derer darüber entschieden wird, ob jemand als schwachsinnig zu klassifizieren ist oder nicht. In diesem Bereich ist aber, wie gesagt, der wahrscheinliche Fehler ziemlich klein. Kommt eine Versuchsperson im ersten Test auf einen IQ von 56, so wird das Ergebnis des zweiten Testes 55 oder 57 sein und nur in den allerseltensten Fällen 60. Daraus folgt, daß einem solchen Ergebnis eine gewisse Bedeutung beigemessen werden kann.
Wir möchten noch einmal nachdrücklich daran erinnern: Die Gültigkeit eines Testergebnisses hängt davon ab, daß der Getestete ausreichend mit der Kultur vertraut ist, in der er lebt und für die der Test konstruiert wurde. Nicht in jedem Fall ist man dessen ohne weiteres sicher. Die Entscheidung über die Zukunft eines Menschen darf also nicht auf ein einziges Testresultat gegründet sein. Dogmatismus bekommt dem Psychologen nicht gut, nicht einmal dann, wenn es um psychologische Messungen geht.
Eine andere Frage, in der Dogmatismus des Psychologen vollkommen unangebracht ist, betrifft die Konstanz des IQ. Früher war die Meinung weit verbreitet, der IQ eines Menschen sei ausschließlich durch Vererbung bedingt. Wäre das aber tatsächlich so, könnte man – ausgehend vom IQ, den jemand mit dem zweiten Lebensjahr erreicht hat – den IQ vorhersagen, den derselbe Mensch während seines ganzen Lebens haben wird (denn seine Erbanlagen verändern sich nicht mehr). Wie wir heute wissen, bleibt der IQ des Erwachsenen in einem gewissen Rahmen konstant, aber nicht so der des Heranwachsenden. Die Intelligenz B ist, wie wir schon in Kapitel 6 gesehen haben, ein Produkt aus Anlage (Vererbung) und Umwelt. Die Intelligenz A braucht die Stimulation durch die Umwelt, um sich zur

Intelligenz B zu entwickeln. Die Wirkungen dieser Stimulation, die ein Subjekt während der Wachstumsperiode erfahren hat, dauern im Guten wie im Schlechten an. Daraus folgt: das Intelligenzniveau, das jemand mit dem 15. Lebensjahr erreicht hat, bleibt auch im großen und ganzen erhalten. Hat jemand im Sinne der Intelligenz A gute Anlagen und wird er in einer anregenden Umgebung aufgezogen, so wird das auch zu einer guten Intelligenz B führen, und er wird auch später auf diesem Intelligenzniveau bleiben (abgesehen von Krankheit oder Verletzungen). Würde aber dieselbe Person in einer für die Entwicklung der Intelligenz ungünstigen Umgebung aufgezogen, so würde sie nur ein niedriges Niveau der Intelligenz B erreichen, und alle Bemühungen, die nach dem 15. Lebensjahr einsetzen, könnten daran kaum etwas ändern.

Aus den eben vorgetragenen Überlegungen wird nun vielleicht klar werden: eine Messung der Intelligenz B gibt uns nicht das Niveau der Intelligenz A an; denn diese ist praktisch nicht zu messen. B würde nur dann A entsprechend reflektieren, wenn wir eine für die Entwicklung des Potentials A adäquate Umgebung annehmen können. Ist die Umgebung günstig, B jedoch niedrig, so muß auch A niedrig sein. Ein niedriger Intelligenzquotient B eines Subjekts, das in einer inadäquaten Umgebung aufgezogen wird, läßt aber die Frage offen, ob dieses Ergebnis auf eine niedrige Intelligenz A zurückzuführen sei oder nicht.

Unglücklicherweise haben wir keine genaue Vorstellung davon, was für eine Umwelt zu einer optimalen oder auch nur adäquaten Entwicklung der Intelligenz B stimulieren könnte. Wollen wir darüber etwas aussagen, so können wir nur über den Daumen peilen und müssen fast ein bißchen raten. Ist die Umwelt die beste, die über Konversation und Bücher ein Bekanntwerden mit Ideen ermöglicht, oder ist jene richtig, in der es nur verhältnismäßig selten eine anregende Stimulation gibt, die aber, da sie nur in günstigen Momenten auftritt, eine unverhältnismäßig große Wirkung hat? Durch solche Fragen wird im Menschen ein Verlangen geschürt, selbständig nach weiterer Information zu suchen. Dieser Gedanke wird einem dadurch nahegelegt, daß einige der fähigsten Männer aus ganz abgeschiedenen Gegenden kamen, die auf den ersten Blick wirklich nicht nach einer Umwelt aussehen, die große Stimulation vermitteln kann.

Diese Männer sind ein Beweis für die große Variation, in der Intelligenz A auftritt (obwohl noch lange kein so eindeutiger, wie es ein Mann mit einem niedrigen IQ ist, der aus einer anregenden Umgebung kommt). Entscheidend für unsere Überlegungen ist hier, daß wir keine Methode haben, die Wirkung der kulturellen Umwelt, der ein Mensch ausgesetzt ist während er heranwächst, abzuschätzen. Tauchen geringste Zweifel an der Adäquatheit einer Umwelt auf, so ist uns jede Möglichkeit entzogen, die Intelligenz A auch nur zu erschließen. Wir dürfen uns auf gar keinen Fall zu dem Schluß hinreißen lassen, alle oder auch nur die meisten Individuen, die einen niedrigen IQ haben, seien so schlecht begabt, wie es durch den Test implizite ausgedrückt wird. Ein niedriges Testergebnis weist nicht notwendigerweise auf eine schlechte Erbanlage hin!

Die Rassenfrage

Wir sind jetzt besser in der Lage, uns mit den Problemen auseinanderzusetzen die entstehen, wenn versucht wird, die Intelligenz verschiedener Rassen zu vergleichen. Die größte gesellschaftliche Bedeutung hat dieser Problemkreis heute in den USA, wo es um die Emanzipation der Neger geht. Die Verwirrung, die auf diesem Gebiet besteht, hat zum großen Teil damit zu tun, daß die verschiedenen Bedeutungen des Begriffes Intelligenz nicht auseinandergehalten werden (Intelligenz A und Intelligenz B).
In ihrer allgemeinen Form ist die folgende Feststellung wahrscheinlich richtig: Sowohl in den USA als auch in Afrika haben Neger einen niedrigeren IQ als Weiße, die in denselben Ländern leben. Dem muß jedoch hinzugefügt werden: Neger leben im Durchschnitt unter Umweltbedingungen, die ungünstiger für die Entwicklung der Intelligenz sind. Weiter gibt es eine Anzahl Neger, die intelligenter sind als die meisten Weißen. Der Schluß, ein niedrigerer Durchschnitts-IQ weise auf ein niedrigeres erbbedingtes Potential hin, ist nicht gerechtfertigt und kann schon gar nicht als Entschuldigung dafür dienen, nicht nach Mitteln und Wegen zu suchen, um den Negern Umweltbedingungen zu schaffen, die die Entwicklung der Intelligenz fördern. Niedrige Intelligenz B kann nicht mit niedriger Intelligenz A gleichgesetzt werden. An Hand unseres heutigen Wissens könnte man z. B. mit gleicher Berechtigung behaupten: Die erbbedingte Intelligenz der Neger ist höher, gleich oder niedriger als die der Weißen. Der Glaube, es gäbe eine Beziehung zwischen Hautfarbe (braun, gelb, schwarz oder weiß) und Intelligenz, entbehrt jeder wissenschaftlichen Grundlage.

Diese Feststellung ist wichtig und würde auch dann nicht widerlegt werden, wenn es sich erweisen sollte, daß es zu zufälligen und vorübergehenden Beziehungen gekommen wäre. Z. B. wäre es denkbar, daß Jahrhunderte von Sklaverei und Leibeigenschaft zu einer Auslese in Richtung auf niedrige Intelligenz führte oder daß andere Formen der Unterdrückung, der z. B die Juden in Europa ausgesetzt waren, ein leichtes Ansteigen der allgemeinen Intelligenz bewirkten.
Angenommen so etwas hätte sich tatsächlich abgespielt, so würde sich der Mittelwert für eine Gruppe doch nur sehr langsam verschieben und der Unterschied zwischen den Mittelwerten verschiedener Gruppen wäre immer noch lächerlich klein, verglichen mit den individuellen Unterschieden innerhalb einer Gruppe. Der Umstand, daß es neben sehr intelligenten Negern auch sehr unintelligente und außer unintelligenten Juden auch sehr intelligente gibt, weist weiterhin darauf hin, daß es keinen wesentlichen Zusammenhang zwischen Gruppenzugehörigkeit und Fähigkeiten gibt. Weiter können sich die Beziehungen einer Gruppe zu größeren sozialen Einheiten ändern oder absichtlich geändert werden und dadurch kann es zur Korrektur eines solchen Trends kommen. Wenn man von jemandem weiß, daß er ein Neger (Malaie, Chinese, Indianer) oder Jude ist, so sagt einem das nichts über die Qualität des Gehirns, das er geerbt hat.

Hat man es mit Leuten zu tun, die unter verschiedenen kulturellen Bedingungen aufgewachsen sind, kann man auf Grund des IQ einfach keine Vergleiche der ererbten Intelligenz anstellen.
Das wurde übrigens schon während des ersten Weltkrieges entdeckt, als erstmals Intelligenztests bei Massenuntersuchungen von Rekruten eingesetzt wurden. Neger hatten im Durchschnitt einen niedrigeren IQ als Weiße, aber Neger hatten auch als Gruppe gesehen weniger Gelegenheit, zu den Materialien Zugang zu finden, aus denen ein Test aufgebaut ist. Übrigens hatten Neger, die aus dem Norden der USA kamen, im Durchschnitt einen höheren IQ als die weiße Landbevölkerung aus dem Süden. Obwohl diese Ergebnisse nichts beweisen, liefern sie doch weitere Hinweise auf die Bedeutung von Umwelteinflüssen für die Entwicklung der Intelligenz.

Sobald man erkennt, daß jedem Intelligenztest die Annahme zu Grunde liegt, daß die Probanden (Leute, die man testen will) mit den Materialien, aus denen der Test aufgebaut ist, vertraut sind, wird es verständlich, weshalb auf Grund von IQ-Tests die Intelligenz A von Leuten, die verschiedenen Kulturen entstammen, nicht verglichen werden kann. Es ist nicht einmal voll gerechtfertigt, die Intelligenz von Russen und Amerikanern oder Italienern und Schweden zu vergleichen und zwar auch dann nicht, wenn Sprachschwierigkeiten überwunden sind, ein Test also übersetzt wurde. Verschie-

dene Lebensstile, Sprech- und Denkgewohnheiten hätten zur Folge, daß der gleiche Testwert – sagen wir 20 Items eines 50-Item-Tests seien richtig beantwortet – in den verschiedenen Kulturen eine unterschiedliche Bedeutung hätte.
Die gleichen Überlegungen müssen einen auch leiten, wenn es zum Vergleich von Gesellschaftsgruppen innerhalb einer Kultur kommt. Neger und Weiße können in bezug auf Intelligenz A ebenso wenig miteinander verglichen werden, wie Weiße, die verschiedenen Gesellschaftsschichten angehören. Innerhalb einer Kultur kann man solche Vergleiche nur in bezug auf Intelligenz B anstellen. Da der IQ von Umwelteinflüssen abhängt, kann der niedrige IQ eines Probanden, der unter schlechten Umweltbedingungen aufwuchs, nicht als ein Zeichen dafür angesehen werden, daß auch Intelligenz A niedrig ist.

Der Ablauf der Entwicklung nach Piaget

Wir sind bis heute noch weit davon entfernt, die Entwicklung des Denkens vom Kleinkind zum Erwachsenen voll zu verstehen. In letzter Zeit wurden jedoch einige Fortschritte gemacht, zu denen der große Schweizer Psychologe Piaget wesentlich beigetragen hat. Ähnlich wie Binet begann auch er mit der Beobachtung seiner eigenen Kinder und beschrieb, oder besser gesagt skizzierte, wie sich aus der unkomplizierten, mehr oder weniger reflexiven Reaktivität des Kleinkindes die Intelligenz des Erwachsenen entwickelt. In seinen Untersuchungen stieß er auf einige sehr erstaunliche Ergebnisse.

Sind diese Ergebnisse wirklich so erstaunlich? Wären wir z. B. in der Lage, uns selbst und unsere Gesellschaft objektiv und aus einiger Entfernung zu beobachten (wie ein intelligenteres Wesen von einem anderen Planeten), würden wir wahrscheinlich mehr Ähnlichkeit zwischen dem Denken von Erwachsenen und Kindern entdecken. Piaget zeigte z. B., daß es ein Alter gibt, in dem das Denken des Kindes von magischen und animistischen Vorstellungen beherrscht wird. Intelligente Leute im zivilisierten Westen sind solchen Dingen natürlich entwachsen. Ist das aber wirklich so? Magie ist der Glaube, man könne durch die Manipulation von Symbolen, durch Gesten und Riten Ereignisse beeinflussen, die entweder in weiter Ferne stattfinden oder die noch in der Zukunft liegen. Daß so etwas möglich ist, glauben wir natürlich nicht, diese Art der Magie wird von den meisten Erwachsenen sicherlich als Unsinn abgetan. Aber auch wir Erwachsenen sind abergläubisch, klopfen auf Holz und führen eine Anzahl anderer Handlungen durch, die uns Glück bringen oder uns helfen sollen, Unglück abzuwenden. Wer kann schon von sich behaupten, nie animistisch gedacht zu haben?

Animismus wird allgemein definiert als die Vorstellung, unbelebte Gegenstände seien aktiv und handelten selbständig, weil sie von einem Wesen bewohnt werden, das physikalisch nicht nachgewiesen werden kann. Die animistische Theorie vom Verhalten ist, wie wir gesehen haben, intellektuell respektabel und wird auch von vielen Leuten vertreten. Wenn wir Autos, Segelbooten und Computern Persönlichkeit, Absichten, Widerspenstigkeit zusprechen, ist das zu einem gewissen Grad animistisches Denken. Manchmal kann man z. B. nicht umhin, vom zornigen Meer oder einem böswilligen Wirbelsturm zu sprechen. Diese Art des Denkens unterscheidet sich kaum von der des Kindes.

Piagets Einsicht, daß es klar unterscheidbare Stufen in der Entwicklung des kindlichen Denkens gibt, wird durch unsere Überlegung nicht entkräftigt. Aber auch bei den qualitativ unterscheidbaren Stufen müssen immer noch Spuren einer Kontinuität vorhanden sein. Man könnte z. B. auch sagen, der Unterschied zwischen dem kindlichen Denken und dem der Erwachsenen bestehe hauptsächlich darin, daß die Kinder einen größeren Bereich der Umwelt in magischer und animistischer Weise erklären, als es die Erwachsenen tun. Es stimmt natürlich auch, daß das Vorherrschen solcher Erklärungsweisen dem Denken einen anderen Charakter gibt.

In einer frühen Entwicklungsphase bewegt sich das Denken des Kindes auf dem Niveau einfacher Assoziationen. Gegenstände, die in der Umwelt miteinander verbunden sind, werden auch in Gedanken miteinander verbunden. Zu magischem Denken kommt es, wenn ein Kind einen Schluß wie den folgenden zieht: Weil es am Abend immer schläfrig wird, bringt die Schläfrigkeit die Nacht. Oder es bemerkt einen Farbunterschied zwischen Gegenständen, die schwimmen und solchen, die sinken, und denkt dann, die Farbe bestimme die Schwimmfähigkeit. Für ein anderes Kind ist lebendig und warm gleichbedeutend und es schließt daher: Die Sonne ist warm und lebt deswegen (eben weil sie warm ist). Oder ein anderes zählt zu den lebendigen Gegenständen alle, die sich bewegen. Wolken gelten dann als lebendig, Bäume aber nicht.

Man muß natürlich sehr vorsichtig sein, wenn man mit Kindern arbeitet. Es kann nicht nur zu Verständnisschwierigkeiten zwischen Experimentator und Kind kommen, sondern außerdem besteht die Gefahr, daß man den Kindern Sachen einredet, Dinge in den Mund legt, und dann nie mehr herausfinden kann, wie sie selber die Welt sehen. Mit Erfahrung und Geschick kann es jedoch gelingen und man kann z. B herausbekommen, ob die Sonne auch zu den lebendigen Dingen gehört hätte, wenn sie kalt wäre.

Auf einer weiteren Entwicklungsstufe spielen Überlegungen über die Brauchbarkeit und den offensichtlichen Zweck von Gegenständen eine große Rolle. Warum schwimmen Schiffe: Damit man mit ihnen Ozeane überqueren kann. Wolken ziehen über den Himmel, weil irgendwo Regen gebraucht wird. Noch etwas später interessiert sich das Kind für Ursachen und es findet oft in diesem Alter eine allgemeine Ursache (man könnte sagen, es erfindet ein übernatürliches Wesen, doch stimmt das nicht ganz, weil es die Begriffe natürlich und übernatürlich noch nicht erworben hat). Jemand muß die Wolken schieben. So einfach diese Überlegung auch scheinen mag, so ist sie doch rationaler als die der jüngeren Kinder. Dieser Jemand kann Gott sein. Der Gott, den sich Kinder auf dieser Entwicklungsstufe vorstellen, ähnelt eher einem übermäßig mächtigen und starken menschlichen Wesen als dem Gott, wie er von Erwachsenen verstanden wird. Es ist in diesem Zusammenhang wichtig, sich daran zu erinnern, daß Kinder auch ihren Eltern große Macht zuschreiben und sich vorstellen, sie könnten die unwahrscheinlichsten Dinge geschehen lassen. Flüsse und Seen gibt es, damit darauf Kähne fahren können; ganz allgemein gibt es Dinge, weil sie gebraucht werden, ähnlich wie in Molières Witz: Die Nase hat ihre Form, damit eine Brille darauf sitzen kann.

Quantitative Informationen über das kausale Denken von Kindern haben M. Laurendeau und A. Pinard gesammelt. Nehmen wir als ein Beispiel, was Kinder über Träume zu sagen haben, ein Phänomen, das die Menschen schon seit langem faszinierte: Die beiden Forscher unterscheiden vier Entwicklungsstufen:

Stufe 0: Das Kind weiß noch nicht, was ein Traum ist, und versteht daher die Frage auch nicht.

Stufe 1: Der Traum ist wirklich und existiert unabhängig vom Träumer. Der Traum ist im Zimmer und jeder kann ihn sehen. Sollte jemand (ein Erwachsener) den Traum nicht sehen können, so deshalb, weil der Traum entweder verschwindet, wenn man das Licht andreht, oder weil er unter der Bettdecke versteckt ist.

Stufe 2: Der Traum ist im Auge oder im Kopf. Wäre man in der Lage, in den Kopf oder ins Auge hineinzuschauen, so könnte man ihn sehen, weil er dort so ähnlich wie eine kleine Theatervorstellung abläuft.

Stufe 3: Jetzt sagt das Kind, daß der Traum im Kopf oder im Auge ist und seine Ursache in den eigenen Erinnerungen, Gedanken oder Vorstellungen hat. Manchmal haben Kinder Schwierigkeiten, auf dieser Stufe klar zu beschreiben, was sie schon verstehen.

Der Verlauf der Entwicklung wird in Tabelle 3 dargestellt:

Um die Tabelle 3 etwas klarer zu machen, zitieren wir hier einige Beispiele aus den Protokollen.

Alter 4 Jahre: Wenn deine Mutter mit bei dir im Schlafzimmer ist, kann sie dann deine Träume sehen? — Ja. — Wenn ich mit dir im Zimmer wäre, könnte ich sie dann auch sehen? — Natürlich. — Warum sagst du, daß ich deinen Traum auch sehen könnte? — Weil er noch im Zimmer ist.

Alter 4 1/2 Jahre: Ist dein Traum wirklich in deinem Zimmer oder sagst du das nur so? — Er ist wirklich dort. — Wenn du träumst, sind dann deine Augen offen oder zu? — Zu. — Wo ist dein Traum dann? — In meinem Zimmer. — Wie kannst du ihn mit geschlossenen Augen sehen? — Das weiß ich nicht. Ein fünfjähriges Kind beantwortet die gleiche Frage damit, daß es erklärt, der Traum sei unter der Decke.

Alter 6 Jahre: Sind deine Augen offen oder geschlossen, wenn du träumst? — Geschlossen. — Wo sind deine Träume? — Vor mir. — Ist da irgendetwas vor dir, wenn du träumst? — Ja. — Kann deine Mutter deine Träume sehen, wenn sie in dein Schlafzimmer geht? — Nein. — Und ich? — Nein. — Warum kann ich deine Träume nicht sehen? — Weil sie in mir sind, aber vor mir, ich versteh's nicht, ich kenn' mich nicht aus. (Stufe 2)

Alter 8 Jahre: Wenn du träumst, wo sind dann deine Träume? In meinen Augen, nicht in der Nähe meiner Augen, sondern in meinen Augen!

Alter 9 Jahre: Wenn du träumst, wo sind deine Träume? — In meinem Kopf. — In dir oder in deinem Kopf? — In mir. (Stufe 3)

Tabelle 3. Entwicklung des Verständnisses von Träumen. Anteil der Kinder klassifiziert nach Stufen und Alter (in v. H.) (Daten von Laurendean und Pinard)

Stufe	Alter 4	Alter 6	Alter 8	Alter 10
0	55	10	0	0
1	20	10	0	0
2	24	38	18	2
3	0	41	82	98

Das sind einige Beispiele von der Arbeit, die von Piaget und seiner Schule durchgeführt wurde. Ein eigenes Problem ist die Frage danach, wie die optimalen Bedingungen für die Entwicklung der Intelligenz aussehen. Obwohl es sich hier um ein wichtiges soziales Problem handelt, ist unser Wissen hier noch sehr lückenhaft.

Die rasche technische Entwicklung der letzten Jahrzehnte und die immer weiter um sich greifende Automation haben dazu geführt, daß von Berufsanwärtern heute ein höheres Bildungs- und Intelligenzniveau verlangt wird.

Gleichzeitig nehmen die Arbeitsplätze für Ungelernte ab. Will man sich nicht einfach damit abfinden, daß es in einem Lande wie den USA immer mehr Arbeitslose geben wird, und daß der Abstand zwischen reichen und armen Nationen sich vergrößern wird, dann muß man das Niveau der intellektuellen Funktionen der Arbeiterschichten der Bevölkerung in vielen Ländern heben. Wie kann das geschehen? Bessere Schulen, obwohl wichtig, können es nicht alleine leisten, denn der Bildungsgrad, den jemand erreicht, hängt vom IQ, also von der Intelligenz B ab und diese ist wiederum zu einem großen Teil durch das intellektuelle Klima des Elternhauses und die allgemeinen sozialen Umstände bedingt, in denen jemand aufwächst. Intelligenz B hängt natürlich auch von der Vererbung ab, aber auch wenn wir annehmen, wir könnten dazu beitragen, daß weniger Kinder mit niedrigerer Intelligenz A geboren werden, so liegt die Hauptaufgabe doch darin, allen Kindern die Möglichkeit zu geben, ihr intellektuelles Potential voll zu entwickeln. In den meisten Ländern gibt es breite Bevölkerungsschichten, denen das nicht ermöglicht wird. In diesen Schichten ist die Intelligenz B nicht so weit entwickelt, wie es ihre genetische Konstitution erlauben würde.

Die Schwierigkeit, das Intelligenzniveau dieser Leute oder jedenfalls das ihrer Kinder zu heben (es muß daran erinnert werden, daß der IQ nach dem Alter von 15 Jahren stabil bleibt), liegt darin, daß das intellektuelle Klima, in dem das Kind aufwächst, hauptsächlich von der Intelligenz der Erwachsenen abhängt, mit denen es Berührung hat. Wenn das Kind in die erste Klasse eintritt, haben sich die Auswirkungen einer intellektuell nicht stimulierenden Umwelt schon bemerkbar gemacht. Hunt, der sich mit diesem Problem ausführlich beschäftigte, wies darauf hin, daß uns z. B. die von Maria Montessori ausgearbeiteten Bildungsmethoden – weil sie zur herrschenden Theorie über die Entwicklung der Intelligenz in Widerspruch standen, waren sie in Vergessenheit geraten – einen Weg weisen könnten. Obwohl die Forschung auf diesem Gebiet noch nicht sehr weit fortgeschritten ist, gibt es Methoden, die auch heute schon angewandt werden können, um die intellektuelle Entwicklung zu fördern. Es ist offensichtlich, daß es sich hier um eines der wichtigsten Probleme der Psychologie und Erziehungswissenschaft handelt.

Zuverlässigkeit (Reliabilität) und Gültigkeit (Validität) sind die wesentlichen Ziele jeden Messens. Zuverlässigkeit bezieht sich auf die Konsistenz der Meßwerte (eine zweite Messung derselben Sache sollte zum gleichen Ergebnis führen). Die Zuverlässigkeit der meisten psychologischen Messungen ist leider nicht sehr hoch. An die Gültigkeit können wir in der Praxis nicht unmittelbar herankommen. Idealerweise wäre sie die Korrelation der eigenen Messung mit einer perfekten des Phänomens, an dessen Messung wir interessiert sind.

Die Probleme, um die es hier geht, wurden an einem Vergleich der üblichen Form der schriftlichen Prüfung und einer objektiven Prüfung vorgeführt: eine objektive Prüfung kann die Zuverlässigkeit erhöhen, jedoch mit dem Risiko, an Gültigkeit einzubüßen. Man kann nun gewisse Vorsichtsmaßnahmen treffen. Man benötigt dazu zwei Kriteriengruppen: eine, in der das zu messende Merkmal stark ausgeprägt, und eine, in der es nur schwach ausgeprägt ist. Die Werte, die diese beiden Gruppen in den einzelnen Testaufgaben erreichen, zeigen, welche Aufgaben brauchbar und welche unbrauchbar sind. Brauchbar sind Aufgaben, die gut zwischen den beiden Gruppen unterscheiden. Ebenso wird grundsätzlich auch bei der Entwicklung von Intelligenztests verfahren.

Die Messung von Schwellenwerten wird gewöhnlich als ein Markstein in der Entwicklung der Psychologie zur selbständigen, von der Philosophie unabhängigen Wissenschaft betrachtet. Wenn bei einer „Schwellenwertbestimmung" die Routine-Vorsichtsmaßnahmen getroffen wurden, d. h., daß u. a. der Versuchsperson jede Möglichkeit genommen ist, ihr Urteil von anderen als den experimentellen Variablen abhängig zu machen, dann treten hier kaum Validitätsprobleme auf. Dafür ist aber die Zuverlässigkeit der einzelnen Messungen äußerst gering; es ist ein wiederholtes Testen nötig, um diesen quantitativen Fehler zu verringern.

Ein besonderes Problem ist die Messung des Gedächtnisses. Hier wird das, was wir messen möchten, durch den Prozeß des Messens unmittelbar verändert: Will man z. B. die Abnahme der Erinnerung, also das Vergessen, nach verschiedenen Zeitintervallen untersuchen, so müssen verschiedene Gruppen getestet werden, eine für jedes Zeitintervall. Um das Behalten früher gelernten Materials zu testen, haben wir drei Methoden: die Erinnerungsmethode, die Methode des Wiedererkennens und die Ersparnismethode. Besonders nachdrücklich behandelt dieses Kapitel die Messung der Intelligenz, und zwar einmal, weil dieses Problem von wesentlicher Bedeutung ist, dann aber auch, weil daran die Schwierigkeiten und Möglichkeiten des Messens komplexer Variablen des Verhaltens deutlich demonstriert werden. Das wichtigste Problem löste hierbei Binet, indem er logische a priori-Definitionen der Intelligenz von vornherein verwarf und sich statt dessen fragte, welche unterschiedlichen Reaktionen bei intelligenten und weniger intelligenten Kindern gefunden werden. Er hat in seine Tests kein einziges Item (Testmerkmal) einbezogen, das von einem intelligenten Subjekt gut gelöst werden „sollte", sondern nur solche, die von intelligenten gut gelöst wurden. Es hat sich dabei ergeben, daß solche Items die höchste Gültigkeit haben, die nach früherem Problemlösen und Denken des Subjekts fragen. Es handelt sich dabei meistens um verbale Tests. Nichtsdestoweniger müssen in einen guten Intelligenztest auch Items eingebaut sein, die im Augenblick des Testens von der Versuchsperson Problemlösen verlangen. Das werden meistens nichtverbale Aufgaben sein. Ein Vergleich dieser zwei Arten von Items kann dann ein gewisser Hinweis darauf sein, ob ein intellektueller Abbau stattfindet. Ein Indikator für „intellektuellen Abbau" ist, daß bei Aufgaben, die auf vergangener Erfahrung basieren, ein höherer Wert erreicht wird als bei denjenigen, die Problemlösen hier und jetzt verlangen. Es handelt sich hier jedoch nicht um einen vollkommen zuverlässigen Index.

Grundsätzlich kann der IQ als eine Angabe der Rate der intellektuellen Entwicklung während der Kindheit aufgefaßt werden. (Das bezieht sich auf das Niveau dieser Entwicklung.) Von der Reife an meint der IQ nicht mehr die gegenwärtige Rate der Entwicklung, denn diese hört ungefähr in einem Alter von 15 Jahren auf. So kann der IQ des Erwachsenen einfach als ein Vergleich des Intelligenzniveaus mit dem anderer Mitglieder derselben Kultur interpretiert werden. Von einer „Konstanz des IQ" kann nur beim Erwachsenen gesprochen werden. Während des Wachstums ist der IQ den Einflüssen der kulturellen Erfahrung unterworfen.

Der Ausdruck „Intelligenz" wird sowohl für das angeborene intellektuelle Potential A verwendet als auch für B, das Ausmaß, in dem dieses Potential

im späteren Leben realisiert wurde. In unserer Diskussion unterscheiden wir die zwei Bedeutungen des Begriffes Intelligenz als „Intelligenz A" und „Intelligenz B". Es steht fest, daß die Intelligenz A zweier Personen, die während der Kindheit und Jugend verschiedenen Erfahrungen ausgesetzt waren, nicht valid miteinander verglichen werden kann, denn die Erfahrung wirkt sich auf die Testergebnisse aus. Ein Vergleich der Intelligenz B ist solange in geringerem Maße der Kritik ausgesetzt, als die falsche Schlußfolgerung unterlassen wird, Unterschiede der Intelligenz seien notwendigerweise auf verschiedene Anlagen zurückzuführen.
Auf Piagets wichtige Arbeiten über die Entwicklung der menschlichen Intelligenz wurde auch kurz hingewiesen.

13. Psychologie und die Methoden der Wissenschaft

Lassen Sie uns jetzt, am Ende unserer Darstellung, wieder auf die Probleme zurückkommen, die wir im ersten Kapitel aufwarfen. Wie sehen jetzt, unter der Perspektive all dessen, was gesagt wurde, die Antworten darauf aus? Eingangs stellten wir fest, die Psychologie handle vom Verhalten, und Verhalten bestehe aus Muskelreaktionen und Drüsensekretionen. Auf den ersten Blick scheint es, daß das sehr wenig mit dem zu tun hat, wofür sich derjenige interessiert, der das Studium der Psychologie aufnimmt. Im weiteren Verlauf unserer Ausführungen wurde es jedoch offenbar, daß das Bemühen, „Verhalten zu verstehen", kompliziert genug ist. Dem Leser wird auch aufgefallen sein, daß die in diesem Buch vertretene Art, die Wissenschaft „Psychologie" zu betreiben, die Behandlung der höheren seelischen Prozesse, mag es sich auch um die subtilsten handeln, durchaus nicht ausschließt.

Durch die Anwendung objektiver Methoden wurde die akademische Psychologie während der letzten 50 Jahre vollkommen verändert. Bisher nahmen wir diese Veränderung als selbstverständlich hin. In diesem Kapitel wollen wir nun näher darauf eingehen. Im besonderen werden wir die Beziehung der akademischen Psychologie zur angewandten behandeln und den Beitrag besprechen, den die quantitativen Methoden und die modernen neurologischen und neurophysiologischen Ideen zum Fortschritt der Psychologie leisteten.

Die verschiedenen „Gesichter" der Psychologie

Die Psychologie besteht aus einer solchen Vielzahl unterschiedlicher Unternehmungen, daß es oft schwierig sein mag zu sehen, was sie miteinander gemeinsam haben. Ein Psychologe befaßt sich zum Beispiel mit Berufsberatung. Er verbringt seine Tage damit, mit Schülern zu reden, Testwerte zu vergleichen; er wird zu klären versuchen, für welchen Beruf ein Ratsuchender besonders geeignet ist. Ein anderer Psychologe wiederum mißt Reaktionszeiten von Kraftfahrern, und wieder ein anderer studiert verzögerte Reaktionen von Goldfischen oder die Navigation der Fledermaus. Ein anderer Psychologe hilft bei der Diagnose psychiatrischer Patienten und stellt Untersuchungen über deren erste Kindheitserlebnisse an, die möglicherweise zur Entwicklung der Neurose beigetragen haben. Ein weiterer beteiligt sich an einem Forschungsprojekt über die Wirkung von Schlafmitteln. Was haben also diese verschiedenen Tätigkeiten gemeinsam? Wohl das, daß sie aus den Methoden und Denkweisen der akademischen Psychologie abgeleitet sind. Der einzelne Psychologe wird sich nun entweder damit befassen, diese Methoden und Denkweisen praktisch anzuwenden oder sie zu verbessern und auszubauen.

Die wirksame Anwendung der Methode basiert auf einer fundierten Kenntnis der psychologischen Theorie. Die Grundlage einer gleichartigen Ausbildung und das Bemühen, zum Fortschritt der Theorie und auch ihrer Anwendung beizutragen, verbindet alle Psychologen. Derjenige, der sich mit Beratung beschäftigt, wird jede freie Stunde dazu verwenden, um seine Daten auch theoretisch zu analysieren. Ein anderer, der hauptsächlich in der Forschung arbeitet, wird begeistert sein, wenn er die Anwendung seiner eigenen Arbeiten oder der eines Kollegen sehen kann.

Diese enge Verquickung zwischen angewandter und theoretischer Psychologie, die man fast bei jedem Psychologen findet, erschwert es natürlich oft sehr, zwischen Psychologie (1) als Beruf und (2) als Wissenschaft zu unterscheiden. Sieht man diese beiden Aspekte nicht unbedingt als Gegensätze an, so kann diese Unterscheidung allerdings gemacht werden. Die Unterscheidung dieser Aspekte hilft uns nämlich dabei, die Verwirrung zu überwinden, in die derjenige kommt, der sich zum ersten Mal mit Psychologie befaßt. Die Popularisierung der Psychologie vollzog sich meistens von der Seite der Anwendung her und es kann daher sehr wohl sein, daß sich ein Student deshalb für dieses Fach entschließt, weil er glaubt, hier könne er lernen, wie er seine Scheu und seinen Mangel an Selbstvertrauen überwinden kann. Ein anderer glaubt, hier einen Schnellkurs in Weltverbesserung zu bekommen oder eben darin, wie man der gequälten Menschheit helfen kann. Sie alle erleben einen richtigen Schock, wenn sie feststellen, daß sie sich vorerst einmal mit den grundlegenden Theorien und Fakten bekanntmachen müssen, bevor sie sich der beruflichen Seite zuwenden können. Ohne theoretisch-wissenschaftliche Ausbildung gibt es keinen Psychologen, mag er auch noch so sehr dazu drängen, sich sofort in den Dienst seiner Mitmenschen zu stellen.

Ähnlichen Enttäuschungen und Schwierigkeiten begegnet aber auch der Student, der Wissenschaftler werden will und möglichst schnell große Entdeckungen machen möchte. Ihm werden hier nicht die dramatischen Enthüllungen der menschlichen Seele geboten, wie sie nach den Berichten von Zeitschriften und Tagebüchern gewiß zu erwarten wären, sondern langwierige Diskussionen über Schwellenwerte, Reflexe, Konditionieren usw. erwarten ihn. Schafft er es jedoch, eine gewisse Lehrzeit zu überstehen, so wird er bald feststellen, welch interessante Probleme, die immer noch ihrer Lösung harren, unsere Wissenschaft zu bieten hat.

Ein Kernstück der wissenschaftlichen Methode ist die Bevorzugung einfacher Verfahrensweisen. Gelingt es, ein komplexes Problem auf eine Anzahl einfacherer Fragestellungen zurückzuführen, so ist eine bessere Kontrolle der unabhängigen Variablen gegeben (Kapitel 11), und es ist eher möglich, die Annahmen aufzufinden, die geändert werden müssen, bevor das Problem gelöst werden kann (Kapitel 10). Im ersten Moment wird es dem Anfänger scheinen, daß durch ein solches Vorgehen viel vom Interessanten des Problems verloren geht. Tatsächlich ist ein solches Manöver nicht dazu angetan, eine Schlacht zu ersetzen, sondern lediglich dazu, die verwundbaren Stellen aufzufinden. Ja, es gibt in der Wissenschaft nichts Aufregenderes als ein kleines Experiment, das an sich trivial ist, durch das es uns jedoch gelingt, falsche Annahmen aufzudecken, die bisher die Sicht auf die Lösung versperrten, und das nun einen Weg aufzeigt, wie wir auch mit größeren Problemen fertig werden können.

Häufig müssen wir an wichtige Fragen indirekt herangehen. Mag die statistische Analyse dem Studenten auch langweilig und überflüssig erscheinen, und interessiert die Intelligenz eines Hundes niemanden außer einen Hundenarren, so ist die Bedeutung solcher Methoden und Untersuchungen für das Verständnis des menschlichen Verhaltens doch von unschätzbarem Wert. Wissenschaft wird richtig als intellektuelles Abenteuer beschrieben. Unglücklicherweise bedarf es einiger Arbeit und Anstrengung, bis man so weit vorzudringen vermag, daß es nach Abenteuer und Spannung schmeckt.

Zur Zeit befindet sich die Psychologie in einem raschen Fortschritt, der sich auf alle ihre Fragestellungen auswirkt. Überall kann man ihn spüren, um das Problem der Lerneinstellung mag es sich handeln, um die Auswahl von Vorarbeitern, um den Brutpflegeinstinkt oder um Gehirnwäsche. Die Methoden, die dabei angewandt werden, lassen sich immer bis zu einem bestimmten Punkt auf die wissenschaftliche Methode der „reinen Psychologie" zurückführen. Immer wieder scheint es so zu sein, als würfe die Lösung eines Problems zwangsläufig zwei neue Probleme auf. Für den zukünftigen Wissenschaftler bleibt jedenfalls noch genug zu tun.

Auswirkungen der quantitativen Methoden

Die Geschichte der experimentellen Psychologie (im Gegensatz zur Lehnstuhlpsychologie) könnte nahezu als eine Geschichte der Entwicklung der quantitativen Methoden beschrieben werden. Bis 1850 wurde die Untersuchung des Geistes oder der Seele als eine Domäne der Philosophen betrachtet, in der es keinen Platz für experimentelle Forschung gab. Um 1875 war diese Einstellung so ziemlich verschwunden. An dieser Veränderung sind u. a zwei Arten von Messungen, die um diese Zeit entdeckt wurden, schuld, nämlich die der Empfindungsstärke und der Reaktionszeit. Interessanterweise hat keine von beiden ihre Wurzeln in den Arbeiten der Philosophen. Die Untersuchungen der Empfindungsstärke wurden durch Weber, einen Physiologen, der sich für die Empfindsamkeit der Haut interessierte, eingeleitet, die der Reaktionszeit durch den Astronomen Bessel. Er entdeckte, daß es gewisse Fehler bei der exakten Feststellung des Zeitpunktes gibt, an dem ein Stern einen bestimmten Punkt des Himmels erreicht, und daß diese Fehler auf verschieden schnelle Reaktion der Beobachter zurückgeführt werden müssen. Heute hat keine dieser Messungen die überragende Bedeutung für die Psychologie, die man sich ursprünglich davon erhoffte. Nichtsdestoweniger wurde durch diese Messungen die Psychologie zu einer experimentellen Wissenschaft. Gleichzeitig führten sie uns, wenn auch über Umwege, zu einer Vielzahl fruchtbarer Problemstellungen.

Fechner – ihn kann man als den ersten experimentellen Psychologen bezeichnen (er war Physiker) – vervollständigte die Beobachtungen Webers und faßte die Ergebnisse zu dem zusammen, was heute als das Weber-

Fechner'sche Gesetz bekannt ist. Dieses besagt, die Stärke der Empfindung nimmt proportional dem Logarithmus der Reizstärke zu. Später mußte das Gesetz allerdings wesentlich modifiziert werden, denn die Beziehung zwischen Empfindung und Reiz ist nicht annähernd so einfach, wie Fechner sich das damals dachte. Die großartige Leistung, die in der Formulierung dieses Gesetzes liegt, kann man dann einschätzen, wenn man sich dessen bewußt ist, daß Empfindungen als seelische Prozesse aufgefaßt und hier erstmals in der Geschichte seelische Vorgänge gemessen wurden. Durch diesen Durchbruch war der Weg für weitere psychologische Forschung geebnet.

Ähnliches kann von der Untersuchung der Reaktionszeit gesagt werden. Anfangs war man sogar der Meinung, daß man damit einen Weg gefunden hätte, um die höheren seelischen Prozesse direkt in Angriff zu nehmen. Man fand zum Beispiel, die Reaktionszeit sei kürzer, wenn auf ein Signal nur in einer bestimmten Weise geantwortet werden muß, wenn es sich also um eine einfache Reaktionszeitmessung handelt, als dann, wenn bei der Reaktion auch eine Entscheidung getroffen werden muß (bei rotem Licht ist der linke Knopf zu drücken und bei grünem Licht der rechte). Man dachte sich nun, daß man durch Vergleich dieser beiden Reaktionszeiten die Zeit, die für eine Entscheidung gebraucht wird, also die Dauer des seelischen Vorgangs messen könnte. Unglücklicherweise hat sich herausgestellt, daß die Entscheidung den ganzen Vorgang beeinflußt und nicht als ein selbständiges Ereignis gemessen werden kann. Obwohl diese Methode nicht den erwarteten Erfolg brachte, so zeigte sie doch die Probleme der Einstellung auf.

Die Reaktionszeit hängt davon ab, ob die Versuchsperson darauf eingestellt ist, sofort zu reagieren und eine Entscheidung zu treffen. Es dauerte lange, bis diese Probleme aufgedeckt wurden, doch allein schon, daß sie in der Sprache des Experiments formuliert wurden, war ein großer Fortschritt für die Analyse des Verhaltens.

In diese allgemeine Atmosphäre des Experimentierens fielen zwei weitere Ereignisse von dauerhafter Bedeutung. Ebbinghaus, der indirekt von Fechners Messungen der Empfindung angeregt wurde, berichtete 1885 von seinen Untersuchungen über Lernen und Gedächtnis. Bis dahin dachte man, Lernen sei ein zu komplexer und subtiler Vorgang, als daß man es experimentell erfassen könnte. Einfaches Messen wurde gar nicht erst in Erwägung gezogen. Die geniale Erfindung Ebbinghaus' war die der sinnlosen Silben. Sie stellen eine feste Einheit für die Messung von Erinnerung dar und ermöglichen es, die Wirkung anderen Lernens, das während des Experiments nicht kontrolliert werden kann, weitestgehend auszuschalten. Die Ergebnisse, die Ebbinghaus erzielte, waren so überzeugend, daß schließlich auch andere Forscher angeregt wurden, diese Methode auf komplexere Probleme anzuwenden.

Das zweite große Ereignis war Binets Veröffentlichung einer wirkungsvollen Methode zur Quantifizierung der Intelligenz von Schulkindern. Das war im Jahre 1905.

Gemeinsam bedingen diese beiden Großleistungen weitgehend das Gesicht der heutigen Psychologie. Durch sie wurde zum Beispiel eine experimentelle Erziehungspsychologie ermöglicht. Die für die Intelligenzmessungen entwickelten Methoden wurden später so ausgebaut, daß sie auch zur Messung spezifischer Fähigkeiten und Fertigkeiten angewandt werden konnten (mechanische Fertigkeiten, Musikalität usw.). Die hier errungenen Erfolge regten andere Forscher dazu an, Methoden zur Messung solcher Gegebenheiten wie neurotische Tendenzen, Berufsinteressen, Männlichkeit im Gegensatz zur Weiblichkeit, autoritäre (antidemokratische) Einstellungen, Einstellungen zu Gott usw. einzusetzen. Angewandte Psychologie, klinische Psychologie, Berufsberatung, Erziehungsberatung, Untersuchungen der Persönlichkeit usw.: der Erfolg aller Richtungen hängt in gleicher Weise von der Entwicklung der quantitativen Methoden ab.

Für die psychologische Theorie sind die Probleme des Lernens von überragender Bedeutung. Der Arbeit Ebbinghaus' an Menschen folgte die Arbeit Thorndikes an Tieren. Er kam dabei bald auf das Problem der Denkprozesse (es ging darum, ob das Lernen einer Katze allein ein Aufbauen von S-R Verbindungen sei oder ob es durch Gedanken beeinflußt werde). Weiter stellte sich ihm die Frage nach der Natur der Motivation und der Verstärkung (Effektgesetz). Mit diesen theoretischen Problemen kämpfen wir heute noch. Als Ergebnis des Aufkommens der quantitativen Methoden wurden sie erstmals klar erkannt. Auch heute noch hängt der Fortschritt in diesem Bereich eng mit dem der quantitativen Methoden zusammen.

Der Leser darf keinesfalls glauben, daß wir ihm ein vollständiges Bild von der Entwicklung der modernen Psychologie gegeben haben: weit entfernt davon! Zur gleichen

Zeit, als ein besonderer Nachdruck auf Lerntheorien gelegt wurde (später wurde diese Richtung besonders von Hull repräsentiert), gab es eine starke Gegenströmung, die von der Gestaltpsychologie ausging (einschließlich Köhler) und später von Lashley und Tolman. Der Standpunkt, der von diesen Leuten vertreten wurde, war grob gesagt der, man könnte an die Probleme der Wahrnehmung und des Denkens nicht mit Thorndikes und Watsons Methoden herangehen. Auf diesen Punkt werden wir später noch zurückkommen. Diese Kritik — sie stützte sich auf das Ergebnis von Experimenten — trug in außerordentlicher Weise zu unserem Wissen vom Verhalten bei. Die moderne Psychologie, wie sie heute vor uns steht, ist ein Gewebe, das sich aus den verschiedensten Ideen und Denkrichtungen zusammensetzt, und es wäre daher völlig falsch, sie auf Grund nur einer ihrer Komponenten zu definieren. Den Einfluß der Quantifizierung können wir jedoch überall entdecken. Mit Zunahme der Kompliziertheit der Probleme, mit denen wir es zu tun haben, wächst ihre Bedeutung noch.

Neurologie, Neurophysiologie und Theorienbildung in der Psychologie

Das Problem der Denkprozesse wurde erstmals von Thorndike in ziemlich dramatischer Weise aufgeworfen. Er behauptete, „Katzen denken nicht“ und bezweifelte sogar, daß Affen fähig seien zu denken. Einen noch extremeren Standpunkt nahm Watson ein. Er bestritt schlechthin, daß es so etwas wie Vorstellungen, Ideen, Absichten – mit einem Wort: er bestritt, daß es Gedankenprozesse gebe. Obwohl wir weiter oben ausführten, daß wir diesem Standpunkt nicht zustimmen, müssen wir auf den außerordentlichen Beitrag, den diese Männer durch ihre extremen Formulierungen zum Fortschritt der Psychologie leisteten, hinweisen. Thorndike und Watson brachten erstmals eine einsehbare Theorie des Verhaltens zustande. Sie zeigten anderen, wie man experimentell an das Verhalten herangehen kann und Psychologie auf eine breitere und sicherere Grundlage stellen kann.

Es ist sehr wichtig, daß das nun Folgende richtig verstanden wird. Jemand, der eine Theorie aufstellt, möchte sicherlich die Wahrheit treffen. Die Funktion einer Theorie werden wir jedoch besser verstehen, wenn wir sie als eine klare Feststellung dessen, was wir nicht wissen, auffassen. Dieses „Nicht-Wissen“ ist dabei in solcher Weise formuliert, daß darin Vorschläge enthalten sind, wie der Bereich des uns nicht Bekannten vermindert werden kann. Es ist die Funktion einer Theorie, zu neuen Beobachtungen und zu weiteren Experimenten anzuleiten. Leistet eine Theorie das, dann ist sie gut, ob sie stimmt oder nicht. (Beim gegenwärtigen Stand unseres

Wissens ist es kaum anzunehmen, daß irgendeine Theorie der Komplexität der seelischen Funktionen tatsächlich gerecht wird. Wir haben schon darauf hingewiesen, daß wir nicht einmal das Verhalten der Laboratoriumsratte verstehen, geschweige denn das des Menschen. Gute Theorien führen dadurch, daß sie bessere ermöglichen, zu ihrer eigenen Zerstörung. Die neue Theorie ist meistens eine Qualifizierung, Erweiterung und Umstrukturierung einer älteren und nicht etwas gänzlich Neues, das zu nichts in Beziehung steht. (Der Fortschritt vollzieht sich schrittweise.) Unter diesem Gesichtspunkt können wir die Leistung Thorndikes besser einschätzen. Auch er hatte Vorgänger, u. a. Lloyd, Morgan und Romanes. Ihnen ist es zu verdanken, daß das Sachgebiet einmal abgegrenzt wurde. Zweifellos trugen sie zu Thorndikes Erfolg bei, doch er war es, der den entscheidenden Schlag führte. Er behauptete nämlich, seine Katzen lernten ohne Beteiligung irgendwelchen Verstehens (Vermittlungsprozesse), aus einem Problemkäfig herauszukommen. Er beschrieb Lernen ausschließlich im Sinne der S-R Formel, und in seinem Effektgesetz versuchte er zu definieren, wann durch die Wiederholung einer Handlung eine Verbindung gestärkt oder geschwächt wird. Hier finden wir also die erste klare Formulierung dieses wichtigen Problems.

Heute würden wir diese Formulierungen nicht mehr als zufriedenstellend betrachten, doch sie waren ein großartiger Fortschritt im Vergleich zu allen vorhergegangenen. Ihre Implikationen waren deutlich genug, um verstanden zu werden; und alle diejenigen, die sich das seelische Leben, eben auch das der Katzen, etwas reicher vorstellten, erhoben dagegen stärksten Einspruch. Die Antwort darauf waren die brillianten Experimente von Hobhouse (1901), die von Köhler 1917 wiederholt wurden. Das waren die ersten Experimente, durch die Einsicht demonstriert wurde. Köhlers feinsinnige Analyse stellt einen Meilenstein in der Psychologie dar. Sie war scharf formuliert und ließ keinen Zweifel darüber, daß es im Verhalten Komplikationen gibt, für die Theorien wie die Thorndikes nicht aufkommen können. Worin diese Komplikationen bestanden, war nicht völlig klar. Man sagte, Tiere denken, aber was heißt „denken"? Und was trägt diese Feststellung denn wirklich zum Verständnis des Verhaltens bei? Hunter gab 1913 in seinem Experiment über verzögerte Reaktionen die klarste Antwort darauf: Nervöse Leitung geht sehr rasch vor sich. Wird Verhalten ausschließlich von S-R Verbindungen bedingt, so hat ein Reiz seine Wirkung sofort oder überhaupt nicht. Hunter argumentierte daher, das Auftreten verzögerter Reaktionen verweise auf das Bestehen von „Ideation". Und wie wir gesehen haben, ist das immer noch die grundlegende Methode, das Problem anzupacken.

Vieles, was uns an diesen frühen Diskussionen komisch erscheinen mag, wird verständlicher, wenn wir uns vor Augen halten, daß das physiologische und neurologische Wissen, das dem Psychologen zur Verfügung stand, primitiv war im Vergleich zu dem, was wir heute wissen.

Ganz besonders war Watson darum bemüht, die Psychologie zu einer objektiven biologischen Wissenschaft zu machen, bei der keine immaterielle Seele an der Kontrolle des Verhaltens teilhat. Die Methode, die er anwenden mußte, um zu diesem Ziel zu kommen, bestand darin, das Verhalten in Begriffen zu erklären, die auf ausschließlich nervöse Aktivität Bezug nahmen. Und das war mit der S-R Formel beabsichtigt. Die Physiologen stellten sich damals das Nervensystem als eine Sammlung von Leitungen von den Effektoren zu den Rezeptoren vor. Einige von diesen Leitungen dachte man sich etwas länger (über den Kortex), andere etwas kürzer; alle aber stellte man sich als Einbahnstraßen vor. Die geschlossenen Leitungskreise oder in sich zurückkehrende Neuronenkreise, die es überall im ZNS gibt, wurden schon von dem spanischen Anatomen Ramôn y Cajal beschrieben. Das wurde jedoch später vergessen. Folgerichtig schien Watson eine größere Verzögerung in der Reizübermittlung unmöglich. Die Verzögerung der Reaktion, die von Hunter berichtet wurde, müßte sich, so dachte er, irgendwie als muskuläres Zwischenspiel, wie es in der Motortheorie des Denkens beschrieben wurde (Seite 96 ff.), erklären lassen. Damals schien es, daß die einzige Alternative zur S-R Formel nur irgendeine Art Mystizismus sein könnte.

Aus ähnlichen Gründen konnten damals weder Aufmerksamkeit noch Einstellung verstanden werden, waren doch weder die unterschiedlichen Funktionsweisen von parallelen und divergenten Leitungen, noch der Mechanismus der Summation an den Synapsen, noch das Antriebssystem, noch die fortdauernde Aktivität der nervösen Zellen, wie wir sie aus dem EEG kennen, bekannt. Viele Aspekte des Verhaltens, deren Verständnis uns heute keinerlei Schwierigkeiten bereitet, konnten damals nicht erklärt werden, sie erschienen vollkommen mysteriös.

Kurz gesagt, die Ergebnisse der Psychologie standen damals im Gegensatz zur physiologischen Theorie. Ist eine Theorie allgemein als gültig anerkannt, so wird man seine eigenen Ergebnisse, die dazu anscheinend in Widerspruch stehen, neuerlich in Augenschein nehmen und nachprüfen, ob man nicht vielleicht doch in der Interpretation einen Fehler gemacht habe, bzw. man wird nach einer anderen Interpretation suchen, die mit der gängigen Theorie übereinstimmt. In eine solche Situation kamen nun Thorndike, Watson und Hunter. Ist man aber davon überzeugt, daß eine Theorie unrichtig ist, so wird man noch mehr Beweismaterial sammeln, um sie gültig widerlegen zu können; und in dieser Lage ungefähr waren Hobhouse, Köhler und später Lashley. Durch Serien äußerst instruktiver Experimente, die sie in den Zwanzigerjahren unseres Jahrhunderts durchführten, demonstrierten sie eindeutig, daß die damals üblichen physiologischen Theorien einer radikalen Revision bedurften.

Aus dem eben Gesagten wird ersichtlich, daß die Psychologie schon in ihrer historischen Periode (ungefähr bis 1930) ebenso von neurologischen Vorstellungen wie von der Entwicklung der quantitativen Methoden abhing. Kaum einer der Psychologen verwendete die gleichen experimentellen Prozeduren wie die Physiologen (sie operierten nicht am Hirn, stimulierten keine Nervenbahnen), doch alle bauten in ihre Ideen physiologische Ideen ein. Allerdings stiegen dadurch Zweifel an der Genauigkeit und Richtigkeit der von der Physiologie gelieferten Erklärungen auf. Je genauer das Verhalten erforscht wurde, als desto unzureichender erwies sich das physiologische Wissen.

Immerhin ist das ein Erbe, von dem wir uns kaum lösen können. Einmal stehen unsere grundlegenden Begriffe in Beziehung zum Nervensystem (das kann kaum erstaunen, ist doch das Verhalten unter nervöser Kontrolle). Zum Beispiel sind Reflex und konditionierter Reflex Begriffe, die heute fester Bestandteil der Psychologie sind, obwohl sie aus der Neurologie stammen; dazu gehört bedingt auch die S-R Formel. Aufmerksamkeit und Einstellung wurden erst im Hinblick auf unser Wissen über die Leitungsgeschwindigkeit nervöser Impulse experimentelle Probleme; und ähnliche Probleme standen auch bei der Motor-Theorie des Denkens Pate. Zum anderen sind die Ergebnisse der Verhaltensforschung ebenso sicher wie die über die nervösen Funktionen. Durch jene wurden neuerlich immer wieder Verbesserungsvorschläge für die neurologische Theorie vorgebracht. Eine endgültige Theorie wird aber alle diese verschiedenen Aspekte, sowohl die Ergebnisse der Verhaltensforschung als auch die der Physiologie, einschließen müssen. Heute ist es jedoch so, wie wir in Kap. 7–10 gesehen haben, daß viele Aspekte des Verhaltens noch immer nicht durch physiologische Begriffe erklärt werden können; es ist immer noch so, daß der Psychologe gegenüber all dem, was andere ihm über das erzählen, was das Gehirn tun bzw. nicht tun könne, skeptisch bleiben muß. Geschichtlich gesehen ist dieser Skeptizismus durchaus berechtigt, da wir Fälle kennen, wo die psychologische Analyse die physiologische Entdeckung vorwegnahm.

Möglicherweise wundert sich der Leser darüber, daß wir hier den Beitrag Pawlows überhaupt nicht erwähnt haben. Pawlow, der sich ungefähr um 1900 der Neurophysiologie zuwandte, hatte bis 1918 praktisch gar keinen Einfluß auf die Entwicklung der Psychologie. Erst um diese Zeit übernahm Watson den Begriff des konditionierten Reflexes. Damals waren die Fronten in der Psychologie jedoch schon abgesteckt. Bemerkenswert ist es dabei allerdings, daß die Entwicklung dieser zwei Richtungen sehr ähnlich verlief und die Vereinigung auch prompt erfolgte. Um 1900 war der CR ein integraler Teil der Psychologie.

Psychologische Konstrukte

Was wir bisher gesagt haben, ist folgendes: Solange die physiologische Theorie nicht weiter entwickelt ist, muß sie vom Psychologen mit Vorsicht angewandt werden. Wir müssen aber noch etwas weitergehen, denn es scheint so, als seien einige Aspekte des Verhaltens niemals mit physiologischen Begriffen allein zu beschreiben. Wir wenden uns zunächst den sachlich bedingten Grenzen der physiologischen Erklärungsweisen zu sowie der in diesem Umstand begründeten Notwendigkeit der Verwendung psychologischer Konstrukts. Dies ist ein Begriff, der sich auf das Verhalten bezieht, doch weder aus der Physiologie noch aus der Anatomie abgeleitet werden kann. Der wesentliche Punkt dabei ist, daß auch ein ganz einfaches Verhalten eines Tieres die Reaktion vieler Nerven- und Muskelzellen einschließt. Wenn ein Tier aus dem Startkäfig in ein Labyrinth läuft, oder wenn sich der Leser mit diesen Zeilen eben langweilt, gibt es keine Möglichkeit, mehr als die Aktivität einiger Zellen zu verfolgen. Wir haben wenig Hoffnung, daß sich diese Situation in nächster Zukunft ändern wird. Die Beschreibung der seelischen Vorgänge in neurophysiologischen Begriffen wäre ähnlich der Beschreibung eines Gewitters durch Aufzählung jedes einzelnen Regentropfens und jeder kleinsten Luftbewegung.

Soll eine Beschreibung wirklich gelingen, so bedarf sie größerer Einheiten. Ein Meteorologe, der ein Gewitter beschreibt, gibt die Niederschlagsmenge nicht durch die Anzahl der gefallenen Regentropfen an, sondern mißt sie in Millimetern; er beschreibt das Vordringen einer Kaltfront nicht durch Aufzählen einzelner Windstöße. Wir können natürlich solche neurologischen Konstrukts wie nervöse Impulshagel, Rate des Feuerns des Antriebsystems oder das Auftreten einer weitgehenden Summation im Kortex verwenden. Die Gehirnvorgänge sind jedoch so komplex, daß uns diese Begriffe nicht weit genug bringen und wir einen Punkt erreichen, wo wir um die Verwendung psychologischer Konstrukts nicht mehr herumkommen. Wenn wir zum Beispiel besprechen wollen, was im Kopf einer Ratte vor sich geht, die im Labyrinth umherläuft, so verwenden wir solche Ausdrücke wie „Hungertrieb", „Erwartung von Futter", „Spurenaktivitäten" usw. Zugegeben, solche Konstrukts stehen nicht in direkter Beziehung zu den nervösen Funktionen. Sie entstammen jedoch der Untersuchung des Verhaltens, und ihre Verwendung verlangt kein detailliertes Wissen über das, was im ZNS vor sich geht. Einige unserer psychologischen Konstrukts sind ziemlich alt und haben heute nur noch geringen Wert für uns; „Instinkt" und „Wille" sind Beispiele dafür. Einige andere ältere sind auch nicht allzu genau, doch immer noch brauchbar (Gedächtnis, Intelligenz). Manche können ziemlich präzise eingesetzt werden („Aufmerksamkeit", „Nachbilder"), und einige sind sogar richtiggehend modern („Vermittlungsprozesse", „Antrieb").

In diesem Zusammenhang stoßen wir noch auf ein anderes Problem. Wie kommt es, daß einige unserer Vorstellungen psychologischer und andere neurologischer Natur sind? In welcher Beziehung stehen diese so verschiedenartigen Vorstellungen zueinander?

Es gibt zwei Möglichkeiten, etwas über die Arbeitsweise der menschlichen Seele zu erfahren. Einmal kann man das Gehirn untersuchen, zum anderen Verhalten beobachten. Wir können es uns keinesfalls leisten, einen der beiden Aspekte unbeachtet zu lassen (das Problem ist zu schwierig, als daß wir auf den geringsten Hinweis für eine Lösung verzichten könnten). Allerdings ergeben sich bei der Koordination der beiden Aspekte Schwierigkeiten, doch das ist eben eines der Probleme, mit dem die Forschung

fertig werden muß. Übrigens ist das gar keine Besonderheit der Psychologie. Darin, daß man sowohl den großen als auch den kleinen Maßstab verwendet, liegt kein logischer Widerspruch (zum Beispiel kann ein Meteorologe ebenso logisch die Bildung einer Schneeflocke wie das Verhalten einer Kaltfront diskutieren). Das Studium der Beziehung zwischen neurologischen und psychologischen Begriffen, das durchgeführt wurde und noch wird, um Ungereimtheiten zu vermeiden, hat sowohl unser Wissen über Gehirnfunktionen als auch das über das Verhalten vermehrt. Deutlich kann das an dem Begriff der „Ideation" (oder „Vermittlungsprozeß") gesehen werden. Ein wesentlicher Teil des Denkproblems wurde erstmals von Hunter aufgezeigt, der im Anschluß an Thorndike versuchte, es in neurologischen Begriffen zu formulieren. Kurz gesagt, handelt es sich hier um das Problem des „Behaltens" (Kap. 3). Durch Hunters Experimente über verzögerte Reaktionen wurde offenbar, daß die gängigen neurologischen Theorien in irgendeiner Form falsch sein müssen, wird doch durch sie Behalten in keiner Weise erklärt. Andererseits aber konnte er Behalten experimentell demonstrieren. Dadurch wurde in der Folge die Aufmerksamkeit auf die geschlossenen Leitungskreise des Nervensystems gelenkt und man suchte darin die Erklärung. Diese Überlegungen korrigierten die ältere neurologische Theorie. Als man jedoch versuchte, das im Detail auszuarbeiten, kam man darauf, daß eine ganze Anzahl nervöser Kreisleitungen in Form einer Zellgruppierung zusammenarbeiten müssen, um tatsächlich für die psychologischen Fakten aufzukommen. Wohl kann es sein, daß der Aufbau einer Zellgruppierung beträchtliche Zeit in Anspruch nimmt und im besonderen sensible Stimulation während der Periode der frühen Kindheit verlangt. In diesem Falle würden Wahrnehmung und Gedanken davon abhängen, daß das Kind während der frühen Periode der normalen Vielfalt sensibler Stimulation ausgesetzt ist. Im Gegensatz dazu könnte man sich natürlich auch vorstellen, Wahrnehmung und Denken seien von vornherein organisiert. Diese Art der Fragestellung war der Anstoß für Experimente über die frühe Erfahrung des Kindes und „Faktor IV" (Seite 186). Sie erweiterten unser Wissen über das Verhalten ungemein. Ob sich jemand für Neurologie oder Neurophysiologie interessiert, hat damit überhaupt nichts zu tun.
Es kann nun wahrscheinlich eingesehen werden, weshalb „Zellgruppierung" und „Vermittlungsprozeß" eigentlich zwei Namen für dieselbe Sache sind. Trotzdem haben diese beiden Ausdrücke verschiedene Bedeutung und wer-

den verschieden gebraucht. Zellgruppierung ist eher eine neurologische Hypothese über die Art und Weise, wie Vermittlungsprozesse funktionieren könnten. Was dieser Begriff leistet, könnte man als eine Art Brückenschlag zwischen den Vermittlungsprozessen, die wir aus dem Verhalten kennen, und den Gehirnfunktionen bezeichnen. Zwar versucht die physiologische Psychologie Hypothesen über die Natur der psychologischen Konstrukts aufzustellen, um dadurch klärend zu wirken; sie versucht jedoch nicht, die psychologischen Konstrukts vollkommen abzulegen.

Die Psychologie kann kein Zweig der Physiologie werden. Weder kann die Notwendigkeit großer Einheiten bei der Analyse, noch die der speziellen Methode der Verhaltensuntersuchung, auf der diese Analyse basiert, übersehen werden. Über einige der wichtigsten Aspekte der Gehirnfunktionen kann man nur etwas erfahren, wenn man sie mit Hilfe psychologischer Methoden studiert.

Zweifellos wird manch einer glauben, die physiologischen Einheiten seien in irgendeiner Form realer als die psychologischen – oder noch deutlicher: es sei ein wissenschaftlicheres Unternehmen, Nervenimpulse zu studieren, als Angst oder Motivation zu untersuchen. Diese Annahme geht natürlich total am Wesentlichen vorbei. Sicherlich ist der wahrscheinliche Fehler psychologischer Messungen größer als der physiologischer und der Fehler physiologischer Messungen wieder größer als der physikalischer. Das wird aber kaum Erstaunen erregen, wenn man die Komplexität des behandelten Phänomens in Betracht zieht. Wahrscheinlich bedürfen auch unsere Begriffe noch mancher Korrektur und Zuspitzung, doch beziehen sie sich um nichts weniger auf die Wirklichkeit als die Begriffe der Physiologie. Das Holz ist ebenso wirklich wie der Baum, und der Regenguß ist genauso eine Einheit wie die Tropfen, die ihn bilden. In den Naturwissenschaften muß es die verschiedensten Ebenen der Analyse geben, von den mikroskopischen bis zur makroskopischen. Auf jeder dieser Ebenen besteht die Wirklichkeit aus den unanalysierten Einheiten, deren Existenz als gegeben und als Grundlage für die Analyse der nächsthöheren Ebene von Komplexität angenommen wird. Wir können nicht deshalb die Wirklichkeit des Regentropfens und die des Regengusses verneinen, weil der Regentropfen sich aus einer Gruppe von Molekülen zusammensetzt. Wollte man nämlich so argumentieren, so würde man schließlich bei der Feststellung landen, daß nur die subatomaren Einheiten, die die Atomphysik behandelt, brauch-

bare Einheiten für die wissenschaftliche Analyse seien. Demnach würden weder diese Buchseite hier noch der Leser als Einheit existieren.
Heutzutage, wo gewisse Errungenschaften der Physik und Chemie durch Tatsachen wie Wasserstoffbomben und Erdsatelliten nahezu jedermann zum Bewußtsein gekommen und Produkte der modernen Wissenschaft wie Penizillin, Kortison und Vitamin B 12 Gemeingut geworden sind, wird allzu leicht vergessen, welch wilde Spekulationen manchmal bei diesen Entwicklungen Pate standen und mit welch starker Opposition Forscher kämpfen mußten. Auch wenn man es nur vorsichtig ausdrücken will, wird man sagen müssen, daß die Annahme, Masse sei eine Form der Energie, oder umgekehrt, alles andere als plausibel ist. Newton, der die „Royal Society" gründete, bezweifelte öffentlich, daß das weiße Licht nur eine Mischung aller Farben des Regenbogens sei. An und für sich kann man auch die Vorstellung, daß die Sonne nicht auf- und untergeht, sondern daß die Erde mit ungeheurer Geschwindigkeit durch den Weltraum rast, schlecht verteidigen. Für alle diese Theorien gibt es keine andere Verteidigung als die, daß sie funktionieren und uns zu neuem Verständnis und neuem Wissen geführt haben. Wenn daher der Student auch in der Psychologie auf Ideen stößt, die dem gesunden Menschenverstand zuwiderlaufen, so ist das kein Anzeichen dafür, daß diese Ideen etwa schlecht und unbrauchbar seien, sondern weit eher dafür, daß die Psychologie einer großen Tradition der Wissenschaft folgt. Wir haben heute noch kaum damit begonnen, die menschliche Seele zu verstehen. Arbeiten wir aber jetzt schon mit Überlegungen, die nicht mehr plausibel sind, so können wir nur erwarten, daß unsere Theorien mit dem Fortschritt des Verhaltensstudiums immer weniger plausibel werden. Mit einigem Glück wird auch die Psychologie endlich den Grad der Unabhängigkeit von der Plausibilität erreichen und damit auch die Fruchtbarkeit, die heute die älteren Wissenschaften charakterisiert.

Zusammenfassung

In diesem Jahrhundert eröffneten sich der Psychologie durch die Anwendung objektiver wissenschaftlicher Methoden viele neue Forschungsrichtungen. Dabei wurden häufig komplizierte quantitative Methoden eingesetzt und großer Wert auf das Verständnis der nervösen Vorgänge gelegt.

Eines allein oder auch beides kann den Studenten stark abschrecken. Die eigentliche Frage ist hier die, welche Bedeutung die Neurophysiologie und die quantitativen Methoden für die Erforschung der Seele (oder des Verhaltens) haben.

Diejenigen, die sich mehr dafür interessieren, anderen zu helfen, werden das, was sie suchen, weit eher in der angewandten Psychologie finden. Die angewandte Psychologie wächst jedoch in unmittelbarer Wechselwirkung mit der wissenschaftlichen Psychologie. Ihr wirkungsvoller Einsatz hängt auch heute noch von einem Beherrschen der theoretischen Begriffe ab. Grundsätzlich wird man wohl sagen können, daß angewandte Psychologie und wissenschaftliche Psychologie nur zwei verschiedene Seiten des Bemühens um das Verständnis der komplexeren Aspekte des Verhaltens sind.

Erst die quantitativen Methoden machten die moderne Psychologie möglich. Experimentelle Methoden wurden zuerst nur zur Messung von Schwellenwerten und Reaktionszeiten eingesetzt. Später wurde das Feld ihrer Anwendung durch den Einschluß des menschlichen Lernens (Ebbinghaus und seine sinnlosen Silben) und dann auch durch den des tierischen Lernens (Thorndike und seine Katzen) erweitert. Paradoxerweise wurde das zentrale Problem, das uns im menschlichen Denken gegeben ist, erstmalig bei der Untersuchung des Lernens von Katzen und Affen klar formuliert (Watson, Hunter). Nicht mehr ganz so erstaunlich ist es, daß diese Formulierungen, in denen eine sehr engstirnige Theorie vertreten wurde, zu einer Reaktion führten (Hobhouse, Köhler). Durch die Reaktion wurde unser Wissen über das Verhalten und die Methoden, dieses zu untersuchen, ungemein erweitert.

Als die Quantifizierung aufkam, wurden bestimmte physiologische Vorstellungen für richtig gehalten, von denen wir heute wissen, daß sie in großem Maße inadäquat waren. Historisch gesehen, war die Psychologie veranlaßt, zwei verschiedene Haltungen gegenüber der Neuro-Anatomie und Physiologie einzunehmen: (1) Einmal war klar, daß beide von großer Bedeutung und großem Wert für die Psychologie sind, und (2) erkannte man, daß sie klare Grenzen haben und nur vorsichtig angewandt werden dürfen.

Obwohl wir natürlich soviel wie möglich aus der Neurologie annehmen müssen, wird es doch nie möglich sein, die Psychologie durch Neurologie bzw. Physiologie zu ersetzen. Die Geschehnisse, die das Verhalten kontrollieren, sind zu kompliziert, als daß sie mit Begriffen wie „Nervenimpulse" oder „Beziehungen bestimmter Strukturen des Nervensystems" analysiert werden könnten. Wir brauchen sowohl den größeren Maßstab der psychologischen Begriffe als auch den kleineren der neurologischen. Solche Konstrukts wie Angst, Interesse oder Lernfähigkeit sind keine Schlußfolgerungen aus bekannten neurologischen Fakten, sondern sie haben in dem Versuch, das Verhalten zu verstehen, ihren Ursprung. Dabei ist es wichtig, die hypothetischen Verbindungen zwischen diesen beiden Arten von Begriffen herauszuarbeiten. Dieses Unternehmen ist für beide Seiten lehrreich. Für die voraussehbare Zukunft können wir nicht erwarten, daß rein psychologische Begriffe überflüssig werden.

Von einer logischen Inkonsistenz kann bei der Verwendung beider Arten von Begriffen nicht die Rede sein. Betrachten Sie zum Beispiel einen Geologen. Er verwendet sowohl mikroskopische Untersuchungen des Gesteins als auch Landschaftsaufnahmen vom Flugzeug aus. Er beachtet in seiner Forschung sowohl Kristallstrukturen als auch große Gebirgsformationen, ohne aber zu erwarten, daß seine Schlußfolgerungen ausschließlich auf die eine oder andere Ebene der Analyse zurückgeführt werden.

Die experimentelle und theoretische Psychologie entwickelt sich verhältnismäßig langsam. Wir befassen uns heute noch mit Problemen, die schon 1898 von Thorndike aufgeworfen wurden (manche wurden sogar schon früher erkannt). Allerdings gehen wir heute von ganz anderen Voraussetzungen her an ihre Lösung heran. Wir bringen heute ein viel besseres Verständnis für die ungeheure Vielfalt von Vorgängen mit, die die menschliche Seele ausmachen, und wir sehen bedeutend klarer – sowohl in allem, was wir nicht wissen als auch in dem, was wir wissen.

Einige der Ergebnisse der psychologischen Forschung scheinen dem, was der gesunde Menschenverstand sagt, geradewegs zu widersprechen. Ein Beispiel dafür ist die Einsicht, daß man die seelischen Vorgänge besser durch objektive Methoden als durch Selbstbeobachtung erfassen kann. Auf anderen Gebieten haben die großen Erfolge der wissenschaftlichen Methode den gesunden Menschenverstand noch um vieles weiter hinter sich gelassen. Der wirkliche Test für unsere Wissenschaft ist aber auch nicht der gesunde Menschenverstand, sondern die Frage, ob die Vorstellungen, die sie entwickelte, uns zu einem besseren Verständnis und einer besseren Kontrolle des Verhaltens verhelfen.

Sachwort- und Personenregister